1. Auflage Dezember 2020
2. Auflage März 2021

Umschlag- & Buchgestaltung und Portrait:
Cornelia Berner, www.cb-photography.one

Copyright für dieses Buch: Ludwig Gartz, Dezember 2020
Alle Rechte vorbehalten

Deutsche Volksmärchen

Spirituelle Weisheit und weltliche Relevanz

Ludwig D. Gartz

NEUNHEIT REIHE – BAND 5

Meinen lieben Eltern im Besonderen, und dem deutschen Volk im Allgemeinen gewidmet, mit tiefem Dank an unsere Ahnen und Altvorderen, die unsere große geistige Kultur geschaffen und bewahrt und einen so liebenswerten Volkscharakter entwickelt und uns hinterlassen haben.

Mögen wir aus unserer geistigen Scham und Selbstablehnung erwachen, unser geistiges Erbe annehmen, unserer geistigen Kultur zu neuer Größe verhelfen und zu unserem wahren Sein erwachen.

Möge unser Volk Heilung finden.

Mögen alle Menschen dieser Erde Heilung finden und von Frieden und Glück erfüllt sein.

ALPHABETISCHES MÄRCHENVERZEICHNIS

Allerleirauh	93
Aschenputtel	282
Blaubart	181
Bremer Stadtmusikanten	32
Brüderchen und Schwesterchen	81
Dornröschen	111
Eisenhans, der	332
Frau Holle	203
Froschkönig, der	161
Gänsemagd, die	52
Goldene Gans, die	196
Goldene Vogel, der	213
Hans im Glück	69
Hänsel und Gretel	134
Jorinde und Joringel	151
König vom goldenen Berg, der	291
Rapunzel	123
Rotkäppchen	250
Rumpelstilzchen	104
Schneeweißchen und Rosenrot	300
Schneewittchen	265
Sechs Schwäne, die	172
Sieben Raben, die	208
Tapfere Schneiderlein, das	43
Teufel mit den drei goldenen Haaren, der	355
Teufel und seine Großmutter, der	259
Tischlein deck dich	62
Treue Johannes, der	223
Weiße Schlange, die	242
Wolf und die sieben jungen Geißlein, der	317
Wunderliche Spielmann, der	77
Zwölf Brüder, die	346
Zwölf Jäger, die	236

Inhalt

Einleitung 11

Kapitel 1 – Erläuterung der Märchensymbolik 13

Einleitung 13
1.1 Quellen der Symbolik 16
1.2 Zahlensymbolik – Eins und Zwei 17
1.3 Zahlensymbolik – Drei, Vier und Fünf 21
1.4 Die Neunheit und ihre Symbole 23
1.5 Zahlensymbolik: Sechs, Sieben, Acht, Zehn, Zwölf und Dreizehn 30
1.6 Die Symbolik der Bremer Stadtmusikanten als Beispiel 32
1.7 Weitere allgemeine Symbole in alphabetischer Reihenfolge 34
1.8 Auswirkungen der Fehlübersetzung von Symbolsprache 41

Kapitel 2 – Märchen zum Energiekörper 43

Einleitung 43
Märchen zum ersten Bereich: Versorgung 43
2.1 Das tapfere Schneiderlein – Leben in Fülle und Glück durch selbstloses Teilen 43
2.2 Die Gänsemagd – Befreiung von materialistischen Denken durch Achtsamkeit gegenüber unseren Gedanken 52
Märchen zum zweiten Bereich: Austausch 61
2.3 Tischlein deck dich – Zufriedenheit durch eine Haltung des Verzichts 62
Märchen zu den vier Elementen, Körpern, Temperamenten 69
Hans im Glück – Reise und Bestimmung des Menschen 69
2.5 Der wunderliche Spielmann – Die vier Temperamente 77
Märchen zum dritten Bereich: Miteinander 80
2.6 Brüderchen und Schwesterchen – Wie wir lösungsorientiert für eine bessere Welt eintreten 81

Kapitel 3 – Märchen zum Mentalkörper 93

Einleitung 93
Märchen zum vierten Bereich: Wert 93
3.1 Allerleirauh – Entwickeln von Demut zur Heilung unseres Selbstwertgefühls 93

3.2 Rumpelstilzchen – Selbstwertgefühl durch unverstellte, wahrheitsliebende Kommunikation 104
Märchen zum fünften Bereich: Macht 110
3.3 Dornröschen – Erwachen eines Bewusstseins von Möglichkeit 111
3.4 Rapunzel – Wiedererweckung eines Bewusstseins von Möglichkeit und Integrität 123
Märchen zum sechsten Bereich: Recht 131
3.5 Hänsel und Gretel – Befreiung aus dem Griff der Dialektik von Egoausweitung und Egobekämpfung 134
3.6 Jorinde und Joringel – Heilung vom hochansteckenden Zwangsvirus 151
3.7 Der Froschkönig – Prioritäten 161
3.8 Die sechs Schwäne – Auflösung unserer Neigung zur Selbstüberhebung 172
3.9 Blaubart – Wie die Drangsal zur gesellschaftlichen Befreiung beiträgt 181

Kapitel 4: Märchen zum spirituellen Körper 195

Einleitung 195
Märchen zum siebten Bereich: Sinn und Glück 195
4.1 Die Goldene Gans – Überwinden der Anhaftung an die Früchte unseres Handelns 196
4.2 Frau Holle – Einfachheit & Unumgänglichkeit der Karmagesetze 203
Märchen zum achten Bereich: Sein 208
4.3 Die sieben Raben Über das Verhältnis von Eigenbemühung zu göttlicher Gnade 208
4.4 Der goldene Vogel – Der Weg ins Einheitsbewusstsein 213
4.5 Der treue Johannes – Das Wirken göttlicher Gnade in den Problemen unserer Zeit 223
4.6 Die zwölf Jäger – Supremat der göttlichen Werte über unsere Glaubensvorstellungen 236
4.7 Die weiße Schlange – Hellfühligkeit im Dienst unseres spirituellen Wachstums 242
Märchen zum neunten Bereich: Bewusstsein 249
4.8 Rotkäppchen – Wiederherstellung kindlicher Unschuld durch Auflösung der Schuldgefühle 250
4.9 Der Teufel und seine Großmutter – Lösung unserer Schuldgefühle und Ängste durch Selbstvergebung 259

Kapitel 5: Übergeordnete Märchen 265

Einleitung 265
5.1 Schneewittchen – Die Schöpfung unseres Geistes 265
Märchen zu den drei Egostrategien 281
5.2 Aschenputtel – Überwindung der Eigennutzisolation durch Selbstlosigkeit 282
5.3 Der König vom goldenen Berg – Beendigung der Kompensation 291
5.4 Schneeweißchen und Rosenrot – Rücknahme der Projektion 300
Märchen zu den drei Egohaltungen 316
5.5 Der Wolf und die sieben jungen Geißleich – Über den Umgang mit Energieräubern 317
5.6 Der Eisenhans – Überwindung von diktatorischem Zwang durch selbstlosen Einsatz 332
5.7 Die zwölf Brüder – Erwecken bedingungsloser Liebe in zwei Zyklen 346
5.8 Der Teufel mit den drei Goldenen Haaren – Befreiung aus dem Rad der Wiedergeburt und Geburt eines goldenen Zeitalters 355

Nachwort 367

Alphabetisches Symbolverzeichnis [in Klammern das Kapitel] 377

Einleitung

In diesem Buch sind die Interpretationen von 32 deutschen Volksmärchen zusammengefasst. Ich habe bewusst nicht den Titel Grimm-Märchen gewählt. Die Brüder Grimm haben die deutschen Volksmärchen nicht verfasst, sondern nur gesammelt. Während wir ihnen für diese Arbeit dankbar sein können, gebührt die Ehre als Verfasser der Märchen Vertretern unserer Altvorderen, deren Namen nicht überliefert wurden. Somit können wir die Dankbarkeit für die deutschen Volksmärchen insgesamt auf unsere Altvorderen und Vorfahren ausdehnen, die diese Märchen für uns geschaffen und über sehr lange Zeit durch mündliche Überlieferung bewahrt haben.

Die Motivation zum Schreiben dieses Buches kommt aus meiner Dankbarkeit gegenüber meinem Volk und seiner Kultur, dem ich zu verdanken habe, dass und was ich in dieser Welt bin. Ich hoffe, etwas von dem geistigen Reichtum zurückzugeben, in den ich hineingeboren wurde. Ich hoffe, hiermit einen Beitrag leisten zu können, dass dieser geistige Reichtum, aus dem unser Volk kommt und der unser Volk eigentlich ausmacht, wieder zum Leben erweckt wird. Ich wünschte mir, wir Deutschen wären frei von unseren toxischen Schuldgefühlen, frei von den kranken Gefühlen, dass es uns besser nicht geben sollte, frei von der Bereitschaft, unsere großartige geistige Kultur auslöschen zu lassen, um einem Wahn zu dienen, dass ein gegenseitiger Respekt sich selbst bewahrender und gegenseitig befruchtender nationaler Kulturen nicht möglich ist und die nationalen Kulturen daher durch einen MultiKulti-Mixer ausgelöscht werden müssen.

Wenn wir die deutsche Kultur und unseren deutschen Volkscharakter wegen der Sünden aus der Vergangenheit sterben lassen, ist es so als würden wir ein Lebewesen sterben lassen, um durch dessen Tod die schwere Krankheit zu beseitigen, die es befallen hat. Besser wäre doch, den Glauben zu entwickeln, dass wir uns von der Krankheit, die unser Volk befallen hat, befreien, anstatt daran zu sterben. Es ist die Krankheit von Scham, Selbstablehnung und sogar Selbsthass aufgrund vergangener Sünden und Beschwörungen ewiger Schuld. Während wir gegen die wie schlechtes Wetter von außen kommenden Mahnungen an unsere untilgbare Schuld wenig tun können, liegt es doch vollkommen in unserer Macht, die Negativität in uns aufzulösen, die Scham- und Schuldgefühle, Deutscher zu sein, aufzulösen und aus der Selbstablehnung nicht nur in die Selbstbejahung unserer deutschen Abstammung, sondern vor allem in die Wertschätzung für den geistigen Reichtum zu kommen, der uns mitgegeben wurde.

Das deutsche Volk hat uns einen reichen Schatz geistiger und kultureller Errungenschaften und Werte hinterlassen. Unsere Vorfahren haben es mehr als verdient, dass unsere Haltung ihnen gegenüber von Dankbarkeit geprägt ist für das, was wir sind, und für das, was uns mitgegeben wurde.

Alleine die deutschen Volksmärchen sind geeignet, den in den Wirren unserer Zeit drohenden Untergang unserer Kultur und unseres Volkes abzuwenden, indem wir uns auf eine geistige Renaissance besinnen, die uns wieder in Einklang bringt mit der Weisheit und Liebe unserer Altvorderen, die solche Werte für uns kultiviert und als einen sehr liebenswerten und auf das Gute, Wahre und Schöne ausgerichteten Volkscharakter hinterlassen haben, den wir auch für unser Glück und Gedeihen nutzen, immer wieder reinigen und dadurch unsererseits für unsere Nachkommen bewahren sollten. Eine Wiederbelebung und Rettung unserer Kultur und unseres Volkes kann nur über eine geistige, ethische Renaissance erfolgen, die sich auf die wahren Werte der Menschlichkeit stützt und unser Wesen wieder von innen heraus zum Erblühen bringt.

Traditionen sind im Kontext einer ethischen Renaissance in dem Maße sinnvoll und bewahrenswert, in dem sie die menschlichen Werte leben, die unserer Kultur ihre Nahrung geben. Anstatt unter dem Gewicht der kollektiven Schuldgefühle unseren Volkscharakter, unsere geistige Kultur und damit letztlich unser Volk aufzulösen, ist eine konstruktivere Idee, wenn wir mit der erforderlichen geistigen Arbeit unsere unterbewussten Schuldgefühle auflösen, uns dadurch erlösen und zur Erlösung der Menschheit beitragen. Anstatt unseren liebenswerten Volkscharakter also bis zur Auslöschung verkommen zu lassen, wäre eine in Dankbarkeit für unser Erbe bewirkte bewusste Selbstannahme und Wiederbelebung unserer geistigen Traditionen und Kultur die viel sinnvollere Alternative, sinnvoller für uns und sinnvoller für die Welt, für deren Heilung die deutsche Kultur so viel beizutragen hat. Um also dem deutschen Volk ein wenig von dem zurückzugeben, was ich ihm verdanke, lege ich die vorliegende Sammlung an Interpretationen der deutschen Volksmärchen vor. Allein die deutschen Volksmärchen enthalten zeitlos gültige Weisheiten, die sich Hoffnung erweckend konkret auf die Probleme und Herausforderungen unserer Zeit anwenden lassen. Die Umsetzung der in den Märchen schwingenden Weisheiten kann einen großen Beitrag zur Wiederbelebung unsere geistigen Kultur, zur Heilung unseres Volkes und für den Frieden und das Glück in der Welt leisten.

Kapitel 1 – Erläuterung der Märchensymbolik

Einleitung

Bei der Interpretation der Märchen stand ich wiederholt vor der Frage, ob ich sie in voller Länge zitiere oder die langwierigen Passagen zusammenfasse und dadurch abkürze. In der Praxis habe ich mich dann mal so, mal so entschieden. Tendenziell habe ich die Längen bekannterer Märchen eher zusammengefasst und weniger bekannte Märchen im Original aufgeführt.

Es gibt eine Reihe von Märchen, in denen es um selbstloses Teilen oder Dienen geht. Ich habe lange überlegt, ob ich den Begriff der Selbstlosigkeit durch Egolosigkeit oder Uneigennützigkeit ersetze. Denn Selbstlosigkeit bedeutet ja nur unsere Reinigung von Egoismus und Eigennutz, die uns zu unserem wahren Selbst führt. Und dieses wahre Selbst wollen wir ja nicht loswerden, sondern verwirklichen. Dennoch bin ich beim Begriff der Selbstlosigkeit geblieben, weil er sich mit dieser Bedeutung und in diesem Sinne eingebürgert hat. Er bedeutet, dass wir mehr an das Wohl anderer denken, die Hilfe und Unterstützung brauchen, als an uns selbst, wenn wir bereits versorgt sind.

Auch den Begriff „Ego" verwende ich anders als viele Leser, was an einer Reihe von Rückmeldungen zu diesem Begriff zu sehen war. Für mich sind wir Menschen Kinder des Göttlichen, was bedeutet, dass wir wesensmäßig eins mit allem sind und wesensmäßig nichts von uns getrennt ist. Auch wenn äußere Formen und Erscheinungen getrennt sind, ist unser wahres Wesen nicht vom Wesen anderer getrennt. Ego ist nur die Illusion, dass aufgrund unserer äußeren Trennung von anderen auch unser Wesen von anderen getrennt ist. Diese Illusion führt zu dem Fehler, andere ohne die Liebe und den Respekt zu behandeln, die ihnen gebühren, weil sie ebenfalls eine Verkörperung unseres eigenen wahren Wesens sind.

Ego, unsere Identifizierung mit der Illusion, wesensmäßig von anderen getrennt zu sein, ist die eine und einzige Ursache für Leid, Konflikte, Unfrieden, Angst, Schuldgefühle, Zwangsgefühle, Machtlosigkeitsgefühle, Minderwertigkeitsgefühle und alle andere negativen Gefühle, unter denen wir leiden können. Unser Ego ist die Ursache dafür, dass wir als Mensch geboren wurden. Wir haben dieses Leben als Mensch, um aus dem von unserem eigenen Ego geschaffenen Elend heraus und zurück zu unserem wahren Selbst zu finden, dessen Wesen Liebe, Frieden und kindliche Unschuld ist. Unser Leben ist ein großes Geschenk gerade weil es uns die

Möglichkeit gibt, von unserem unbewussten, unwissenden Sein zu unserem bewussten, wahren Sein, von der Dunkelheit ins Licht, und vom Tod in die Unsterblichkeit zu kommen.

Um den Weg von der Totheit unseres Egos zurück zum Leben unseres wahren Seins zu finden, wurden uns für unser Leben als Mensch drei Sein-Bewusstseins-Körper mitgegeben, die in jeweils drei Bereichen angeordnet sind, die spezielle geistige Funktionen erfüllen, insgesamt also die Neunheit unseres Geistes.

Wir gehen bei allen Bänden der Neunheit-Reihe von der in Band 1 „Neunfache Selbstheilung" aufgezeigten Struktur des menschlichen Geistes aus. Im Folgenden gehen wir die Struktur unseres Geistes nur kurz durch. Wer sich mit der neunfachen Struktur unseres Geistes näher beschäftigen will, der lies bitte Band 1 „Neunfache Selbstheilung".

Von innen nach außen besteht unser Geist aus einem spirituellen Körper als unserem innersten Wesen, einem Mentalkörper und einem Energiekörper. Mit unserem spirituellen Körper haben wir die Möglichkeit, die Dualität zu verlassen und in die Einheit zurückzukehren. Für dieses Ziel bedarf es spiritueller Übungen, um spirituell zu wachsen und von der Angst in Liebe, Mitgefühl und Vertrauen, von Schuld und Wut in die kindliche Unschuld und Frieden und von Kummer und Leid in Glück und Freude zu kommen. Die Einheit erreichen wir, wenn Angst, Schuld, Wut, Kummer und Leid etc. von uns abfallen, wir uns im Guten, Wahren, Schönen und Göttlichen verankern und uns selbst als diese Qualitäten in anderen sehen, durch die wir mit anderen eins sind.

Da die Negativität unseres Egos sich auf alle drei unserer Seins-Bewusstseinskörper auswirkt und da wir nur mit unserem spirituellen Körper Einheit erfahren können, haben wir in unserem Mentalkörper und Energiekörper die Aufgabe, uns mit ihnen auf die Einheit auszurichten, das Gute zu sehen und zu tun und das Schlechte zu erkennen und zu unterlassen.

Letztlich sind die Prozesse in unserem spirituellen Körper also die entscheidenden für unseren Weg nach Hause, in die Einheit, aus der unser Geist ursprünglich gekommen ist, und in die wir am Ende auch wieder zurückwollen.

Wenn wir Bewusstseinsprozesse symbolisch darstellen, wird die am tiefsten gehende Symbolik genau dem entsprechen. Bewusstseinsprozesse, die am tiefsten gehen, bringen uns bis in unser spirituelles Sein-Bewusstsein, in unseren spirituellen Körper.

Die Tiefe symbolischer Erzählungen misst sich also an ihrer Eignung, uns in das Bewusstsein und Erleben unseres wahren Selbst zu führen oder uns in diese Richtung zu orientieren. Aus meiner Sicht besteht das Besondere an den deutschen Volksmärchen daraus, dass sie genau diese machtvolle Weisheit und Tiefe in sich bergen.

Da die alten Märchen bis in die tiefste Tiefe unseres Geistes gehen, dienen sie uns auch als Spiegel für unser Sein-Bewusstsein. Das bedeutet auf der anderen Seite auch, dass das Bewusstsein, mit dem wir auf die Märchen schauen, zu uns zurückschaut, auch wenn wir mit einem weniger in die Tiefe gehenden Bewusstsein auf die Symbolik schauen. Wenn wir zum Beispiel mit einem psychoanalytischen Bewusstsein auf die Märchen schauen, werden wir in vielen Märchen versteckte sexuelle Symbolik sehen. Aus meiner Sicht stellt die sexuelle Deutung der deutschen Volksmärchen allerdings eine Herabwürdigung dar, eine Fixierung und Reduzierung auf unsere Biologie, die die wahren Werte der Menschlichkeit und unsere Verbindung zu unserer inneren Quelle überlagert und verdrängt und uns auf das bloß Körperliche reduziert, das unser wahres Sein verdorren lässt und unser Bewusstsein durch eine Fixierung auf niedere Triebe verschmutzt. Wir sollten das Ewige nicht opfern, indem wir bei der Frage, wer wir sind, vergänglichen Bedürfnissen und Vergnügungen den ersten Platz einräumen, und das macht die Psychoanalyse. Die Psychoanalyse würdigt uns auf die Stufe eines Tieres herab, das ein Leben lang biologischen Instinkten folgt und dann stirbt.

Auch losgelöst von der Psychoanalyse gilt: Wenn wir mit den Augen einer speziellen Ideologie oder Theorie auf die Märchen schauen, werden wir das von den Märchen wahrnehmen, was dieser Sicht entspricht und sie bestätigt. In diesem Sinne kann es sehr wohl sein, dass es eine Reihe völlig schlüssiger Interpretationen gibt, die auch alle legitim sind. Es ist nichts verwerflich daran, wenn sich jeder auf die Weise inspirieren lässt, die er wählt, ihm gut tut und die Symbolik schlüssig erklärt.

Dieses Buch versucht, die tiefste, also spirituelle Sicht anzulegen, welche zeitlos ist. Aus meiner Sicht sind in den deutschen Volksmärchen symbolisch Seins- und Bewusstseinsprozesse verschlüsselt, die zu allen Zeitaltern der Menschheitsgeschichte relevant waren und es auch bleiben werden, solange sich Menschen mit der von ihrem eigenen Ego geschaffenen Dunkelheit herumplagen.

Bei all diesen Prozessen geht es um unseren Weg nach Hause, zurück in die Einheit, zurück zu Gott in unserem Herzen, raus aus der Negativität unseres Egos, das in den neun Bereichen unseres Geistes Mangelgefühle, Unzufriedenheit, Benachteiligungsgefühle, Minderwertigkeitsgefühle, Machtlosigkeitsgefühle, Zwangsgefühle, Sinnlosigkeitsgefühle, Ängste & Befürchtungen sowie Schuldgefühle und deren Projektion in Form von Wut und Ärger produziert. Wenn ich von Ego rede, meine ich im Konkreteren also immer die Tätigkeit dieser Negativität in den neun Bereichen unseres Geistes gemäß den detaillierteren Darlegungen in Band 1 „Neunfache Selbstheilung". Unser Ego ist Ursache dieser Negativität. Und unsere negativen Gedanken und Gefühle sind Ausdruck unseres Egos, durch die es sich uns zu erkennen gibt, wenn wir denn nach Innen schauen und uns selbst als Verursacher unserer Negativität erkennen wollen.

Wahre Befreiung ist daher immer die Befreiung von unserem Ego, durch die wir erst im vollen Einklang mit der Liebe, kindlichen Unschuld und Freude in uns sind. Uns dauerhaft und ununterbrochen in diesem vollen Einklang zu verankern, ist das Ziel des menschlichen Lebens. Die deutschen Volksmärchen enthalten zahlreiche Weisheiten, die uns helfen können, dieses Ziel zu erreichen.

Zum Abschluss der Einleitung wiederhole ich hier noch einmal das Selbstverständliche, dass die vorliegenden Interpretationen meine Sicht wiedergeben und keinen Anspruch auf Alleingültigkeit erheben. Interpretationen können niemals die Wahrheit an sich sein. Ich hoffe, die Interpretationen in diesem Buch inspirieren dich, lieber Leser.

1.1 Quellen der Symbolik

Gegen Ende des ersten Jahrzehnts unseres Jahrhunderts hat mein Freund Alexandar Stefanovic zwei Bücher über die Symbolik der Bibel geschrieben. Diese stützen sich vor allem auf die Werke Friedrich Weinrebs, eines jüdisch-chassidischen Schriftgelehrten. Alexandar legt in seinen Werken „Die Geheimsprache der Bibel" und „Warum Adam kein Mann ist" die symbolische Bedeutung der Bibelsprache gemäß den Urtexten dar. Seine Werke machen deutlich, dass in der Bibel keine historische Geschichte wiedergegeben wird. Es gibt dort keine historischen Völker, keine bösen Völker und kein auserwähltes Volk, keinen rachsüchtigen Gott, keine Herrschaft des Mannes über die Frau, keine Eroberungs- oder Vernichtungskriege, kein Blutvergießen und keinen Tempelbau. Es gibt dort nur Texte, in denen wie in den Märchen Seins- und Bewusstseinsprozesse dargelegt und Anleitungen gegeben werden, wie wir den Weg nach Hause, zurück in die Einheit finden.

Ich habe seinerzeit das grundsätzliche Vorgehen Alexandars genommen und mit dieser Herangehensweise einen direkten Zugang zur Symbolik der Schriften J.R.R. Tolkiens gefunden, wobei ich in Kombination mit den Strukturen und Erkenntnissen der Neunheit ähnliche oder neue Symbole im Sinne der Symbolsprache der Bibel gedeutet habe. Man findet mit dem Verständnis dieser Symbolik auch einen direkten Zugang zu den alten vedischen Schriften. Der gleiche Ansatz hat mir in der Folge auch Zugang zur symbolischen Bedeutung der deutschen Volksmärchen gegeben.

Vor vielen Jahren las ich über eine Kommunikation zwischen einem Menschen, der sich der modernen Zeichensprache für Gehörlose bediente, und einem amerikanischen Ureinwohner, der sich der traditionellen Zeichensprache bediente. Interessanterweise konnte der Gehörlose mühelos die Zeichensprache der Ureinwohner verstehen, aber der Ureinwohner nicht die Zeichensprache für Gehörlose. Das deutet darauf hin, dass die traditionelle Zeichensprache der amerikanischen Ureinwohner einer Ursprache entspricht, die universell verständlich ist, die gemäß eher intellektuellen Überlegungen entwickelte Gehörlosensprache aber nicht.

In ähnlicher Weise kann man vermutlich davon ausgehen, dass es in alter Zeit eine schriftliche Symbolsprache gab, die universell verständlich war und daher auch wieder universell verständlich werden kann, weil sie einer tieferen Ordnung entspricht, die bei allen Menschen ungeachtet ihrer Kultur gleich ist. Wenn wir den Zugang zu dieser Symbolsprache finden, sprechen wir auch wieder die gleiche Sprache, die universelle Sprache des Geistes.

Für die Zuordnung und Entschlüsselung der Märchensymbolik wurde in diesem Band 5 die neunfache Struktur des menschlichen Geistes genommen, wie sie in Band 1 dieser Reihe dargelegt wird.

Entsprechend dem Vorgehen in Band 1 beginnen wir die Erläuterung mit der Bedeutung der Zahlensymbolik, der Eins, Zwei, Drei, Vier und Fünf, gehen dann zum neunfachen Modell des menschlichen Geistes über und stellen dann noch Überlegungen zur Sechs, Sieben, Acht, Zehn, Zwölf und Dreizehn an.

1.2 Zahlensymbolik – Eins und Zwei

Die Eins symbolisiert die Einheit und die Zwei die Dualität. Dies sind die beiden mit Abstand wichtigsten aller Zahlen. Im Märchen geht es immer darum, dass wir durch Ego - unsere von uns selbst erschaffene, aus der Einheit getrennte Identität - das Sein und Bewusstsein der Einheit verlieren und uns dadurch selbst Konflikte, Not und Leid erschaffen. Wenn von Negativität die Rede ist, sind diese von uns selbst selbstgeschaffenen Konflikte, Not und Leid gemeint. Märchen sind immer eine Erzählung, wie wir diese von uns selbst geschaffene Negativität wieder auflösen und in den Frieden und die Liebe der Einheit zurückfinden können.

Wenn wir in der Einheit ruhen, leuchtet unser Bewusstsein aus uns selbst heraus. Dieses Selbstleuchtende ist vom Prinzip her männlich und wird durch die Sonne oder durch Gold symbolisiert. Sonne und Gold symbolisieren daher allgemeiner unser Bewusstsein und spezieller unseren spirituellen Körper, wenn dieser in der Einheit ruht und aus sich selbst leuchtet. Ein unförmiger Klumpen Gold, wie im Märchen vom Hans im Glück, symbolisiert allerdings nicht unseren spirituellen Körper, sondern unsere undefinierte Seele, die jenseits der Form unseres spirituellen Körpers besteht und immer eins mit dem Schöpfer bleibt.

Sonne, Gold = Bewusstsein, Spirit (spiritueller Körper), reine Gedanken

Wenn wir in unserem Gemüt sind, sind wir dadurch gleichzeitig auch in der Dualität. In unserem Gemüt kann nur in dem Maße Licht sein, in dem es aus unserem innerlichen Ruhen in der Einheit, also von Gedanken des Friedens, der Liebe und des Glücks beleuchtet wird. Dieses Beleuchtetwerden von unserem innewohnenden Bewusstsein ist unser Sein, das daher weiblich ist und vom Mond oder von Silber symbolisiert wird. Die Begriffe „Mind" und „Mond" sind eng verwandt. Der Vollmond symbolisiert einen erleuchteten Geist, welcher in der Lage ist, der Dunkelheit, in der die Welt um ihn herum gefangen ist, viel Licht zu schenken.

Mond, Silber = Sein, Gemüt, Gefühle

Dinge, die ganz aus Gold und Silber gewirkt sind, symbolisieren ein Ruhen unseres Sein-Bewusstseins in der Einheit und eine Ausrichtung auf die Einheit.

Sterne ähneln sowohl der Sonne also auch dem Mond. Wie die Sonne leuchten sie aus sich selbst heraus. Und wie der Mond sind sie nur nachts zu sehen. Somit symbolisieren sie das innere Gleichgewicht von Gedanken und Gefühlen, das uns eine gute Orientierung gibt. Sterne symbolisieren also eine gute Orientierung durch ein gutes inneres Gleichgewicht von Bewusstsein und Sein.

Sterne = gute Orientierung durch inneres Gleichgewicht von männlich und weiblich

Die Zahl Eins enthält in sich auch die Polarität von männlich und weiblich, Bewusstsein und Sein, Gedanken und Gefühlen. Beides ergänzt sich zur Einheit. Bruder und Schwester, Mann und Frau, König und Königin symbolisieren die Pole von männlich-weiblich, Bewusstsein-Sein, die sich zu einer Einheit ergänzen.

Bruder, Mann, König, Königssohn = ein Aspekt des Bewusstseins
Schwester, Frau, Königin, Königstochter = ein Aspekt des Seins

Unsere Probleme im Leben treten auf, wenn Ego und Eigennutz die Führung über unser Sein-Bewusstsein übernimmt. Für dieses eine Grundproblem des Menschsein, auf das alle unsere Negativität zurückgeht, gibt es in den Märchen verschiedene Symbole.

Der Tod der Mutter symbolisiert den Verlust der Verbindung zu unserem wahren Selbst durch Ego. Eine dann häufig auftretende böse Stiefmutter symbolisiert die Herrschaft unseres Egos.

Böse Stiefmutter = Ego

Das Leiden unter Armut und Hungersnöten symbolisiert ein aktiviertes Ego in dem Bereich der Neunheit, um den es im jeweiligen Märchen geht. Durch ein aktiviertes Ego werden die Bedürfnisse der Neunheit in uns (Tabelle 2 weiter unten) nicht mehr erfüllt, so dass wir spirituell in einen Zustand von „Hunger" übergehen.

Hungersnot = Leiden unter unserem Ego

Meistens findet sich in den ersten Sätzen eines Märchens ein Hinweis, um welches Thema oder in manchen Fällen auch übergeordnetes Thema der Neunheit es im jeweiligen Märchen geht.

Wenn auf das Wirken einer bösen Stiefmutter hin die Kinder weggeschickt werden, symbolisiert dies unseren Unwillen, unserem wahren Selbst und unseren Pflichten als Mensch im Leben treu zu sein, so dass unser Verstand und Gemüt seine Anbindung an die Einheit ganz verliert und – wie die verstoßenen Kinder im Märchen - herumirrt.

Außer einer bösen Stiefmutter symbolisiert auch ein böser König oder eine böse Königin häufig das Ego in dem Bereich, um den es im jeweiligen Märchen geht.

Böser König oder böse Königin = Aspekt des Egos

Ein weiteres Symbol für unser Ego ist der „Teufel". Das Wort Teufel ist mit der zwei verwandt. Das Böse existiert also nur in der Dualität. Die gesamte, von Gott geschaffene Schöpfung ist eins ohne ein Zweites im Großen und im Individuellen. Gott symbolisiert unser wahres Selbst. Der Teufel symbolisiert also ein zweites Sein außerhalb der Schöpfung. Da allerdings nichts wirklich außerhalb der Schöpfung sein kann, bleibt unser Ego stets eine Illusion, unsere Illusion, so wie unser physischer Körper auch wesensmäßig vom restlichen Sein getrennt zu sein, als wären wir nur unser Körper.

Gottglaube ist der Glaube, unser illusionäres Ego auflösen und wieder unser wahres Selbst sein zu können. Gottesanbetung ist die Hinwendung zu unserem eigenen wahren Sein.

Teufelsanbetung ist die Anbetung unseres eigenen Egos, dem das wahre Sein geopfert wird. Die Kraft, die unser Ego zu unserem Gott (zum Teufel) macht, ist die Schuldprojektion: Unsere Egosicht der Dinge ist „das Gute" und alles, was dagegen ist, ist „das Böse". Daher symbolisiert der Teufel in den meisten Fällen im Märchen nicht unser Ego als Ganzes, sondern speziell die Schuldprojektion. Die Schuldprojektion ist der subtilste Egoaspekt der Neunheit und wirkt sich stark negativ auf alle anderen Bereiche unseres Geistes aus.

Teufel = Ego, Schuldprojektion

Gott = unser wahres Selbst, wahres Sein

Eine böse Hexe oder böse Zauberin symbolisiert ebenfalls einen spezielles Aspekt unseres Egos gemäß der Neunheit. Die Egoaspekte der Neunheit gehen wir weiter unten im Einzelnen durch.

Generell symbolisieren die bösen Figuren im Märchen einen vom Ego erzeugten, negativen Aspekt des Bereichs der Neunheit unseres Geistes, zu dem sie gehören.

Böse Figur generell = Aspekt unserer von unserem Ego erzeugten Negativität

Verwunschenheit im Märchen symbolisiert, dass eine Selbstheilkraft unseres Selbst so von ihrem negativen Aspekt überlagert wird, dass wir keinen Zugang mehr dazu haben. Wenn sich eine verwunschene Figur (zumeist ein Tier) wieder in einen König oder eine Königin, einen Königssohn oder eine Königstochter verwandelt, symbolisiert dies die Transformation des negativen Aspekts. Dass es sich bei der verwunschenen Figur meistens um ein Tier handelt, zeigt das instinkthafte agieren unseres Egos, das stets automatisch und zumeist unbewusst versucht, sich selbst zu erhalten. Dadurch können wir nur durch eine sehr bewusste spirituelle Ausrichtung die Aspekte unseres Egos transformieren. Durch die Transformation gewinnen wir wieder Zugang zu der jeweiligen Selbstheilkraft unseres wahren Seins, sind wieder wir selbst, was durch die Rückverwandlung des verwunschenen Tieres symbolisiert wird. Wir sind dann aus der Negativität unseres Egos wieder zurück im Frieden, der Liebe und Freude der Einheit. In manchen Fällen, wie beim Bär in Schneeweißchen und Rosenrot und beim

Fuchs im Goldenen Vogel symbolisiert ein verwunschenes Tier auch nur die Wandlung eines Aspekts unseres wahren Seins, der eigentlich in der Einheit ruht und nur in eine Aktivität in der Dualität umgesetzt wird, die einen positiven Beitrag zur Transformation leisten kann, bis der betreffende Aspekt unseres Seins wieder in die Einheit übergeht.

Verwunschenheit = Verwandlung eines Aspekts unseres wahren Selbst in verdrehtes Ego oder in eine transformierende Kraft, die in der Dualität wirkt

1.3 Zahlensymbolik – Drei, Vier und Fünf

Die Drei symbolisiert zum einen, dass die Schöpfung aus dem reinen Geist (göttlicher Vater) und der bedingungslosen Liebe (göttliche Mutter) hervorgegangen ist und beiden damit ein Drittes hinzufügt, die Glückseligkeit des Göttlichen. Alle Schöpfung, die aus Gott kommt oder im Einklang mit dem Göttlichen ist, gründet sich auf Frieden und Liebe und leuchtet durch Glück und Freude.

Zum anderen symbolisiert die Drei den Werdegang aller Schöpfung in der Dualität von Raum und Zeit. Alles, was geschaffen wurde, besteht für eine Weile und endet irgendwann wieder. Es gibt hier also die Dreiheit von Schöpfung, Bewahrung, Auflösung. Der dritte Schritt, die Auflösung, steht gleichzeitig für die Rückführung zum Göttlichen, also für die Lösung eines Problems in der Dualität und das Wiedergewinnen der Einheit.

Gehen wir zur etwas genaueren Erläuterung der Drei einen Abschnitt des Märchens vom Tischlein deck dich durch.

Der älteste Sohn wird zum Schreiner. Ein Schreiner arbeitet mit Holz. Holz wird aus einem Baum gewonnen, der das Hervorbringen von Früchten symbolisiert. Das Holz wird zu etwas Neuem zusammengefügt. Der Schreiner symbolisiert also den erschaffenden Aspekt, den Aspekt, durch den wir uns im Leben gut versorgt fühlen, was dann auch das Tischlein deck dich bestätigt.

Der zweite Sohn wird zum Müller. Ein Müller mahlt das Korn, aus dem Brot gebacken wird. Brot ist ein Symbol für Wärme und Energie. Ein Müller symbolisiert also den Aspekt, der unser Leben mit Wärme und Energie in Gang hält. Es geht hier also um den bewahrenden Aspekt.

Der dritte Sohn wird zum Drechsler. Ein Drechsler entfernt alle Aspekte und Elemente eines Rohstoffs, die entfernt werden müssen, um eine perfekte Form zu erlangen. Der Drechsler symbolisiert damit also den reinigenden Aspekt, mit dem wir die Unreinheiten in unserem Geist und die falschen Vorstellungen von uns selbst beseitigen. Der Drechsler symbolisiert also den auflösenden Aspekt, man könnte auch sagen den Aspekt, der unser Ego und unsere Ego-Illusionen auflöst.

Der Umstand, dass unser Ego die Ursache aller unserer Probleme ist, bedeutet dann auch, dass die Zahl drei für die Auflösung des Egos und einen erfolgreich abgeschlossenen Transformationsprozess steht. Das ist der Grund, warum drei Prüfungen im Märchen bestanden werden müssen, um den symbolisch dargestellten Prozess erfolgreich abzuschließen.

Die Zahl drei symbolisiert auch, dass die göttliche Mutter die ganze Schöpfung erschaffen hat und der Geist des Vaters mit der Schöpfung nicht identifiziert ist. In der Bibel gibt es Himmel und Erde und den Geist des Vaters, der über den Wassern schwebt. Das ist diese Dreiheit.

Der Himmel steht für das geistige Prinzip und die Erde für das, was der Geist geschaffen hat.

Wenn wir nun zu den vier Elementen überleiten, aus denen alles gemacht ist, haben wir hier bereits das Element Wasser für den Himmel und das Element Erde für die Erde.

Der Geist des Vaters, der über den Wassern schwebt, hat nun eigentlich nichts mit alledem zu tun. Wenn er sich jedoch in Bezug setzt zum Wasser und zur Erde, dann entsteht aus der Beziehung des reinen Geistes zur geistigen Welt das Feuer der Reinigung des Geistes, also das Element Feuer. Wenn sich der Geist des Vaters in Bezug zu den Dingen setzt, die vom Geist geschaffen wurde, wird er zu reinen, klaren Gedanken, also zum Element Luft.

Somit haben wir vom ganz Geistigen bis zum Irdischen, von oben nach unten, die Elemente Feuer, Luft (die zum göttlichen Vater gehören, also männlich sind), Wasser und Erde (die zur göttlichen Mutter gehören, also weiblich sind). Diesen Elementen entsprechen auch die Temperamente cholerisch, sanguinisch, melancholisch und phlegmatisch. Die Lehre der vier Temperamente ist im Märchen vom wunderlichen Spielmann dargestellt (Kapitel 4.2). Außer den Temperamenten entsprechen die vier Elemente auch den vier Körpern der menschlichen Seele. Unser selbstleuchtender spiritueller Körper wird vom Element Feuer symbolisiert, unser Mentalkörper vom Element Luft, unser Energiekörper vom Element Wasser und unser physischer Körper vom Element Erde.

Den vier Körpern unserer Seele entsprechen auch die vier Welten, die spirituelle Welt (Himmel), die Mentalwelt, die Energiewelt und das physische Universum. Jeder unserer Körper besteht also in seiner eigenen Welt.

Wenn wir zu unseren vier Körpern noch unsere ewig lebende Seele hinzunehmen, haben wir die Eins + Vier, also die Fünf. Insgesamt sind wir eine Seele, die vier Körper hat. Also symbolisiert die Fünf die Ganzheit oder Gesamtheit, die man an den fünf Fingern einer Hand abzählen kann.

Das Modell von Eins + Vier finden wir also zum Beispiel in unseren Händen wieder, ein Daumen plus vier Finger, dann im physischen Körper, ein Kopf plus vier Gliedmaßen, und schließlich im Aufbau eines Hauses oder Tempels. Vier Punkte im Quadrat symbolisieren das Rumpfgebäude. Ein fünfter Punkt mitten drüber symbolisiert das Dach, durch das das Gebäude, oder der Tempel abgeschlossen ist, da es nun das Dach, die Verbindung zu Gott, zur Einheit gibt. Die Zahl Fünf symbolisiert in der Bibel den Tempel in unserem Herzen, in dem Gott, unser wahres Selbst, wohnt, den wir anbeten. Der Bau eines Tempels symbolisiert also unsere spirituellen Übungen und Bemühungen, um das spirituelle Ziel des Lebens, das Bewusstsein der Einheit, zu erreichen.

Die Zahl fünf ist Gegenstand des Märchens vom Hans im Glück, in dem speziell der Aufbau des Menschen als eine Seele mit vier Körpern, das Grundproblem des Menschseins sowie die Bestimmung des Menschen, sich wieder von diesem zu befreien, dargelegt wird. (Kapitel 4.1)

Bevor wir mit der Zahl Sechs weitermachen, kommen wir zur Erläuterung der Neunheit und einigen der zugehörigen Symbole.

1.4 Die Neunheit und ihre Symbole

Dem Modell der Neunheit nach besteht unser Geist also aus einem Energiekörper, einem Mentalkörper und einem spirituellen Körper. Jeder dieser drei Körper ist aus drei Funktionsbereichen zusammengesetzt, deren jeder ein bestimmtes Bedürfnis unseres Geistes zu erfüllen hat. Insgesamt besteht der menschliche Geist daher aus neun Funktionsbereichen, die die neun zentralen Bedürfnisse des menschlichen Geistes zu erfüllen haben.

Unser Ego trennt uns in jedem der neun Bereiche unseres Geistes von der Möglichkeit der Erfüllung des jeweiligen Bedürfnisses ab. Gleichzeitig bleibt das jeweilige Bedürfnis bestehen. Unser Ego versucht dann instinkthaft, das entsprechende Bedürfnis abhängig vom jeweiligen Bereich unseres Geistes durch Isolation, Kompensation oder Projektion zu erfüllen.

Durch diese instinkthafte Aktivität unseres Egos entstehen in allen neun Bereichen unseres Geistes spezifische Probleme, die durch die Lösungsstrategie des Egos immer weiter verschlimmert werden können, sof0ern wir nicht einlenken und unsere Egostrategie in dieser Sache loslassen.

Für dieses Loslassen und die Überwindung der Egostrategie verfügen wir über eine Reihe von Selbstheilungskräften, die uns zurück zu unserem wahren Sein und damit zurück in die Liebe, in den inneren Frieden und zu unserem Glück bringen können, wenn wir sie ausreichend und richtig aktivieren. Die neun Bereiche unseres Geistes, die neun zugehörigen Bedürfnisse, die neun Ego-Probleme, die neun daraus entstehenden Ego-Teufelskreise und unsere Selbstheilungskräfte für diese neun Probleme und Teufelskreise führen wir im Folgenden in fünf Tabellen auf. Anschließend gehen wir dann näher auf die Märchensymbolik im Zusammenhang mit der Neunheit unseres Geistes ein.

Tabelle 1: Die Bereiche unserer Neunheit

	ICH-GEFÜHL	**ICH-DU-GEFÜHL**	**WIR-GEFÜHL**
Energiekörper	Versorgung	Austausch	Miteinander
Mentalkörper	Wert	Macht	Recht
Spiritueller Körper	Sinn	Sein	Bewusstsein

Der spezielle Bereich der Neunheit, auf den sich ein Märchen bezieht, wird häufig von einem Königreich oder dem Schloss eines Königs symbolisiert. So wie ein Königreich oder Schloss die Bühne für die Ereignisse im Märchen ist, definiert der Bereich den Rahmen, in dem sich ein Prozess abspielt, das grundlegende Thema, um das es geht. Ein verwunschenes Schloss oder das Schloss eines Zauberers oder einer Zauberin symbolisiert also den negativen Aspekt eines Bereichs und die Gefangenschaft des Bewusstseins in dieser Negativität.

Tabelle 1: Unsere neun zugehörigen geistigen Bedürfnisse

	ICH-GEFÜHL	**ICH-DU-GEFÜHL**	**WIR-GEFÜHL**
Energiekörper	Fülle	Zufriedenheit	Brüderlichkeit
Mentalkörper	Selbstachtung, Würde	Bewusstsein von Möglichkeit	Gerechtigkeit in Freiheit
Spiritueller Körper	Glück, Freude	Geborgenheit, Liebe	Unschuld, Frieden

Da wir der Erfüllung unserer Bedürfnisse dienen, werden sie häufig von Königen, Königinnen, Königssöhnen und Königstöchtern symbolisiert.

Wir dienen dem König. Durch die Negativität unseres Egos können unsere geistigen Bedürfnisse nicht mehr erfüllt werden. Der Zustand zu Beginn eines Märchens symbolisiert zumeist diese Nichterfüllung und der gelöste Zustand am Ende eines Märchens stellt zumeist dar, dass das betreffende geistige Bedürfnis nach erfolgreich abgeschlossenem Prozess nun erfüllt wird. Die folgenden Tabellen 3 und 4 gehören zusammen. Die Egostrategie verweist jeweils auf das zugrunde liegende Problem. Kommentare daher unter Tabelle 4.

Tabelle 3: Die von unserem Ego erzeugten Probleme

EGOSTRATEGIE EGOHALTUNG	ISOLATION	KOMPENSATION	PROJEKTION
RAUB	Mangelgefühle	Unzufriedenheit	Benachteilungsgefühle
UNTERDRÜCKUNG	Minderwertigkeitsgefühle	Machtlosigkeitsgefühle	Zwangsgefühle
ZERSTÖRUNG	Sinnlosigkeitsgefühle	Ängste	Schuldgefühle

Tabelle 4: Die von unseren Egostrategien erzeugten Teufelskreise

EGOSTRATEGIE EGOHALTUNG	ISOLATION	KOMPENSATION	PROJEKTION
RAUB	Geiz, Materialismus	Wünsche, Ansprüche, Erwartungen, Gier	Neid, Missgunst, Gewalt, Angriff oder Flucht
UNTERDRÜCKUNG	Geltungsdrang, Abschätzigkeit, Arroganz	Streben nach Macht, Hoffen auf einen Retter	Zwangsausübung, Unverbindlichkeit, Lügen, Täuschen
ZERSTÖRUNG	Kummer, Resignation, Zynismus, Depression	Einschüchterung, Kontrolle, Unnahbarkeit, Selbstmitleid	Rechtfertigen, Beleidigtsein, Ärger, Vorwürfe, Wut, Hass

Die von unserem Ego in den neun Bereichen unseres Geistes erzeugten Probleme treten in der Regel in den ersten Sätzen eines Märchens auf. Das spezielle Problem gibt dann auch den Bereich des menschlichen Geistes vor, in dem das Märchen spielt. Wir gehen im Folgenden die Bereiche von 1 (Mangelgefühle, Geiz, Materialismus) bis 9 (Schuldgefühle, Rechtfertigung, Schuldprojektion) der Reihe nach durch.

Beginnen wir also mit den drei Bereichen des Energiekörpers, Versorgung, Austausch und Miteinander.

Im tapferen Schneiderlein (Kapitel 2.1) zeigt der enorme Geiz des Schneiders beim Kauf des Mus', dass es um das Problem unserer „Mangelgefühle", also um den Bereich unserer Versorgung geht. Der sich aus Mangelgefühlen und Geiz herausbildende Materialismus wird von den Riesen symbolisiert.

Riese = Materialismus

Beim Tischlein deck dich (Kapitel 2.3) verweist die Ziege, die stets behauptet, nichts gegessen zu haben, auf das Problem der „Unzufriedenheit", die wir zu nicht endenden Wünschen verarbeiten, also den Bereich „Austausch". Nicht lange nach der Erfüllung eines Wunsches sind wir wieder unzufrieden und wollen das nächste. Vor allem bei kleinen Kindern ist leicht zu sehen, wie unzufrieden der menschliche Geist wird, wenn wir zu häufig bekommen, was wir uns wünschen.

Ziege = Unzufriedenheit

Beim Brüderchen und Schwesterchen (Kapitel 2.6) sind es die Hungersnot und die Bosheit der Stiefmutter, die auf das Problem der „Benachteiligungsgefühle" verweisen, die wir zu Neid, Missgunst und Feindseligkeit verarbeiten, welches die Emotionen der bösen Stiefmutter sind.

Böse Stiefmutter = Benachteiligungs-Ego (mit Neid, Missgunst und Feindseligkeit)

Die Bereiche unseres Mentalkörpers lauten Wert, Macht und Recht.

Im Rumpelstilzchen (Kapitel 3.2) gibt sich der Müller ein Ansehen und prahlt mit den Fähigkeiten seiner Tochter. Dieser Geltungsdrang zeigt das Problem der Minderwertigkeitsgefühle, also den Bereich „Wert". Später tritt das Rumpelstilzchen als Symbol für das Geltungs-Ego auf.

Rumpelstilzchen = Geltungs-Ego (gut und als etwas Besonderes dastehen zu wollen)

Beim Dornröschen (Kapitel 3.3) symbolisiert zunächst die lange Kinderlosigkeit des Königspaars das Problem der „Machtlosigkeit", nichts tun zu können, um etwas an einem Problem zu ändern. Später verweist der hundertjährige Schlaf auf ein vom Gefühl der Machtlosigkeit verändertes Bewusstsein. Schlaf symbolisiert die Veränderung unseres Bewusstseins.

Auch bei Rapunzel (Kapitel 3.4) symbolisiert die lange Kinderlosigkeit der Eltern das Problem der „Machtlosigkeit", einen gewünschten Zustand nicht hervorbringen zu können.

Kinderlosigkeit = Machtlosigkeit

Hundertjähriger Schlaf = langer Zyklus eines von Machtlosigkeit veränderten Bewusstseins

Das häufigste Symbol für den Teufelskreis des Zwanges ist eine Hexe oder Zauberin. Die Energie einer Hexe oder Zauberin ist, uns mit unlauteren Mitteln Dinge zu unserem Nachteil aufzuzwingen, die wir nicht wollen, gegen die wir aber scheinbar nichts tun können, sobald wir unser Einverständnis für etwas gegeben haben, für das wir es nicht hätten geben dürfen. Unter den Märchen in diesem Buch ist die Hexe-Zauberin relevant für Hänsel und Gretel (Kapitel 3.5), Jorinde und Joringel (Kapitel 3.6) und Der Froschkönig (Kapitel 3.7 / im Froschkönig wird die Hexe nur kurz erwähnt; sie hat den Königssohn in einen Frosch verwandelt; damit ist auch der verwunschene Frosch ein Symbol für Zwang und Erpressung; er erpresst die Königstochter).

Im Blaubart (Kapitel 3.9) symbolisiert König Blaubart selbst den Egoteufelskreis der Zwangsgefühle, die in diesem Fall zu einer Haltung der Täuschung verarbeitet werden, um andere dadurch zu etwas zu zwingen, dass sie über die wahren Verhältnisse getäuscht werden.

Kommen wir damit zum spirituellen Körper mit den Bereichen Sinn, Sein, Bewusstsein. Im Märchen von der goldenen Gans (Kapitel 4.1) gibt das Unglück der beiden großen Brüder, die sich zynisch gegenüber der Bitte, ihr Essen zu teilen, verhalten und sich mit ihrer Axt in Arm und Bein hacken, das Thema unserer selbstverschuldeten Kümmernisse vor.

Im Märchen von den sieben Raben (Kapitel 4.3) zeigt die Angst der Brüder heimzukehren, nachdem sie den Krug zerbrochen hatten, das Problem der Angst. Raben symbolisieren im Positiven unsere Kommunikation mit der spirituellen Welt. Verwunschene Raben deuten allerdings auf den Verlust unserer Verbindung zur Quelle, zur bedingungslosen Liebe in uns aufgrund von Angst und auf eine Entrückung der spirituellen Ebene aus unserem Bewusstsein. Ein Symbol für die Angst, das häufiger in Sagen als in Märchen auftritt, ist der Drache. Ein Feuerdrache „Der Teufel und seine Großmutter" (Kapitel 4.9) symbolisiert eine von Schuldgefühlen verursachte Angst vor Strafe.

Ebenfalls im Märchen „Der Teufel und seine Großmutter" symbolisiert der Krieg des bösen Königs Konflikte aufgrund von Schuldprojektion. Die

Schuldprojektion selbst wird vom Teufel symbolisiert, der den flüchtigen Soldaten aus dem Kriegsgetümmel heraushilft. Im Teufel mit den drei goldenen Haaren wird die Schuldprojektion ebenfalls vom Teufel symbolisiert. Im Rotkäppchen steht der Wolf für die Schuldprojektion.

In den Tabellen 3 und 4 sind als Überschriften der Spalten die drei grundlegenden Egostrategien der Isolation, Kompensation und Projektion zu sehen. In Kapitel 5 mit den übergeordneten Märchen gibt es dazu jeweils ein Märchen. Die Egostrategie der Isolation (Egozentrik) im Märchen „Aschenputtel" (5.2) wird von der bösen Stiefmutter symbolisiert. Die Egostrategie der Kompensation im Märchen „Der König vom goldenen Berg" (5.3) wird vom schwarzen Männchen verkörpert. Und im Märchen „Schneeweißchen und Rosenrot" (5.4) steht der böse Zwerg für die Egostrategie der Projektion.

Ebenfalls in den Tabellen 3 und 4 sind als Überschriften der Zeilen die Egohaltungen im jeweiligen Körper aufgeführt. Die Egohaltung des Raubs in unserem Energiekörper wird im Märchen „Der Wolf und die sieben Geißlein" (5.5) vom Wolf symbolisiert. Die Egohaltung der Unterdrückung in unserem Mentalkörper wird im Märchen vom „Eisenhans" (5.6) vom toten Wald (Teufelskreis der Minderwertigkeit) vom wilden Mann (Teufelskreis der Machtlosigkeit) und später vom Krieg im Königsreich (Teufelskreis des Zwanges) symbolisiert. Im Märchen „Die zwölf Brüder" (5.7) schließlich wird die Egohaltung der Zerstörung in unserem spirituellen Körper davon symbolisiert, dass der Vater seine zwölf Söhne zum Tode verurteilt, falls ein Mädchen geboren wird. Darauf folgt symbolisch dargestellt ein langer Prozess des Lernens bedingungsloser Liebe, um die Selbstzerstörungsneigung zu transformieren.

Für die Lösung unserer Egoprobleme und der daraus resultierenden Ego-Teufelskreise stehen uns eine Reihe von Selbstheilungskräften zur Verfügung, die wir in unserem Geist aktivieren können, um uns mit ihrer Hilfe von der Negativität zu befreien, bzw. zu unserer Heilung aktivieren müssen, weil unbewusstes Handeln automatisch vom Ego gesteuert wird.

In der Regel werden unsere Selbstheilungskräfte genauso wie unsere Bedürfnisse, deren Erfüllung wir dienen, von Königen oder Königinnen, bzw. Königssöhnen oder Königstöchtern symbolisiert. Unsere Selbstheilungskräfte sind die uns leitenden Prinzipien. Eine besonders schöne Königin oder Königstochter steht für eine besonders schöne Selbstheilungskraft. Häufig sind es verwunschene Tiere oder unscheinbare Personen, die sich am Ende als Königssöhne oder Königstöchter herausstellen, die eine Selbstheilungskraft symbolisieren, die sich zuerst von unserer inneren Gefangenschaft in der Negativität unseres Egos befreien muss.

Tabelle 5: Die uns zur Lösung unserer Egoprobleme verfügbaren Selbstheilungskräfte

LEITENDE SELBST-HEILKRAFT LÖSUNGSHALTUNG	SELBSTLOSIGKEIT	GESUNDER MENSCHENVERSTAND	UNTERSCHEIDUNGSVERMÖGEN
VERZICHT (FÜR DEN RAUB)	Großzügig Teilen; Achten auf berechnende, materialistische Gedanken	Verzichten auf Objekt unseres Verlangens; Dankbarkeit; Großzügigkeit	Lösungsorientiert und gewaltfrei für Rechte und Bedürfnisse eintreten
GEWISSENHAFTIGKEIT FÜR DIE UNTERDRÜCKUNG	Wertschätzen; Eingestehen von Defiziten; Demut; selbstlos Dienen	Erfinden eines Bewusstseins von Möglichkeit	Gewissenhaftigkeit, Integrität, Pflichtbewusstsein, Unterscheiden, welches Verhalten Integrität bewirkt
VERGEBUNG UND LIEBE FÜR DIE ZERSTÖRUNG	Wahl, glücklich zu sein, egal was kommt; Geben	Liebe, Mut, Mitgefühl, Selbstvertrauen	Vergebung und Selbstvergebung

Im Märchen vom Aschenputtel (Kapitel 5.2) symbolisiert Aschenputtel selbst die Selbstlosigkeit und wandelt sich von einem unscheinbaren Mädchen in eine Königin.

Es können jedoch auch bestimmte Objekte oder Handlungen eine Selbstheilungskraft darstellen.

Im Märchen vom Tischlein deck dich steht der Knüppel aus dem Sack für unseren rigorosen Verzicht auf das Objekt unseres Verlangens, um uns auf diese Weise aus der Sklaverei von unseren Wünschen zu befreien und Zufriedenheit zu erlangen. Im Brüderchen und Schwesterchen symbolisiert am Ende die Rückverwandlung des Rehs in das Brüderchen die Selbstheilung durch lösungsorientierte (gewaltfreie) Kommunikation, durch die wir erfolgreich für uns einstehen, ohne durch cholerisches (Tiger) oder sanguinisches (Wolf) Angriffsverhalten oder durch melancholisches oder phlegmatisches Fluchtverhalten (Reh)(Fight or Flight) eine Lösung des Problems zu verhindern.

1.5 Zahlensymbolik: Sechs, Sieben, Acht, Zehn, Zwölf und Dreizehn

Die Zahlen Sechs und Sieben haben wir in Band 1 „Neunfache Selbstheilung" detaillierter besprochen und geben hier nur kurz die Bedeutung wieder.

Die Sechs symbolisiert eine Verhaftung an unsere Vergangenheit und Karma und kommt tatsächlich häufiger in den Märchen vor.

Genauso wie die Sieben, die für Ganzheit steht und sich gelegentlich auf unsere 7 Chakren bezieht, vor allem, wenn es um 7 Geißlein, 7 Berge oder 7 Zwerge geht.

Die Acht symbolisiert Vollkommenheit und den Weg dahin, also Vervollkommnung. Wenn man die Linie der Acht nachfährt, dreht sich der obere Kreis immer anders herum als der untere. Dies symbolisiert, dass die Gesetze in der geistigen Welt gegenläufig den Gesetzen in der physischen Welt sind. Wenn wir materiell Dinge weggeben, wird unser Besitz weniger. Wenn wir geistig Liebe oder Freude verschenken, wird unsere eigene Liebe und Freude mehr.

Wenn in unserer Welt etwas Negatives getan wird, verweist uns dies auf die Aufgabe, das Problem im Geistigen zu lösen.

Wenn wir im Physischen einer Diktatur unterworfen werden, zeigt uns das Leben, dass es für uns um eine Weitung unseres Geistes geht, unseren Geist so zu befreien, dass wir in unserem Geist statt einer Drangsal von außen ein Leben in Freiheit produzieren. Dies ist so, weil wir in der Welt nur erschaffen können, was zuvor in unserem Geist ist.

Wenn wir physisch verarmen, geht es im Geistigen darum, den Weg in die Anbindung an das Göttliche zu finden, die uns Reichtum schenken kann und uns – wenn wir den Weg denn gefunden haben – auch wieder physischen Wohlstand geben wird, wenn die Lektion gelernt ist.

Die erforderliche innere, geistige Befreiung, um die Probleme in unserer Welt lösen zu können, geschieht also durch Achtsamkeit gegenüber dem, was wir uns in unseren Gedanken erschaffen. Mit Achtsamkeit und Wachsamkeit können wir die Negativität in uns besiegen und uns ein Leben in Glück und Fülle kreieren.

Die Zehn symbolisiert Einheit, Gleichgewicht und rechtes Maß. Wenn etwas zehn Jahre dauert, heißt dies, dass eine Sache so lange dauert, bis die Zeit für den nächsten Schritt im Prozess reif ist. Die alten Römer haben sich bewusst Vorteile auf Kosten anderer verschafft und so bewusst Ungleichgewicht in die Welt getragen, indem sie die Zehn in die Neun und die Elf aufgespalten haben. Das ist der Grund, warum Teufelsanbeter ihre bösen Großtaten gerne an einem 11.9. oder an einem 9.11. verrichten.

Die Neun steht allerdings nur im direkten Kontext mit der Elf für etwas Negatives, hier nämlich für den Mangel, wobei die Elf für den Überfluss steht. Die 9/11 Symbolik überspringt die Zehn, die für Gleichgewicht und rechtes Maß steht, spaltet die Zehn damit auf und soll jenen, die sie einsetzen, alles Gute und Wertvolle auf Kosten anderer einbringen, spaltet die Menschheit also in reich und arm, mächtig und machtlos.

Für sich allein genommen ist die Neun als Zahl Gottes etwas ganz und gar Positives, weil sie die Drei Mal Drei ist, weil ein Vielfaches von 9 immer die Quersumme 9 ergibt, was symbolisiert, dass richtige Bewusstseinsarbeit immer zu mehr Bewusstsein führt und richtige Selbsterkenntnis immer zu Gott in unserem Herzen. Dass ein Vielfaches der Neun auch immer wieder die Quersumme Neun ergibt bedeutet: Aus dem Bewusstsein kommen wir, Bewusstsein sind wir und zu Bewusstsein werden wir auch wieder. Wir sind ein Kind Gottes, sind in Gott und können Gott in Wahrheit niemals verlassen. Dass wir Kinder Gottes sind, zeigt sich auch daran, dass unser Geist in 3 Körpern mit je 3 Bereichen aufgebaut ist.

Auch die Elf symbolisiert für sich genommen etwas Positives, nämlich die Unterscheidung zwischen dem Vergänglichen und dem Ewigen, zwischen unserem Ego und dem wahren Selbst.

Kommen wir damit zur Zwölf.

Die zwölf Brüder (Kapitel 5.7) symbolisieren die Gesamtheit der spirituellen Prinzipien, die unser Leben und unsere Entwicklung als Mensch in der physischen Welt regeln. In der Astrologie wären dies die zwölf Tierkreiszeichen. Sie ist auch eine Zahl der Zeitrechnung. Tag und Nacht haben jeweils zwölf Stunden, was auch symbolisiert, dass wir uns immer wieder aus der Dunkelheit unseres Egos herausarbeiten an das Licht unseres wahren Seins, der bedingungslosen Liebe.

Die Zahl Dreizehn steht im Positiven für einen Neubeginn nach einem abgeschlossenen Zyklus, im Negativen jedoch für unsere eigene Schöpfung jenseits des Göttlichen, also für unser Ego, das die Ursache von all unserem Unglück ist. Im Märchen kann die Dreizehn beide Bedeutungen gleichzeitig haben, also sowohl die negative als auch die positive. Wenn das Erscheinen der Dreizehn die guten Werke der Zwölf zunichte zu machen droht (Dornröschen) oder die Zwölf davor dadurch des Todes sind (Die zwölf Brüder, Kapitel 5.7), steht sie für das Ego, das sich an die Stelle unseres wahren Seins setzt, das wir durch Frieden, Liebe und Glück erleben, und es durch Konflikte, Angst, Wut und Leid ersetzt.

Gleichzeitig kann aus der negativen Bedeutung der Dreizehn jedoch auch ihre positive Bedeutung erwachsen. Unser Ego erzeugt einerseits Leid und Unglück, macht auf der anderen Seite jedoch auch eine Transformation zur Umwandlung von Leid, Angst und Schuld in Glück, Liebe, Vertrauen und kindliche Unschuld erforderlich, so dass die Dreizehn auch für Transformation und den Beginn eines neuen Entwicklungszyklus steht, durch den unser spirituelles Sein auf eine höhere Stufe gehoben wird, die unsere Akzeptanz, Selbstannahme und Liebe bedingungslos macht. Damit steht die Dreizehn auch für eine Reinigung, Höherentwicklung und Veredelung unserer Liebe und unserer Fähigkeit, bedingungslos zu lieben.

Man kann die Zahl Dreizehn also auch so deuten, dass der tiefer liegende Wunsch des menschlichen Geistes, sich spirituell höher zu entwickeln, zur Ausbildung eines Egos führt, das uns dann in Konflikte und Probleme führt, die eine Transformation erforderlich machen, die wir überhaupt nur erfolgreich gestalten können, wenn wir uns im Zuge dieser Transformation höher entwickeln, indem unsere Selbstheilungskräfte durch das Entwickeln bedingungsloser Liebe so stark werden, dass sie unser Ego wieder auflösen und uns in die Einheit zurückbringen können.

Dann ist es also kein Widerspruch, dass die Dreizehn sowohl für unser Ego als auch für die Transformation von Ego und die damit verbundene Veredelung der Liebe hin zur Bedingungslosigkeit, zum Christusbewusstsein, steht. Die Dreizehn steht ja auch für den Christus (12 Jünger plus Christus).

1.6 Die Symbolik der Bremer Stadtmusikanten als Beispiel

Gehen wir als ein erstes knappes Interpretationsbeispiel die Bremer Stadtmusikanten durch.

Der Esel ist ein Symbol für unseren physischen Körper. Auch in der Bibelsymbolik bedeutet das Reiten auf einem Esel das persönliche physische Erscheinen. Jesu Ritt nach Jerusalem hinein symbolisiert also, dass er persönlich gekommen ist.

Esel = physischer Körper

Ein Hund symbolisiert die Wachsamkeit, auf alles aufmerksam zu werden, was unserem spirituellem Wachstum schadet.

Hund = Wachsamkeit

Eine Maus (die zum Beispiel an der Wurzel eines Baums nagt, der sonst goldene Äpfel trägt) symbolisiert eine schlechte Angewohnheit, die unsere guten Eigenschaften bedroht und uns vielleicht sogar vom spirituellen Weg abbringen kann.
Maus = schlechte Angewohnheit, schlechte Charaktereigenschaft
Eine Katze symbolisiert die systematische Beseitigung unserer schlechten Angewohnheiten.
Katze = Beseitigen schlechter Angewohnheiten durch spirituelle Disziplin
Um das Märchen von dem Bremer Stadtmusikanten zu komplettieren, das wir hier nur knapp abhandeln, gehen wir auch kurz auf den Hahn ein. Ein Hahn verkündet den nahenden Tag und ruft uns damit – symbolisch – auf, uns auf das Licht des Göttlichen auszurichten.
Hahn = Ausrichtung auf Gott
Ein Huhn, das zusammen mit einem Hahn neues Leben hervorbringt, symbolisiert eine Neugeburt aufgrund unserer Ausrichtung auf das Licht des Göttlichen.
Huhn = spirituelle Neugeburt
Die Räuber symbolisieren die Angst vor dem Tod, die unseren Frieden raubt.
Räuber = Angst, die unseren Frieden raubt
Im Märchen von den Bremer Stadtmusikanten wird der erfolgreiche Umgang mit der Angst vor dem Tod aufgezeigt, die vor allem in fortgeschrittenem Lebensalter zum Thema wird. Alle Tiere des Märchens sind alt und sollen eigentlich sterben.

Bremen heißt „Rand" und die Wanderung nach Bremen symbolisiert das Wissen, auf den „Rand des Lebens", also den Tod zuzusteuern. Die Räuber symbolisieren die Angst vor dem Tod, die uns unseren Frieden raubt.

Die Musik der Tiere symbolisiert nun die Haltung, der Negativität dieser Angst mit Wachsamkeit (Hund), einer systematischen Ausrichtung auf positive Gedanken, die negativen Gedanken fängt und tilgt (Katze) und mit einer inneren Hinwendung mit all unseren Gefühlen und Ängsten zu Gott (Hahn) zu begegnen.

Dass die Räuber vor der Musik der Tiere und später der eine Räuber vor den Tieren Reißaus nimmt und den Hahnschrei als „Bringt mir den Dieb" versteht, symbolisiert, dass es am Ende die gefühlte Gegenwart des Göttlichen ist, die uns die Angst vor dem Tod nehmen kann. Dazu brauchen wir den Mut und die Demut, uns authentisch an Gott zu wenden, auf Gott zu vertrauen und auf Gott in unserem Herzen auszurichten. Wenn die Verbindung zur Quelle, zu Gott in uns, gelingt, nimmt die Angst (die Räuber) Reißaus und das Leben wird schön.

1.7 Weitere allgemeine Symbole in alphabetischer Reihenfolge

Ausgangspunkt für die Entschlüsselung der Symbolik symbolisch verfasster Texte, wie es ja auch die deutschen Volksmärchen sind, waren für mich die Werke Aleksandar Stefanovics. Einige der im Folgenden aufgelisteten Symbole enthalten Quellenangaben, die sich auf das Werk „Geheimsprache Bibel" von Aleksandar Stefanovic beziehen. Aleksandar Stefanovic ist jeweils mit A.S. und Geheimsprache Bibel mit G.B. abgekürzt. Beim Apfel zwei Absätze weiter also lautet die Literaturangabe zum Beispiel (A.S., G.B., S. 179). Das Buch „Geheimsprache Bibel" kann per E-Mail „edition10@t-online.de" bestellt werden. Es ist sprachwissenschaftlich gehalten und recht ausführlich. Eine populäre und kürzere Version zur Symbolsprache der Bibel findet sich in seinem zweiten Werk „Warum Adam kein Mann ist", auch unter der obigen E-Mail bestellbar.

Ameise = Geringe Bedeutung unseres nur weltlichen Daseins
Eine Ameise symbolisiert die geringe Bedeutung unseres aus der Einheit getrennten individuellen Daseins als Mensch und damit die Vergänglichkeit unseres menschlichen Daseins und die Nichtigkeit unserer irdischen Handlungen.

Apfel = Vergänglichkeit & Goldener Apfel = Nutzung unseres vergänglichen Lebens für spirituelle Übungen
Ein Apfel symbolisiert die Vergänglichkeit des Lebens in der Dualität (da ein Apfel eine rasch verfaulende und zerfallende Frucht ist). Ein goldener Apfel symbolisiert die Nutzung unseres vergänglichen Lebens für spirituelle Übungen, um das spirituelle Ziel zu erreichen. (A.S., G.B., S. 179)

Asche = Reinigung unseres Geistes
Asche symbolisiert die Reinigung unseres Geistes von eigennützigen, materialistischen Emotionen durch die Erinnerung an unsere Sterblichkeit und die Vergänglichkeit aller irdischen Errungenschaften.

Berg = Erhöhung des Bewusstseins & Glasberg = Selbsterkenntnis
Das Symbol des Berges steht für die Erhöhung unseres Bewusstseins

durch eine spirituelle Lebensausrichtung (A.S., G.B., S. 122). Ein Glasberg symbolisiert dabei Selbsterkenntnis.

Baum = Hervorbringen von Früchten, lebend sich ausdrückendes Sein
Ein Baum symbolisiert die Fähigkeit des Lebendigen, sich in Interaktion entfalten und bestimmte Früchte hervorbringen zu können. (A.S., G.B., S. 66)

Brot = Energie und Wärme (A.S., G.B., S. 125)

Brunnen, klarer = Klare Innenschau
Brunnen, tiefer, dunkler = Fehlende Einsicht in unser Inneres
Goldene Kugel = Unser wahres Sein.
Ein Brunnen mit dem sehr klaren Wasser symbolisiert unsere Fähigkeit, alle unsere Emotionen und Motive bis auf den Grund zu durchschauen. Die Innenschau ermöglicht uns, unser eigenes Ego zu durchschauen und bringt uns unserem wahren Selbst dadurch näher. Ein Brunnen, dessen Grund wir nicht sehen können, symbolisiert, dass wir durch einen Aspekt unseres Egos von der Einsicht in unser Inneres abgeschnitten sind. Der versehentliche Fall einer goldenen Kugel in einen Brunnen, dessen Grund nicht zu sehen ist, symbolisiert den Verlust unseres Zugangs zu unserem wahren Sein durch Unachtsamkeit.

Frosch = spirituelle Geburt
Ein Frosch ist eine Amphibie, lebt zuerst ausschließlich im Wasser, geht später aber an Land. Ein Gewässer hat zwei Ufer, die unser Verhaftetsein in der Dualität symbolisieren, die Unfähigkeit, dem Denken und Fühlen in Gegensätzen zu entkommen und Einheit zu sehen. Ein Frosch entwickelt die Fähigkeit, das Wasser zu verlassen, ist im Positiven also ein Symbol für unsere Erkenntnis, die Dualität, in der wir gefangen sind, verlassen und zu unserer wahren Heimat, unserem Einheitsbewusstsein, zurückkehren zu können. Die Nacktheit des Frosches symbolisiert die Möglichkeit, im spirituellen Sinne „nackt" zu werden, das heißt, von der Verhaftung an die Dualität entblößt zu werden. Ein Frosch symbolisiert also eine Art spirituelle Geburt, dass sich eine Tür für das Einheitsempfinden und Einheitsbewusstsein unseres Geistes öffnet. (A.S., G.B., S. 277)
Mit etwas anderen Worten heißt Nacktsein, uns der Panzerungen zu entledigen, die unser Ego aufbaut, um dann der Welt offen und ohne

Verstellung zu begegnen, wobei wir die Fähigkeit aufbringen, die unerwünschten Bewusstseinsanteile in uns anzuschauen und anzunehmen, so dass wir uns von dem Bedürfnis befreien, das Unerwünschte auf andere abzuschieben, damit wir es dadurch los werden.

Frosch, verwunschener Königssohn = Zwang und Erpressung
Wenn es sich bei einem Frosch um einen verwunschenen Königssohn handelt, symbolisiert er das unverhohlene Auftreten des Egoproblems des zugehörigen Bereichs. Beim Froschkönig symbolisiert er so unverhohlenen Zwang, Erpressung und Ausnutzung einer Notlage.

Fuchs = sanguinisches Temperament
Der kluge und berechnende Fuchs symbolisiert sanguinisches Temperament.

Gans = Mentalkörper
Die Gans kann sich in allen Elementen bewegen, auf dem Wasser, auf dem Land und in der Luft und kann sich so bis in den Himmel erheben. Damit symbolisiert die Gans unseren Mentalkörper, der sich etwa vom 4. - 6. Lebensjahr in drei Schritten in uns ausbildet.

Geiß = Versorgung mit Energie
Eine Geiß ist ein Muttersymbol, ein Symbol für Versorgung. Die 7 Geißlein stehen für den energetischen Aspekt unserer Chakren, unsere energetische Versorgung über die Chakren.

Haar = spirituelle Übungen & Goldenes Haar = spirituelles Bewusstsein
Kopfhaar geht am oberen (himmelwärts befindlichen) Ende unseres Körpers über uns hinaus und symbolisiert unsere spirituellen Aktivitäten, Übungen. Goldenes Haar symbolisiert das durch spirituelle Übungen erlangte Bewusstsein unseres wahren Selbst. Die Schönheit einer Figur mit goldenem Haar symbolisiert die Schönheit der Qualität, für die die betreffende Figur steht.

Haselnussbaum = Unsterblichkeit
Der Haselnussbaum symbolisiert Unsterblichkeit und eine spirituelle Ausrichtung unseres Geistes. Das Beten am Grab der Mutter, über dem ein Hasennussbaum gewachsen ist, symbolisiert das Entwickeln von Hingabe

in unserer Hinwendung zum Göttlichen, um die verlorene Verbindung zur Quelle, zu Gott, wiederherzustellen.

Hinkelbeinchen = spirituelle Bemühungen, egal wie unbeholfen
Während ein Huhn eine neue Geburt symbolisiert, steht das Hinkelbeinchen für unsere unbeholfenen Bemühungen für eine spirituelle Wiedergeburt. Es braucht unsere spirituellen Bemühungen, auch wenn diese unbeholfen sind.

Holzhacken = spirituelle Suche & Holzhacker = spiritueller Sucher
Ein Baum symbolisiert die Fähigkeit, in Interaktion mit dem Leben bestimmte Früchte hervorbringen zu können. In einem spirituellen Kontext symbolisiert das Holzhacken oder Holzhauen also das Bemühen um spirituelles Wachstum und spirituelle Weisheit. Ein Holzhacker oder Holzhauer symbolisiert also einen spirituell Suchenden.

Jäger = Unterscheidungsvermögen
Ein Jäger ist dafür zuständig, den Raubtierbestand so zu reduzieren, dass die Raubtiere dem Menschen keinen Schaden zufügen, und den Pflanzenfresserbestand so zu kontrollieren, dass die Pflanzenwelt nicht zerstört wird und die bestellten Felder der Bauern nicht beschädigt werden. Somit symbolisiert ein Jäger also die Arbeit, mit Unterscheidungsvermögen unser Gemüt so von Negativität zu reinigen, dass wir unser inneres Gleichgewicht und unseren inneren Frieden wahren können. Der Jäger steht für ein Unterscheidungsvermögen, das in der Lage ist, das Ewige vom Vergänglichen und damit auch das, was unserem spirituellen Wachstum dient, von dem, was nur unserer Neigung zur Schuldprojektion und damit unserem Ego dient, zu unterscheiden.

Kuh = physischer Körper
So wie der Esel symbolisiert auch eine Kuh unseren physischen Körper. Das sanskrit-Wort für Kuh, aditi, heißt gleichzeitig auch Erde, also physische Existenz. Das heißt, die Kuh ist ein Symbol für unseren physischen Körper, für unser Leben in einem menschlichen Körper. In Indien symbolisiert die Heiligkeit der Kühe zum einen, dass wir unser Leben in einem menschlichen Körper als ein heiliges Geschenk des Göttlichen achten und dankbar und weise nutzen sollten. Und zum anderen ist es das selbstlose Teilen der Kühe, die dem Menschen bereitwillig die überschüssige Milch

überlassen, die sie nicht für ihre Kälber brauchen, das jenes selbstlose Teilen symbolisiert, das unser Leben heilig macht, wenn wir lernen abzugeben, was wir nicht für uns selbst brauchen, großzügig zu teilen und selbstlos dem Wohl und Glück anderer zu dienen.

Nebeneinandersitzen = frei und unabhängig entscheiden
Das Nebeneinandersitzen am Tisch symbolisiert, sich frei und unabhängig entscheiden zu können.

Pferd = selbstloser Dienst, spiritueller Körper
Unter den Haustieren gilt das Pferd als das Edelste, weil es dem Menschen klaglos dient und ihn bereitwillig trägt, in vielen Fällen auch durch große Gefahren hindurch. Der spirituelle Körper ist unter den vier Körpern des Menschen unser edelster, da Gott nächster Körper, mit dem wir auch die Einheit mit Gott erfahren und dauerhaft wiedererlangen können. Ein Gott nahes, spirituelles Bewusstsein ist stets darauf bedacht, anderen selbstlos zu dienen, anderen Gutes zu tun und sie glücklich zu machen. Ein bockiges Pferd symbolisiert den Verlust unserer selbstlos dienenden Haltung durch Ego.

Raben = Kommunikation mit der spirituellen Welt
Raben sind ein Symbol für unsere Kommunikation mit der spirituellen Welt. Die schwarze Farbe der Raben symbolisiert die Unergründlichkeit des Göttlichen. Verwunschene Raben deuten auf den Verlust unserer Verbindung zur Quelle, zur bedingungslosen Liebe in uns aufgrund von Angst oder einer anderen Form von Ego. Sie stehen auch für eine Entrückung der spirituellen Welt, so dass wir nur noch die physische Welt für real halten.

Reh = melancholisches und phlegmatisches Temperament, Nachgiebigkeit
Das Reh symbolisiert sowohl die melancholische als auch die phlegmatische Verarbeitung unserer Benachteiligungsgefühle in ein nachgiebiges Verhalten in Konflikten, so dass wir in Konflikten leicht den Kürzeren ziehen, von Streitpartnern nicht mehr richtig ernstgenommen werden und so dazu beitragen, dass unsere Rechte und Bedürfnisse verletzt werden. Ein Reh erlegen zu wollen, symbolisiert den Wunsch, die eigene nachgiebige Natur konfliktfähiger zu machen und in mehr Selbstbewusstsein zu wandeln.

Schafe hüten = Achtgeben auf unsere Gedanken

Das Hüten von Schafen symbolisiert, auf sein Bewusstsein, auf seine Gedanken zu achten und sich vor negativen Gedanken zu hüten, um uns unseren inneren Frieden und die Reinheit in unseren Gedanken zu wahren. Die biblische Symbolik des Schafehütens meint auch genau das, das Achtgeben auf unsere Gedanken, um diese von Negativität und Egoismus rein zu halten.

Schlaf = Veränderung unseres Bewusstseins

Schlaf symbolisiert die Veränderung unseres Bewusstseins (A.S., G.B., S. 103). Als Bedingung einer Abmachung zusammen in einem Bett schlafen heißt also zuzulassen, dass unser Bewusstsein durch Erpressung und die Ausnutzung von Abhängigkeit so verändert wird, dass wir nicht mehr wir selbst sind, oder zuzulassen, dass uns unsere Grundrechte als Mensch genommen werden.

Schneider = menschlicher Verstand

Der Schneider ist ein Symbol für den menschlichen Verstand. Genau wie unser Verstand nimmt der Schneider die Dinge erst auseinander und fügt sie sich dann zusammen, bis es für ihn passt. So wie wir in den Kleidern leben, die ein Schneider angefertigt hat, so leben wir in genau der Realität, die sich unser Verstand zurechtgebastelt hat.

Schreiner und Tischlein deck dich = erschaffender Aspekt unseres Austauschs
Müller und Goldesel = bewahrender Aspekt unseres Austauschs
Drechsler und Knüppel aus dem Sack = auflösender Aspekt unseres Austauschs

Schwan = Selbstüberhebung

Ein Schwan symbolisiert im Positiven Anmut und im Negativen, wenn ein Schwan ein verwunschener Königssohn ist, unsere Selbstüberhebung, über dem Recht zu stehen, tun zu können, was wir wollen, und anderen unsere Ansichten aufdrängen zu dürfen/zu müssen. Es kann sich also auch um ein kollektives Selbstüberhebungsego handeln, anderen unsere Ideologie oder Religion aufdrängen zu dürfen/zu müssen, um sie von ihren falschen und schädlichen Ansichten zu „befreien" oder „durch den wahren Glauben zu retten".

Schwein = Energiekörper
Das Schwein symbolisiert niedere Triebe und damit den Energie- oder Triebkörper des Menschen, der in den ersten drei Jahren nach unserer Geburt nach und nach ausgebildet und aktiv wird.

Seide = Schönheit durch spirituelle Transformation
Aus einer Seidenraupe wird ein Schmetterling. Seide steht für die Schönheit, die wir produzieren, wenn wir an der Transformation unseres Bewusstseins arbeiten.

Taube = Glückseligkeit im Zustand der Einheit
Eine Taube symbolisiert reines, glückseliges Bewusstsein, z.B. auch in der Bibel, wenn sich bei Jesus eine Taube zeigt (A.S., G.B., S. 196). Der Tod der Taube (Jorinde und Joringel) symbolisiert also die Abgeschnittenheit von der Glückseligkeit unseres wahren Selbst.

Teller essen, Becher trinken, aus einem = Dinge gleich wahrnehmen
Das zusammen Essen und zusammen Trinken symbolisiert, Dinge auf die gleiche Weise wahrzunehmen und einzuordnen (Froschkönig). Von jemandes Teller essen oder aus jemandes Becher trinken symbolisiert, das eigene Sein und Bewusstsein mit der Qualität zu nähren, die jener symbolisiert, von dessen Teller gegessen oder aus dessen Becher getrunken wird (Schneewittchen; Die sieben Raben).

Tiger = cholerisches Temperament
Der Tiger symbolisiert die cholerische Verarbeitung unserer Benachteiligungsgefühle in offene Feindseligkeit und Wutausbrüche.

Wackelnder Kopf einer bösen Hexe = Verwirrung über richtig und falsch
Eine böse Hexe symbolisiert den Teufelskreis des Zwanges. Zwang führt zu dem Wunsch, diesem Zwang entkommen zu können. Die menschliche Gesellschaft ist von sinnvollen Regeln und von der freiwilligen Einhaltung solcher Regeln abhängig. Ein ethisches Bewusstsein hält sich an sinnvolle Regeln, welche sowohl die Gemeinschaft vor dem Egoismus Einzelner als auch den Einzelnen vor der Willkür der Gemeinschaft schützen. Wenn das ethische Bewusstsein der Menschen verfällt und sie ihre eigennützigen Interessen an die oberste Stelle setzen, empfinden sie Regeln leicht als einen gegen ihre Interessen gerichteten Zwang. Wenn sie sich nicht an die

Regeln halten, ist die Gemeinschaft gefährdet und setzt Zwang ein, um die Regeln durchzusetzen. Zunehmendem Zwang begegnen Menschen jedoch leicht mit zunehmender Unverbindlichkeit, Ausreden und Lügen, um dem Zwang zu entkommen. Diese führen zu mehr Zwang. Mehr Zwang führt zu mehr Lügen und Unredlichkeit. Mächtige Menschen, die gerne Zwang ausüben wollen, verleiten ihre Mitmenschen zur Unredlichkeit und zu einem Verfall des Anstands. Sie verheißen die totale Freiheit des Egos, weil diese Freiheit in die Versklavung führt und ihnen totale Macht über ihre Mitmenschen gibt. Die so vom Teufelskreis aus Zwang, Lügen und Täuschung ausgehende Verwirrung über richtig und falsch im Leben wird vom wackelnden Kopf einer bösen Hexe symbolisiert.

Wolf = je nach Bereich, um den es im Märchen geht, sanguinisches (Brüderchen und Schwesterchen), oder auch cholerisches Temperament (der wunderliche Spielmann), oder Energieraub (der Wolf und die sieben Geißlein), oder Schuldprojektion (Rotkäppchen)
Der Wolf symbolisiert die sanguinische (oder cholerische) Verarbeitung unserer Benachteiligungsgefühle in ein berechnendes Vorgehen gegen Konkurrenten, um in unseren Konflikten siegreich zu bleiben (Brüderchen und Schwesterchen/Spielmann). Diese Varianten der Bedeutung des Wolfs betreffen die Egoprobleme im 3. oder 9. Bereich unseres Geistes.

1.8 Auswirkungen der Fehlübersetzung von Symbolsprache

Noch eine Anmerkung zum Symbol der bösen Hexe und des Wolfs. Durch die Überlieferungen und Märchen aus sehr alter Zeit ist uns auch die Symbolsprache der alten Zeit erhalten geblieben, obwohl ihr rechtes Verständnis verloren ging. Wenn die eigentliche Bedeutung der alten Symbole verlorengeht, kann dies verheerende Auswirkung auf die menschliche Gesellschaft haben. In den Urtexten der Bibel steht zum Beispiel, dass unser Bewusstsein (männlich) unser Gemüt aus Gedanken und Emotionen (weiblich) unter Kontrolle halten muss, damit wir im Frieden und im Gleichgewicht bleiben. Dies wurde fehlübersetzt in das Gebot, dass der Mann über die Frau herrschen soll. Verheerend, wenn man bedenkt, was sowohl Judentum als auch Christentum als auch der Islam aus dieser Fehlübersetzung gemacht haben. Die gängigen Bibelübersetzungen sind durchgehend falsch, mit verheerenden negative Auswirkungen. Friedrich Weinreb und Aleksandar Stefanovic haben viel Pionierarbeit geleistet, um diese Fehler zu korrigieren und die wahre Bedeutung und Schönheit der alten Bibeltexte zum Vorschein zu bringen. Vor allem die Werke Aleksandar Stefanovics kann ich nur jedem ans Herz legen, der wissen will, was wirklich in der Bibel steht.

Vielleicht schreibe ich auch noch ein Buch dazu. Die alten Texte haben sich so massiv negativ ausgewirkt, weil die Gesetze in der Außenwelt gegenläufig denen in der spirituellen Welt sind. So passiert es sehr leicht, dass aus der Darstellung innerer Reinigungsprozesse in den Fehlübersetzungen plötzlich Mord und Totschlag, Blutvergießen, Krieg und Völkermord wird. All dies gibt es in den Urtexten der Bibel eigentlich gar nicht. Auch das Opfern eines Sohnes meint nur die Hingabe unserer Werke und Konzepte an Gott und hat nichts mit einem Menschenopfer zu tun.

Aber auch der Verlust des Verständnisses der Symbolsprache der Märchen hatte schlimme Auswirkungen. Das Verbrennen einer Hexe im Feuer symbolisiert die Transformation unseres Zwangsego dadurch, dass es sich an unserer spirituellen Disziplin reibt, indem wir streng auf unsere Integrität achten. Wenn Zwangsego in uns aktiv werden will und wir es bewusst nicht zum Zug kommen lassen, so erzeugt dies eine Reibung, die wir als Hitze wahrnehmen können. Das und nichts anderes ist „das Verbrennen einer Hexe". Wenn man weiß, dass die Hexenverbrennungen vom 16.-19. Jahrhundert durchgeführt wurden, sieht man daran auch, wie lange die wahre Bedeutung der Märchen bereits verloren gegangen ist und wie alt die Märchen mindestens sein müssen.

Auch der Verlust des Verständnisses der Bedeutung des Symbols „Wolf" hat sich schlimm auf die echten Wölfe ausgewirkt.

Alle diese Fehlübersetzungen haben die eine Gemeinsamkeit, dass die alten Symbolsprachen sich der Figuren und Bilder aus unserer Außenwelt bedienen, um innere Vorgänge und Prozesse anschaulich zu machen. Und was in den letzten Jahrtausenden eigentlich verloren gegangen ist, ist unsere Arbeit daran, unser eigenes Bewusstsein zu erforschen und von den Unreinheiten unseres Egos zu befreien, die uns und unsere Mitmenschen belasten. Es wird Zeit, dass die alten Texte auch wieder in diesem Sinne verstanden und genutzt werden, unser Bewusstsein zu reinigen und uns selbst, unser wahres Selbst, zu erkennen und unser Leben wieder in ein wahres Fest zu verwandeln, das nicht unsere niederen Triebe und Gelüste, sondern das Göttliche feiert.

Kapitel 2 – Märchen zum Energiekörper

Einleitung

So wie in Band 1 „Neunfache Selbstheilung" gehen wir in den Betrachtungen der Märchen von den ersten drei Schalen des menschlichen Geistes (Energiekörper, Kapitel 2) über zu den mittleren drei Schalen (Mentalkörper, Kapitel 3) und vollenden die Neunheit mit den inneren drei Schalen (spiritueller Körper, Kapitel 4). In Kapitel 5 folgen dann noch übergeordnete Märchen jeweils zu den 3 Spalten, bzw. 3 Zeilen der Neunheit, sowie eine Schöpfungsgeschichte (Schneewittchen) und ein Märchen zur Beendigung des Kreislaufs leidvoller Wiedergeburten (Der Teufel mit den drei goldenen Haaren). Wir beginnen die Interpretation also mit den Märchen zum Energiekörper in diesem 2. Kapitel. Die Märchen zum Energiekörper sind etwas rarer gesät als die zum Mentalkörper und spirituellen Körper. Daher haben wir zwei Märchen zu den vier Temperamenten (der wunderliche Spielmann), bzw. Körpern der menschlichen Seele (Hans im Glück) mit in dieses Kapitel aufgenommen. Die vier Temperamente spielen eine besondere Rolle für das Märchen zur dritten Schale unseres Geistes „Brüderchen und Schwesterchen" und finden ihren Platz daher vor diesem. Wir gehen der Reihe nach vor und beginnen mit zwei Märchen zum 1. Bereich, unser Versorgungsgefühl im Leben.

Märchen zum ersten Bereich: Versorgung

Den Tabellen 1 bis 5 in Kapitel 1.4 gemäß haben wir in diesem Bereich das Bedürfnis, uns gut versorgt zu fühlen und Fülle zu erleben, erfahren durch unser Ego jedoch Mangelgefühle, die unser Ego zu Geiz und Materialismus verarbeitet. Dieser Teufelskreis folgt der Egostrategie der Isolation, anderen vorzuenthalten, was wir sind, haben und geben könnten. Zur Heilung und Auflösung von Mangelgefühlen, Geiz und Materialismus stehen uns dann die Selbstheilungskräfte der Selbstlosigkeit zur Verfügung: Großzügiges Teilen und Achtsamkeit gegenüber ich-bezogenen, materialistischen Gedanken.

2.1 Das tapfere Schneiderlein – Leben in Fülle und Glück durch selbstloses Teilen

Schneider	menschlicher Verstand und selbstloses Teilen
lästige Fliegen	Ängste und Sorgen, die uns belästigen

Riese	Materialismus
Alter Käse	Gewohnheit, unser Glück aus unserem Inneren zu beziehen
Vogel, der in die Freiheit fliegt	Nutzen unseres Verstands zur Befreiung vom Materialismus
Kirschbaum	Reinheit unseres Geistes
Schlafen im Bett der Riesen	Veränderung unseres Bewusstseins durch Materialismus
König & Königstochter	Fülle und Glück
Halbes Königsreich	selbstloses Teilen ist die halbe Miete zu einem erfüllten, glücklichen Leben
Sich tötende Riesen	Überwinden unseres Materialismus durch Übung in Großzügigkeit
Wild gewordenes Einhorn	Verlust unserer Unschuld durch Schuldprojektion
Wütendes Wildschwein	Kampflust und Streit

Der Schneider ist ein Symbol für den menschlichen Verstand. Genau wie unser Verstand nimmt der Schneider die Dinge erst auseinander und fügt sie sich dann zusammen, bis es für ihn passt. So wie wir in den Kleidern leben, die ein Schneider angefertigt hat, so leben wir in genau der Realität, die sich unser Verstand zurechtgebastelt hat.

Die Reise, auf die sich der Schneider macht, symbolisiert eine spirituelle Transformationsreise. Zu Beginn des Märchens zeigt er sich äußerst geizig. Die Reise des Schneiders symbolisiert die Transformation dieses Geizes in Großzügigkeit, die Fähigkeit zu großzügigem Teilen und Verzicht. Jeder Mensch ist in der Lage, seinen gesunden Menschenverstand zu gebrauchen und eine sinnvolle, selbstlose Tat auszuführen und dann zu erkennen, wie wertvoll ein solches Verhalten für unser Menschsein ist. Die Figur des tapferen Schneiderleins symbolisiert im Speziellen also nicht nur unseren gesunden Menschenverstand, sondern hier vor allem seine Nutzung für selbstloses Verhalten.

Tapferes Schneiderlein = sinnvolles, selbstloses Teilen

Das Märchen vom tapferen Schneiderlein symbolisiert also, wie wir durch sinnvolles selbstloses Teilen Fülle, Beschwingtheit und Leichtigkeit in unserem Leben erlangen. Gerade die Fähigkeit, Fülle durch Verzicht zu erlangen, wird in der Zeit der Drangsal bereits jetzt und wie es aussieht in Zukunft noch mehr auf eine harte Probe gestellt werden.

Das Märchen gibt uns einige Hinweise, wie wir die kommenden Herausforderungen meistern können, um uns dennoch gerade durch das Einüben in eine Haltung des Teilens fest in einem Zustand von Glück und Fülle zu verankern. Schauen wir uns also an, wie wir nach Maßgabe des Märchens unsere Fähigkeit zum Teilen nutzen sollten, um Fülle und Glück zu erfahren. Da es in diesem Märchen um die Erfahrung von Fülle und Glück geht, betreffen die Prüfungen, denen das tapfere Schneiderlein unterzogen wird, die Überwindung jener Dinge, die unsere Fülle am meisten bedrohen, die also die meisten Mangelgefühle zum Ausdruck bringen und bewirken.

Da das Märchen zu den bekannteren deutschen Volksmärchen gehört, fassen wir die einzelnen Passagen des Märchens jeweils nur knapp zusammen und gehen dann gleich in die Interpretation über.

An einem Sommermorgen saß ein Schneider auf seinem Tisch am Fenster, war guter Dinge und nähte aus Leibeskräften. Er kaufte sich zum Ärger der Verkäuferin eine sehr geringe Menge an süßem Mus und bestrich sich eine Scheibe Brot damit. Um seine Vorfreude zu steigern nähte er vor dem Verzehr weiter. Währenddessen setzte sich ein Schwarm Fliegen auf das Mus.

Er ärgerte sich über die Fliegen und schlug mit einem Tuch darauf. Dabei tötete er mit einem Schlag sieben von ihnen. Er zählte die toten Fliegen und war so stolz auf seine Heldentat, dass er sich einen Gürtel mit der großen Inschrift „Sieben auf einen Streich" bestickte und beschloss, in die weite Welt zu ziehen, damit die ganze Welt von seiner außerordentlichen Tapferkeit erfuhr. Der Schneider ist sehr eingenommen von sich selbst und egozentrisch.

Der Verzehr von süßem Mus symbolisiert, dass einem das eigene Leben gerade gut schmeckt, also die Erfahrung von Fülle. Fliegen symbolisieren negative Emotionen und Ängste, die wie ungebetene Gäste zu uns kommen und uns belästigen. Die Fliegen auf dem Mus symbolisieren also die Bedrohung unserer Fülle durch negative Emotionen und Ängste.

Die Zahl sieben symbolisiert Ganzheit. Das Töten von sieben Fliegen auf einen Streich symbolisiert also die gänzliche Überwindung solcher negativen Gefühle und Ängste, was uns in eine überfließendes Hochgefühl versetzen kann, das wir mit anderen Menschen teilen wollen.

Dass das Schneiderlein nur eine sehr geringe Menge Mus kauft, symbolisiert Geiz. Mit diesem Geiz und mit der Darstellung eines von sich selbst sehr eingenommenen und egozentrischen Menschen deutet das Märchen auch bereits die Gründe für die Erfahrung der negativen Gefühle und Ängste an. Geiz und Materialismus erzeugt eine Angst vor Verlust, die uns unsere Fülle raubt.

Eingenommenheit von uns selbst und Egozentrik erzeugen Konflikte mit unseren Mitmenschen, die ebenfalls unsere Fülle im Leben zerstören. Im Verlauf des Märchens werden diese negativen Eigenschaften des Schneiders symbolisch als Figuren im Außen dargestellt. Das Überwinden dieser Figuren stellt dann die Transformation der Ursachen von Geiz und Materialismus in Fülle dar.

Als der Schneider sich auf den Weg machte, steckte er sich noch einen alten Käse und vor dem Tore noch einen Vogel ein, der sich in einem Strauch verfangen hatte. Auf seinem Weg begegnete er als erstes einem Riesen, auf den er beherzt zuging. Er lud ihn ein, mit ihm zu gehen.

Der Riese schaute den Schneider jedoch verächtlich an und beleidigte ihn. Als er die Inschrift „Sieben auf einen Streich" auf dem Gürtel las, bekam er ein klein wenig Respekt, weil er glaubte, es handelte sich um sieben Menschen. Dennoch fordert er den Schneider zu einem Wettkampf heraus.

Er zerquetscht einen Stein, bis das Wasser heraustropft. Da nimmt sich der Schneider das alte Stück Käse aus der Tasche und zerquetscht es, bis noch viel mehr Flüssigkeit herauskommt als zuvor aus dem Stein gekommen ist.

Der größte Feind unserer Fähigkeit zum Teilen ist unser Materialismus, der einen viel zu großen, quasi riesigen Raum in unserem Bewusstsein einnimmt und für jeden Vorschlag, dass wir teilen sollten, nur Verachtung übrig hat. Somit symbolisiert der Riese unseren Materialismus, wenn Konsum und Vermögen, das unsere Möglichkeiten zum Konsum absichert, einen viel zu großen Platz in unserem Denken einnehmen.

Die Aufforderung an den Riesen, ihn zu begleiten, symbolisiert unser Bemühen, unseren Materialismus durch ausreichende Großzügigkeit so unter Kontrolle und im Blick zu halten, dass er uns nicht unsere Fülle in unserem Leben raubt. Ein Stein symbolisiert das Unvergängliche. Das Zerquetschen des Steines bis Wasser herauskommt, symbolisiert, dass wir unseren Materialismus als eine grundsätzliche Ordnung im Leben betrachten, dass wir unseren Saft, also unsere Lebenskraft, die uns ein Leben in Fülle schenkt, nur aus unserem Konsum, unseren weltlichen Vergnügungen oder einem Zuwachs unseres Vermögens beziehen können.

Ein materialistisches Bewusstsein glaubt grundsätzlich nicht, dass etwas anderes als Konsum, Vergnügungen und Vermögen überhaupt irgendeine Fülle bewirken kann und lehnt den Vorschlag zu einer Haltung des großzügigen Teilens kategorisch und verächtlich ab. Es sind nur diese Dinge, für die ein materialistischer Mensch überhaupt bereit ist zu arbeiten, wenn er sie für sich selbst hat.

Milch symbolisiert ein erfülltes Leben aus unserem Inneren ohne äußere Ursache, also Glück, Dankbarkeit, Selbstvertrauen etc. Käse symbolisiert die Veredelung und Verfestigung dieses Zustands. Ein alter Käse symbolisiert, diesen Zustand zu unserer Gewohnheit zu machen.

Um zu lernen, unsere materialistischen Neigungen zu beherrschen, ist es also hilfreich, uns durch Verzicht in einem Zustand innerer Fülle zu verankern, den wir nicht aus der Außenwelt, sondern nur aus unserem Inneren beziehen, so dass wir viel mehr grundlose Fülle und ein viel höhere Qualität von Fülle aus unserem Inneren als aus unserem Materialismus ziehen können.

Der Riese wusste nicht, was er sagen sollte, und konnte es von dem Männlein nicht glauben. Da hob er einen Stein auf und warf ihn so hoch, dass man ihn mit Augen kaum noch sehen konnte, als er endlich wieder auf dem Boden aufschlug. Der Schneider nahm daraufhin den Vogel aus der Tasche, ließ ihn fliegen und meinte, dass dieser Stein nicht wieder auf dem Boden aufschlägt.

Das Werfen des Steins durch den Riesen als Herausforderung an das Schneiderlein symbolisiert, wie weit unser Materialismus uns tragen und Fülle bescheren kann, bis diese Fülle endet. Und man muss nur mal beim Monopoly-Spielen gewonnen haben, um sich zu erinnern, wie vergnügt man ist, wenn man einen ständigen Zustrom von Vermögen bezieht, das man anderen wegnehmen kann.

Ein Vogel, der in die Freiheit fliegt, symbolisiert die Nutzung unserer Gedankenfähigkeiten zur Befreiung unseres Geistes von unserem Materialismus, der uns zu einem Sklaven unseres Verlangens nach Konsum, weltlichen Vergnügungen und Vermögen macht.

Dass der Vogel anders als der Stein gar nicht mehr zur Erde runterkommt, symbolisiert also, dass eine durch Großzügigkeit erlangte Fülle, die wir grundlos als Eigenschaft unseres Daseins aus unserem Inneren beziehen, nie mehr zu enden braucht.

Daraufhin forderte der Riese den Schneider zu einem weiteren Wettkampf auf, bei dem es ums Bäume tragen ging. Der Schneider ließ den Riesen den Baum allein tragen, sprang hinten auf die Krone und ließ sich mittragen. Als der Riese erschöpft war, verspottete der Schneider ihn, dass er nicht tragen kann, was für ihn doch ein Leichtes war.

Ein Baum symbolisiert das Hervorbringen von Früchten, die uns nähren, im Kontext dieses Märchens das Hervorbringen von Fülle. Dass der Riese den Baum allein tragen muss bedeutet, dass wir nicht mit unserem Materialismus kooperieren sollten, wenn er versucht, durch Geiz Fülle anzuhäufen. Wenn wir den Materialismus nicht unterstützen und nicht mit ihm kooperieren, erschöpft er sich.

Sie gingen zusammen weiter, und als sie an einem Kirschbaum vorbeigingen, fasste der Riese die Krone des Baums, bog sie herab, gab sie dem Schneider in die Hand und ließ ihn hochschnellen. Der Schneider wurde in die Luft geschleudert, flog über den Baum und landete ohne Schaden auf der anderen Seite. Der Riese verspottete ihn, warum er die schwache Gerte nicht halten konnte.

Der Schneider erwiderte, dass er nur den Jägern in der anderen Richtung ausweichen wollte, indem er kurz über den Baum sprang und meinte zum Riesen, dass er seinerseits nicht in der Lage wäre, so einfach über den Baum zu springen. Der Riese versuchte es und blieb im Geäst hängen.

Ein Kirschbaum symbolisiert wegen seiner weißen Blüten, bevor noch Blätter am Baum sind, die Reinheit unseres Geistes. Das Springen über diesen Baum symbolisiert die Leichtigkeit, eine solche Reinheit in unserem Geist zu erlangen, wenn wir die Energie unseres Materialismus durch bewusste Großzügigkeit ins Leere laufen lassen. Denn der Materialismus selbst schafft es nicht, eine Reinheit unseres Geistes zu erlangen, die uns Leichtigkeit verschafft.

Unsere materialistische Anhaftung erzeugt eine Schwere aus negativen Gedanken und Ängsten, die uns unsere Leichtigkeit raubt, weil wir uns unser Leben durch die zumindest unterschwellige Angst, wir könnten unser Vermögen verlieren oder nicht mehr bekommen, wonach es uns verlangt, selbst unnötig schwer machen und unseren Geist verunreinigen.

Da forderte der Riese den Schneider auf, mit ihm in die Höhle der Riesen zu kommen und bei den Riesen zu übernachten. Er bot ihm ein Bett an. Der Schneider legte sich allerdings lieber in eine Ecke. Nachts wollte der Riese den Schneider mit einer Eisenstange im Schlaf erschlagen. Am nächsten Tag gingen die Riesen in den Wald. Nach dem Aufstehen ging der Schneider ebenfalls. Als die Riesen ihn erblickten, bekamen sie Angst, der Schneider mochte sie totschlagen und nahmen Reißaus.

Schlaf symbolisiert die Veränderung unseres Bewusstseins. Ein Schlaf im Bett der Riesen symbolisiert also, dass wir zulassen, dass unser Materialismus unser Bewusstsein ändert und prägt. Dass das Schneiderlein sich nicht in das Bett des Riesen legt, symbolisiert also, dass wir nicht zulassen dürfen, dass unser Materialismus unser Bewusstsein verändert und einnimmt. Das Reißausnehmen der Riesen symbolisiert entsprechend, dass wir uns von unserem Materialismus befreien können, wenn wir uns durch das Üben in Großzügigkeit von allem Materialismus frei und rein halten.

Der Schneider zog weiter und kam zu einem königlichen Palast, in dessen Hof er sich zum Schlafen ins Gras legte. Die Leute lasen seinen Gürtel „Sieben auf einen Streich" und meldeten dem König, dass ein großer Kriegsheld gekommen sei. Dieser wollte ihn in seine Dienste nehmen und der Schneider willigte ein.

Die Kriegsleute des Königs bekamen es jedoch mit der Angst und wollten ihren Dienst verlassen. Da der König sie nicht verlieren wollte, überlegte er, wie er den Schneider wieder loswerden könnte. Er bot ihm die Königstochter und das halbe Königsreich, wenn er zwei äußerst gefährliche Riesen tötete. Der Schneider nahm das Angebot an und zog mit hundert Reitern des Königs los.

Am Waldrand hieß er die Reiter warten, sprang in den Wald, fand die Riesen schlafend, kletterte auf einen Baum, warf abwechselnd Steine auf die Riesen, bis sie in Zorn aufeinander gerieten, anfingen miteinander zu raufen und schließlich Bäume ausrissen und sich gegenseitig tot schlugen. Der Schneider versetzte ihnen noch ein paar Schwertstiche und kehrte zu den Reitern zurück.

Diese waren überrascht, erfuhren vom Schneider, dass es leicht war, die Riesen zu töten und diese nun in ihrem Blut lägen. Sie prüften dies nach und fanden alles, wie der Schneider es gesagt hatte. Da kehrten sie zum Schloss zurück, wo der König sein Wort jedoch nicht halten wollte und dem Schneider eine weitere Aufgabe stellte.

Der König und seine Tochter symbolisieren Fülle und Glück. Dass der König dem Schneider seine Tochter und die Hälfte des Königreichs verspricht, symbolisiert also, dass unsere Fähigkeit zum großzügigen Teilen bereits die Hälfte unserer Fähigkeit ausmacht, ein erfülltes und glückliches Leben zu leben.

Das Provozieren der beiden Riesen mit Hilfe von Steinen bis sie sich gegenseitig umbringen, symbolisiert, unsere materialistischen Neigungen zielgerichtet durch bewusste Großzügigkeit zu provozieren, bis sie sich erschöpfen und unser Wille, sie zu überwinden, siegreich bleibt.

Ein wichtiges Mittel zum Erreichen anhaltender grundloser Fülle aus unserem Inneren heraus besteht also darin, uns in zielgerichteter Großzügigkeit zu üben bis sich unser Materialismus erschöpft. Die erste Prüfung symbolisiert also das Üben in bewusstem großzügigem Teilen.

Als nächste Aufgabe muss der Schneider ein wild gewordenes Einhorn einfangen, das großen Schaden anrichtet. Der Schneider zieht mit einem Strick und einer Axt los, ließ die Reiter erneut am Waldrand warten und fand das Einhorn, das geradewegs auf ihn zusprang. Er blieb einfach stehen und sprang hinter einen Baum, als das Einhorn ganz nahe war, so dass es das Horn in den Baum rammte. Dadurch war es gefangen. Der Schneider legte dem Tier den Strick um den Hals, hieb mit der Axt das Horn aus dem Stamm, führte das Tier ab und brachte es zum König, der ihm die Königstochter jedoch immer noch nicht geben wollte und ihm stattdessen eine dritte Aufgabe stellte, die er noch zu erfüllen hatte.

Das Einhorn symbolisiert unsere ursprüngliche kindliche Unschuld, weshalb es in der Mythologie so ein hochverehrtes Tier ist. Natürlich ist echte kindliche Unschuld von größter Schönheit. Ein wild gewordenes Einhorn symbolisiert allerdings den Verlust dieser Unschuld durch Schuldprojektion, die unsere Großzügigkeit bedroht.

Wir Menschen neigen dazu, viel lieber über irgendwelche Leute herzuziehen, die an allen Problemen schuld sein müssen, als bei uns selbst anzufangen. Wir könnten dieses Bedürfnis, Fehler und Schuld bei anderen zu finden, durchaus durch eine Konfrontation und Selbstvergebung unserer Schuldgefühle auflösen.

Es ist halt Arbeit, die eigenen Schuldgefühle anzuschauen, sie zu erkennen und sie uns zu vergeben. Jedenfalls, wenn wir jemanden als böse oder schuldig sehen, ist dies ein großes Hindernis dafür, einem solchen Menschen gegenüber großzügig zu sein.

Das Rennen des wild gewordenen Einhorns in einen Baum, nachdem der Schneider ganz ruhig geblieben war und nur kurz vorher auswich, symbolisiert die Auflösung unserer Schuldprojektion durch eine bewusste Selbstvergebung in der direkten Konfrontation mit unseren ursächlichen Schuldgefühlen.

Dadurch endet die verletzende Projektion und wir gewinnen unsere kindliche Unschuld zurück. Ein Bewusstsein kindlicher Unschuld ist auf natürliche Weise großzügig.

Als dritte Aufgabe sollte der Schneider dem König vor der Hochzeit mit seiner Tochter erst noch ein Wildschwein einfangen, das großen Schaden im Wald anrichtete. Die ihm mitgegebenen Jäger ließ der Schneider am Waldrand zurück, fing das Wildschwein in einer Kapelle, indem er dort hineinrannte, das Wildschwein ihm folgte, er aus dem Fenster sprang und dann vorne die Tür zuschlug.

Das wütende Tier war viel zu schwer und unbehilflich, um seinerseits aus dem Fenster hinauszuspringen. Der Schneider überließ das Wildschwein den Jägern und ging zum König, der nun sein Versprechen halten musste. Die Hochzeit ward mit großer Pracht und wenig Freude seitens des Hofs gefeiert.

Das wütende Wildschwein symbolisiert Kampflust und Streit. Das Fangen des Wildschweins in einer Kapelle symbolisiert die Befriedung dieser Neigung durch spirituelle Übungen und eine Hinwendung zu Gott im Gebet. Kampflust und Streit sind ebenfalls ein Hindernis für eine Haltung großzügigen Teilens. Ihre Auflösung ist also förderlich für eine Haltung großzügigen Teilens. In der Summe bedeuten die Prüfungen des tapferen Schneiderleins also, unsere materialistische Anhaftung durch ein zielgerichtetes Üben in Großzügigkeit, unsere Neigung zur Schuldprojektion durch Selbstvergebung und unsere Streitlust durch spirituelle Disziplin und Übungen zu transformieren, um so unseren Geiz in Großzügigkeit zu wandeln und uns in einem Zustand der Fülle zu verankern.

Nach einiger Zeit hörte die junge Königin in der Nacht, wie ihr Gemahl im Traume sprach: „Junge, mach mir den Wams und flick mir die Hosen, oder ich will dir die Elle über die Ohren schlagen." Da merkte sie, dass sie mit einem Schneider verheiratet war und klagte am nächsten Morgen ihrem Vater ihr leid. Dieser solle ihr helfen, sie von diesem Schneider zu erlösen.

Der König versprach ihr, dass die Diener den Schneider in der Nacht binden und auf ein Schiff tragen würden, das ihn in die weite Welt führte. Des Königs Waffenträger war dem jungen Herrn jedoch gewogen und berichtete diesem von den Plänen. Als die Diener in der Nacht kamen, sprach er wieder im Schlaf, er habe Riesen getötet und ein Einhorn und ein Wildschwein gefangen und keine Angst vor den Leuten vor der Tür. Da bekamen diese Angst und der Schneider blieb sein Lebtag über König.

Die Königstochter symbolisiert unser Lebensglück. Die Unzufriedenheit der Königstochter mit der einfachen Herkunft ihres Ehemanns symbolisiert unser letztes Hindernis für ein Leben in Fülle und Glück, nämlich unsere Anspruchshaltung, die nicht großzügig teilen will.

Wir wollen uns nicht bescheiden und Glück und Fülle daraus beziehen, dass wir großzügig teilen, was wir haben, anstatt dass unsere Ansprüche an das Leben erfüllt werden.

Wenn wir unsere materialistischen Neigungen, unsere Schuldprojektion und unsere Neigung zu streiten transformiert haben, wird unsere bloße Standhaftigkeit in einer Haltung der Großzügigkeit auch unsere Anspruchshaltung auflösen und wir können uns durch unsere Bereitschaft zu teilen dauerhaft in einem Zustand von Fülle und Glück verankern.

Die Neigung zur materialistischen Anhaftung, zur Schuldprojektion, zum Streit und zu einer Anspruchshaltung werden in den kommenden Jahren unserer kollektiven Verarmung wahrscheinlich massiv aktiviert. Aufgrund unserer Anhaftung an unser Vermögen werden wir leiden, wenn es schrumpft oder uns sogar weggenommen wird.

Aufgrund unseres Verlusts von Vermögen werden wir unsere Schuldgefühle über den Verlust projizieren und in Wut auf die tiefenstaatlichen

Räuber geraten. Und auch aufgrund unserer Neigung, für die Bewahrung unseres Vermögens zu streiten sowie aufgrund unserer Anspruchshaltung werden wir uns unsere Mangelgefühle und unser Unglück nur schlimmer machen.

Es wird also ein gute Idee sein, uns in großzügigem Teilen zu üben, um einzusehen, dass wir unsere materialistische Anhaftung an Konsum, weltliche Vergnügungen und Vermögen, unsere Neigung zur Schuldprojektion und zum Streit sowie unser Anspruchsdenken durch Großzügigkeit transformieren müssen, um ohne zu viel Leid durch die kommende Drangsal hindurchzukommen.

Wir werden die Fähigkeit zum Teilen brauchen, um uns frei von Hader wegen Dingen zu halten, die wir nicht ändern können, und erfüllte und glückliche Menschen zu bleiben. Unsere Fähigkeit, erfüllte und glückliche Menschen zu bleiben, wird entscheidend sein für die Möglichkeit, den Tiefenstaat schließlich zu Fall zu bringen.

2.2 Die Gänsemagd – Befreiung von materialistischen Denken durch Achtsamkeit gegenüber unseren Gedanken

Alte Königin	Großzügigkeit
Tod des Gemahls	Verlust des Unterscheidungsvermgens wahrer Werte
Schöne Königstochter	selbstloses Teilen
Tuch mit drei Tropfen Blut	Schutz vor Eigennützigkeit durch aufopfernde Haltung
Kammerjungfer	Versorgung mit materiellem Wohlstand
Falada, sprechendes Pferd	Selbstloser Dienst, der durch seine Taten spricht
Königssohn	Unterscheidungsvermögen wahrer Werte
Goldenes Haar	spirituelles Bewusstsein
Kürdchen	Vereinnahmung unserer spirituellen Kraft durch den Verstand
Hütchen	Gemütsverfassung
Wind machen	spirituelle Übungen, um den Verstand konstruktiv zu beschäftigen

Während es im Tapferen Schneiderlein um selbstloses Teilen und den Verzicht auf Schuldprojektion und Streit geht, um den Teufelskreis der Mangelgefühle aufzulösen, fügt das Märchen von der Gänsemagd dem selbstlosen Teilen noch die Ebene der Achtsamkeit gegenüber unseren materialistischen Gedanken hinzu. Das Märchen erzählt uns, wie wir uns durch Achtsamkeit gegenüber unseren Gedanken von der Verdrehung unserer Werte durch eine materialistischen Lebenshaltung befreien können. Damit gehört dieses Märchen nicht nur zum ersten Bereich (Materialismus), sondern auch zum sechsten Bereich (Verdrehung). Da es um die Befreiung von materialistischen Werten geht, ordnen wir das Märchen diesem ersten Bereich zu und besprechen es an dieser Stelle.

Es lebte einmal eine alte Königin, der war ihr Gemahl schon lange Jahre gestorben, und sie hatte eine schöne Tochter. Wie die erwuchs, wurde sie weit über Feld an einen Königssohn versprochen. Als nun die Zeit kam, wo sie vermählt werden sollte und nun das Kind in das fremde Reich abreisen mußte, packte ihr die Alte gar viel köstliches Gerät und Geschmeide ein, Gold und Silber, Becher und Kleinode, kurz alles, was nur zu einem königlichen Brautschatz gehörte, denn sie hatte ihr Kind von Herzen lieb. Auch gab sie ihr eine Kammerjungfer bei, welche mitreiten und die Braut in die Hände des Bräutigams überliefern sollte. Und jede bekam ein Pferd zur Reise, aber das Pferd der Königstochter hieß Falada und konnte sprechen. Wie nun die Abschiedsstunde da war, begab sich die alte Mutter in ihre Schlafkammer, nahm ein Messerlein und schnitt damit in ihre Finger, daß sie bluteten; darauf hielt sie ein weißes Läppchen unter und ließ drei Tropfen Blut hineinfallen, gab sie der Tochter und sprach: „Liebes Kind, verwahre sie wohl, sie werden dir unterwegs not tun."

Das Thema des Märchens wird vom sprechenden Pferd Falada vorgegeben. Ein Pferd symbolisiert selbstlosen Dienst. Dass das Pferd sprechen kann, symbolisiert, dass wir unsere Selbstlosigkeit durch unsere Taten sprechen lassen können. Jeder Mensch ist in der Lage, seinen gesunden Menschenverstand zu gebrauchen und eine sinnvolle, selbstlose Tat auszuführen und dann zu erkennen, wie wertvoll ein solches Verhalten für unser Menschsein ist. Selbstloses Handeln und Teilen dient dem Entwickeln von Großzügigkeit. Die alte Königin symbolisiert diese Großzügigkeit. Es geht also auch hier um den Bereich der Versorgung, den ersten Bereich des menschlichen Geistes. Der verstorbene alte König symbolisiert den Verlust unserer Unterscheidungskraft des Werts von Ewigem und Vergänglichem. Es ist der Tod des Königs, der die Reise der Königstochter erforderlich macht, damit diese einen Königssohn heiraten kann. Dieser Königssohn symbolisiert das gleiche wie der verstorbene König. Es geht hier um die Wiedergewinnung der verlorenen Unterscheidungskraft des Werts von Ewigem und Vergänglichem.

Die Königstochter symbolisiert dabei wie ihre Mutter Selbstlosigkeit und selbstloses Abgeben und Teilen. Die Schätze der Königstochter symbolisieren den großen inneren Reichtum, den wir durch großzügiges Teilen mit Menschen in Not gewinnen. Die drei Tropfen Blut aus der Hand der Königin symbolisieren die durch Selbstaufopferung gewonnene Energie, also das Opfern der eigenen Bequemlichkeit und Vorteile, um anderen in ihrer Not beizustehen. Das Tuch mit den drei Blutstropfen symbolisiert den durch Selbstaufopferung gewonnenen Schutz vor dem eigenen Ego, der eigenen Eigennützigkeit.

Die Kammerjungfer der Königstochter symbolisiert unsere Versorgung mit materiellem Wohlstand. Materieller Wohlstand sollte uns versorgen, damit er unserem spirituellen Wachstum dient, indem wir auf die richtig unterscheidende Art damit umgehen.

Also nahmen beide voneinander betrübten Abschied. Das Läppchen steckte die Königstochter in ihren Busen vor sich, setzte sich aufs Pferd und zog nun fort zu ihrem Bräutigam. Da sie eine Stunde geritten waren, empfand sie heißen Durst und sprach zu ihrer Kammerjungfer: „Steig' ab und schöpfe mir mit meinem Becher, den du für mich mitgenommen hast, Wasser aus dem Bache, ich möchte gern einmal trinken." - „Wenn Ihr Durst habt," sprach die Kammerjungfer, „so steigt selber ab, legt Euch ans Wasser und trinkt, ich mag Eure Magd nicht sein." Da stieg die Königstochter vor großem Durst herunter, neigte sich über das Wasser im Bach und trank und durfte nicht aus dem goldenen Becher trinken. Da sprach sie: „Ach Gott!" Da antworteten die drei Blutstropfen: „Wenn das deine Mutter wüßte, das Herz im Leib tät ihr zerspringen." Aber die Königsbraut war demütig, sagte nichts und stieg wieder zu Pferde. So ritten sie etliche Meilen weiter fort, aber der Tag war warm, die Sonne stach, und sie durstete bald von neuem. Da sie nun an einen Wasserfluß kamen, rief sie noch einmal ihrer Kammerjungfer: „Steig' ab und gib mir aus meinem Goldbecher zu trinken," denn sie hatte alle bösen Worte längst vergessen. Die Kammerjungfer sprach aber noch hochmütiger: „Wollt Ihr trinken, so trinkt allein, ich mag nicht Eure Magd sein." Da stieg die Königstochter hernieder vor großem Durst, legte sich über das fließende Wasser, weinte und sprach: „Ach Gott!" und die Blutstropfen antworteten wiederum: „Wenn das deine Mutter wüßte, das Herz im Leibe tät ihr zerspringen." Und wie sie so trank und sich recht überlehnte, fiel ihr das Läppchen, worin die drei Tropfen waren, aus dem Busen und floß mit dem Wasser fort, ohne daß sie es in ihrer großen Angst merkte. Die Kammerjungfer hatte aber zugesehen und freute sich, daß sie Gewalt über die Braut bekäme; denn damit, daß diese die Blutstropfen verloren hatte, war sie schwach und machtlos geworden. Als sie nun wieder auf ihr Pferd steigen wollte, das da hieß Falada, sagte die Kammerfrau: „Auf Falada gehöre ich, und auf meinen Gaul gehörst du;" und das mußte sie sich gefallen lassen. Dann befahl ihr die Kammerfrau mit harten Worten, die königlichen Kleider auszuziehen und ihre schlechten anzulegen, und endlich mußte sie sich unter freiem Himmel verschwören, daß sie am königlichen Hof keinem Menschen etwas davon sprechen wollte; und wenn sie diesen Eid nicht abgelegt hätte, wäre sie auf der Stelle umgebracht worden. Aber Falada sah das alles an und nahm's wohl in acht.

Die Machtergreifung der Kammerjungfer symbolisiert aufkommende materialistische Neigungen. Wenn die Energie, die wir in unseren materiellen Wohlstand stecken, zu materialistischer Eigennützigkeit wird, wenn sie den ersten Rang einnimmt, wird die Gewichtung unserer Werte im Leben auf den Kopf gestellt. Wenn wir dem materiellen Wohlstand dienen und ihr Sklave werden, Sklave unseres Vermögens, Sklave unseres Konsums, Sklave unserer Annehmlichkeiten, dann wird der Diener zum Herrn. Diese grundlegende Verdrehung, die die menschlichen Werte überlagert, nennt sich Materialismus.

Der Verlust des Tuchs mit den Blutstropfen symbolisiert den Verlust unseres Schutzes, wenn wir aufgrund von Materialismus unsere dienende Haltung im Leben verlieren.

Der Eid, den die Königstochter ablegen muss, niemandem die Wahrheit zu verraten, symbolisiert, dass unser Materialismus es zu einem Tabu macht, uns daran zu erinnern, wie sekundär materielles Eigentum, Konsum und Annehmlichkeiten eigentlich sind und dass unsere menschlichen Werte selbstlosen Teilens eigentlich viel wichtiger sind. Eine selbstlos dienende Haltung und Materialismus sind miteinander unvereinbar. Materialismus erstickt die Selbstlosigkeit, weil es ja darum geht, etwas aufzubauen, was anderen vorenthalten wird, und von dem man nicht abgibt, damit es mehr werden kann.

Die Kammerfrau stieg nun auf Falada und die wahre Braut auf das schlechte Roß, und so zogen sie weiter, bis sie endlich in dem königlichen Schloß eintrafen. Da war große Freude über ihre Ankunft, und der Königssohn sprang ihnen entgegen, hob die Kammerfrau vom Pferde und meinte, sie wäre seine Gemahlin. Sie ward die Treppe hinaufgeführt, die wahre Königstochter aber mußte unten stehenbleiben. Da schaute der alte König am Fenster und sah sie im Hof halten und sah, wie sie fein war, zart und gar schön; ging alsbald hin ins königliche Gemach und fragte die Braut nach der, die sie bei sich hätte und da unten im Hof stände und wer sie wäre?

Dass die Kammerjungfrau Falada für sich beansprucht und die wahre Braut das schlechte Ross nehmen muss, symbolisiert die Usurpation des Dienens durch den Materialismus. Wenn materialistisch ausgerichtete Unternehmen und Menschen davon reden, anderen Dienste zu erbringen, steht im Mittelpunkt, dass sie nicht dienen wollen, sondern dass sie Geld verdienen wollen, dass sie also eigentlich mehr Geld bekommen wollen als sie an Diensten leisten oder Werten geben. Das Erwirtschaften eines Zinses/Kapitalertrags bedeutet, dass wir mehr Geld nehmen als wir an Leistungen geben. Ziel in unserer Zinswirtschaft ist also, mehr zu nehmen als zu geben. Wenn die ganze Welt mehr nehmen will als sie zu geben bereit ist, bringt dies auch die ganze Welt in ein massives Ungleichgewicht, in der die wirtschaftlich Stärksten am Ende fast alles haben und der Rest fast nichts. In einer solchen Welt hat der hohe Wert des selbstlosen Teilens, das Gleichgewicht in die Welt bringt, keinen Platz mehr.

Der alte König steht für die verbliebene Erinnerung daran, dass es eigentlich das selbstlose, großzügige Teilen ist, das wahre Feinheit, Zartheit und Schönheit hat.

Wie gesagt, symbolisiert der Königssohn wie der verstorbene Vater der Königstochter die Unterscheidungskraft des Werts von Ewigem und Vergänglichem. Das Verheiraten des Königssohns mit der Kammerjungfer symbolisiert den Verlust der Unterscheidungskraft, so dass unser Verstand unsere materialistischen Neigungen höher schätzt als menschliche Werte.

„Die hab ich mir unterwegs mitgenommen zur Gesellschaft; gebt der Magd was zu arbeiten, daß sie nicht müßig steht." Aber der alte König hatte keine Arbeit für sie und wußte nichts, als daß er sagte: „Da hab ich so einen kleinen Jungen, der hütet die Gänse, dem mag sie helfen." Der Junge hieß Kürdchen (Konrädchen), dem mußte die wahre Braut helfen Gänse hüten.

Konrad heißt übersetzt kühner Ratgeber. Er symbolisiert die Neigung unseres Verstandes, uns vorlaute Ratschläge zu geben, als wüssten wir selbst in allen Lebenslagen immer schon alles am besten. Die Gans symbolisiert unseren Mentalkörper. Das Hüten von Gänsen symbolisiert also das Achtgeben auf unsere Gedanken und das Entwickeln spirituell förderlicher Gedanken und Eigenschaften. Die Verwandlung der Königstochter in eine Gänsemagd auf Anraten des alten Königs symbolisiert also, dass ein Rest Unterscheidungsvermögen in uns daraufhin wirken wird, dass wir wenigstens die Disziplin entwickeln, auf unsere Gedanken zu achten, wenn die Lebensausrichtung materialistisch geworden ist. Durch einen achtsamen Umgang mit unseren Gedanken und das Meiden, Nichtbeachten und Nichtfüttern negativer und niederziehender Gedanken können wir die Verbindung zu unserem wahren Selbst noch halten.

Bald aber sprach die falsche Braut zu dem jungen König: „Liebster Gemahl, ich bitte Euch, tut mir einen Gefallen!" Er antwortete: „Das will ich gerne tun." - „Nun, so laßt den Schinder rufen und da dem Pferde, worauf ich hergeritten bin, den Hals abhauen, weil es mich unterwegs geärgert hat." Eigentlich aber fürchtete sie, daß das Pferd sprechen möchte, wie sie mit der Königstochter umgegangen war. Nun war das so weit geraten, daß es geschehen und der treue Falada sterben sollte, da kam es auch der rechten Königstochter zu Ohr, und sie versprach dem Schinder heimlich ein Stück Geld, das sie ihm bezahlen wollte, wenn er ihr einen kleinen Dienst erwiese. In der Stadt war ein großes finsteres Tor, wo sie abends und morgens mit den Gänsen durch mußte, unter das finstere Tor möchte er dem Falada seinen Kopf hinnageln, daß sie ihn doch noch mehr als einmal sehen könnte. Also versprach das der Schindersknecht zu tun, hieb den Kopf ab und nagelte ihn unter das finstere Tor fest.

Der Tod Faladas symbolisiert den Verlust der Kraft des selbstlosen Dienens durch eine materialistische, berechnende Lebenseinstellung.

Den Kopf des Falada noch sehen zu können, symbolisiert, den wahren Wert selbstlosen Teilens und Dienens nicht ganz vergessen zu wollen.

Des Morgens früh, da sie und Kürdchen unterm Tor hinaustrieben, sprach sie im Vorbeigehen:
„O du Falada, da du hangest,"
da antwortete der Kopf:
„O du Jungfer Königin, da du gangest,
wenn das deine Mutter wüßte,
ihr Herz tät ihr zerspringen."
Da zog sie still weiter zur Stadt hinaus, und sie trieben die Gänse aufs Feld.

Der Verlust einer selbstlos dienenden Lebenshaltung bringt einen großen Schmerz für unser wahres Selbst mit sich, das unter unserem Materialismus begraben ist. Unser wahres Sein leidet massiv unter unserer materialistischen Lebenshaltung, die die Welt auf den Kopf stellt. Kaum ein Mensch ist sich bewusst, dass eine materialistische Herangehensweise an unser Leben der Hauptgrund für das Fehlen von Glück und das Erleben von Kummer bis hin zur Depression ist. Die Depression bringt das Leiden unseres wahren Selbst unter unserem Materialismus und Eigennutz zum Ausdruck.

Dass die Königstochter sich grämt, dass Falada hängt, und Falada sich grämt, dass die Königstochter als Gänsemagd zum Tor hinaus gehen muss, symbolisiert das traurige Schattendasein, das unsere Bereitschaft zu selbstlosem Teilen durch die Verdrehung der Werte fristet.

Und wenn sie auf der Wiese angekommen war, saß sie nieder und machte ihre Haare auf, die waren eitel Gold, und Kürdchen sah sie und freute sich, wie sie glänzten, und wollte ihr ein paar ausraufen. Da sprach sie:
„Weh, weh, Windchen,
nimm Kürdchen sein Hütchen,
und lass'n sich mit jagen,
bis ich mich geflochten und geschnatzt
und wieder aufgesatzt."
Und da kam ein so starker Wind, daß er dem Kürdchen sein Hütchen weg wehte über alle Land, und es mußte ihm nachlaufen. Bis er wiederkam, war sie mit dem Kämmen und Aufsetzen fertig, und er konnte keine Haare kriegen. Da ward Kürdchen bös und sprach nicht mit ihr; und so hüteten sie die Gänse, bis daß es Abend ward, dann gingen sie nach Haus.

Den andern Morgen, wie sie unter dem finstern Tor hinaustrieben, sprach die Jungfrau:
„O du Falada, da du hangest,"
Falada antwortete:
„O du Jungfer Königin, da du gangest,
wenn das deine Mutter wüßte,
ihr Herz tät ihr zerspringen."
Und in dem Feld setzte sie sich wieder auf die Wiese und fing an, ihr Haar auszukämmen, und Kürdchen lief und wollte danach greifen, da sprach sie schnell:
„Weh, weh, Windchen,
nimm Kürdchen sein Hütchen,
und lass'n sich mit jagen,
bis ich mich geflochten und geschnatzt
und wieder aufgesatzt."
Da wehte der Wind und wehte ihm das Hütchen vom Kopf weit weg, daß Kürdchen nachlaufen mußte, und als es wiederkam, hatte sie längst ihr Haar zurecht, und es konnte keins davon erwischen, und so hüteten sie die Gänse, bis es Abend ward.

Haar symbolisiert ein über unser irdisches Sein hinausgehende Ausrichtung und Aktivität. Das goldene Haar der Königstochter symbolisiert durch spirituelle Übungen erworbenes Bewusstsein, das unser Wesen schön macht. Kürdchens Verhalten bedeutet, dass unser übermütiges Gemüt gerne das Positive und Schöne, das wir durch eine spirituelle

Ausrichtung gewinnen, als unseren eigenen Verdienst für uns vereinnahmen wollen. Kürdchens Hütchen symbolisiert unsere Gemütsverfassung. Das Windmachen durch die Königstochter symbolisiert spirituelle Übungen, wie zum Beispiel das Rezitieren von Gebeten, Gesänge, Meditation usw., um den Verstand konstruktiv zu beschäftigen, damit er keinen Schaden anrichtet. Somit symbolisiert das Heraufbeschwören des Windes unsere Fähigkeit, spirituelle Übungen zielbringend einzusetzen, um unseren Verstand so zu beschäftigen, dass die Überaktivität und Besserwisserei unseres Verstands zur Ruhe kommen.

Abends aber, nachdem sie heimgekommen waren, ging Kürdchen vor den alten König und sagte: „Mit dem Mädchen will ich nicht länger Gänse hüten!" - „Warum denn?" fragte der alte König. „Ei, das ärgert mich den ganzen Tag." Da befahl ihm der alte König zu erzählen, wie's ihm denn mit ihr ginge. Da sagte Kürdchen: „Morgens, wenn wir unter dem finstern Tor mit der Herde durchkommen, so ist da ein Gaulskopf an der Wand, zu dem redet sie:
‚Falada, da du hangest,'
da antwortet der Kopf:
‚O du Königsjungfer, da du gangest,
wenn das deine Mutter wüßte,
ihr Herz tät' ihr zerspringen!'"
Und so erzählte Kürdchen weiter, was auf der Gänsewiese geschähe und wie es da dem Hut im Winde nachlaufen müßte.

Wenn unsere spirituelle Disziplin so gedeiht, dass wir unsere Gedanken unter Kontrolle bringen können, kann sie unseren Eigensinn im Denken dazu bewegen, unsere noch vorhandene Unterscheidungsfähigkeit zu wecken, darüber nachzudenken, was in unserem eigenen Geist vor sich geht.

Der alte König befahl ihm, den nächsten Tag wieder hinauszutreiben, und er selbst, wie es Morgen war, setzte sich hinter das finstere Tor und hörte da, wie sie mit dem Haupt des Falada sprach. Und dann ging er ihr auch nach in das Feld und barg sich in einem Busch auf der Wiese. Da sah er nun bald mit seinen eigenen Augen, wie die Gänsemagd die Herde getrieben brachte und wie nach einer Weile sie sich setzte und ihre Haare losflocht, die strahlten von Glanz. Gleich sprach sie wieder:
„Weh, weh, Windchen,
faß Kürdchen sein Hütchen,
und lass'n sich mit jagen,
bis ich mich geflochten und geschnatzt
und wieder aufgesatzt."

Da kam ein Windstoß und fuhr mit Kürdchens Hut weg, daß es weit zu laufen hatte, und die Magd kämmte und flocht ihre Locken still fort, welches der alte König alles beobachtete. Darauf ging er unbemerkt zurück, und als abends die Gänsemagd heimkam, rief er sie beiseite und fragte, warum sie dem allem so täte. „Das darf ich Euch nicht sagen und darf auch keinem Menschen mein Leid klagen, denn so hab' ich mich unter freiem Himmel verschworen, weil ich sonst um mein Leben gekommen wäre." Er drang in sie und ließ ihr keinen Frieden, aber er konnte nichts aus ihr herausbringen. Da sprach er: „Wenn du mir nichts sagen willst, so klag' dem Eisenofen da dein Leid," und ging fort. Da kroch sie in den Eisenofen, fing an zu jammern und zu weinen, schüttete ihr Herz aus und sprach: „Da sitze ich nun von aller Welt verlassen und bin doch eine Königstochter, und eine falsche Kammerjungfer hat mich mit Gewalt dahin gebracht, daß ich meine königlichen Kleider habe ablegen müssen, und hat meinen Platz bei meinem Bräutigam eingenommen, und ich muß als Gänsemagd gemeine Dienste tun. Wenn das meine Mutter wüßte, das Herz im Leib tät' ihr zerspringen." Der alte König stand aber außen an der Ofenröhre, lauerte ihr zu und hörte, was sie sprach. Da kam er wieder herein und ließ sie aus dem Ofen gehen. Da wurden ihr königliche Kleider angetan, und es schien ein Wunder, wie sie so schön war. Der alte König rief seinen Sohn und offenbarte ihm, daß er die falsche Braut hätte: die wäre bloß ein Kammermädchen, die wahre aber stände hier als gewesene Gänsemagd. Der junge König war herzensfroh, als er ihre Schönheit und Tugend erblickte, und ein großes Mahl wurde angestellt, zu dem alle Leute und guten Freunde gebeten wurden. Obenan saß der Bräutigam, die Königstochter zur einen Seite und die Kammerjungfer zur andern, aber die Kammerjungfer war verblendet und erkannte jene nicht mehr in dem glänzenden Schmuck. Als sie nun gegessen und getrunken hatten und guten Muts waren, gab der alte König der Kammerfrau ein Rätsel auf, was eine solche wert wäre, die den Herrn so und so betrogen hätte, erzählte damit den ganzen Verlauf und fragte: „Welchen Urteils ist diese würdig?" Da sprach die falsche Braut: „Die ist nichts Besseres wert, als daß sie splitternackt ausgezogen und in ein Faß gesteckt wird, das inwendig mit spitzen Nägeln beschlagen ist; und zwei weiße Pferde müssen vorgespannt werden, die sie Gasse auf Gasse ab zu Tode schleifen." - „Das bist du," sprach der alte König, „und hast dein eigen Urteil gefunden, und danach soll dir widerfahren." Und als das Urteil vollzogen war, vermählte sich der junge König mit seiner rechten Gemahlin, und beide beherrschten ihr Reich in Frieden und Seligkeit.

Wenn die spirituelle Disziplin, auf unsere Gedanken zu achten, unser Unterscheidungsvermögen des Werts von Vergänglichem und Ewigem so weckt, dass wir endlich feststellen können, dass wir unsere menschlichen

Werte im Leben höher stellen müssen als unseren materiellen Wohlstand, dann können wir die Verhältnisse auch wieder geraderücken und mehr unserem spirituellen Wachstum und dem Entwickeln menschlicher Werte dienen als unserem materiellen Wohlstand.

Das Urteil über die Kammerjungfer zeigt, dass wir selbst in unserer Identifizierung mit unseren materialistischen Werten zur Anhäufung von Vermögen, Konsum und Annehmlichkeiten eigentlich noch wissen, was die wahren Werte im Leben sind. Und wenn wir unsere Prioritäten korrigiert haben, können wir auch wieder danach handeln und unseren Materialismus vergehen lassen.

Von aller Negativität im menschlichen Geist ist der Materialismus am schwersten zu transformieren, was daran liegt, dass unsere Mangelgefühle primär von unserer Schuldprojektion erzeugt werden. Menschen, die angetrieben werden von der Energie der Schuldprojektion, sind ständig damit beschäftigt, selbst so weit wie möglich zu denen gehören zu können, die Schuld einfordern können, damit sie keine Schuld an andere abtragen müssen. Das Abtragen von Schuld findet hauptsächlich über unser Geldsystem statt, das etwa 90% der Menschheit automatisch zu Verlierern macht. Es ist das Abtragen von Schuld, das die Armut in der Welt erzeugt, so dass die Menschheit in Mangelgefühlen ertrinkt, die wir kollektiv zu Materialismus verarbeiten, um uns vor der für die große Mehrheit programmierten Armut zu schützen. Daher wird der Materialismus uns erst verlassen, wenn die Schuldprojektion durch Vergebung und Selbstvergebung aufgelöst wurde, so dass sich auch unser Geldsystem wandeln kann. Im Endeffekt müssen wir uns auf allen neun Ebenen unseres Geistes von der Negativität unseres Egos befreien, um am Ende frei zu sein und in einer Welt des Friedens und Wohlstands zu leben.

Während es gilt, an der Negativität auf allen Ebenen unseres Geistes zu arbeiten, wird sich die Welt erst wandeln und ins Gleichgewicht kommen, wenn wir auch unseren Materialismus kollektiv korrigieren und als Gemeinschaft lernen, den wahren menschlichen Werten zu dienen, durch die sowohl die Gemeinschaft als auch jeder Einzelne erblüht.

Märchen zum zweiten Bereich: Austausch

Den Tabellen 1 bis 5 in Kapitel 1.4 gemäß haben wir in diesem Bereich das Bedürfnis, Zufriedenheit zu erleben. Durch unser Ego erfahren und produzieren wir jedoch Unzufriedenheit, die unser Ego zu Wünschen, Ansprüchen, Erwartungen, Begierden, Verlangen und Habsucht verarbeitet, die jeweils in der Rückwirkung unsere Unzufriedenheit weiter verstärken. Zu unserer Selbstheilung können wir uns darin üben, auf das Objekt unseres Verlangens zu verzichten, großzügig zu geben und eine bewusste Dankbarkeit für alles zu entwickeln, was das Leben uns schenkt. Schauen wir uns an, was das Tischlein deck dich zu unserer Befreiung aus dem Teufelskreis der Unzufriedenheit zu sagen hat.

2.3 Tischlein deck dich – Zufriedenheit durch eine Haltung des Verzichts

Schneider	Verstand
Ziege	Unzufriedenheit
Schreiner, Tischlein deck dich	erschaffender Aspekt unseres Austauschs
Müller, Goldesel	bewahrender Aspekt unseres Austauschs
Drechsler, Knüppel aus dem Sack	reinigener Aspekt unseres Austauschs durch rigorosen Verzicht

Im Märchen vom Tischlein deck dich geht es um das Erlangen von Zufriedenheit durch eine Verzichthaltung gegenüber unseren Wünschen und Ansprüchen.

Ein Schneider hat drei Söhne und eine Ziege, die die ganze Familie mit ihrer Milch ernährt. Die Ziege wird an drei Tagen nacheinander von den Söhnen gehütet, bis sie sich sattgegessen hat. Nach der Heimkehr sagt die Ziege dem Vater jeweils, dass sie gar nichts zu fressen hatte. Der Vater ist jeweils so erbost über seine Söhne, dass er sie alle drei davonjagt. Die Söhne ziehen in die Welt und erlernen jeweils ein Handwerk. Der älteste wird Schreiner, der zweite Müller und der dritte Drechsler.

In den ersten Sätzen eines Märchens gibt es für gewöhnlich einen eindeutigen Hinweis, um welches tiefere spirituelle Thema es in dem Märchen geht. In diesem Fall gibt die Ziege das Thema vor. Die Ziege hat eine zweifache Bedeutung. Zum einen symbolisiert sie mit ihrer Milch die Versorgerin der Familie. Das ist der Hinweis, dass es hier um ein Thema unseres Energiekörpers geht.

Die Beziehung der Familie zur Ziege zeigt nun, dass sie den Bereich unseres Austauschgefühls symbolisiert, den 2. Funktionsbereich unseres Geistes: Die Familie gibt der Ziege zu fressen und die Ziege gibt der Familie ihre Milch zum Leben zurück. Es geht also um unser Gefühl, was wir vom Leben für das bekommen, was wir geben. Die zweite, speziellere

Bedeutung der Ziege besprechen weiter unten nach der Klärung der Bedeutung der anderen Symbole.

Der Schneider ist ein Symbol für den menschlichen Verstand. Genau wie unser Verstand nimmt der Schneider die Dinge erst auseinander und fügt sie sich dann zusammen, bis es für ihn passt. So wie wir in den Kleidern leben, die ein Schneider angefertigt hat, so leben wir in genau der Realität, die sich unser Verstand zurechtgebastelt hat.

Die Söhne des Schneiders symbolisieren nun drei Aspekte unseres Austauschempfindens. Diese Aspekte werden von den drei Berufen näher definiert, die die Söhne später ergreifen. Die Dreiteilung verweist an dieser Stelle auch auf die Dreiteilung in den Bewusstseinskörpern des Menschen. In jedem Bewusstseinskörper gibt es den erschaffenden, den bewahrenden und den auflösenden Aspekt.

Der älteste Sohn wird zum Schreiner. Ein Schreiner arbeitet mit Holz. Holz wird aus einem Baum gewonnen, der das Hervorbringen von Früchten symbolisiert. Das Holz wird zu etwas Neuem zusammengefügt. Der Schreiner symbolisiert also den erschaffenden Aspekt, den Aspekt, durch den wir uns im Leben gut versorgt fühlen, was dann auch das Tischlein deck dich bestätigt. Es geht also darum, unseren Austausch im Leben so zu gestalten, dass wir uns gut versorgt fühlen.

Der zweite Sohn wird zum Müller. Ein Müller mahlt das Korn, aus dem Brot gebacken wird. Brot ist ein Symbol für Wärme und Energie. Ein Müller symbolisiert also den Aspekt, der unser Leben mit Wärme und Energie in Gang hält. Es geht hier also um den bewahrenden Aspekt, über den Austausch in unserem Leben Zufriedenheit zu erleben.

Der dritte Sohn wird zum Drechsler. Ein Drechsler entfernt alle Aspekte und Elemente eines Rohstoffs, die entfernt werden müssen, um eine perfekte Form zu erlangen. Der Drechsler symbolisiert damit also den reinigenden Aspekt unseres Geistes, mit dem wir die Unreinheiten in unserem Geist und die falschen Vorstellungen von uns selbst beseitigen. Der Drechsler symbolisiert also den auflösenden Aspekt unseres Austauschempfindens, man könnte auch sagen den Aspekt, der unser Ego und unsere Ego-Illusionen auflöst. Der Umstand, dass unser Ego die Ursache aller unserer Probleme ist, bedeutet dann auch, dass die Zahl drei für die Auflösung des Egos und damit für Erleuchtung, bzw. für einen erfolgreich abgeschlossenen Transformationsprozess steht. Das ist der Grund, warum immer drei Prüfungen im Märchen bestanden werden müssen, um den symbolisch dargestellten Prozess erfolgreich abzuschließen.

Kommen wir damit zur zweiten und spezielleren Bedeutung der Ziege. Wir haben oben gesehen, dass die Ziege ein Symbol für den 2. Funktionsbereich unseres Geistes, unser Austauschempfinden ist. Die negative Ausprägung in diesem Funktionsbereich ist unsere Unzufriedenheit über das, was wir im Austausch für das, was wir geben, zurückbekommen. Der negative, meckernde Aspekt der Ziege ist also auch das Symbol für unsere Unzufriedenheit über das, was wir von anderen oder vom Leben bekommen. Die Ziege symbolisiert also Unzufriedenheit. Unser Ego verarbeitet Unzufriedenheit zu Wünschen, Ansprüchen, Erwartungen, Habgier und Begierden, die in ihrer Rückwirkung jeweils unsere grundlegende Unzufriedenheit weiter verstärken. Die drei Brüder symbolisieren durch ihre Tätigkeit zu versuchen, die Bedürfnisse der Ziege zu erfüllen, zunächst die normale Strategie in unserem Bemühen, Zufriedenheit zu erlangen, indem wir uns unsere materiellen oder anderen Wünsche im Leben erfüllen.

Das Erfüllen von Wünschen macht aber immer nur für kurze Zeit zufrieden und glücklich. Nach einiger Zeit setzt stets wieder eine Leere, Unerfülltheit und Unzufriedenheit ein. Wir ärgern uns vielleicht sogar über die Zeit und Energie, die wir in die Erfüllung der früheren Wünsche gesteckt haben. Dass der Vater seine Söhne verjagt, symbolisiert unsere Abneigung gegen das, was wir uns früher so gewünscht haben, und was uns jetzt so wenig bedeutet, dass es unsere Unzufriedenheit nicht ändern kann.

Natürlich beobachtet man vor allem bei kleinen Kindern, wie schnell sie wieder etwas Neues haben wollen, nachdem sie etwas geschenkt bekommen haben. Häufig geraten sie auch in Zorn über sich, dass sie sich vorher etwas anderes gewünscht haben und ihr aktueller Wunsch ihnen daher jetzt nicht erfüllt wird. Aber diese Dynamik ist bei kleinen Kindern nur gut zu beobachten und wirkt genauso bei Erwachsenen.

Als der Schneider die unzufriedene Natur seiner Ziege durchschaut, verdrischt er sie. Als er so ganz einsam in seinem Hause sitzt, verfällt er in große Traurigkeit und hätte seine Söhne gern wieder gehabt. Aber niemand weiß, wo sie hingeraten sind.

Die Erkenntnis, dass die Erfüllung unserer Wünsche uns keine Zufriedenheit im Leben schenkt, führt zur Ernüchterung. Diese Ernüchterung alleine reicht aber noch nicht aus, richtig mit der energieraubenden Natur unserer Wünsche im Leben umzugehen. Sie öffnet aber die Tür für die Selbsterforschung, wie wir ein zufriedenes, glückliches Leben führen können. Die Ferne der Söhne symbolisiert nun unsere Lernprozesse im Leben, wie wir ein zufriedener Mensch werden können.

Der älteste Sohn geht also zu einem Schreiner in die Lehre, lernt fleißig und unverdrossen, und bekommt am Ende als Lohn ein unscheinbares Tischlein von gewöhnlichem Holz. Es handelt sich aber um einen Zaubertisch, der ein üppiges Mahl herbeizaubert, wenn man nur „Tischlein, deck' dich!" sagt. Der Gesell freute sich und glaubte für sein Lebtag ausgesorgt zu haben.

Er begab sich fröhlich auf die Reise, kam zu einem Wirtshaus, lud dort die anderen Gäste ein, führte sein „Tischlein deck dich" vor und alle hatten ein üppiges und köstliches Mahl. In der Nacht vertauscht der Wirt, der eine Begierde nach dem „Tischlein deck dich" entwickelt hatte, den Zaubertisch gegen einen gewöhnlichen Tisch. Am nächsten Morgen verabschiedet sich der Gesell und reist mit dem falschen Tisch heim zu seinem Vater. Der empfängt ihn voller Freude. Er fragt, was er denn getan hätte. Der Sohn meint, er hätte das Schreinerhandwerk erlernt und zum Dank einen Wunschtisch bekommen. Er lässt die Verwandten einladen, um ihn vorzuführen. Zur Enttäuschung aller kann der Tisch aber nicht zaubern und der Gesell muss sich seinen Lebensunterhalt wie zuvor verdienen.

Das Tischlein deck dich symbolisiert den erschaffenden Aspekt unseres Austauschempfindens, also unsere Fähigkeit, Zufriedenheit durch eine gute Versorgung zu schaffen. Als Strategie gegenüber der räuberischen Natur unserer Unzufriedenheit und unserer Wünsche ist die Fähigkeit, uns mit allem zu versorgen, was wir uns wünschen, jedoch ungeeignet.

Je mehr wir unsere Wünsche erfüllen können, desto unzufriedener werden wir am Ende. Und diese Unzufriedenheit brennt uns am Ende so aus, dass wir auch die Fähigkeit verlieren, durch die Erfüllung unserer Wünsche Zufriedenheit zu erlangen.

Wir sind dann chronisch und wie unheilbar unzufrieden. Solange wir unsere Aufmerksamkeit darauf richten, in der Außenwelt zu erwerben, was wir haben wollen, können wir keine Zufriedenheit im Leben erlangen. Unsere Fähigkeit, uns immer reichlich mit allem zu versorgen, was wir haben wollen, kann den Dieb, der unsere Wünsche symbolisiert, die uns unserer Zufriedenheit berauben, also nicht stoppen, sondern führt uns als Lösungsstrategie immer weiter in die Unzufriedenheit.

Der zweite Sohn war zu einem Müller gekommen und bei ihm in die Lehre gegangen. Nach der Lehre bekommt er vom Müller einen Goldesel geschenkt. Auf das Wort ‚Bricklebrit!' hin speit er hinten und vorn Goldstücke aus. Auch der 2. Sohn geht mit diesem Lohn fröhlich auf Reisen, kommt zum Wirtshaus, macht vom Goldesel Gebrauch und wird dabei vom Wirt beobachtet. Daher tauscht der Wirt, dessen Begierde geweckt war, den Esel in der Nacht gegen einen gewöhnlichen Esel aus.

Auch der zweite Sohn kommt zum Vater nach Hause, erzählt diesem, was er gelernt hat und dass er zum Dank einen Goldesel bekommen hat. Auch für das Vorführen des Goldesels werden die Verwandten eingeladen. Auch der Esel erweist sich als nutzlos. Auch der 2. Sohn steht als Lügner da, der Falsches versprochen hat und muss als Geselle arbeiten gehen, sich seinen Lebensunterhalt zu verdienen.

Ein Esel symbolisiert die materielle Welt und den physischen Körper des Menschen. Gold symbolisiert unser aus uns selbst heraus leuchtendes, spirituelles Bewusstsein. Wenn wir uns darum bemühen, spirituelle Tugenden zu entwickeln, während unsere Wünsche und Begierden weiterbestehen, so werden diese Wünsche und Begierden uns dennoch in dem Maße unzufrieden machen, in dem wir diesen Wünschen und Begierden nachgehen. Wenn wir die diebische Natur unserer Wünsche nicht in den Griff bekommen, berauben wir uns am Ende auch der spirituellen Tugenden, die zu entwickeln wir uns bemühen. Auch das Entwickeln spiritueller Tugenden alleine ist also ungeeignet, uns von der diebischen Natur unserer Wünsche zu befreien und in unserem Leben Zufriedenheit zu erlangen.

Der dritte Bruder war zu einem Drechsler in die Lehre gegangen, und weil es ein kunstreiches Handwerk ist, musste er am längsten lernen. Seine Brüder aber meldeten ihm in einem Briefe, wie es ihnen ergangen wäre und wie sie der Wirt noch am letzten Abend um ihre schönen Wünschdinge gebracht hatte. Als der Drechsler nun ausgelernt hatte und wandern sollte, schenkte ihm sein Meister, weil er sich so wohl gehalten hatte, einen Sack mit einem Knüppel darin.

Wenn jemand dem Drechsler etwas zu leide tut, so muss er nur ‚Knüppel aus dem Sack' rufen, dann springt der Knüppel heraus unter die Leute und tanzt ihnen so auf dem Rücken herum, dass sie sich tagelang nicht regen und bewegen können. Und der Knüppel hört erst auf, auf die Leute einzudreschen, wenn er sagt: ‚Knüppel in den Sack'."

So kommt auch der Drechslergeselle zum Wirtshaus des diebischen Wirts. Er erzählt dem Wirt, dass es vielleicht ein Tischleindeckdich, einen Goldesel und dergleichen gute Dinge geben mag, die aber alle nichts gegen den Schatz seien, den er sich erworben habe und in seinem Sack mit sich führe. Der Wirt glaubt, der Sack sei wohl voller Edelsteine und will ihn in der Nacht stehlen.

Der Gesell hatte sich den Sack unter den Kopf getan. Als der Wirt versucht, ihn wegzuziehen, wacht der Gesell auf und ruft: „Knüppel aus dem Sack!" Der Knüppel fährt heraus, rückt dem Wirt auf den Leib und prügelt ihn ordentlich durch. Der Wirt schreit um Erbarmen, aber je lauter er schreit, desto kräftiger schlägt der Knüppel auf seinen Rücken, bis er endlich erschöpft zur Erde fällt.

Der Drechsler fordert das Tischleindeckdich und den Goldesel zurück und will den Wirt erst in Ruhe lassen, wenn er diese wieder herausgerückt hat. Der rückt sein Diebesgut nun gerne wieder heraus. So nimmt der Drechslergeselle die gestohlenen Sachen seiner Brüder wieder zurück und lässt den Knüppel wieder im Sack verschwinden und ruhen.

Am nächsten Morgen zieht er mit dem Tischleindeckdich und dem Goldesel heim zu seinem Vater. Der Schneider freute sich, als er ihn wiedersah, und fragte auch ihn, was er in der Fremde gelernt hätte. Er sagt, dass er ein Drechsler geworden ist. Auf die Frage, was er von der Wanderschaft mitgebracht hat, antwortet er, einen Knüppel in dem Sack.

Der Vater wundert sich, weil sich ein Knüppel von jedem Baum abhauen lässt. Der Sohn erklärt dem Vater, was es mit dem Knüppel auf sich hat. Er zeigt dem Vater das Tischleindeckdich und den Goldesel, die er dank des Knüppels wieder herbeigeschafft hat. Die beiden Brüder werden gerufen, die Verwandten erneut eingeladen, obwohl der alte Schneider sehr skeptisch ist.

Der Drechsler deckt ein Tuch in die Stube, führte den Goldesel herein und fordert seinen ältesten Bruder auf, zum Esel zu sprechen. Auf das Bricklebrit hin springen die Goldstücke auf das Tuch herab, als käme ein Platzregen, und der Esel hörte nicht eher auf, als bis alle so viel hatten, dass sie nicht mehr tragen konnten.

Dann holt der Drechsler das Tischlein und lässt den zweiten Bruder mit ihm sprechen. Und kaum hat der Schreiner: „Tischlein' deck' dich!" gesagt, so ist es gedeckt und mit den schönsten Schüsseln reichlich besetzt. Da wird eine Mahlzeit gehalten, wie der gute Schneider noch keine in seinem Hause erlebt hat, und die ganze Verwandtschaft bleibt zusammen bis in die Nacht und sind alle lustig und vergnügt. Der Schneider verschließt Nadel und Zwirn, Elle und Bügeleisen in einem Schrank und lebt mit seinen drei Söhnen in Freude und Herrlichkeit.

Die Lösung gegenüber unserer Unzufriedenheit und den daraus resultierenden Wünschen, Ansprüchen, Erwartungen und Begierden besteht im Verzicht gegenüber ihrer Erfüllung. Der Knüppel aus dem Sack symbolisiert den rigorosen Verzicht auf all die Wünsche, die uns nur unserer Energie und Tugenden berauben würden, wenn wir uns zum Diener unserer Wünsche machen und unsere Wünsche zu unserem Meister, der uns befehlen kann.

Unsere Wünsche sind die Diebe in der Nacht. Der Verzicht ist wie ein Knüppel, den wir gegen diese Diebe richten, wenn sie uns belästigen. Er symbolisiert die Entschiedenheit, mit der wir den Wünschen nicht nachgeben. Verzicht ist wie die Rückbesinnung darauf, dass wir alles, was wir zum Glücklichsein brauchen, in uns, in unserem eigenen Geist tragen. Tatsächlich ist Glück ein Teil unseres Wesens, der verdorrt, wenn wir versuchen, Glück durch äußere Dinge zu erlangen.

Dass der Knüppel aus dem Sack auch das Tischlein deck dich und den Goldesel zurückgewinnt, bedeutet: Mit dem Verzicht kommt die äußere und innere Fülle, die wir durch das Verfolgen unserer Wünsche verlieren, zu uns zurück. Durch die Verankerung in einem Leben im Verzicht, wenn wir dem Leben nicht mehr hinterherjagen, kommt das Leben zu uns.

Durch Verzicht können wir die Fähigkeit, grundlos glücklich zu sein, in uns aktivieren und zum Erblühen bringen. Wenn wir fest in der Fähigkeit zum Verzicht verankert sind, können wir dann auch ohne unzufrieden zu werden, in materiellem Wohlstand leben und unsere spirituellen Tugenden entfalten. Nur durch Verzicht können wir die Unsterblichkeit unseres inneren Selbst zur gefühlten Realität verwirklichen.

Wenn wir unsere Wünsche ausufern lassen, brennen wir aus und fühlen uns mit unserem Leben gemessen an unseren Wünschen wie ein Bettler. Wenn wir unsere Wünsche kontrollieren und minimieren, fühlen wir uns mit dem, was das Leben uns schenkt, wie ein König. Durch Verzicht erlangen wir alles, was einen wahren Wert hat. Das ist der unbezahlbare Wert des Verzichts. Verzicht macht aus einem Bettler einen König.

Dadurch, dass wir vom Leben mehr nehmen wollen, als wir zurückgeben, entstehen die meisten Konflikte. Die Haltung, mehr nehmen als geben zu wollen, programmiert Konflikte. Und sie hat auch zu unserem Zinsgeldsystem geführt, das sogar noch mehr Konflikte programmiert. All diese Konflikte werden letztlich durch unsere Wünsche und Erwartungen im Leben angefeuert.

Wir können also in hohem Maße den Druck und den Dampf aus dem explosiven Kessel dieser Konflikte herausnehmen, indem wir kollektiv lernen zu verzichten, mit weniger zufrieden zu sein und damit automatisch auch mehr auf die Bedürfnisse anderer Rücksicht zu nehmen.

Das ist also der hohe Wert, den der Verzicht gegenüber unseren eigenen Wünschen, Ansprüchen und Erwartungen nicht nur für unsere eigenen Zufriedenheit im Leben, sondern damit automatisch auch für den Frieden in der Gesellschaft hat. Der Knüppel aus dem Sack symbolisiert also keine Selbstkasteiung, sondern eine entschlossene Befreiung von unseren Wünschen, zu deren Sklaven wir uns nicht mehr machen, so dass wir uns nicht mehr durch unsere eigene Anhaftung ausrauben und wir und die Gemeinschaft um uns herum frei werden.

Die Ziege gilt in manchen Märchen als Tier des Teufels und wird auch von den Teufelsanbetern in diesem Sinne verwendet. Das liegt daran, dass der Teufel unsere Neigung zur Schuldprojektion symbolisiert, die sich in Form von Wut, Ärger und Hass zeigt. Über nichts übt das Ego mehr Macht aus als durch Schuldprojektion. Teufelsanbetung ist eigentlich nichts anderes als die Anbetung des Ego-Glaubens, dass der Mensch böse ist, und wir berufen sind, den Menschen mit aller Macht zu kontrollieren, um dieses Böses einzudämmen und vielleicht gut machen zu können. Teufelsanbetung ist also der Glaube, dass nur wir die Guten sind, und damit der Glaube an die Heiligkeit der eigenen Schuldprojektion und des eigenen Krieges gegen das Böse in der Welt. Teufelsanbetung heißt: „Mein Krieg gegen die Menschheit ist heilig! Mein Ego ist heilig. Mein Ego ist Gott. Kritik an mir ist Gotteslästerung."

Die Ziege gehört zum Teufel, weil unsere Unzufriedenheit und das aus der Unzufriedenheit kommende Verlangen, Wünsche, Begierden und Erwartungen die stärksten Auslöser unserer Wut sind, wenn sie nämlich nicht befriedigt werden. So dient die Unzufriedenheit also der Schuldprojektion. Je unzufriedener die Menschen in unserer materialistischen Welt werden, desto mehr wird nach Schuldigen gesucht. Je mehr Schuldige gesucht und bestraft werden, desto mehr wird die Gesellschaft gespalten und von jenen entmachtet, die den Kampf gegen das Böse anführen. Anstatt all unsere Macht also durch Schuldprojektion an die Mächtigen dieser Welt abzugeben, könnten wir den Kampf gegeneinander auch beenden, uns auf praktische Lösungen einigen, gemeinsam daran arbeiten und uns durch eine solche Übernahme von Verantwortung für funktionierende Lösungen unsere Macht zurückzuholen.

Märchen zu den vier Elementen, Körpern, Temperamenten

In den beiden Märchen in diesem Abschnitt geht es nicht um einen der Bereiche unseres Energiekörpers. Im Märchen vom Hans im Glück geht es um den sukzessiv entstehenden Aufbau unseres Geistes und im darauffolgenden Märchen vom wunderlichen Spielmann geht es um die vier Temperamente, die für das darauffolgende Märchen relevant sind, weshalb diese beiden Märchen in dieses 2. Kapitel aufgenommen wurden.

Hans im Glück – Reise und Bestimmung des Menschen

Die Symbolik dieses Märchens bezieht sich auf unsere Seele mit ihren 4 Körpern, was analog Gott und den 4 Welten entspricht.

Unförmiger Klumen Gold	unsere undefinierte Seele / Gott
Pferd	Geistkörper / geistige Welt, Himmel
Kuh	physischer Körper / physischer Kosmos
Schwein	Energiekörper / Energieuniversum
Gans	Mentalkörper / Schwingungswelt
Zwei Steine	Ausrichtung an den ewigen Gesetzen, durch die wir aus der Dualität in die Einheit zurückfinden können

Im Märchen vom Hans im Glück geht es um den Aufbau des Menschen analog den vier Elementen, also um die vier Körper der menschlichen Seele und die diesen entsprechenden vier Welten, in denen unser jeweiliger Körper lebt. Der erste, ewig lebende Körper, den wir mit in dieses Leben und nach dem Tod wieder mit aus diesem Leben nehmen, ist der spirituelle Körper. Dieser tritt im Laufe der Schwangerschaft in den Körper eines Ungeborenen Kindes ein. Der physische Körper ist also der zweite Körper. Nach der Geburt bildet sich in unseren ersten drei Lebensjahren unser Energiekörper aus, unser dritter Körper. Als vierter und letzter Körper formiert sich im 4.-6. Lebensjahr unser Mentalkörper.

Diesem Aufbau entspricht auch die Reise der menschlichen Seele durch die Dualität und zurück zu unserem ursprünglichen Selbst, unserer ursprünglichen Einheit mit Gott. Das Märchen dürfte bekannt sein, so dass wir es nur kurz zusammenfassen und dann in die Interpretation übergehen.

Hans bekommt als Lohn für lange Dienst einen großen unförmigen Klumpen Gold. Dieser wird ihm zu schwer und er tauscht ihn in ein Pferd. Dieses wird bockig und er tauscht es gegen eine Kuh. Diese gibt keine Milch und er tauscht sie gegen ein Schwein. Dieses scheint gestohlen worden zu sein und er tauscht es in eine Gans. Diese wird ihm zu schwer und er tauscht sie gegen zwei Steine. Diese fallen in einen Brunnen und er ist glücklich.

Fangen wir also mit dem Klumpen Gold an. Gold ist in den Märchen und anderen alten Schriften so wie die Sonne ein Symbol für das aus sich selbst heraus leuchtende Bewusstsein. Ein großer, unförmiger Klumpen Gold symbolisiert also die menschliche Seele, die noch keinerlei Form oder Gestalt angenommen hat. Dass Hans diesen Klumpen als Lohn für lange Dienst bekommt, symbolisiert, dass die Fülle unserer menschliche Seele vor allem ein Geschenk Gottes für unsere Dienste in den Himmelreichen ist. Die Himmel haben unsere Seele quasi mit der Überfülle Gottes angereichert.

Dass Hans dieser Klumpen Gold zu schwer wird, symbolisiert, dass unsere Seele bereits in den Himmeln ein Ego erschaffen hat, ein Bewusstsein, von der Ganzheit des Göttlichen getrennt zu sein. Diese Trennung erzeugt innerseelische Probleme und einher damit eine Schwere, die erforderlich macht, dass die Seele eine Gestalt annimmt, die Erfahrungen in der Dualität machen kann, damit wir die Auswirkungen unseres Egos so zu spüren bekommen, dass wir zunächst den Wunsch entwickeln, es wieder aufzulösen und uns dann auch an die Arbeit machen, es wieder aufzulösen, so dass wir am Ende wieder leicht, frei und glücklich werden, so wie Hans am Ende des Märchens.

Für diese Erfahrungen in der Dualität und unsere Reise durch die Dualität, werden in diesem Zuge verschiedene Bewusstseinskörper, bzw. Körper erschaffen, die jeweils unser Bewusstsein solange übernehmen, bis der nächste Bewusstseinszustand aktiviert wird. Diese Ablösung des jeweils Alten durch das jeweils Neue wird im Märchen jeweils durch den Tausch in etwas Neues symbolisiert.

Der erste Tausch betrifft den von dem Klumpen Gold in ein Pferd, nachdem Hans der Goldklumpen zu schwer geworden ist. Das heißt, die menschliche Seele benötigt zunächst einen Bewusstseinskörper, der sowohl in der Einheit leben kann als auch aus der Einheit heraustreten und eine Erfahrung in der Dualität machen kann, einen spirituellen Körper oder Geistkörper.

Das Pferd symbolisiert diesen spirituellen Körper. Unter den Haustieren gilt das Pferd als das Edelste, weil es dem Menschen klaglos dient und ihn bereitwillig trägt, in vielen Fällen auch durch große Gefahren hindurch. Der spirituelle Körper ist unter den vier Körpern des Menschen unser edelster, da Gott nahester Körper, mit dem wir auch wieder die Einheit mit Gott erfahren und dauerhaft wiedererlangen können.

Der erste von der Seele erschaffene Körper, unser spiritueller Körper, ist also in der Lage, die Einheit zu verlassen. Mit Hilfe des spirituellen Körpers kann unsere Seele in der Dualität Glückseligkeit, Liebe, Unschuld und andere Eigenschaften des Göttlichen erfahren und mit anderen Seelen teilen, so dass sie ihre eigene Überfülle verschenken, ihr Ego auflösen und sich wieder leicht fühlen kann.

Unser spiritueller Körper besteht aus diesen Eigenschaften. Wir sind in unserem Innersten quasi Glück, Liebe und Unschuld, so wie man sie in einem Neugeborenen sehen kann. Diese greifbaren göttlichen Eigenschaften in uns sind unser spiritueller Körper, der ewig lebt. Nur das – und die in diesen Bereichen womöglich noch bestehenden, noch nicht aufgelösten Egostrukturen – nehmen wir nach dem Tod mit uns.

Durch den spirituellen Körper bekommt unsere formlose Seele (der formlose Klumpen Gold) einen konkreten Ausdruck. Durch den spirituellen Körper kann unsere Seele durch die Dualität reisen wie ein Reiter auf seinem Pferd.

Durch die bloße Ausformung eines spirituellen Körpers ist das von der Seele geschaffene Ego jedoch noch nicht wieder aufgelöst. Vielmehr verwandelt unser Ego die Eigenschaften unseres spirituellen Körpers in Angst, Schuld und Kummer. Und gerade dadurch, dass unser Ego unsere Schuldgefühle auf andere projiziert, wird unser spiritueller Körper wie ein bockiges Pferd, das uns abwirft.

Durch unsere Unfähigkeit, in unserem spirituellen Körper die Schuldprojektion in unserem bloßen Geistzustand durch Selbstvergebung zurückzunehmen und unser Ego wiederaufzulösen und in uns selbst in die Einheit des Göttlichen zurückzukehren, wird dann eine Geburt als Mensch erforderlich.

Das Pferd ist also ein Sammelsymbol für den gesamten spirituellen Körper und seine Bockigkeit ein Symbol für unsere Schuldprojektion und unser Ego. Einige zugehörige Märchen, die uns die Transformation unseres Egos im spirituellen Bereich, also Wege zur Selbstbefreiung und Selbstheilung in diesem Bereich aufzeigen, gehen wir im 4. Kapitel durch.

Unsere Geburt als Mensch wird durch den Tausch des Pferdes in eine Kuh symbolisiert. Das sanskrit-Wort für Kuh, aditi, heißt gleichzeitig auch Erde, also physische Existenz. Das heißt, die Kuh ist ein Symbol für unseren physischen Körper, für unser Leben in einem menschlichen Körper.

Dass in Indien die Kühe heilig sind, bedeutet ursprünglich also, dass wir unseren Leib wie einen heiligen Tempel behandeln sollten, weil wir Gott im Tempel unseres Herzen anbeten und verwirklichen können. Durch unsere Lebzeit als Mensch in einem physischen Körper können wir wieder aus unserem Ego heraus und zurück zu Gott finden. Das bedeutet der Tausch des Pferdes in die Kuh.

Dass die Kuh dem Hans nun keine Milch gibt, bedeutet, dass die physische Existenz allein der menschlichen Seele keinerlei Nahrung bereitstellt. So wird die Kuh in ein Schwein getauscht. Das Schwein symbolisiert niedere Triebe und damit den Energie- oder Triebkörper des Menschen, der in den ersten drei Jahren nach unserer Geburt nach und nach ausgebildet und aktiv wird.

Der Triebkörper besteht aus drei Bereichen, die sich nacheinander, im 1., 2. und dann 3. Lebensjahr ausbilden. Märchen zu den ersten beiden dieser Bereiche sind wir oben schon durchgegangen. Die meisten der alten Märchen betreffen nur einzelne der neun Bereiche des menschlichen Geistes.

Das Schwein bei Hans im Glück ist also ein Sammelsymbol für die drei Bereiche unseres Triebkörpers, so wie auch die anderen Tiere dieses Märchens Sammelsymbole für die vier Körper sind, die die menschlichen Seele sich nimmt und die insgesamt den Menschen auf Erden ausmachen.

Schließlich wird das Schwein in eine Gans getauscht. Die Gans kann sich in allen Elementen bewegen, auf dem Wasser, auf dem Land und in der Luft und kann sich so bis in den Himmel erheben. Damit symbolisiert die Gans unseren Mentalkörper, der sich etwa vom 4. - 6. Lebensjahr ebenfalls in drei Schritten in uns ausbildet.

Mit der Gans hat unsere Seele dann sozusagen alle ihre Körper zusammen, den spirituellen Körper (das Pferd), den physischen Körper (die Kuh), den Triebkörper (das Schwein) und den Mentalkörper (die Gans).

Der Tausch von einem Tier in das jeweils nächste symbolisiert dabei nur, dass die jeweils neue Ebene unser Bewusstsein übernimmt, weil wir damit jeweils am stärksten identifiziert sind. Ab dem 4.-6. Lebensjahr sind wir für den Rest unseres Lebens in der Regel am stärksten mit der ununterbrochenen Tätigkeit unserer Gedanken identifiziert.

Schließlich wird die Gans gegen zwei Steine eingetauscht. Das heißt, dass es aber nicht unsere Bestimmung als Mensch ist, bis zum Tod mit dem endlosen Geratter unserer Gedanken identifiziert zu bleiben. Unsere Bestimmung geht viel weiter als das. Wie unser Energiekörper ist auch unser Mentalkörper in drei Bereiche unterteilt, die für unseren Geist drei verschiedene Funktionen ausüben. Zugehörige Märchen zu den Bereichen in unserem Mentalkörper gehen wir im 3. Kapitel durch.

Dabei betrifft der dritte Bereich unseres Mentalkörpers die richtige Ordnung für unser Leben, richtig und falsch, gut und böse und damit letztlich die Frage, wie wir unser Leben führen können und auch müssen, um zu unserem wahren Selbst zurückkehren zu können, das heißt, um uns selbst wieder als jene göttlichen Qualitäten zu erleben, die wir in Wahrheit eigentlich sind. Die Gesetze dafür, wie wir als Mensch im göttlichen Sinne richtig leben, sind seit ewigen Zeiten immer dieselben Gesetze und werden es auch immer sein. Es sind die Gesetze dafür, wie wir aus unserer Verirrung in der Dualität zurückfinden können in die Einheit mit allem Leben und mit Gott.

Diese ewig geltenden Gesetze für unser Leben in der Dualität werden von den beiden Steinen symbolisiert. Steine symbolisieren unveränderliche Gültigkeit und die Zahl zwei symbolisiert die Dualität. Dieselbe Symbolik finden wir auch in der Bibel in den beiden Steintafeln, die Moses gegeben werden. Auf diesen beiden Steintafeln stehen die zehn Gebote für unser Leben in der Dualität.

Das heißt also, unsere Reise als Mensch muss uns schließlich auch aus der Identifizierung mit dem endlosen Geratter unserer Gedanken herausholen, indem wir uns auf das Ziel des menschlichen Lebens ausrichten: In die innere Stille zu finden und so unser wahres Selbst zu unserer erlebten Wirklichkeit werden zu lassen.

Das bedeutet der Tausch der Gans für die beiden Steine: Unsere Gedanken in die Stille führen und uns an den Gesetzen orientieren, die uns aus den Illusionen der Dualität heraus und zurück zu Gott in unserem Herzen führen.

Schließlich fallen Hans die beiden Steine in einen Brunnen und jetzt fühlt er sich endlich und endgültig richtig frei und grenzenlos und grundlos glücklich.

Ganz am Ende unserer menschlichen Reise müssen wir auch die Mittel zurücklassen, mit denen wir das spirituelle Ziel angesteuert haben. Ganz am Ende finden wir in die Einheit zurück, was das Ziel unserer Reise ist. Hier sind wir dann ganz eingegangen in die Glückseligkeit, Liebe und Unschuld unseres wahren Selbst und schließen die Reise zurück zu uns selbst ab.

Auch kollektiv als Menschheit ist dies das Ziel und die Bestimmung unserer Reise als Mensch auf Erden. Uns allen ist es bestimmt, zurückzufinden in die Einheit mit Gott und die damit verbundene grenzenlose Glückseligkeit.

Man sieht in dem Märchen, dass jeder Schritt der menschlichen Seele in die Dualität mit Problemen verbunden ist. Der jeweils nächste Schritt wird also immer durch eine spezifische Auswirkung des ganz am Anfang auftretenden eigentlichen Problems erforderlich, der Schwere des Goldklumpens, die die von unserem Ego erzeugte Schwere in unserer Seele symbolisiert.

Gehen wir die von unserem Ego in unseren jeweiligen Körpers bewirkten Probleme also noch einmal durch. Das Pferd wird bockig heißt, dass unser von unserer Seele ausgebildetes Ego unser spirituelles Bewusstsein in Schuldgefühle versetzt, mit denen wir in die Projektion gehen und so ärgerlich und vorwurfsvoll werden, dass wir nicht mehr mit den Gesetzen und Wünschen der Einheit kooperieren wollen. Hans wird vom Pferd getrennt, das ihn abwirft. Die Schuldprojektion bleibt auch lebenslang unser größtes Problem, wie wir in einigen Märchen im 4. und 5. Kapitel sehen werden.

Dadurch tauscht Hans das Pferd in eine Kuh. Das heißt, durch die Aktivität unseres Egos in unserem Sein-Bewusstsein-Glückseligkeit-Zustand wird unsere Geburt in einem menschlichen Körper erforderlich. Die Kuh gibt dann keine Milch. Das heißt, die physische Existenz schafft zwar neue Erfahrungsmöglichkeiten, nährt aber unsere Seele nicht.

Für das Leben in einem physischen Körper brauchen wir einen Energiekörper, der so etwas wie das Betriebssystem unserer physischen Körpers ist. So wird die Kuh gegen das Schwein getauscht. Dann erfährt Hans aber, dass das Schwein vielleicht gestohlen wurde und er vielleicht schwer dafür bestraft wird.

Dies symbolisiert, dass unser Energiekörper viele Wünsche und auch Neid entwickeln kann, durch die uns unsere Energie gestohlen wird und wir in Konflikte mit anderen geraten, durch die wir uns Karma aufladen. Wünsche erzeugen immer neue Wünsche und auch die Konflikte mit anderen rauben uns unsere Energie. Das ist schon bei kleinen Kindern so, die gerade ihren Energiekörper ausbilden.

Also tauscht Hans das Schwein gegen eine Gans. Nach dem Energiekörper kommt unser Mentalkörper. Aber auch die Gans wird Hans am Ende so schwer, dass es ihn nach mehr Leichtigkeit verlangt. Das heißt, unsere Gedanken sind eine Last. Und dieses Gefühl einer Belastung soll uns am Ende dazu bringen, auch den endlosen Strom unserer Gedanken hinter uns lassen zu wollen.

So tauscht Hans die Gans gegen die beiden Steine und wird am Ende aber auch noch von diesen erleichtert, so dass er ganz und gar glücklich ist. Diese finale Erleichterung symbolisiert das Ziel eines Bewusstseins in Einheit und jenseits der Dualität. Am Ende ist es das Erreichen unseres wahren Selbst, das uns ganz in Glückseligkeit verankert.

Der Titel „Hans im Glück" verweist auf dieses Ziel am Ende unserer spirituellen Reise. Hans kommt von Johannes, was göttliche Gnade heißt. Für alle Stufen des Wegs, das Erwachen eines Bewusstseins, uns auf die spirituelle Suche zu machen, um uns von unserem Ego zu befreien und unser wahres Selbst zu verwirklichen, für alle Fortschritte, die wir auf diesem Weg machen können und für das Erreichen des finalen Ziels selbst, brauchen wir jeweils göttliche Gnade, ohne die nichts geht. Wir können uns nicht aus eigener Kraft befreien. Zu einem regelmäßigen Bestandteil unserer spirituellen Übungen sollte also auch gehören, für diese göttliche Gnade zu beten, dass sie uns vor unserem Ego beschützt, dass sie uns die Ausdauer und Beharrlichkeit für unsere spirituellen Übungen geben möge, und dass sie uns auf jedem Schritt zur Seite stehen möge, bis wir das Ziel erreicht haben.

Meine Bücherreihe heißt Neunheit, weil sie sich mit den neun Elementen unseres Sein-Bewusstseins befasst. Dabei besteht unser Sein-Bewusstsein aus jeweils drei spirituellen, energetischen und mentalen Bereichen, insgesamt neun.

Zahlreiche der alten Schriften beschäftigen sich mit dieser Struktur unseres Sein-Bewusstseins. Zum Beispiel auch die alten vedischen Schriften Indiens und die Bibel. Und auch in unserer Zeit gibt es die Werke J.R.R. Tolkiens, deren Symbolik sich mit den Elementen unseres Sein-Bewusstseins beschäftigt.

Bei Tolkien werden die energetischen Bereiche von den Zwergen symbolisiert, die mentalen Bereiche von den Menschen und unser unsterbliches spirituelles Bewusstsein von den unsterblichen Elben. Siehe dazu meine Bücher zur Symbolik Tolkiens und die Ringvernichtung.

Die unterschiedlichen Körper unseres Geistes und die unterschiedlichen Bereiche in unseren Körpern werden mit ihren zugehörigen Problemen und Problemlösungen in zahlreichen deutschen Volksmärchen symbolisch behandelt, was wir in diesem Buch im Einzelnen aufzeigen.

J.R.R. Tolkien ist es seinerzeit gelungen, diese ganze Komplexität in einer einzigen durchgehenden Geschichte – von Simarillion bis Herr der Ringe – symbolisch zu verschlüsseln, die außerdem auch noch eine Geschichte der Entwicklung des menschlichen Bewusstseins beinhaltet, die auch die Lösung für die Probleme unserer und der nächsten Zeit symbolisch aufzeigt.

All dies ist in den Bänden 3, 4 und 6 dieser Reihe dargelegt.

In Tolkiens Silmarillion ist die Schöpfungsabfolge bei der Schaffung von spirituellem Körper, Energiekörper und Mentalkörper – in diesem Märchen Pferd, Schwein und Gans – durch die Reihenfolge bei der Schaffung der Elben (spiritueller Körper), später Zwerge (Energiekörper) und schließlich der Menschen (Mentalkörper) verschlüsselt. Außerdem ist im Silmarillion ebenfalls die Entwicklung des menschlichen Bewusstseins bis Atlantis (symbolisiert von Númenor (Land im Westen), das Tolkien auch

Atalante (das Versunkene) nennt) und über das Alte Rom – Saurons erstes Reich – bis in unsere Zeit verschlüsselt, die dann durch den Herrn der Ringe näher ausgeführt wird.

2.5 Der wunderliche Spielmann – Die vier Temperamente

Wunderlicher Spielmann	Sehnsucht nach Einheit, nach Gott
Wolf	cholerisches Temperament
Fuchs	sanguinisches Temperament
Hase	melancholisches und phlegmatisches Temperament, Nachgiebigkeit
Holzhauer	spiritueller Sucher

Den vier Körpern der menschlichen Seele und den vier zugehörigen Welten, spirituelle Welt (Himmel), mentale Welt (Schwingungswelt), Energiewelt (Astralwelt) und physisches Universum, die Gegenstand des Märchens vom Hans im Glück sind, entsprechen auch die vier Elemente und Temperamente. Dem spirituellen Körper entspricht das Element Feuer, dem Mentalkörper das Element Luft, dem Energiekörper das Element Wasser und dem physischen Körper das Element Erde.

Im Märchen vom wunderlichen Spielmann sind diese vier Elemente – Feuer, Luft, Wasser, Erde – und die entsprechenden Temperamente – cholerisch, sanguinisch, melancholisch, phlegmatisch – verschlüsselt.

Es war einmal ein wunderlicher Spielmann, der ging durch einen Wald mutterseelenallein und dachte hin und her. Und als für seine Gedanken nichts mehr übrig war, sprach er zu sich selbst: „Mir wird hier im Walde Zeit und Weile lang, ich will einen guten Gesellen herbeiholen." Da nahm er die Geige vom Rücken und fiedelte eins, daß es durch die Bäume schallte.

Der Spielmann symbolisiert die menschliche Sehnsucht nach Einheit, nach der Rückverbindung mit Gott, durch die wir wieder ganz und heil werden.

Nicht lange, so kam ein Wolf durch das Dickicht daher getrabt. „Ach, ein Wolf kommt! Nach dem trage ich kein Verlangen," sagte der Spielmann. Aber der Wolf schritt näher und sprach zu ihm: „Ei, du lieber Spielmann, was fiedelst du so schön! Das möchte ich auch lernen." - „Das ist bald gelernt," antwortete der Spielmann, „du mußt nur alles tun, was ich dir heiße." - „O Spielmann," sprach der Wolf, „ich will dir gehorchen, wie ein Schüler seinem Meister." Der Spielmann hieß ihn mitgehen, und als sie ein Stück Wegs zusammen gegangen waren, kamen sie an einen alten Eichbaum, der innen hohl und in der Mitte aufgerissen war. „Sieh her," sprach der Spielmann, „willst du fiedeln lernen, so lege die Vorderpfoten in diesen Spalt." Der Wolf gehorchte, aber der Spielmann hob schnell einen Stein auf und keilte ihm die beiden Pfoten mit einem Schlag so fest, daß er wie ein Gefangener da liegenbleiben mußte. „Warte da so lange, bis ich wiederkomme," sagte der Spielmann und ging seines Weges.

Bei dieser Sehnsucht sind uns unsere cholerischen, sanguinischen, melancholischen und phlegmatischen Temperamente im Weg. In diesem Märchen symbolisiert der Wolf das cholerische Temperament, das Aggressive, der Fuchs das sanguinische Temperament, das Berechnende, die beide ein Angriffsverhalten wie ein Raubtier zeigen, und der Hase die beiden anderen Temperamente, die eher zum Nachgeben und zu einem Fluchtverhalten wie Beutetiere neigen. Ein cholerisches, aggressives Temperament ist uns bei der spirituellen Suche im Weg und muss unter Kontrolle gebracht werden. Der Eichenbaum symbolisiert jene Standfestigkeit und Beharrlichkeit, die benötigt werden, um ein cholerisches Temperament zu kontrollieren.

Über eine Weile sprach er abermals zu sich selber: „Mir wird hier im Walde Zeit und Weile lang, ich will einen anderen Gesellen herbeiholen," nahm seine Geige und fiedelte wieder in den Wald hinein. Nicht lange, so kam ein Fuchs durch die Bäume dahergeschlichen. „Ach, ein Fuchs kommt," sagte der Spielmann, „nach dem trage ich kein Verlangen." Der Fuchs kam zu ihm heran und sprach: „Ei, du lieber Spielmann, was fiedelst du so schön! Das möchte ich auch lernen." - „Das ist bald gelernt," sprach der Spielmann, „du mußt nur alles tun, was ich dir heiße." - „O Spielmann," antwortete der Fuchs, „ich will dir gehorchen, wie ein Schüler seinem Meister." - „Folge mir," sagte der Spielmann, und als sie ein Stück Wegs gegangen waren, kamen sie auf einen Fußweg, zu dessen beiden Seiten hohe Sträucher standen. Da hielt der Spielmann still, bog von der einen Seite ein Haselnußbäumchen zur Erde herab und trat mit dem Fuß auf die Spitze, dann bog er von der andern Seite noch ein Bäumchen herab und sprach: „Wohlan, Füchslein, wenn du etwas lernen willst, so reich mir deine linke Vorderpfote." Der Fuchs gehorchte, und der Spielmann band ihm die Pfote an den linken Stamm. „Füchslein," sprach er, „nun reich mir die rechte." Die band er ihm an den rechten Stamm. Und als er nachgesehen hatte, ob die Knoten der Stricke auch fest genug waren, ließ er los, und die Bäumchen fuhren in die Höhe und schnellten das Füchslein hinauf, daß es in der Luft schwebte und zappelte. „Warte da so lange, bis ich wiederkomme," sagte der Spielmann und ging seines Weges.

Der Fuchs symbolisiert das sanguinische, berechnende Temperament, das ebenfalls unter Kontrolle gebracht werden muss. Der Haselnussbaum symbolisiert Unsterblichkeit und eine spirituelle Ausrichtung unseres Geistes. Für das sanguinische, berechnende Temperament benötigen wir also vor allem eine geistige Ausrichtung auf spirituelle Werte und Übungen, um die Neigung zur Berechnung zu transformieren.

Wiederum sprach er zu sich: „Zeit und Weile wird mir hier im Walde lang; ich will einen andern Gesellen herbeiholen," nahm seine Geige und der Klang erschallte durch den Wald. Da kam ein Häschen dahergesprungen. „Ach, ein Hase kommt!" sagte der Spielmann, „den wollte ich nicht haben." - „Ei, du lieber Spielmann," sagte das Häschen, „was fiedelst du so schön, das möchte ich auch lernen." - „Das ist bald gelernt," sprach der Spielmann, „du mußt nur alles tun, was ich dir heiße." - „O Spielmann," antwortete das Häslein, „ich will dir gehorchen, wie ein Schüler seinem Meister." Sie gingen ein Stück Wegs zusammen, bis sie zu einer lichten Stelle im Walde kamen, wo ein Espenbaum stand. Der Spielmann band dem Häschen einen langen Bindfaden um den Hals, wovon er das andere Ende an den Baum knüpfte. „Munter, Häschen, jetzt spring mir zwanzigmal um den Baum herum!" rief der Spielmann, und das Häschen gehorchte. Und wie es zwanzigmal herumgelaufen war, so hatte sich der Bindfaden zwanzigmal um den Stamm gewickelt, und das Häschen war gefangen, und es mochte ziehen und zerren, wie es wollte, es schnitt sich nur den Faden in den weichen Hals. „Warte da so lange, bis ich wiederkomme," sprach der Spielmann und ging weiter.

Der Hase symbolisiert das melancholische und phlegmatische Temperament. Der Espenbaum steht für eine Neigung zur Furchtsamkeit und zu Fluchtverhalten bei Konflikten (zittern vor Angst wie Espenlaub). Wir benötigen also vor allem eine mutige Kommunikation unserer Gefühle und auch sonst das Entwickeln von Mut, um für unsere Bedürfnisse und Rechte einzustehen, wenn diese missachtet werden.

Der Wolf indessen hatte gerückt, gezogen, an dem Stein gebissen, und so lange gearbeitet, bis er die Pfoten freigemacht und wieder aus der Spalte gezogen hatte. Voll Zorn und Wut eilte er hinter dem Spielmann her und wollte ihn zerreißen. Als ihn der Fuchs laufen sah, fing er an zu jammern, und schrie aus Leibeskräften: „Bruder Wolf, komm mir zu Hilfe, der Spielmann hat mich betrogen!" Der Wolf zog die Bäumchen herab, biß die Schnur entzwei und machte den Fuchs frei, der mit ihm ging und an dem Spielmann Rache nehmen wollte. Sie fanden das gebundene Häschen, das sie ebenfalls erlösten, und dann suchten alle zusammen ihren Feind auf.

Der Spielmann hatte auf seinem Weg abermals seine Fiedel erklingen lassen, und diesmal war er glücklicher gewesen. Die Töne drangen zu den Ohren eines armen Holzhauers, der alsbald, er mochte wollen oder nicht, von der Arbeit abließ und mit dem Beil unter dem Arme herankam, die Musik zu hören. „Endlich kommt doch der rechte Geselle," sagte der Spielmann, „denn einen Menschen suchte ich und keine wilden Tiere." Und fing an und spielte so schön und lieblich, daß der arme Mann wie bezaubert dastand, und ihm das Herz vor Freude aufging. Und wie er so stand, kamen der Wolf, der Fuchs und das Häslein heran, und er merkte wohl, daß sie etwas Böses im Schilde führten. Da erhob er seine blinkende Axt und stellte sich vor den Spielmann, als wollte er sagen: „Wer an ihn will, der hüte sich, der hat es mit mir zu tun." Da ward den Tieren angst und sie liefen in den Wald zurück; der Spielmann aber spielte dem Manne noch eins zum Dank und zog dann weiter.

Der Holzhauer symbolisiert die spirituelle Suche und mit seiner Axt symbolisiert er die entschlossene Haltung, unsere Temperamente und Neigungen mit Unterscheidungskraft unter Kontrolle zu halten, so dass sie uns nicht von unserem Weg abbringen.

Die Temperamente spielen für alle Bereiche der Neunheit eine Rolle, weil unser Temperament festlegt, ob sich ein negatives Ungleichgewicht in einem Bereich unseres Seins eher gegen andere oder eher gegen uns selbst auswirkt. Letztlich müssen wir alle Temperamente unter Kontrolle und ins Gleichgewicht bringen, um auf unserem spirituellen Weg hin zur bedingungslosen Liebe unseres wahren Seins Fortschritte zu machen.

Die vier Temperamente spielen im nächsten Märchen vom Brüderchen und Schwesterchen eine besondere Rolle, weshalb wir den wunderlichen Spielmann an dieser Stelle besprochen haben.

Märchen zum dritten Bereich: Miteinander

Den Tabellen 1 bis 5 in Kapitel 1.4 gemäß haben wir im Bereich unseres Miteinanders das Bedürfnis, Brüderlichkeit und Schwesterlichkeit zu erleben. Durch unser Ego erfahren und produzieren wir jedoch Benachteiligungsgefühle, die unser Ego zu Neid, Missgunst, Eifersucht, Angriffs- oder Fluchtverhalten und berechnende Feindseligkeit verarbeitet, die jeweils in der Rückwirkung unsere Benachteiligungsgefühle weiter verstärken. Unser Kampf gegen die eigene Benachteiligung ohne Rücksicht auf die Bedürfnisse und Gefühle anderer führt dazu, dass andere durch unseren Kampf benachteiligt werden. Zu unserer Selbstheilung können wir uns in lösungsorientierter, gewaltfreier Kommunikation üben und so für unsere Rechte und Bedürfnisse und eine gerechtere Welt eintreten. Schauen wir uns an, was das Märchen vom Brüderchen und Schwesterchen zu unserer Befreiung aus dem Teufelskreis der Benachteiligung zu sagen hat.

2.6 Brüderchen und Schwesterchen – Wie wir lösungsorientiert für eine bessere Welt eintreten

Hungersnot	Überhandnehmen von Benachteiligungsgefühlen
Böse Stiefmutter	Benachteiligungsego, Missgunst, Feindseligkeit
Einäugige hässliche Tochter	einseitige Sicht, dass wir die Benachteiligten sind
Brüderchen	emotionales Gemüt
Schwesterchen	denkender Verstand
Tiger	cholerisches Temperament
Wolf	sanguinisches Temperament
Reh	melancholisches und phlegmatisches Temperament, Nachgiebigkeit
Jäger	Unterscheidungsvermögen
König	lösungsorientierte Haltung in Konflikten

Schon der Name dieses Märchens „Brüderchen und Schwesterchen" verweist auf die Bedürfnisse im 3. Bereich unseres Geistes, also Brüderlichkeit und Schwesterlichkeit. Es geht in diesem Märchen also um unser Gemeinschaftsempfinden im menschlichen Miteinander.

Ein wesentlicher Aspekt für unsere Möglichkeit, auf eine sich durch Gleichheit und Brüderlichkeit auszeichnende Gemeinschaft hinwirken zu können, besteht in unserer Fähigkeit, lösungsorientiert und konstruktiv mit den Konflikten in unserer Welt umzugehen. Die Entwicklung dieser Fähigkeit setzt einen langen Prozess voraus, durch den wir lernen, jene Mitte und jenes innere Gleichgewicht zu finden, das wir dafür benötigen.

Dieses Erlernen einer Konfliktfähigkeit, unsere Ziele weder dominant aggressiv durchzusetzen noch so unterwürfig nachgiebig zu sein, dass wir in allen Konflikten den Kürzeren ziehen, ist im Märchen von Brüderchen und Schwesterchen sehr eingängig symbolisch verschlüsselt.

Brüderchen und Schwesterchen haben eine gewalttätige Stiefmutter, die sie ständig schlägt und kaum versorgt, so dass sie Hunger leiden müssen. Schließlich entscheiden sie sich daher, ihr Heim zu verlassen und fortzugehen.

Der Tod der Mutter und die Übernahme durch eine böse Stiefmutter symbolisieren, dass unser Ego unseren Geist so beherrscht, dass wir unsere Verbindung zu Gott, zu unserer Seele verloren haben. Die böse Stiefmutter symbolisiert also einen Bereich unseres eigenen Egos.

Der 3. Funktionsbereich unseres Geistes besteht aus unserem Gemeinschaftsgefühl mit dem Bedürfnis, uns in der Gemeinschaft mit anderen

Menschen gleichberechtigt und emanzipiert zu fühlen. Bei einem Ungleichgewicht in diesem Bereich erleben wir Benachteiligungsgefühle, Neid und Eifersucht, bis hin zu Feindseligkeit und Gewalttätigkeit gegenüber anderen, gegenüber denen wir uns benachteiligt fühlen.

Die Stiefmutter symbolisiert mit ihrer Gewalttätigkeit also unser Benachteiligungs-Ego, das die Ursache für die Neigung zu Neid und Missgunst, Gewalt und Feindseligkeit gegenüber Konkurrenten ist.

Die beiden Kinder, Brüderchen und Schwesterchen, symbolisieren unser fühlendes Gemüt und unseren denkenden Verstand. Das Schwesterchen symbolisiert den denkenden Verstand und das Brüderchen das emotionale Gemüt. Hunger und Elend symbolisieren die fehlende Verbindung unseres Energiekörpers zur Quelle, zu Gott und in diesem Fall also unsere massiven Benachteiligungsgefühle.

Nachdem die Kinder vor ihrer bösen Stiefmutter geflohen sind und im Wald übernachtet haben, wachen sie mit Durst auf. Sie finden hintereinander drei Brunnen. Beim ersten bittet Schwesterchen Brüderchen nicht zu trinken, damit er kein Tiger wird, beim zweiten damit er kein Wolf wird und beim dritten damit er kein Reh wird. Beim dritten kann Brüderchen aber nicht mehr warten, trinkt und wird zum Reh.

Der Dreierschritt Tiger, Wolf und Reh symbolisiert die den vier Elementen entsprechenden Temperamente, wobei das Reh, wie schon der Hase im Märchen vom wunderlichen Spielmann, die beiden passiven Temperamente zusammen symbolisiert. Wenn wir unter massiven Benachteiligungsgefühlen leiden, sucht unser Ego im Außen nach einem Ausgleich, durch den wir uns weniger benachteiligt fühlen. Der erste Impuls unseres Geistes ist der aktivste, der dem cholerischen Temperament entspricht. Das cholerische Temperament verarbeitet Benachteiligungsgefühle durch Wutausbrüche, um energisch gegen die eigene Benachteiligung vorzugehen. Unser denkender Verstand versucht, solche zu vermeiden, weil er weiß, dass ein Wutausbruch unseren Verstand auslöschen kann, so dass wir Dinge tun oder sagen könnten, die wir später heftig bereuen würden. Die Zurückhaltung Brüderchens durch Schwesterchen symbolisiert diese Selbstkontrolle vor einem Wutausbruch (dem Tiger).

Je unsicherer wir uns in unserer Umgebung fühlen, je mehr Angst wir vor einer Bestrafung, Ablehnung oder Ausgrenzung für unsere Wut haben, desto stärker wird die Neigung sein, unser Benachteiligungsgefühl eher gemäß einem etwas passiveren Temperament zu verarbeiten und unser Verstand wird uns vor einem Wutausbruch zurückhalten.

Durch die Selbstkontrolle gehen die Benachteiligungsgefühle aber nicht weg. Wenn sie weiter sehr stark sind, besteht die nächste Gefahr darin, sie gemäß dem sanguinischen Temperament zu verarbeiten, also berechnend vorzugehen, um uns gegen andere durchzusetzen, was aber auch raubtierartige verschlagene und böswillige Verhaltensweisen bedeuten kann. Die erneute Zurückhaltung Brüderchens durch Schwesterchen symbolisiert die Selbstkontrolle vor einem verschlagenen, berechnenden Vorgehen, um uns selbst Vorteile zu verschaffen, weil wir wissen, dass auch ein solches Vorgehen unseren Verstand vergiftet und zu einem Raubtier, wie ein Wolf es ist, macht und zu verschiedenen Formen der Bestrafung durch unsere Mitmenschen führen kann.

Wenn wir uns jedoch auch diese Vorgehensweise zur Verarbeitung unserer Benachteiligungsgefühle nicht gestatten, geraten wir in einen Zustand, in dem wir uns nicht mehr richtig gegen echte Benachteiligungen wehren und eher alles mit uns machen lassen. Wir entwickeln Verhaltensweisen, uns in Konflikten mit anderen nachgiebig und möglicherweise sogar unterwürfig zu verhalten. Das heißt, sobald ein Konflikt mit anderen auftritt, fliehen wir wie ein Reh vor einem solchen Konflikt und laufen davon.

Da die Benachteiligungsgefühle aber irgendwohin müssen, wenn wir nicht in der Lage sind, richtig und lösungsorientiert für unsere Rechte und Bedürfnisse einzutreten, gehen wir damit also automatisch in die Passivität, wenn wir nicht kämpfen. Wir werden nachgiebig und passiv wie ein Reh, das vor jedem Konflikt davonläuft.

Uns in diesem Bereich unseres Geistes wie ein Reh zu verhalten, bedeutet den Verlust unserer Fähigkeit, richtig und lösungsorientiert für uns einzutreten und Konflikte durchzustehen. Wenn wir somit die Fähigkeit verlieren, Konflikte so durchzustehen, dass wir in Konflikten so für uns und unsere Bedürfnisse einstehen, wie wir das brauchen, kommen wir hier in einen verzauberten Zustand eines Rehs, durch den wir in unserem zwischenmenschlichen und sozialen Verhalten massiv eingeschränkt sind. Wir treten nicht mehr richtig für uns ein und werden entsprechend auch nicht mehr richtig ernst genommen. So symbolisiert das Reh hier Nachgiebigkeit in Konflikten.

Das Schwesterchen weint über sein verwünschtes Brüderchen und das Rehchen weint auch über seinen Zustand. Beide sind traurig. Schwesterchen verspricht dem Rehchen, sich immer um es zu kümmern. Sie suchen und finden ein Haus, in dem sie leidlich leben können. Ohne die Verwandlung des Brüderchens wäre es sogar ein schönes Leben gewesen.

Das heißt, im Grunde unseres Herzens wissen wir, dass wir für diesen Zustand eines Rehs, für unsere Konfliktunfähigkeit, für unsere Nachgiebigkeit in Konflikten Heilung brauchen. Wir können ja auch nur traurig sein, wenn wir in Konflikten immer den Kürzeren ziehen. Zu unserer Heilung müssen wir also lernen, so lösungsorientiert für uns einzutreten, dass wir weder wie ein Tiger noch wie ein Wolf auftreten, aber auch das Verhalten eines Rehs ablegen, um wieder auf eine Weise für uns selbst eintreten zu können, die uns in unsere Kraft bringt und Brüderlichkeit und Frieden bewirkt. Einerseits ist der Zustand grundsätzlicher Nachgiebigkeit durchaus erträglich, andererseits brauchen wir unsere Konfliktfähigkeit, um als Mensch ganz und heil zu sein. Jeder Mensch hat ein Recht darauf, ernstgenommen zu werden, und wir sollten für unser Recht eintreten. Unser Leben wird uns nicht in Ruhe lassen, bis wir nicht wieder die Fähigkeit gelernt haben, ganz und heil zu sein, über alle Fähigkeiten unseres Geistes zu verfügen und also auch wieder richtig für uns selbst und unsere Rechte eintreten zu können.

Wenn der König mit seiner Jagdgesellschaft im Wald auf die Jagd geht, verlangt es das Reh in die Freiheit. Es lässt sich dann von der Jagdgesellschaft jagen, nachdem es dem Schwesterchen versprochen hatte zurückzukehren. Nach der ersten Jagd kehrt es unversehrt heim.

Mit unserer Angepasstheit und Nachgiebigkeit geht uns jedoch ein gutes Stück unserer Vitalität und Durchsetzungsfähigkeit verloren und die Sehnsucht, diese zurückzugewinnen, kann leicht in uns erwachen, da mangelnde Durchsetzungsfähigkeit auch wieder zu realen Benachteiligungen führt, die natürlich auch unsere Benachteiligungsgefühle anstacheln.

Wir wissen, dass Missgunst und Feindseligkeit zu Problemen und emotionalen Verletzungen führen können, wenn sie aus uns herausbrechen, und dass wir auf der Hut bleiben müssen. Es ist im menschlichen Miteinander jedoch unvermeidlich, Konflikte mit anderen zu erleben und wieder in stärkere Benachteiligungsgefühle, Missgunst und/oder Feindseligkeit verstrickt zu werden, solange wir nicht über unsere Fähigkeit verfügen, in Konflikten richtig für uns einzutreten.

Bei der Jagd am zweiten Tag wird das Reh verletzt, so dass der König von einem seiner Jäger vom Schwesterchen erfährt und wie das Reh ins Haus zurückkehrt.

Der Jäger symbolisiert dabei unsere selbstbeobachtende Unterscheidungsfähigkeit und der König symbolisiert unsere feste Verpflichtung, lösungsorientiert für unsere Rechte und Bedürfnisse einzutreten, d.h. uns in

Konflikten weder wie ein Tiger, noch wie ein Wolf, noch jedoch auch wie ein Reh zu verhalten und nicht vor Konflikten zu fliehen, wenn wir durch unsere Flucht zulassen, dass uns Unrecht widerfährt.

Wenn wir in Konflikten unsere Benachteiligungsgefühle und unsere verletzten Gefühle beobachten (der Jäger), können wir darüber nachdenken, wie wir unser Problem lösen und auf die richtige, gewaltlose Weise zu unserem Recht kommen können. Wir wissen dann, dass wir unsere Benachteiligungsgefühle innerlich konfrontieren müssen und vor Konflikten nicht fliehen dürfen.

Das Schwesterchen erschrickt über die Verletzung des Rehs und versorgt es. Als die Jagd am nächsten Tag erneut losgeht, will das Reh erneut raus. Das Schwesterchen weint und glaubt, dass das Reh getötet werden wird. Schließlich lässt es das Reh laufen.

Mit dem Verstand (Schwesterchen) mögen wir versuchen, unsere Benachteiligungsgefühle und verletzten Gefühle fern von uns zu halten. Der Wunsch, heil und ganz zu werden und die Fähigkeit zurückzugewinnen, richtig für uns einzutreten, wird jedoch stark bleiben.

Der König befiehlt den Jägern, das Reh zu jagen, ihm aber kein Leid zuzufügen. Er lässt sich das Haus zeigen und nimmt schließlich Schwester und Reh mit sich auf sein Schloss. Dort heiratet er das Schwesterchen und das Reh wohnt bei ihnen.

Wenn nun die feste Haltung, gewaltlos für uns einzutreten, unser Konfliktverhalten anführt, so leitet dieser Entschluss dann auch unser Denken (die Hochzeit zwischen König und Schwesterchen), so dass wir unser Flucht- und Ausweichverhalten in unseren Konflikten mit anderen liebevoll in unsere Obhut nehmen und schauen, was wir tun können, um in unserem Konfliktverhalten wieder ganz und heil zu werden.

Es geht darum, einerseits unsere aus Benachteiligung entstehenden Gefühle, also Gefühle wie Neid, Missgunst, Eifersucht und Feindseligkeit auf ihre Angemessenheit zu durchleuchten, also festzustellen, inwiefern tatsächlich eine objektive Benachteiligung vorliegt und uns dann lösungsorientiert zu wehren und richtig für uns einzutreten. Wenn wir unsere unangemessenen Benachteiligungsgefühle unter Kontrolle halten und gewaltlos für die Korrektur einer tatsächlichen Benachteiligung eintreten, vermeiden wir, verletzt zu werden, zeigen unsere wahren Gefühle und gewinnen so an Schönheit.

Die böse Stiefmutter, um derentwillen die Kinder in die Welt hineingegangen waren, meinte, die Kinder wären zu Tode gekommen. Als sie nun hörte, dass sie so glücklich waren, und es ihnen so wohl ging, da wurden Neid und Missgunst in ihrem Herzen rege und ließen ihr keine Ruhe, und sie hatte keinen andern Gedanken, als wie sie die beiden doch noch ins Unglück bringen könnte.

Der Zustand der Angepasstheit und Nachgiebigkeit wird durch unsere Verpflichtung, lösungsorientiert für uns einzutreten, alleine noch nicht erlöst. Denn unser eigenes Ego, das die eigentliche Ursache für unsere Benachteiligungsgefühle ist, besteht noch, und möchte unseren gesunden Verstand in Konflikten so ausgelöscht sehen, dass wir alle Konflikte gewinnen, ohne je nachzugeben. Denn die Ursache unserer Nachgiebigkeit und Angepasstheit liegt in unseren Benachteiligungsgefühlen, Neid und Missgunst, die unser Ego hervorbringt. Die Nachgiebigkeit selbst ist also ein gegen uns selbst gelenktes Egoverhalten. Unser Ego möchte mit seinen Emotionen Recht und die Kontrolle behalten. An dieser Stelle des Märchens werden die Worte „Neid und Missgunst" ausgesprochen, wodurch noch einmal deutlich wird, dass es hier um den 3. Funktionsbereich des menschlichen Geistes geht.

Ihre rechte Tochter, die hässlich war wie die Nacht, und nur ein Auge hatte, machte ihr Vorwürfe und verlangt, selbst Königin zu werden. Die Alte bedeutet ihr, still zu sein und dass sie schon für eine entsprechende Lösung sorgen wird.

Die „rechte Tochter" des Egos, die nur ein Auge hat, symbolisiert in diesem Kontext die Einseitigkeit der Sichtweise unseres Egos, in Konflikten ausschließlich daran interessiert zu sein, die Oberhand zu behalten und uns selbst als die Guten zu sehen, die im Recht sind. Unser Ego will sich nicht die Lage anderer versetzen und lässt nur seine eigene Sicht zu.

Als die Königin ein Kind bekommt und der König auf Jagd ist, nimmt die alte Hexe die Gestalt der Kammerfrau an, steckt die Königin in ein heißes Bad und macht ein Höllenfeuer an, in dem die junge Königin zu Tode kommt. Anschließend legt sie ihre hässliche Tochter in das Bett der Königin. Sie muss sich so hinlegen, dass der König nicht merkt, dass sie nur ein Auge hat.

Das Kind der Königin symbolisiert unser Lernen, richtig und gewaltlos für uns einzutreten, was unserem Ego wiederum nicht gefällt. Unser Ego wartet in unserem Konfliktverhalten nur auf eine Gelegenheit, unseren Verstand auszuschalten und seine Sicht der Dinge auszutoben. Solange wir unter Benachteiligungsgefühlen leiden, besteht also immer die Gefahr, dass unser Ego die Führung übernimmt und unseren Verstand ausschaltet (Schwesterchens Tod).

Sodann versucht unser Ego, unseren Verstand, wenn möglich, dauerhaft durch seine einseitige Sichtweise und Auslegung der Dinge zu ersetzen.

Dies kann dem Ego nur gelingen, wenn uns nicht auffällt, dass unser Handeln von Neid und Missgunst gelenkt wird, die alles sehr einseitig deuten und uns eigentlich halbblind machen.

Der König freut sich nach seiner Rückkehr über die Geburt seines Kindes und geht an das Bett seiner Frau. Die böse Stiefmutter mahnt ihn, der Königin Ruhe zu lassen, da sie das Licht noch nicht vertragen könne. Der König ging und merkte nicht, dass eine falsche Königin im Bett lag.

Wenn unser Ego wieder übernimmt, fällt uns die falsche Verrücktheit unserer Sichtweise bei Konflikten vielleicht nicht gleich auf und wir erkennen die erneute Machtübernahme unseres Egos über unser Denken nicht.

Als um Mitternacht alles schlief, sah die Kinderfrau in der Kinderstube, wie die Türe aufging, und die rechte Königin als Geist herein trat. Sie nahm das Kind aus der Wiege, legte es in ihren Arm und gab ihm zu trinken. Dann schüttelte sie ihm sein Kisschen, legte es wieder hinein und deckte es mit dem Deckbettchen zu. Sie vergaß aber auch das Rehchen nicht, ging in die Ecke, wo es lag, und streichelte ihm über den Rücken. Darauf ging sie wieder. Dies ging mehrere Nächte so.

Auch wenn Neid und Missgunst wieder die Oberhand behalten und wir sie nicht auflösen können, sind wir ihnen noch nicht ganz ausgeliefert, auch wenn unser Verstand in den Hintergrund rückt, als wäre er ein Geist. Wir können immer noch in uns sehen und beobachten, was der normale friedliche Verstand tun würde.

Nach einer Zeit kündigt die Königin an, dass sie seltener kommen und schließlich ganz wegbleiben wird.

Wenn wir nicht durchschauen, wie unser eigenes Ego unsere Benachteiligungsgefühle erzeugt und benutzt, schwinden unsere Möglichkeiten, uns noch von unserer Missgunst zu befreien. Die Nachgiebigkeit und Angepasstheit (das Reh) sind immer noch da. Das Kind der Königin symbolisiert wie sie selbst den Verstand. Unser Verstand braucht es, dass wir eine lösungsorientierte Kommunikationsfähigkeit entwickeln, um für uns einzutreten. Und um dies dauerhaft zu können, brauchen wir eine Gewissheit über die Natur unserer Benachteiligungsgefühle. Um für wirklich gerechte Lösungen eintreten zu können, müssen wir in unseren Konflikten mit unseren Benachteiligungsgefühlen nach innen gehen. Wir müssen schauen und unterscheiden, ob unsere Benachteiligung echt oder nur ein subjektives Gefühl ist, das wir in uns auflösen müssen. Nur wenn wir diese richtige Unterscheidung haben, können wir auf eine Konfliktlösung hinwirken, bei der niemand benachteiligt wird, auch die anderen nicht, so dass eine gerechte Lösung entstehen kann, die dauerhaften Frieden schafft.

Schließlich berichtet die Kinderfrau dem König alles. Dieser beschließt, in der nächsten Nacht bei dem Kind zu wachen. Als der Geist der Königin nach Kind und Reh schaut, sagt der König erst nichts. In der nächsten Nacht jedoch, als die Königin das letzte Mal kommen will, spricht er sie an, dass sie seine Königin sein muss, so dass sie durch Gottes Gnade wieder ganz lebendig wird.

Unsere innere Haltung (der König) muss sich irgendwann zwischen der Wahrheit und unserem Ego entscheiden. Wenn wir uns ganz der Wahrheit zuwenden und sie deutlich wählen, erwacht damit auch unser Verstand wieder ganz zum Leben.

Darauf erzählte die Königin dem König den Frevel, den die böse Hexe und ihre Tochter an ihr verübt hatten. Der König ließ beide vor Gericht führen, und es ward ihnen das Urteil gesprochen.

Wenn wir unser eigenes Ego und die vom Ego erzeugten Benachteiligungsgefühle, Neid und Missgunst durchschauen, können wir unsere Benachteiligungsgefühle auch als ein Machwerk unseres Egos begreifen und ihnen nicht mehr nachgeben.

Die Tochter ward in den Wald geführt, wo sie die wilden Tiere zerrissen, die Hexe aber ward ins Feuer gelegt und musste jammervoll verbrennen.

Ohne Benachteiligungsgefühle, die die Missgunst nähren, wird sie vergehen. Das Brennen der Hexe im Feuer symbolisiert, unserem eigenen Ego solange mit schonungsloser und aufrichtiger Ehrlichkeit und Wahrhaftigkeit (dem Feuer der Wahrheit) zu begegnen und die Egoreibung, die dabei entsteht, auszuhalten, bis es verbrannt ist. So verbrennt sich unser Ego selbst und vergeht am Ende.

Als die Hexe zu Asche verbrannt war, verwandelte sich das Reh und erhielt seine menschliche Gestalt wieder, Schwesterchen und Brüderchen aber lebten glücklich zusammen bis an ihr Ende.

Ohne unser Ego und die von unserem Ego erzeugten Benachteiligungsgefühle gewinnen wir unsere volle Fähigkeit zum lösungsorientierten Eintreten für uns zurück. Viele Menschen leiden unter einem Missverständnis: Viele verstehen unter Durchsetzungsfähigkeit, unser Ego durchzusetzen. Und sie glauben, dass Nachgiebigkeit ein Ablassen vom Ego bedeutet. Es geht bei Durchsetzung aber nicht um die Durchsetzung unseres Egos, sondern nur um die Durchsetzung berechtigter und angemessener Bedürfnisse (die nichts mit Ego zu tun haben), durch deren Durchsetzung wir im Einklang mit unseren Mitmenschen sind, die ebenfalls für ihre Bedürfnisse eintreten. Dem Ego anderer Menschen nachzugeben, zerstört die Brüderlichkeit in gleicher Weise und dient dem Ego.

Brüderlichkeit können wir nur bewirken, indem die Bedürfnisse aller Beteiligten berücksichtigt werden, auch unsere eigenen. Brüderlichkeit herrscht, wenn das Kampf-oder-Flucht-Verhalten bei allen Beteiligten aufgelöst wird. Dass sich das Reh erst nach dem Verbrennen der Hexe zurück in das Brüderchen verwandelt, zeigt, dass unser Eintreten für unser wahres Selbst und unsere wahren Bedürfnisse sehr schwer vom Durchsetzen egoistischer Vorstellungen zu unterscheiden ist. Erst wenn wir frei sind von Ego, gewinnen wir wirklich unsere ganze Durchsetzungsfähigkeit zurück. Vorher sind immer (häufig berechtigte) Zweifel da, ob wir nicht egoistisch handeln, wenn wir uns durchsetzen. Und dies wiederum führt leicht zu einer Tendenz, uns anzupassen und nachzugeben, wo wir für unsere Bedürfnisse eintreten sollten.

Leider leben wir mit einem Geld- und Wirtschaftssystem, in welchem die Benachteiligung einer gewissen Anzahl von Wirtschaftsteilnehmern vorprogrammiert ist. Das Zinsgeld erzeugt einen Vernichtungswettbewerb. Dieser beinhaltet, dass Unternehmen ihre egoistischen Interessen auf Kosten ihrer Wettbewerber durchsetzen müssen, um überleben zu können.

Wenn wir als Gesellschaft lernen wollen, in Frieden miteinander zu leben, gibt es eine wichtige Erkenntnis, die wir gewinnen, und eine wichtige Fähigkeit, die wir uns erwerben müssen: Die wichtige Erkenntnis betrifft die von den Unternehmen in der Wirtschaft erzielten Kapitalerträge / Zinsen. Wir müssen erkennen, dass eine nachhaltige Wirtschaft, in der auch alle wettbewerbsfähige Unternehmen dauerhaft bestehen können, nur möglich ist, wenn es allen Unternehmen möglich ist, bei 0% Gewinnen weiterzubestehen, wenn also nur die Arbeit von Mitarbeitern und Unternehmer bezahlt wird, keine Investoren.

Bei der wichtigen Fähigkeit, die wir als Gesellschaft erwerben müssen, handelt es sich nun um die kollektive Fähigkeit, so für uns einzutreten, dass einerseits andere ebenfalls bestehen können (selber also nicht wie ein Tiger oder Wolf aufzutreten), und wir uns andererseits nicht wie ein Reh verhalten, das vor Konflikten davonläuft. Wir brauchen für unsere Wirtschaft und auch für uns als Gesellschaft die Fähigkeit, lösungsorientiert für uns einzutreten, um unsere Existenz so zu sichern, dass auch andere bestehen können. Wir brauchen also das Entwickeln und Erwachen eines gewaltlosen, selbstbewussten und lösungsorientierten Konfliktverhaltens. In unserer Zeit geht das Bedürfnis zur Konfliktfähigkeit immer mehr über das bloß Wirtschaftliche hinaus. Es geht leider auch immer mehr darum, unsere Rechte als nationale Völker gegenüber machthungrigen Eliten zu verteidigen, die uns unsere Rechte als einheimische Völker mit der Behauptung nehmen, wir bräuchten Zuwanderung und wäre Nazis, wenn wir die Zuwanderung nicht wollen und uns unsere Rechte als Einheimische nicht nehmen lassen. Elitäre Kreise, die Macht über die vielen ausüben wollen, können dies tun, indem sie die vielen in mehrere separate Minderheiten aufspalten, die sich jeweils benachteiligt fühlen, und zusätzlich noch viele Migranten in ein Land bringen, deren Nichtgleichberechtigung als rassistisch tabuisiert wird. Je egoistischer die einzelnen Minderheiten dann gegen ihre angebliche Benachteiligung vorgehen und Gleichberechtigung einfordern, desto leichter wird es, die Minderheiten gegenüber der großen Mehrheit zu bevorteilen, die große Mehrheit zu benachteiligen und auch die Minderheiten über ihre Benachteiligungsgefühle gegeneinander auszuspielen. So wird die Demokratie in der Summe komplett ausgehebelt, indem man die große Mehrheit zur systematischen Rücksichtnahme auf die Rechte und Privilegien der Minderheiten konditioniert. Die einheimische Mehrheit kann als solche nicht mehr von ihrem Recht Gebrauch machen, die geltende Gesetze und maßgebende Kultur vorzugeben, weil sie in sich gespalten und zerstritten ist.

Daher sind machtorientierte Eliten daran interessiert, Minderheiten zu schaffen, die gegenüber der Mehrheit so fordernd auftreten, dass diese nach und nach ihre Rechte verliert, wenn sie nicht lernt, ihre Spaltung zu überwinden, gemeinsame Ziele zu definieren und richtig und gemeinschaftlich für diese einzutreten. Daher stellen sich die Eliten hinter die Forderungen von Minderheiten, gerade wenn solche Forderungen ungerechtfertigt sind, und fördern allgemein einen spaltenden Egoismus auf allen Seiten der dann wegen der damit verbundenen Ungerechtigkeit auftretenden Konflikte.

Sie reden der Mehrheit fortlaufend ein schlechtes Gewissen ein, dass sie zu wenig Rücksicht auf die Bedürfnisse „benachteiligter" Minderheiten nimmt, was die tatsächlichen Privilegien der Minderheiten völlig verschleiert. Das ist nicht nur in Deutschland, sondern in allen westlichen Ländern so. Für die Mächtigen kann der Plan der totalen Machtübernahme kaum scheitern, wenn sie, wie sie es getan haben, durch völkerrechtswidrige Kriege eine Migration verschiedener Völker in Länder lostreten, die die einheimische Mehrheit dann so mit fordernden Minderheiten konfrontiert, dass sie ihre Rechte verliert, wenn sie nicht auf die richtige Weise für ihre Rechte als Mehrheit eintritt. Wenn es dann nur noch

Minderheiten gibt, können diese leicht gegeneinander ausgespielt und die Machteliten nicht mehr gestoppt werden. Das dürfte die eigentliche Absicht hinter dem Kampf gegen die „Privilegien der einheimischen Weißen" sein. So fördert die Massenmigration die Entrechtung und Enteignung der einheimischen Völker Europas zugunsten der Eliten.

Gerade im Politischen ist die Fähigkeit, auf die richtige, lösungsorientierte Weise für unsere Rechte und Bedürfnisse einzutreten, also von zentraler Bedeutung für unser Überleben als Gesellschaft und als Volk. Wenn wir als Mehrheit nicht lösungsorientiert für unsere Rechte zusammenstehen können, sind wir durch fordernde Minderheiten so lange ausspielbar, bis wir keine Mehrheit mehr sind. Dann werden wir entrechtet und unserer Freiheiten beraubt. Wenn die Mächtigen über die Politik der einheimischen Mehrheit eines Volkes, über das sie regiert, Unrecht zufügt, dürfen wir als dieses einheimische Volk in unserer Gegenwehr gegen das Unrecht weder als Tiger noch als Wolf noch aber auch als Reh auftreten. Wenn wir uns wie Tiger oder Wölfe gegen die Ungerechtigkeiten der Regierung zur Wehr setzen, dann geben wir der Regierung damit die Rechtfertigung, polizeiliche Gewalt gegen das Volk einzusetzen, es mit bösen Namen zu belegen und seiner Rechte zu berauben. Wenn wir uns aber wie Rehe verhalten, die auf die Vorwürfe politischer Inkorrektheit hin sofort einlenken, unseren Mund nicht mehr aufmachen und uns nicht mehr zur Wehr setzen, fordert unser Verhalten die Mächtigen dadurch dazu auf, mit ihrem volksfeindlichen Vorgehen fortzufahren bis sie uns unserer Rechte beraubt haben und unser Land nicht mehr uns gehört.

Wir sind schon länger in der Situation, lernen zu müssen, in unseren gesellschaftlichen Konflikten weder Tiger noch Wolf noch Reh zu sein, sondern auf die richtige Weise lösungsorientiert für uns einzutreten. Es gilt also, kollektiv in der richtigen, lösungsorientierten und nicht nachgiebigen Weise für unsere Rechte und Bedürfnisse als das einheimische Volk einzutreten. Noch sind wir die Gastgeber und die Migranten sind nur unsere Gäste, weil wir noch in der Mehrheit sind. Wenn wir bei der Wahrheit bleiben, dass wir das einheimische Volk sind, dem unser Land gehört - und dazu gehört die Verpflichtung zur Gewaltlosigkeit - wenn wir uns wieder mehr in Einklang bringen mit der geistigen Kultur unserer Vorfahren und uns dadurch auch wieder an die Kraft unserer Vorfahren anschließen, die dann als deren Segen zu uns kommt, dann wird diese Wahrheit zu einer Kraft, die für uns wirkt. Wenn wir der Wahrheit in unseren Konflikten lösungsorientiert dienen, dann wird die Wahrheit uns dienen.

Obwohl gerade die westeuropäischen Völker und Kulturen kurz vor ihrem Untergang stehen, halte ich es immer noch für möglich, unser Volk und die geistige Kultur unseres Volkes zu retten, zu bewahren und wiederzubeleben. Dazu werden wir eine geistige und ethische Renaissance brauchen. Der Hauptgrund für den Untergang unserer geistigen Kultur besteht darin, dass wir Deutschen selbst unsere geistige Kultur aufgegeben haben und nicht mehr pflegen. Wir sind zwar viele Jahrzehnte lang in eine materialistische und egoausweitende Kultur hinein verführt worden, sind aber selbst dafür verantwortlich, dass wir uns haben verführen lassen und unsere eigene wertebasierte geistige Kultur aufgegeben haben. Da letztlich unsere eigene Abwendung von der geistigen Kultur unseres Volkes die Migrationskrise verursacht hat, gilt es, sie wiederzubeleben.

Während die Lösung der Massenmigrationskrise sich nur im Zuge einer solchen gesellschaftsweiten ethischen Renaissance lösen lassen wird, sollten wir uns bis dahin mit einer öffentlichen Diskussion zurückhalten. Im Moment würden eine öffentliche Diskussion nur sich verhärtende Hass- und Wutfronten bewirken. Es braucht also noch den richtigen Zeitpunkt, bis eine solche Diskussion möglich ist. Erst die ethische Renaissance und erst in deren Zuge die öffentliche Besprechung einer Lösung der Migrationskrise. Wenn es uns so zu gegebener Zeit gelingt, diese Krise öffentlich zu diskutieren, ohne dabei als Tiger oder Wolf oder Reh zu kommunizieren, dann werden wir eine Lösung herbeiführen können, die im universellen, göttlichen Sinne gerecht ist. Diese Lösung wird im Wesentlichen dafür sorgen, dass Menschen, die inzwischen hierher gehören, auch hier bleiben, und Menschen, die in ihre Heimat und die Heimat ihrer Vorfahren gehören, auch dorthin zurückkehren.

Mit einer ethischen Renaissance werden sich jedenfalls alle Probleme lösen lassen, die noch lösbar und reversibel sind. Ohne eine ethische Renaissance, wenn wir versuchen, gewünschte Lösungen zu erzwingen, wird sich kein einziges Problem lösen lassen. Gerade zu der ethischen Renaissance, die wir für die Wiederbelebung unserer geistigen Kultur und damit für die Bewahrung unseres Volkes brauchen werden, gibt es eine ganze Reihe deutscher Volksmärchen, die wir uns ab 3.5 im nächsten Kapitel anschauen werden.

Kapitel 3 – Märchen zum Mentalkörper

Einleitung

Nach den drei Bereichen zum Energiekörper beschäftigen wir uns nun mit einer Reihe von Märchen zu den drei Bereichen unseres Mentalkörpers: Wert, Macht und Recht. Auch zu diesen Themen finden sich unter den deutschen Volksmärchen solche, die eindrucksvoll Licht auf die Probleme des Menschseins und deren Lösungsmöglichkeiten werfen.

Märchen zum vierten Bereich: Wert

Den Tabellen 1 bis 5 in Kapitel 1.4 gemäß haben wir in diesem Bereich das Bedürfnis, uns wertgeschätzt zu fühlen und uns selbst zu achten. Durch unser Ego erfahren und produzieren wir jedoch Minderwertigkeitsgefühle, die unser Ego zu Geltungsdrang, Wichtigtuerei und einer Geringschätzung anderer bis hin zu Arroganz verarbeitet, um so gut wie möglich dazustehen, was in der Rückwirkung unsere Minderwertigkeitsgefühle jedoch weiter verstärkt. Zu unserer Selbstheilung können wir uns darin üben, andere wertzuschätzen, unsere Defizite einzugestehen, Demut zu entwickeln und der Gesellschaft selbstlos zu dienen. Schauen wir uns an, was die Märchen Allerleirauh und Rumpelstilzchen zu unserer Befreiung aus dem Teufelskreis der Minderwertigkeit zu sagen haben.

3.1 Allerleirauh – Entwickeln von Demut zur Heilung unseres Selbstwertgefühls

Königin	Demut
Tod der Königin	Demutverlust durch Minderwertigkeitsgefühle
Keine weniger schöne Frau nehmen	auf Kompensationshandlungen verzichten
Goldener Ring	Treue zu Gott, unserem wahren Selbst
Goldenes Spinnrädchen	nur gute Taten verrichten, die positives Karma aufbauen
Goldenes Haspelchen	Summe positiven Karmas
Brotsuppe	Herzenswärme

Im Aschenputtel, im fünften Kapitel, geht es um die Heilung unseres Selbstwertgefühls durch einen selbstlosen Dienst an den Notleidenden. Im Rumpelstilzchen, in der nächsten Interpretation, geht es um die Heilung unseres Selbstwertgefühls, indem wir nicht versuchen, etwas oder jemand Besseres zu sein als der Mensch, als den wir uns selbst sehen.

Im König Drosselbart geht es um die Heilung unseres Selbstwertgefühls durch Reue über unser geringschätziges und arrogantes Verhalten. Also auch Reue kann eine starke Heilkraft entwickeln, wenn sie konstruktiv in positives Handeln umgesetzt wird. Und im Märchen Allerleirauh geht es um die Heilung unseres Selbstwertgefühls durch das systematische Entwickeln echter Demut.

Man sieht also, dass die Märchen nicht nur unterschiedliche Bereiche des menschlichen Seins beleuchten, sondern dabei von Märchen zu Märchen auch sehr unterschiedliche Facetten aufzeigen, wie wir uns von unseren geistigen Makeln und Macken heilen können, die unser eigenes Ego geschaffen hat.

In Allerleirauh geht es also um den steinigen Weg, der mit dem Entwickeln einer echten, starken und strahlend schönen demütigen Haltung gegenüber dem Leben und anderen Menschen verbunden ist.

Es gibt in Indien den Spruch: „Mach einen Schritt auf Gott zu, dann kommt Gott Dir hundert Schritte entgegen." Das bedeutet, dass das entschlossene Entwickeln nur einer einzigen echten spirituellen Tugend bewirken kann, dass wir dadurch auch alle anderen Tugenden entwickeln, die wir brauchen, um auf dem spirituellen Weg voranzukommen.

Das heißt, obwohl die deutschen Volksmärchen unterschiedliche Bereiche des menschlichen Seins adressieren und für unsere Probleme in diesen Bereichen auch unterschiedliche Heilungsstrategien aufzeigen, birgt nahezu jedes dieser Märchen in sich einen Schlüssel, der uns weit im Leben voranbringen kann, wenn wir diesen Schlüssel auch nutzen. Schauen wir uns also Allerleirauh an.

Es war einmal ein König, der hatte eine Frau mit goldenen Haaren, und sie war so schön, daß sich ihresgleichen nicht mehr auf Erden fand. Es geschah, daß sie krank lag, und als fühlte sie bald, daß sie sterben würde, rief sie den König und sprach: „Wenn du nach meinem Tode dich wieder vermählen willst, so nimm keine, die nicht ebenso schön ist, als ich bin, und die nicht solche Haare hat, wie ich habe; das mußt du mir versprechen!" Nachdem es ihr der König versprochen hatte, tat sie die Augen zu und starb.

In diesem Fall gibt die sterbende Königin das Thema des Märchens vor. Sie ist schön und hat wunderschönes goldenes Haar.

Die Tugend, die hier verschlüsselt ist, hat also eine sehr schöne Ausstrahlung und wirkt sehr anziehend auf andere Menschen. Haar geht über unseren Körper hinaus, und symbolisiert spirituelle Aktivität und goldenes Haar steht für spirituelles Bewusstsein. Es geht also um eine Tugend, die eine starkes spirituelles Bewusstsein schafft und sehr schön ist.

Diese Angaben allein reichen in diesem Fall noch nicht ganz, um das Thema des Märchens zu ermitteln. Später ist es die Prinzessin, die ein sehr demütiges und bescheidenes Wesen an den Tag legt und sich wie Aschenputtel mit Asche beschmiert, die aufzeigt, dass die Königin und ihre Tochter die Tugend der Demut symbolisieren. Von den Bereichen unseres Seins her geht es also um das Selbstwertgefühl.

Der Tod der Königin symbolisiert den Verlust unserer Demut aufgrund eines Mangels an Selbstwertgefühl. Ein von Minderwertigkeitsgefühlen getriebenes Verhalten neigt zu allen möglichen Kompensationshandlungen, um uns selbst aufzuwerten und wichtiger zu machen, so dass wir unsere Demut verlieren.

Die Auflage der sterbenden Königin an den König, nur eine Frau nehmen zu dürfen, die so schön ist und so goldenes Haar hat wie sie, symbolisiert, dass wir die Impulse zu solchen Kompensationshandlungen in uns wahrnehmen und sie unterlassen sollten. Keine Kompensationshandlung hat die Schönheit von Handlungen, die einem authentischen Selbstwertgefühl entspringen.

Statt einer Kompensation für unsere Minderwertigkeitsgefühle sollten wir also eine wahre Heilung unseres Selbstwertgefühls anstreben. Eine tatsächliche Heilung unseres Selbstwertgefühls durch das Entwickeln echter Demut bringt auch ein starkes spirituelles Bewusstsein mit sich (symbolisiert von den goldenen Haaren).

Der König symbolisiert hier unseren Verstand, auf dessen Grundlage wir unsere Wahl treffen, mit welchen Mitteln wir Heilung für unsere Minderwertigkeitsgefühle finden wollen. Die Tochter der Königin symbolisiert das uns verbliebene Potential, Heilung für unsere Minderwertigkeitsgefühle zu finden, indem wir Demut entwickeln.

Der König war lange Zeit nicht zu trösten und dachte nicht daran, eine zweite Frau zu nehmen. Endlich sprachen seine Räte: „Es geht nicht anders, der König muß sich wieder vermählen, damit wir eine Königin haben." Nun wurden Boten weit und breit herumgeschickt, um eine Braut zu suchen, die an Schönheit der verstorbenen Königin ganz gleichkäme. Es war aber keine in der ganzen Welt zu finden, und wenn man sie auch gefunden hätte, so war doch keine da, die solche goldene Haare gehabt hätte. Also kamen die Boten unverrichteter Sache wieder heim.

Die Alternativlosigkeit der Suche nach einer neuen Frau für den König symbolisiert, dass Minderwertigkeitsgefühle unerträglich sind, da wir ohne Selbstachtung nicht wirklich leben können und wir nur in Demut eine gesunde Wertschätzung für uns selbst entwickeln können.

Ohne die Fähigkeit, uns selbst zu schätzen, ohne ein gesundes Selbstwertgefühl und ohne Demut, die unser Selbstwertgefühl beschützt, können wir nicht leben. Wenn wir unter Minderwertigkeitsgefühlen leiden, werden wir immer instinktiv versuchen, uns aufzuwerten und unser Selbstwertgefühl mit Äußerlichkeiten und/oder auf Kosten anderer aufzubauen.

Es gibt allerdings keine Kompensationshandlung, die unser Selbstwertgefühl wiederherstellen kann. Nur die Schaffung eines authentischen Selbstwertgefühls wird uns heilen. Die unverrichteter Dinge zurückkehrenden Boten symbolisieren, dass es nicht so leicht ist, eine einmal verlorene Demut und das damit einher verlorene Selbstwertgefühl wiederherzustellen.

Nun hatte der König eine Tochter, die war geradeso schön wie ihre verstorbene Mutter und hatte auch solche goldene Haare. Als sie herangewachsen war, sah sie der König einmal an und sah, daß sie in allem seiner verstorbenen Gemahlin ähnlich war, und fühlte plötzlich eine heftige Liebe zu ihr. Da sprach er zu seinen Räten: „Ich will meine Tochter heiraten, denn sie ist das Ebenbild meiner verstorbenen Frau, und sonst kann ich doch keine Braut finden, die ihr gleicht." Als die Räte das hörten, erschraken sie und sprachen: „Gott hat verboten, daß der Vater seine Tochter heirate, aus der Sünde kann nichts Gutes entspringen, und das Reich wird mit ins Verderben gezogen." Die Tochter erschrak noch mehr, als sie den Entschluß ihres Vaters vernahm, hoffte aber, ihn von seinem Vorhaben noch abzubringen. Da sagte sie zu ihm: „Eh ich Euren Wunsch erfülle, muß ich erst drei Kleider haben: eins so golden wie die Sonne, eins so silbern wie der Mond und eins so glänzend wie die Sterne; ferner verlange ich einen Mantel von tausenderlei Pelz und Rauchwerk zusammengesetzt, und ein jedes Tier in Eurem Reich muß ein Stück von seiner Haut dazu geben." Sie dachte aber: Das anzuschaffen ist ganz unmöglich, und ich bringe damit meinen Vater von seinen bösen Gedanken ab. Der König ließ aber nicht ab, und die geschicktesten Jungfrauen in seinem Reiche mußten die drei Kleider weben, eins so golden wie die Sonne, eins so silbern wie der Mond und eins so glänzend wie die Sterne, und seine Jäger mußten alle Tiere im ganzen Reiche auffangen und ihnen ein Stück von ihrer Haut abziehen; daraus ward ein Mantel aus tausenderlei Rauchwerk gemacht. Endlich, als alles fertig war, ließ der König den Mantel herbeiholen, breitete ihn vor ihr aus und sprach: „Morgen soll die Hochzeit sein!"

Die ursprüngliche Hochzeit von König und Königin symbolisiert die innere Hochzeit, nach einem ausreichenden spirituellen Reifeprozess und dem Entwickeln der nötigen Tugenden, wie Demut, die aufrichtige Kommunikation unserer Defizite und durch selbstlosen Dienst ein authentisches, aus sich selbst leuchtendes Selbstwertgefühl zu haben.

Der König will seine Tochter heiraten. Ein angestrebter Inzest im Märchen symbolisiert das Verlangen eines egobestimmten Verstandes, uns selbst wertvoll zu fühlen und schätzen zu können, ohne uns bei diesem Streben an die göttlichen Regeln zu halten und etwas dafür tun zu müssen. Wir suchen nach einer Abkürzung nach einem guten Selbstwertgefühl und innerer Erfüllung.

In der Praxis begehen Menschen, die Drogen nehmen, zum Beispiel einen solchen symbolischen Inzest, da sie die erfüllende Erfahrung eines gesunden Selbstwertgefühls erzwingen wollen, ohne etwas dafür zu tun. Dasselbe gilt auch für alle anderen Arten von Sucht. Auch wenn wir ein falsches Image von uns selbst aufbauen, um die Wertschätzung und Bewunderung anderer zu erlangen, und von diesem falschen Bild von uns selbst abhängig werden, wird dies vom Inzest symbolisiert.

Durch den Versuch, Abkürzungen zur inneren Erfüllung zu nehmen, indem etwas oder jemand in der Außenwelt uns Erfüllung und Wertschätzung schenken soll, verstoßen wir gegen die göttlichen Gesetze. Dieser Weg ist uns eigentlich durch die göttlichen Gesetze verboten und verwehrt und kann niemals zum Ziel eines erfüllten Lebens führen.

Ein Kleid symbolisiert die äußere Erscheinung, die wir für die Welt abgeben. Der König soll drei Kleider besorgen, ein goldenes, ein silbernes und ein wie die Sterne funkelndes.

Gold symbolisiert wie die Sonne die Ebene unseres selbstleuchtenden Bewusstseins. Das goldene Kleid symbolisiert also die äußere Erscheinung, dass wir spirituelles Bewusstsein entwickelt haben. Silber symbolisiert wie der Mond die mentale Ebene, also das Entwickeln von richtigem Denken und richtigem Handeln. Das silberne Kleid symbolisiert entsprechend die äußere Erscheinung eines veredelten Verstands, der reine und tugendhafte Gedanken und Absichten entwickelt.

Die Sterne sind einerseits mit dem Mond verwandt, weil sie nur nachts deutlich zu sehen sind, und andererseits mit der Sonne, weil es sich bei den vielen Sternen ja jeweils um eine weit entfernte Sonne handelt. Insgesamt dienen die Sterne der Orientierung in der Nacht. Damit symbolisiert das wie Sterne funkelnde Kleid die äußere Erscheinung, dass wir ein ganz auf das Erreichen der inneren Erfüllung durch unseren Einklang von Sein und Bewusstsein ausgerichtetes Leben führen.

Tiere symbolisieren Emotionen, weil ihr Verhalten von Instinkten gesteuert wird. Tierpelze symbolisieren die Außenwirkung unserer vielen unterschiedlichen Emotionen. Emotionen, die aus einem Gemüt kommen, das seine Verbindung zum wahren Selbst verloren hat (Tod der Mutter), haben immer eine gewisse Negativität und Rauheit an sich. Daher der Name Allerleirauh für die vielen Tierpelze.

Dennoch verbirgt sich hinter all unseren Emotionen in der Tiefe unser wahres Selbst. Der Mantel aus tausenderlei Tierpelzen symbolisiert also den Umstand, dass unsere eigentliche Demut und unser Selbstwertgefühl als auf uns wartendes Potential eines erfüllten Lebens unter unseren zahllosen Emotionen verborgen ist.

Das Verlangen der Prinzessin nach diesen vier unterschiedlichen Kleidern, um das inzestuöse Anliegen ihres Vaters abzuwenden, symbolisiert, dass wir unseren Neigungen, durch Sinnesfreuden, Süchte und Bewunderung von außen Abkürzungen zur Erfüllung zu suchen, echtes spirituelles Streben entgegenhalten müssen, um nicht vom Weg zu wahrer Erfüllung abzuirren. Es kann aber gut sein, dass all unser spirituelles Streben unsere Neigung, von der Außenwelt bekommen zu wollen, was wir nur in uns finden können und auf diesem Wege Abkürzungen zum Ziel eines erfüllten Lebens zu wählen, nicht transformieren kann, so dass wir uns selbst auch weiterhin Leid erzeugen.

Als nun die Königstochter sah, daß keine Hoffnung mehr war, ihres Vaters Herz umzuwandeln, so faßte sie den Entschluß zu entfliehen. In der Nacht, während alles schlief, stand sie auf und nahm von ihren Kostbarkeiten dreierlei: einen goldenen Ring, ein goldenes Spinnrädchen und ein goldenes Haspelchen; die drei Kleider von Sonne, Mond und Sterne tat sie in eine Nußschale, zog den Mantel von allerlei Rauchwerk an und machte sich Gesicht und Hände mit Ruß schwarz. Dann befahl sie sich Gott und ging fort und ging die ganze Nacht, bis sie in einen großen Wald kam. Und weil sie müde war, setzte sie sich in einen hohlen Baum und schlief ein.

Die Flucht der Prinzessin symbolisiert die Unmöglichkeit, Erfüllung in der Außenwelt und durch Bestätigung von außen zu finden. Wenn wir einige der benötigten spirituellen Tugenden und Gewohnheiten entwickeln, und die Neigung, Abkürzungen zum Ziel zu wählen, verschwindet dennoch nicht, dann wird das Leid stärker, damit unsere Sehnsucht nach der spirituellen Wahrheit und Erfüllung stärker wird.

Wir sind nicht frei und unser spirituelles Streben nach der inneren Vereinigung mit Gott ist auch nicht frei. Unsere spirituelle Reifung zieht sich vor unseren Versuchen, eine Abkürzung zu wählen, zurück und wir durchlaufen in der Folge einen Reinigungsprozess, um die nötige Reinheit und Demut zu entwickeln, die wir für ein gesundes Selbstwertgefühl brauchen.

Der goldene Ring symbolisiert unsere Treue zu Gott in unserem Herzen als unserem wahren Selbst.

Das Spinnrädchen ist ein Symbol für das Wirken des Schicksals. Und ein goldenes Spinnrädchen symbolisiert ein spirituelles Bewusstsein, das ganz darauf ausgerichtet ist, dem Kreislauf des Karmas, der uns von Wiedergeburt zu Wiedergeburt führt, zu entkommen, indem wir durch das richtige Handeln unser schlechtes Karma erschöpfen und reif werden, unseren Geist wieder mit Gott in uns zu vereinen.

Das goldene Spinnrädchen symbolisiert also eine Lebensführung, bei der wir ausschließlich positives Karma aufbauen und negatives Karma abbauen, indem wir einerseits anderen Menschen nur Gutes tun und außerdem selbstlos im Dienst an den Notleidenden tätig sind.

Das goldene Haspelchen symbolisiert die Summe des positiven Karmas, das wir uns durch unsere guten und selbstlosen Taten schaffen.

Die Nussschale, in der sich die Kleider befinden, symbolisiert unsere Fähigkeit, unseren eigenen Gemütszustand nach Belieben zu steuern, sei es, dass wir ganz in unserem inneren Frieden ruhen (das goldene Kleid), sei es, dass wir klare und richtige Gedanken produzieren (das silberne Kleid), sei es, dass wir uns in unserem Streben nach den richtigen Antworten auf die Fragen und Probleme in unserem Leben richtig orientieren, so dass wir die spirituell richtigen Antworten und Lösungen für unser Leben finden (das Sternenkleid).

Das Einschmieren mit Ruß und das Wickeln in den Allerleirauh-Mantel symbolisieren eine bedingungslose Selbstannahme. Wir können Demut nur authentisch entwickeln, wenn wir uns selbst mit unseren Schwächen und Makeln annehmen und durch unsere Selbsterinnerung an unsere Schwächen und Makel auch Demut entwickeln. Wenn wir uns nicht selbst an unsere Schwächen erinnern, werden es unsere Mitmenschen tun.

Selbstannahme und Demut gehören insofern eng zusammen als jeglicher Geltungsdrang gegenüber anderen, durch den wir versuchen, uns aufzuwerten, eine Kompensationshandlung für unsere Minderwertigkeitsgefühle ist. Und unsere Minderwertigkeitsgefühle zeigen, dass wir uns selbst ablehnen und für nicht liebenswert halten, sonst hätten wir diese

Gefühle nicht. Der Weg zum Selbstwertgefühl geht also über das Erlernen, uns selbst anzunehmen wie wir sind, während wir danach streben, unseren Geist zu reinigen und zu veredeln und demütig zu werden.

Die Sonne ging auf, und sie schlief fort und schlief noch immer, als es schon hoher Tag war. Da trug es sich zu, daß der König, dem dieser Wald gehörte, darin jagte. Als seine Hunde zu dem Baum kamen, schnupperten sie, liefen rings herum und bellten. Sprach der König zu den Jägern: „Seht nach, was dort für ein Wild sich versteckt hat." Die Jäger folgten dem Befehl, und als sie wiederkamen, sprachen sie: „In dem hohlen Baum liegt ein wunderliches Tier, wie wir noch niemals eins gesehen haben; an seiner Haut ist tausenderlei Pelz; es liegt aber und schläft." Sprach der König „Seht zu, ob ihr's lebendig fangen könnt, dann bindet's auf den Wagen und nehmt's mit." Als die Jäger das Mädchen anfaßten, erwachte es voll Schrecken und rief ihnen zu „Ich bin ein armes Kind, von Vater und Mutter verlassen, erbarmt euch mein und nehmt mich mit!" Da sprachen sie: Allerleirauh, du bist gut für die Küche, komm nur mit, da kannst du die Asche zusammenkehren." Also setzten sie es auf den Wagen und fuhren heim in das königliche Schloß. Dort wiesen sie ihm ein Ställchen an unter der Treppe, wo kein Tageslicht hinkam, und sagten: „Rauhtierchen, da kannst du wohnen und schlafen." Dann ward es in die Küche geschickt, da trug es Holz und Wasser, schürte das Feuer, rupfte das Federvieh, belas das Gemüs', kehrte die Asche und tat alle schlechte Arbeit.

Dieser Abschnitt, in dem die Prinzessin niedere Arbeiten verrichtet, erinnert ein wenig an Aschenputtel und ihren selbstlosen Dienst, den wir im fünften Kapitel beleuchten werden. Wir brauchen Demut, um das nötige Selbstwertgefühl zu entwickeln und wir brauchen den selbstlosen Dienst, um die nötige Demut zu entwickeln. Der selbstlose Dienst an den Notleidenden ist also ein unverzichtbares Werkzeug zum Erreichen des Ziels echter Demut.

Da lebte Allerleirauh lange Zeit recht armselig. Ach, du schöne Königstochter, wie soll's mit dir noch werden! Es geschah aber einmal, daß ein Fest im Schloß gefeiert ward, da sprach sie zum Koch: „Darf ich ein wenig hinaufgehen und zusehen? Ich will mich außen vor die Türe stellen." Antwortete der Koch: „Ja, geh nur hin, aber in einer halben Stunde mußt du wieder hier sein und die Asche zusammentragen!" Da nahm sie ihr Öllämpchen, ging in ihr Ställchen, zog den Pelzrock aus und wusch sich den Ruß von dem Gesicht und den Händen ab, so daß ihre volle Schönheit wieder an den Tag kam. Dann machte sie die Nuß auf und holte ihr Kleid hervor, das wie die Sonne glänzte. Und wie das geschehen war, ging sie hinauf zum Fest, und alle traten ihr aus dem Weg, denn niemand kannte sie, und meinten nicht anders, als daß es eine Königstochter wäre. Der König aber kam ihr entgegen, reichte ihr die Hand und tanzte mit ihr und dachte in seinem Herzen: So schön haben meine Augen noch keine gesehen. Als der Tanz zu Ende war, verneigte sie sich, und wie sich der König umsah, war sie verschwunden, und niemand wußte wohin. Die Wächter, die vor dem Schlosse standen, wurden gerufen und ausgefragt, aber niemand hatte sie erblickt.

Der König, in dessen Dienste die Prinzessin sich begeben hat, symbolisiert wie ihr Vater unseren gesunden Menschenverstand. Die Feste des Königs symbolisieren jene Momente, in denen uns sozusagen die innere Hochzeit aus richtigem Denken und innerer spiritueller Erfüllung gelingt. Das goldene Kleid, in dem die Prinzessin zuerst tanzt, symbolisiert, dass wir verstehen, dass es um das Entwickeln spirituellen Bewusstseins geht. Es braucht aber eine Zeit der Übung, um die innere Hochzeit dauerhaft zu machen.

Sie war aber in ihr Ställchen gelaufen, hatte geschwind ihr Kleid ausgezogen, Gesicht und Hände schwarz gemacht und den Pelzmantel umgetan und war wieder Allerleirauh. Als sie nun in die Küche kam und an ihre Arbeit gehen und die Asche zusammenkehren wollte, sprach der Koch: „Laß das gut sein bis morgen und koche mir da die Suppe für den König, ich will auch einmal ein bißchen oben zugucken, aber laß mir kein Haar hineinfallen, sonst kriegst du in Zukunft nichts mehr zu essen!" Da ging der Koch fort, und Allerleirauh kochte die Suppe für den König und kochte eine Brotsuppe, so gut es konnte, und wie sie fertig war, holte es in dem Ställchen seinen goldenen Ring und legte ihn in die Schüssel, in welche die Suppe angerichtet ward. Als der Tanz zu Ende war, ließ sich der König die Suppe bringen und aß sie, und sie schmeckte ihm so gut, daß er meinte, niemals eine bessere Suppe gegessen zu haben. Wie er aber auf den Grund kam, sah er da einen goldenen Ring liegen und konnte nicht begreifen, wie er dahingeraten war. Da befahl er, der Koch sollte vor ihn kommen. Der Koch erschrak, wie er den Befehl hörte, und sprach zum Allerleirauh: „Gewiß hast du ein Haar in die Suppe fallen lassen; wenn's wahr ist, so kriegst du Schläge!" Als er vor den König kam, fragte dieser, wer die Suppe gekocht hätte. Antwortete der Koch: „Ich habe sie gekocht." Der König sprach: „Das ist nicht wahr, denn sie war auf andere Art und viel besser gekocht als sonst." Antwortete er: „Ich muß gestehen, daß ich sie nicht gekocht habe, sondern das Rauhtierchen." Sprach der König: „Geh und laß es heraufkommen."

Die Brotsuppe symbolisiert die Herzwärme, die wir an andere Menschen verschenken und die gleichzeitig dem Schenkenden wie den Beschenkten als Nahrung dient. Der goldene Ring, der dem König übermittelt wird, symbolisiert wie schon gesagt, die richtige Treue zu uns selbst, also zu unserem wahren Selbst, das ein Funken des Göttlichen ist. Er symbolisiert also die Treue zu Gott in unserem Herzen. Als Anmerkung: Die goldenen Ringe, die bei einer Hochzeit gewechselt werden, symbolisieren sowohl die Treue zu unserem wahren Selbst, also zu Gott in unserem Herzen, als auch die Treue zu unserem Partner. Sie symbolisieren also, dass wir uns an das Versprechen binden, sowohl unserem eigenen wahren Sein als auch dem wahren Sein unseres Partners treu zu sein und das Göttliche in unserem Partner zu sehen und zu würdigen.

Als Allerleirauh kam, fragte der König: „Wer bist du?" - „Ich bin ein armes Kind, das keinen Vater und Mutter mehr hat." Fragte er weiter: „Wozu bist du in meinem Schloß?" Antwortete es: „Ich bin zu nichts gut, als daß mir die Stiefel um den Kopf geworfen werden." Fragte er weiter: „Wo hast du den Ring her, der in der Suppe war?" Antwortete es: „Von dem Ring weiß ich nichts." Also konnte der König nichts erfahren und mußte es wieder fortschicken.

Die Fortschritte auf unserem Weg stellen unsere Demut auf die Probe. Es ist wichtig, dass wir uns nicht mit unseren Fortschritten brüsten, dass wir uns das Bewusstsein bewahren, dass wir die Erfolge in unserem Leben der göttlichen Gnade zu verdanken und die Misserfolge unseren eigenen Fehlern zuzuschreiben haben, damit wir der spirituellen Wahrheit nahe und demütig bleiben.

Über eine Zeit war wieder ein Fest, da bat Allerleirauh den Koch wie vorigesmal um Erlaubnis, zusehen zu dürfen. Antwortete er: „Ja, aber komm in einer halben Stunde wieder und koch dem König die Brotsuppe, die er so gerne ißt." Da lief es in sein Ställchen, wusch sich geschwind und nahm aus der Nuß das Kleid, das so silbern war wie der Mond, und tat es an. Da ging sie hinauf und glich einer Königstochter, und der König trat ihr entgegen und freute sich, daß er sie wiedersah, und weil eben der Tanz anhub, so tanzten sie zusammen. Als aber der Tanz zu Ende war, verschwand sie wieder so schnell, daß der König nicht bemerken konnte, wo sie hinging. Sie sprang aber in ihr Ställchen und machte sich wieder zum Rauhtierchen und ging in die Küche, die Brotsuppe zu kochen. Als der Koch oben war, holte es das goldene Spinnrad und tat es in die Schüssel, so daß die Suppe darüber angerichtet wurde. Danach ward sie dem König gebracht, der aß sie und sie schmeckte ihm so gut wie das vorigemal, und ließ den Koch kommen, der mußte auch diesmal gestehen, daß Allerleirauh die Suppe gekocht hätte. Allerleirauh kam da wieder vor den König, aber sie antwortete, daß sie nur dazu wäre, daß ihr die Stiefel an den Kopf geworfen würden und daß sie von dem goldenen Spinnrädchen gar nichts wüßte.

Wenn sich die Momente wiederholen, in denen wir Gott in unserem Herzen sehr nahe sind, wiederholen sich die genannten Anforderungen an das Entwickeln von Demut. Das goldene Spinnrädchen in der Brotsuppe des Königs symbolisiert, dass wir unser negatives Karma durch gute Taten schließlich erschöpfen, so dass es kein Karma mehr gibt, dass uns in den Kreislauf von Geburt, Tod und Wiedergeburt zwingt. Aber auch an diesem Punkt müssen wir noch weiter Demut entwickeln. Unser Ego wird bis zum Ziel versuchen, dass wir uns selbst für unsere Fortschritte rühmen und uns toll finden, so dass uns unsere kostbare Demut verloren geht.

Als der König zum drittenmal ein Fest anstellte, da ging es nicht anders als die vorigen Male. Der Koch sprach zwar: „Du bist eine Hexe, Rauhtierchen, und tust immer was in die Suppe, davon sie so gut wird und dem König besser schmeckt als was ich koche." Doch weil sie so bat, so ließ er es auf die bestimmte Zeit hingehen. Nun zog es ein Kleid an, das wie die Sterne glänzte, und trat damit in den Saal. Der König tanzte wieder mit der schönen Jungfrau und meinte, daß sie noch niemals so schön gewesen wäre. Und während er tanzte, steckte er ihr, ohne daß sie es merkte, einen goldenen Ring an den Finger und hatte befohlen, daß der Tanz recht lang währen sollte. Wie er zu Ende war, wollte er sie an den Händen festhalten, aber sie riß sich los und sprang so geschwind unter die Leute, daß sie vor seinen Augen verschwand. Sie lief, was sie konnte, in ihr Ställchen unter der Treppe, weil sie aber zu lange und über eine halbe Stunde geblieben war, so konnte sie das schöne Kleid nicht ausziehen, sondern warf nur den Mantel von Pelz darüber, und in der Eile machte sie sich auch nicht ganz rußig, sondern ein Finger blieb weiß. Allerleirauh lief nun in die Küche kochte dem König die Brotsuppe und legte, wie der Koch fort war, den goldenen Haspel hinein. Der König, als er den Haspel auf dem Grunde fand, ließ Allerleirauh rufen, da erblickte er den weißen Finger und sah den Ring, den er im Tanze ihr angesteckt hatte. Da ergriff er sie an der Hand und hielt sie fest, und als sie sich losmachen und fortspringen wollte, tat sich der Pelzmantel ein wenig auf, und das Sternenkleid schimmerte hervor. Der König faßte den Mantel und riß ihn ab. Da kamen die goldenen Haare hervor, und sie stand da in voller Pracht und konnte sich nicht länger verbergen. Und als sie Ruß und Asche aus ihrem Gesicht gewischt hatte, da war sie schöner, als man noch jemand auf Erden gesehen hat. Der König aber sprach: „Du bist meine liebe Braut, und wir scheiden nimmermehr voneinander!" Darauf ward die Hochzeit gefeiert, und sie lebten vergnügt bis zu ihrem Tod.

Diese letzte Sequenz symbolisiert das Erreichen des spirituellen Ziels des menschlichen Lebens, die innere Hochzeit, in der unser Denken in unserer spirituellen Selbstverwirklichung aufgeht und darin verschmilzt.

Wenn wir uns bis zum Erreichen des Ziels demütig um das richtige Handeln bemühen, uns bis zum Erreichen des Ziels durch gute und selbstlose Taten nur gutes Karma schaffen (die goldene Haspel), anderen Menschen mit einer grundsätzlichen Herzenswärme begegnen (die Brotsuppe), dann können wir unser wahres Selbst verwirklichen und ganz eins mit Gott werden, so dass wir die Schönheit der göttlichen Eigenschaften und unser Einssein mit Gott dauerhaft genießen können.

Wenn man in der Gesellschaft beobachtet, wie viel Energie Menschen aufbringen, nur um von anderen toll gefunden und wenn möglich bewundert zu werden, sieht man auch, wie unfassbar viel Zeit und Energie wir als Gesellschaft sparen und für nützliche Dinge im Dienst an der Gesellschaft verwenden könnten, wenn wir alle grundsätzlich ein gesundes Selbstwertgefühl hätten und in Demut verankert wären.

In diesem Sinne soll diese Märcheninterpretation eine Inspiration sein, Demut zu entwickeln, so dass wir die Jagd nach Energie von außen einstellen und uns um die wirklich wichtigen Dinge im Leben kümmern, nämlich dass Frieden in der Welt herrscht und die Menschheit glücklich ist.

3.2 Rumpelstilzchen – Selbstwertgefühl durch unverstellte, wahrheitsliebende Kommunikation

Müller	Wichtigtuerei, Geltungsdrang
Müllerstochter	Verstand
König	Urteil unserer Mitmenschen über uns
Rumpelstilzchen	Geltungsego
Stroh zu Gold machen	vorgetäuschtes Selbst authentisch aussehen lassen
Kind der Königin	wahres Selbst, inneres Kind

In diesem Märchen geht es um das berühmt-berüchtigte Rumpelstilzchen, das ja auch bei Shrek, dem Oger, nicht so gut wegkommt - und völlig zu Recht. Bloß nicht bei Rumpelstilzchen unterschreiben.

Es war einmal ein Müller, der war arm, aber er hatte eine schöne Tochter. Nun traf es sich, dass er mit dem König zu sprechen kam, und um sich ein Ansehen zu geben, sagte er zu ihm: „Ich habe eine Tochter, die kann Stroh zu Gold spinnen." Der König sprach zum Müller: „Das ist eine Kunst, die mir wohl gefällt, wenn deine Tochter so geschickt ist, wie du sagst, so bring sie morgen in mein Schloss, da will ich sie auf die Probe stellen."

Hier steht der Müller für unser emotionales Gemüt und seine Tochter für unseren denkenden Verstand. Die Armut symbolisiert ein aktiviertes

Ego. Das spezielle Thema des Märchens ist durch den Satz „um sich ein Ansehen zu geben" vorgegeben. Es geht hier also um unser Selbstwertgefühl, das durch die Tätigkeit unseres Egos unter Minderwertigkeitsgefühlen leidet. Die Armut symbolisiert in diesem Märchen also aktivierte Minderwertigkeitsgefühle.

Der König steht in diesem Märchen für unser Selbsturteil und das Urteil unserer Mitmenschen darüber, welches Bild wir abgeben. Die Gelegenheit, mit dem König zu sprechen, symbolisiert eine Lebenssituation, in der wir die Gelegenheit haben, uns vor anderen Menschen in ein möglichst gutes Licht zu stellen und zu zeigen, was für ein toller Mensch wir sind.

Unser Ego strebt also nach einer Kompensation unserer Minderwertigkeitsgefühle - je nach persönlicher Ausprägung und Neigung - durch ein Gut-dastehen-wollen, durch Geltungsdrang, durch Wichtigtuerei, durch Angeberei, durch ein uns Aufwerten auf Kosten anderer, durch Geringschätzung anderer oder im Extrem durch Hochmut und Arroganz.

Als nun das Mädchen zu ihm gebracht ward, führte er es in eine Kammer, die ganz voll Stroh lag, gab ihr Rad und Haspel und sprach: „Jetzt mache dich an die Arbeit, und wenn du diese Nacht durch bis morgen früh dieses Stroh nicht zu Gold versponnen hast, so musst du sterben." Darauf schloss er die Kammer selbst zu, und sie blieb allein darin. Da sass nun die arme Müllerstochter und wusste um ihr Leben keinen Rat: sie verstand gar nichts davon, wie man Stroh zu Gold spinnen konnte, und ihre Angst ward immer grösser, dass sie endlich zu weinen anfing. Da ging auf einmal die Türe auf, und trat ein kleines Männchen herein und sprach: „Guten Abend, Jungfer Müllerin, warum weint Sie so sehr?"

Wenn unser Geltungsdrang einmal impulshaft im Außen agiert hat, weil wir aufgrund unserer Minderwertigkeitsgefühle mehr Anerkennung und Wertschätzung von anderen haben wollen, und wir dann dem Urteil unserer Mitmenschen standhalten müssen, ist unser Verstand in der Bredouille, den Nachweis zu erbringen, dass wir authentisch gehandelt haben und unsere Behauptungen der Wahrheit entsprechen und unser Verhalten echt ist. Diese Bredouille kann so unangenehm sein, dass wir das Gefühl haben zu sterben, wenn unsere Angeberei durchschaut wird und wir keinen Ausweg finden. Vielleicht tun wir uns in einer solch unangenehmen Situation sogar selber leid.

„Ach", antwortete das Mädchen, „ich soll Stroh zu Gold spinnen und verstehe das nicht." Sprach das Männchen: „Was gibst du mir, wenn ich dirs spinne?" „Mein Halsband", sagte das Mädchen. Das Männchen nahm das Halsband, setzte sich vor das Rädchen, und schnurr, schnurr, schnurr, dreimal gezogen, war die

Spule voll. Dann steckte es eine andere auf, und schnurr, schnurr, schnurr, dreimal gezogen, war auch die zweite voll: und so gings fort bis zum Morgen, da war alles Stroh versponnen, und alle Spulen waren voll Gold.

Jetzt kommt die unverhoffte Rettung daher: Rumpelstilzchen. Rumpelstilzchen ist ein kleines lächerliches Männchen, dass Stroh zu Gold spinnen kann. Das Wort „Rumpelstilzchen" setzt sich aus den beiden Wörtern „Rumpel" oder auf hochdeutsch „Gerümpel" und „Stilzchen" zusammen. Das Wort Stilzchen kommt von stelzen und stolzieren, meint also unseren Stolz. Die Verniedlichung am Ende - also Stilzchen - deutet einen falschen, sich auf falsche Grundlagen gründenden Stolz an.

Der Name Rumpelstilzchen bezieht sich also auf den falschen Stolz, den wir zur Kompensation für das Gerümpel in unserem eigenen Inneren entwickeln, wobei Gerümpel alle die Dinge sind, die wir an uns selbst nicht schätzen und nicht für liebenswert halten und am liebsten wegwerfen und entsorgen würden, wenn wir es denn könnten.

Rumpelstilzchen steht also für unsere gesammelten Bemühungen, ein Bild von uns Selbst abzugeben, durch das wir unsere Minderwertigkeitsgefühle kompensieren können. Dieses kompensierende Verhalten zeigt, dass wir uns im tiefsten Innersten aber klein und hässlich fühlen und diesem Gefühl durch unser kompensierendes Verhalten recht geben, so dass wir uns durch unser Verhalten den Menschen, der wir eigentlich sind, klein machen. Rumpelstilzchen ist ein kleines Männchen.

Bei Stroh handelt es sich nicht um Gold. Gold steht für unser selbstleuchtendes Bewusstsein, das sich nicht zu erklären braucht. Stroh ist nicht Gold, also ein vorgetäuschtes Selbst. Stroh zu Gold machen meint also die Fähigkeit, großartige Eigenschaften und Qualitäten so vorzutäuschen, dass alle Welt glaubt, wir wären das in echt.

Rumpelstilzchen Tätigkeit heißt also, wenn wir aufgrund unseres Geltungsdrangs in Schwierigkeiten mit unseren Mitmenschen geraten und Zuflucht zu unserem Minderwertigkeits-Ego suchen, so wird dieses Lösungen finden, durch die wir gut dastehen und alles in seiner Ordnung zu sein scheint (obwohl in Wahrheit Stroh natürlich immer noch Stroh und nichts in der Ordnung ist).

Das Halsband der Müllerstochter symbolisiert die natürliche Schönheit unseres Selbst, die wir aufgeben, wenn wir versuchen, jemand viel tolleres und besseres und cooleres etc. zu sein als die Person, für die wir uns selbst halten. Durch Geltungsdrang verlieren wir also, was wir an echter natürlicher Schönheit besitzen.

Bei Sonnenaufgang kam schon der König, und als er das Gold erblickte, erstaunte er und freute sich, aber sein Herz ward nur noch geldgieriger. Er liess die Müllerstochter in eine andere Kammer voll Stroh bringen, die noch viel grösser war, und befahl ihr, das auch in einer Nacht zu spinnen, wenn ihr das Leben lieb wäre. Das Mädchen wusste sich nicht zu helfen und weinte, da ging abermals die Türe auf, und das kleine Männchen erschien und sprach: „Was gibst du mir, wenn ich dir das Stroh zu Gold spinne?"

Wenn wir es schaffen, ein gutes Bild abzugeben, möchten wir selbst gerne an die Echtheit unserer Vortäuschungen glauben. Wenn wir jedoch einmal damit anfangen, ein falsches Selbst darzustellen, verhungert unser wahres Selbst durch Mangel an Wertschätzung. Weil der Mensch, der wir wirklich sind, nicht mehr gezeigt wird und nicht mehr geschätzt werden kann, werden unsere Minderwertigkeitsgefühle stärker und der kompensierende Geltungsdrang auch. Ein Teufelskreis.

So müssen wir immer mehr Energie in die Aufrechterhaltung unseres Scheinselbst stecken, immer mehr Aufwand betreiben, es authentisch aussehen zu lassen. Je toller wir uns selber finden und von anderen gefunden werden, desto mehr machen wir uns von unserem aufpolierten Selbstbild abhängig und desto aufwendiger wird es, ein immer besseres Bild von uns selbst abzugeben.

„Meinen Ring von dem Finger", antwortete das Mädchen. Das Männchen nahm den Ring, fing wieder an zu schnurren mit dem Rade und hatte bis zum Morgen alles Stroh zu glänzendem Gold gesponnen.

Der Ring vom Finger symbolisiert unsere Treue zu uns selbst, also zu dem Menschen, als der wir von Gott geschaffen wurden. Durch den unbegrenzten Ausbau eines immer tolleren Bildes von uns selbst, das wir für andere abgeben wollen, sind wir der Person, die wir in Wahrheit sind, nicht mehr treu, verraten uns selbst und verlieren damit immer mehr die Möglichkeit, zu uns selbst und unserer Natürlichkeit zurückzufinden.

Der König freute sich über die Massen bei dem Anblick, war aber noch immer nicht des Goldes satt, sondern liess die Müllerstochter in eine noch grössere Kammer voll Stroh bringen und sprach: „Die musst du noch in dieser Nacht verspinnen: gelingt dir's aber, so sollst du meine Gemahlin werden." „Wenn's auch eine Müllerstochter ist", dachte er, „eine reichere Frau finde ich in der ganzen Welt nicht." Als das Mädchen allein war, kam das Männlein zum drittenmal wieder und sprach: „Was gibst du mir, wenn ich dir noch diesmal das Stroh spinne?" „Ich habe nichts mehr, das ich geben könnte", antwortete das Mädchen. „So versprich mir, wenn du Königin wirst, dein erstes Kind." „Wer weiss, wie das noch geht", dachte die Müllerstochter und wusste sich auch in der Not nicht anders zu helfen; sie versprach also dem Männchen, was es verlangte, und das Männchen spann dafür noch einmal das Stroh zu Gold. Und als am Morgen der König kam und alles fand, wie er gewünscht hatte, so hielt er Hochzeit mit ihr, und die schöne Müllerstochter ward eine Königin.

Schrittweise fordert unser Geltungsego von uns alles, was zu uns gehört, wenn wir der Egostrategie folgen, ein gutes Bild abzugeben und dafür tun, was unser Ego verlangt. Am Ende fordert unser Ego dann auch den ultimativen Preis, das Kind der Königin. Das Kind steht für unser wahres Selbst, das wir am Ende opfern müssen, wenn wir an unseren Vortäuschungen festhalten und durch dieses Verhalten zeigen, dass wir unsere Sicherheit und Zuflucht bei unserem Ego suchen.

Über ein Jahr brachte sie ein schönes Kind zur Welt und dachte gar nicht mehr an das Männchen: da trat es plötzlich in ihre Kammer und sprach: „Nun gib mir, was du versprochen hast." Die Königin erschrak und bot dem Männchen alle Reichtümer des Königreichs an, wenn es ihr das Kind lassen wollte: aber das Männchen sprach: „Nein, etwas Lebendes ist mir lieber als alle Schätze der Welt." Da fing die Königin so an zu jammern und zu weinen, dass das Männchen Mitleiden mit ihr hatte: „Drei Tage will ich dir Zeit lassen", sprach er, „wenn du bis dahin meinen Namen weisst, so sollst du dein Kind behalten."

Das Kind der Königin symbolisiert unser inneres Kind, unser eigenes wahres unschuldiges Selbst. Wenn wir nun spüren, dass unser wahres Wesen, unser wahres Selbst der einzige wirkliche Schatz ist, den wir haben, ohne den es sich nicht zu leben lohnt, erwacht vielleicht zum ersten Mal der Widerstand gegen die Kompensationsstrategie unseres eigenen Geltungsegos.

Wir spüren dabei, dass wir eine unangenehme Aufgabe richtig bewältigen müssen, nämlich unser Ego, unsere tief eingeschliffenen Gewohnheiten, eine bessere Person vorzutäuschen als die, für die wir uns selbst eigentlich halten, genau beim Namen zu nennen und unseren Mitmenschen zu offenbaren. Wie peinlich und wie unangenehm.

Nun besann sich die Königin die ganze Nacht über auf alle Namen, die sie jemals gehört hatte, und schickte einen Boten über Land, der sollte sich erkundigen weit und breit, was es sonst noch für Namen gäbe. Als am andern Tag das Männchen kam, fing sie an mit Kaspar, Melchior, Balzer, und sagte alle Namen, die sie wusste, nach der Reihe her, aber bei jedem sprach das Männlein: „So heiss ich nicht." Den zweiten Tag liess sie in der Nachbarschaft herumfragen, wie die Leute da genannt würden, und sagte dem Männlein die ungewöhnlichsten und seltsamsten Namen vor „Heisst du vielleicht Rippenbiest oder Hammelswade oder Schnürbein?" Aber es antwortete immer: „So heiss ich nicht."

Das Aussenden der Boten, um den Namen des Rumpelstilzchen herauszufinden, symbolisiert, dass wir endlich anfangen, nach innen zu schauen und das Tun unseres Geltungsegos zu erforschen. Endlich wollen wir unsere gewohnheitsmäßigen Vortäuschungen in uns bei ihrem Werk beobachten. Es geht also um Innenschau und ehrliche Selbsterforschung.

Das Ringen darum, das Tun unseres eigenen Egos richtig zu erfassen, um es richtig benennen zu können, dauert eine Weile, auch weil unsere Gewohnheit, vor anderen gut dastehen zu wollen, so stark ist. Solange wir nicht völlig wahrheitsliebend sind, unser Ego nicht richtig in den Blick bekommen und unseren Mitmenschen unsere Egoaktivitäten nicht wahrheitsgetreu offenlegen, wird unser Ego frohlocken und seine Macht über uns behalten.

Den dritten Tag kam der Bote wieder zurück und erzählte: „Neue Namen habe ich keinen einzigen finden können, aber wie ich an einen hohen Berg um die Waldecke kam, wo Fuchs und Has sich gute Nacht sagen, so sah ich da ein kleines Haus, und vor dem Haus brannte ein Feuer, und um das Feuer sprang ein gar zu lächerliches Männchen, hüpfte auf einem Bein und schrie:

„Heute back ich,
Morgen brau ich,
Übermorgen hol ich der Königin ihr Kind;
Ach, wie gut ist, dass niemand weiss,
dass ich Rumpelstilzchen heiss!"

Da könnt ihr denken, wie die Königin froh war, als sie den Namen hörte, und als bald hernach das Männlein hereintrat und fragte: „Nun, Frau Königin, wie heiss ich?" fragte sie erst: „Heissest du Kunz?" „Nein." „Heissest du Heinz?" „Nein." „Heisst du etwa Rumpelstilzchen?"

„Das hat dir der Teufel gesagt, das hat dir der Teufel gesagt", schrie das Männlein und stiess mit dem rechten Fuss vor Zorn so tief in die Erde, dass es bis an den Leib hineinfuhr, dann packte es in seiner Wut den linken Fuss mit beiden Händen und riss sich selbst mitten entzwei.

Erst wenn uns unsere aufrichtige authentische Selbstdarstellung wichtiger ist als die Meinung unserer Mitmenschen über uns, wenn wir die nach Geltung, Ansehen und Wichtigkeit strebende Aktivität unseres Geltungsegos offenlegen und unsere Mitmenschen, denen wir etwas vormachen, wahrheitsgetreu darüber informieren, was wir ihnen immer vorspielen, verliert unser Geltungsdrang und damit unser Minderwertigkeitsgefühl seine Macht über uns und verpufft zu nichts. Wir kündigen sozusagen dem Diktator, der durch die gewohnheitsmäßige Kompensation unseres Minderwertigkeitsgefühls entsteht, die Gefolgschaft, machen uns nicht mehr zu seinem Sklaven und werden frei. Dadurch lernen wir, uns selbst so anzunehmen und zu lieben wie wir sind und heilen unser Selbstwertgefühl.

So viel zur Interpretation vom Rumpelstilzchen. Die Bedeutung des Märchens erstreckt sich in viele Lebensbereiche und birgt letztlich auch eine große politische Botschaft. Es ist sicher nicht so schlecht, wenn wir alle unser inneres Rumpelstilzchen besiegen. Das macht nicht nur unsere Beziehungen echt und herzlich, sondern hilft uns dadurch auch, unser Denken vom Zuspruch und der Billigung durch unsere Mitmenschen zu befreien, so dass wir unabhängig denken und Denkverbote überschreiten können.

Wenn wir so lernen, ohne Abhängigkeit vom Zuspruch unserer Mitmenschen frei zu denken, geben wir anderen ein Beispiel, mit dem wir ihnen helfen, auch den Zwang zur politischen Korrektheit und damit auch die Gedankenkontrolle durch die Massenmedien zu überwinden, so dass wir uns auch als Gesellschaft aus den Fängen der Gedankensteuerung befreien können.

Märchen zum fünften Bereich: Macht

Den Tabellen 1 bis 5 in Kapitel 1.4 gemäß haben wir in diesem Bereich das Bedürfnis, in dem Bewusstsein zu leben, dass die Manifestation der Dinge, die uns inspirieren und begeistern, möglich ist. Durch die Aktivität unseres Egos fühlen wir uns jedoch machtlos und hilflos, was unser Ego zu einem Streben nach Macht und Einfluss oder das Hoffen auf einen Retter verarbeitet, was eher die Unterwerfung unter den Willen eines anderen ist, der uns retten soll. Beides verstärkt in der Rückwirkung unsere Machtlosigkeitsgefühle weiter. Ein kollektives Ego, auf einen Erlöser zu hoffen, der uns alle rettet, kann leicht von den Mächtigen missbraucht werden, um uns Pseudoerlöser schmackhaft zu machen, die uns noch mehr in die Machtlosigkeit führen. Zu unserer Selbstheilung können wir uns darin üben, unser verlorenes Bewusstsein von Möglichkeit neu zu erfinden und spirituell förderliche Gewohnheiten zu entwickeln, die unser Ego mindern. Weniger Ego, unsere Vorstellungen durchzusetzen, bedeutet weniger Machtlosigkeitsgefühle. Schauen wir uns an, was die Märchen vom Dornröschen und Rapunzel zu unserer Befreiung aus dem Teufelskreis der Machtlosigkeit zu sagen haben.

3.3 Dornröschen – Erwachen eines Bewusstseins von Möglichkeit

Dornröschen	Bewusstsein von Möglichkeit
100 Jahre Schlaf	Phase von Machtlosigkeitsgefühlen zur Transformation des Bewusstseins von Möglichkeit
Erwachen aus dem 100-jährigen Schlaf	Abgeschlossene Transformation durch das Erwachen des Bewusstseins von Möglichkeit

Der hundertjährige Schlaf im Märchen vom Dornröschen symbolisiert eine lange Phase der Machtlosigkeit, in der das Bewusstsein der Möglichkeit schläft, uns die Welt erschaffen zu können, die uns berührt, inspiriert und begeistert. Positive Macht bedeutet die Fähigkeit, unsere Mitmenschen dafür gewinnen zu können, Dinge möglich zu machen, die uns gemeinsam inspirieren und begeistern.

Negative Macht ist eine Kompensation unseres Gefühls der Machtlosigkeit, das wir dadurch zu lösen versuchen, dass wir Macht über andere gewinnen oder auf einen Erlöser hoffen, der uns rettet. Zu den Kompensationshandlungen gehört zum Beispiel das Parteiendenken und der Kampf um Einfluss und Macht, zu dem zum Beispiel auch Straßendemos gehören. Das aktuelle Denken ist darauf ausgerichtet, mit Macht und Einfluss auf Lösungen zu drängen und diese durch Druckmachen umzusetzen und/oder auf Erlöser zu hoffen, die uns aus dem Elend unserer Machtlosigkeit befreien sollen. Es gibt heute viele Menschen, die ihre Macht dadurch abgeben, dass sie hoffen, von Trump und/oder Putin erlöst zu werden. Ein solches Hoffen auf Erlöser ist einer der größten Gefährder unserer Freiheit.

Machtstreben und auch das Hoffen auf unterschiedliche Retter oder Erlöser schafft Fronten, die gegeneinander ausgespielt werden können, so dass echte Lösungen unmöglich werden und die an den Fronten Beteiligten machtlos sind, echte Lösungen herbeizuführen. Eine Welt wie die unsere, in der Menschen so sehr nach Macht und Einfluss streben oder ihre Macht durch das Hoffen auf Erlöser aus unterschiedlichen Lagern abgeben, befindet sich demnach offensichtlich in einem Dornröschenschlaf.

Die Erkrankung des menschlichen Geistes wandert von außen nach innen, vom Energetischen über das Mentale bis in unseren Kern, das Spirituelle und muss auch wieder von innen nach außen heilen. Bevor an eine Heilung der mentalen Ebene überhaupt zu denken ist, benötigen wir erst ein ausreichendes Gleichgewicht im Spirituellen durch eine Befreiung von der Angst, die sich dadurch zeigt, dass Menschen keine Angst mehr haben, selbstständig zu denken und ihre Meinung zu äußern, auch wenn sie damit in Konflikt mit den politisch akzeptierten Meinungen geraten.

Aktuell, 2020, leben wir seit dem 1. Weltkrieg und immer noch, also schon über 100 Jahre, in einer Zeit, in der die spirituelle Ebene kollektiv erkrankt ist und unter Ängsten leidet und erst wieder ausgeheilt werden muss, um überhaupt wieder so weit selbstständig denken zu können, dass wir größere Probleme in der Welt nachhaltig lösen können. Erst eine ausreichende Heilung von der Angst im kollektiven Bewusstsein wird eine Befreiung auch aus der politischen Machtlosigkeit möglich machen, die sich gerade in der Coronakrise so sehr verschlimmert hat. Während wir trotz oder wegen der Machtlosigkeitskrise kollektiv spürbar auf eine Befreiung unseres Denkens von der Angststeuerung zusteuern, ist es gerade die Befreiung von der Angst, die unsere kollektive Unterdrückung verschlimmert, eben weil wir unser Denken nicht mehr so leicht steuern lassen. Die Mächtigen wollen ihre Macht über uns nicht verlieren und erhöhen den Druck, weil sie unser Denken nicht mehr ausreichend steuern können.

Das Märchen vom Dornröschen enthält nun einige Aspekte der Befreiung unseres Bewusstseins von Möglichkeit heraus aus der Machtlosigkeit und ist gerade seit der Coronakrise besonders aktuell geworden. Es gibt für den positiven Wandel in der Welt eine Ebene unseres Bewusstseins, von deren Erwachen nach der kollektiven Befreiung unseres Denkens das weitere abhängen wird. Es geht um das Bewusstsein, dass wir alle Ziele im Leben erreichen können, die sich im Einklang mit den göttlichen Gesetzen befinden. Tatsächlich hat der Mensch die Macht und die Möglichkeit, den Himmel auf Erden zu erschaffen und kann und wird dies auch gezielt ansteuern, sobald kollektiv das Bewusstsein dieser Möglichkeit erwacht. In Wahrheit gibt es keine Macht in diesem Universum, die uns daran hindern könnte, den Himmel auf Erden zu erschaffen, sobald wir dies wirklich wollen und das Bewusstsein wach ist, dass dies auch möglich ist.

Die Tricks, durch die wir uns von selbsternannten Eliten kollektiv beherrschen lassen, funktionieren nur, solange unser Bewusstsein schläft, dass wir für die positive Wirklichkeit, die wir uns wünschen, selbst verantwortlich sind und sie auch selbst erschaffen können.

Heute schläft dieses Bewusstsein unter Schichten kollektiver Resignation, von Ängsten, Selbstmitleid, Hoffnungslosigkeit, von Ausflüchten, warum wir keine Verantwortung übernehmen, Schuldgefühlen, dem Bedürfnis unserer Schuldprojektion, Schuldige zu benennen, allen möglichen Variationen des Gefühls, dass wir nichts tun können, dem Hoffen auf Erlöser, aber auch von Trägheit, Faulheit und der Illusion, dass das Licht schon gewonnen hat und wir nichts mehr tun müssen.

Die Hauptarbeit der Eliten zu ihrer Machtbewahrung besteht eigentlich darin, diese kollektiven negativen Gefühle und Gedanken und unberechtigten Illusionen zu füttern, sie weiter grassieren zu lassen und dafür zu sorgen, dass wir sie gesellschaftlich gegeneinander richten, da wir uns dadurch selbst von unseren Möglichkeiten abschneiden und uns selbst immer wieder in die Machtlosigkeit und Inaktivität stoßen, wie Krabben, die sich gegenseitig in einem Kübel gefangen halten, indem sie sich fortlaufend gegenseitig runterziehen.

Das konkrete Eintreten für eine bessere Welt besteht daher in erster Linie in unserem Bestreben nach einer Reinigung unseres Bewusstsein, einer Schaffung und Stabilisierung einer positiven und optimistischen Ausrichtung in unserem Leben und einem Erwachen des Bewusstseins der Möglichkeit, dass wir die Welt erschaffen können, die wir uns wünschen.

Das Gefühl, dass wir nichts tun können oder – noch schlimmer – nichts tun müssen oder - noch schlimmer - dass alles verloren ist, wenn unsere Erlöser nicht echt sind und sie daher einfach echt sein MÜSSEN, gilt es, als die Illusion zu erkennen, die es ist. Es gilt, dieses uns selbst behindernde Gefühl aufzulösen und durch ein jederzeit handlungs- und hilfsbereites Bewusstsein zu ersetzen, dass die Dinge, die wir uns wünschen und die wir gemeinschaftlich anstreben, in der Reichweite unserer Möglichkeiten liegen.

Das Bewusstsein, alles erreichen zu können, das Bewusstsein von Möglichkeit, wird im Märchen vom Dornröschen gut dargestellt. Der hundertjährige Schlaf in diesem Märchen symbolisiert unser immer noch bestehendes kollektives Bewusstsein, dass wir doch nichts tun können.

Und das Erwachen aus diesem hundertjährigen Schlaf symbolisiert das Erwachen des Bewusstsein von Möglichkeit. Das besonders interessante am Märchen vom Dornröschen ist, dass wir als deutsches Volk und als Menschheit trotz aller Dunkelheit heute kollektiv auf dieses Erwachen zusteuern. Schauen wir uns das Märchen vom Dornröschen also näher an.

Vor Zeiten war ein König und eine Königin, die sprachen jeden Tag ‚ach, wenn wir doch ein Kind hätten!' und kriegten immer keins.

Kinderlosigkeit im Märchen symbolisiert das Machtlosigkeitsgefühl, das Gefühl, nichts von wirklichem Wert hervorbringen zu können, nichts tun zu können, keine Möglichkeiten zu haben, etwas zu bewegen oder zu verändern, gefangen zu sein in der eigenen Unfähigkeit und Machtlosigkeit.

Es geht in diesem Märchen also um den 5. Funktionsbereich des menschlichen Geistes, unsere Macht im Leben und unser Bewusstsein von Möglichkeit, sowie um das Gegenteil davon, also um unser zugehöriges Ego-Problem, unsere Machtlosigkeitsgefühle mit dem zugehörigen Streben nach Einfluss und Macht über andere oder mit dem Gegenteil davon, einer Resignation, die alle Energie in die Hoffnung auf die Rettung durch einen Erlöser steckt.

Da trug sich zu, als die Königin einmal im Bade saß, daß ein Frosch aus dem Wasser ans Land kroch und zu ihr sprach, ‚dein Wunsch wird erfüllt werden, ehe ein Jahr vergeht, wirst du eine Tochter zur Welt bringen.'

Ein Frosch symbolisiert wie schon gehabt eine spirituelle Geburt, hier die Aussicht auf das Erwachen eines Bewusstseins von Möglichkeit.

Und richtig wird die Geburt einer Tochter in Aussicht gestellt, die Fähigkeit, neue Möglichkeiten hervorzubringen und den Zustand der Machtlosigkeit zu verlassen.

Was der Frosch gesagt hatte, das geschah, und die Königin gebar ein Mädchen, das war so schön, daß der König vor Freude sich nicht zu lassen wußte und ein großes Fest anstellte.

Das Gefühl, dass sich in unserem Leben Möglichkeiten öffnen und Dinge in Bewegung und in Fluss kommen, löst üblicherweise große Freude bis hin zur Ekstase in uns aus.

Er lud nicht bloß seine Verwandten, Freunde und Bekannten, sondern auch die weisen Frauen dazu ein, damit sie dem Kind hold und gewogen wären.

Wenn sich das Erwachen neuer Möglichkeiten auf unser spirituelles Erwachen bezieht, wie in diesem Fall vom Frosch symbolisiert, wollen wir dies nicht nur feiern, sondern möchten bei einem gewissenhaften und gütigen Umgang mit der neuen Möglichkeit auch gerne Wissen schöpfen, wie wir das neu Erwachte bewahren und zu weiterem Wachstum bringen können.

Es waren ihrer dreizehn in seinem Reiche, weil er aber nur zwölf goldene Teller hatte, von welchen sie essen sollten, so mußte eine von ihnen daheim bleiben.

Ein Teller symbolisiert, womit wir unser Bewusstsein nähren. Ein goldener Teller symbolisiert, dass wir uns mit dem ernähren wollen, was uns der Liebe und dem Einheitsbewusstsein unserer Seele näher bringt. Wenn es dreizehn weise Frauen und nur zwölf goldene Teller gibt, besteht hier ein grundlegender Konflikt. Eine weise Frau symbolisiert hier das Wissen über die Einflussbereiche auf unser Leben, in der Astrologie üblicherweise die Sternkreiszeichen.

Jetzt gibt es nur 12 Sternkreiszeichen. Die Zahl 12 symbolisiert die Vollkommenheit, deren Kind wir eigentlich sind, alle geistigen Prinzipien, die auf uns einwirken, welche auch von den 12 Tierkreiszeichen vertreten werden und die unser spirituelles Bewusstsein ernähren.

Unser Ego gibt dieser göttlichen Vollkommenheit jedoch seine ganz eigene Version aller Dinge hinzu und stellt damit selbst eine Quelle unseres Wissens dar, wenn auch verzerrt. Es ist die Zahl Dreizehn, die in diesem Kontext das menschliche Ego symbolisiert, sowie das von unserem Ego in der Vergangenheit geschaffene negative Karma, das genauso wie unser gutes Karma ab dem Zeitpunkt unserer Geburt im Laufe unseres Lebens als Schicksal auf uns zurückwirkt.

Das heißt, es sind die Konstellationen der Planeten bei unserer Geburt, die die planetaren Einflüsse festlegen, denen wir im Laufe unseres Lebens ausgesetzt sein werden. Die schicksalhaften Einflüsse, die auf unser Leben einwirken, sind streng genommen nicht durch unser Horoskop bestimmt.

Sondern durch unsere eigenen Taten aus der Vergangenheit, durch das Karma, das wir uns in vergangenen Leben selbst geschaffen haben. Der Zeitpunkt unserer Geburt legt nur die Art und Weise fest, wie uns unser gutes und schlechtes Karma (aus früheren Leben) im Laufe unseres Lebens in Form von günstigen oder ungünstigen Schicksalseinflüssen ausgeteilt wird.

Die tatsächliche Ausprägung unseres Geburtshoroskops verändert sich durch unser Verhalten in diesem Leben. Ein eigennütziges, egoistisches Leben verschlechtert unser Karma. Ein Leben in einer selbstlosen, mitfühlenden, dienenden Haltung gegenüber unseren Mitmenschen verbessert unser Karma.

Somit symbolisiert die 13. Fee, dass unser Bewusstsein von Möglichkeit einerseits aufgrund unseres schlechten Karmas schläft - woran wir nicht so sehr viel ändern können - und andererseits aufgrund der aktuellen Aktivität unseres Egos, auf das wir natürlich Einfluss nehmen können.

Während es die Aktivität unseres Egos ist, die uns unserer Möglichkeiten im Leben beraubt, macht unser Karma es schwierig, unser Bewusstsein von Möglichkeit zu erwecken. Solange uns dies nicht gelingt, ist das Beste, was wir aus diesen Umständen machen können, förderliche Gewohnheiten zu entwickeln und unseren Weg hin zu einem Bewusstsein von Möglichkeit beharrlich zu gehen, bis es dauerhaft wiedererweckbar ist.

Während die Zahl Dreizehn im Negativen für unsere eigenen Schöpfung jenseits des Göttlichen, also für unser Ego steht, das die Ursache von all unserem Unglück ist, symbolisiert sie im Positiven einen Neubeginn nach einem abgeschlossenen Zyklus.

Auch in diesem Märchen hat die Dreizehn beide Bedeutungen, also sowohl die negative als auch die positive. Die Verwünschung durch die böse Fee symbolisiert das schlechte Karma, das wir uns durch unser Ego in der Vergangenheit geschaffen haben.

Gleichzeitig kann aus dieser karmischen Bedeutung der Dreizehn jedoch auch ihre positive Bedeutung erwachsen. Unser Karma bringt uns einerseits Leid und Unglück, macht auf der anderen Seite jedoch auch eine Umwandlung unserer Machtlosigkeit in ein Bewusstsein von Möglichkeit erforderlich, so dass die Dreizehn auch für Transformation und den Beginn eines neuen Entwicklungszyklus steht, durch den unser spirituelles Sein auf eine höhere Stufe gehoben wird, die unser Bewusstsein der Machtlosigkeit gegenüber den Schwierigkeiten unseres Lebens in ein Bewusstsein von Möglichkeit wandelt, wenn wir einerseits die Schwierigkeit in unserem Leben annehmen und das Beste daraus machen und sich andererseits unser Karma erschöpft. Manche Probleme bleiben unlösbar, bis das Karma, das sie erzeugt, erschöpft ist. Damit steht die Dreizehn auch für eine Reinigung, Höherentwicklung und Veredelung unseres Bewusstseins von Möglichkeit. Das höchste, was wir in diesem Bereich entwickeln können, ist die Fähigkeit, uns ein Bewusstsein von Möglichkeit zu bewahren oder immer wieder herzustellen, auch wenn sich Probleme vor uns auftürmen, die endlos und unüberwindlich erscheinen können.

Dass die 13. weise Frau nicht eingeladen ist, symbolisiert also, dass wir uns der Wünsche unseres Egos bewusst sein sollten, um sie dann ganz bewusst bei unseren Entscheidungen im Leben außen vor zu lassen und uns bewusst in Einklang mit dem Ganzen zu bringen, auch dann, wenn das von unserem Ego erzeugte Karma immer wieder auf uns zurückkommt.

Das Fest ward mit aller Pracht gefeiert, und als es zu Ende war, beschenkten die weisen Frauen das Kind mit ihren Wundergaben: die eine mit Tugend, die andere mit Schönheit, die dritte mit Reichthum, und so mit allem, was auf der Welt zu wünschen ist. Als elfe ihre Sprüche eben gethan hatten, trat plötzlich die dreizehnte herein.

Sie wollte sich dafür rächen daß sie nicht eingeladen war, und ohne jemand zu grüßen oder nur anzusehen, rief sie mit lauter Stimme ‚die Königstochter soll sich in ihrem fünfzehnten Jahr an einer Spindel stechen und todt hinfallen.'

Und ohne ein Wort weiter zu sprechen kehrte sie sich um und verließ den Saal. Alle waren erschrocken, da trat die zwölfte hervor, die ihren Wunsch noch übrig hatte und weil sie den bösen Spruch nicht aufheben, sondern nur mildern konnte, so sagte sie ‚es soll aber kein Tod sein, sondern ein hundertjähriger tiefer Schlaf, in welchen die Königstochter fällt.'

Eine Spindel symbolisiert seit alters her das Schicksal, ist ein Gegenstand, den die Schicksalsgötter bei sich tragen. Auf einer Spindel werden die Schicksalsfäden aufgerollt und entrollen sich im Laufe unseres Lebens. Dass die 13. Fee nach der Geburt des Kindes aktiv wird, um es zu zerstören, symbolisiert, dass ab dem Moment unseres spirituellen Erwachens unser negatives Karma besonders aktiviert zu werden scheint: Zum einen möchte unser Geist frei sein und das negative Karma erschöpfen.

Zum anderen können wir mit dem Bewusstsein der karmischen Zusammenhänge lernen, die Probleme in unserem Leben als Herausforderung zum Wachsen anzunehmen. Das 15. Lebensjahr hat die Quersumme sechs und deutet damit auch auf das Karma hin, das jetzt zu wirken beginnt.

Von allen uns mitgegebenen Fähigkeiten ist das Bewusstsein von Möglichkeit diejenige, die unser Ego am meisten zu zerstören trachtet. Mit dem Bewusstsein von Möglichkeit können wir die Einschränkungen unseres Egos, die es für die Entfaltung unseres wahren Selbst schafft, immer wieder ungeschehen machen.

Daher wünscht unser Ego dieser Fähigkeit den Tod. Das Ego will Macht und Kontrolle, um die eigenen Vorstellungen durchzusetzen, und nicht in einem Bewusstsein von Möglichkeit leben, bei dem aus unserem Einklang mit dem Leben heraus immer das Leben, also Gott, entscheidet, was im Leben letztlich zu uns kommt, was zu uns gehört und was uns zufällt. Da hat das Ego nichts zu melden.

Und Macht ausüben heißt für das Ego, Macht über andere ausüben. Wenn diese Haltung im kollektiven Bewusstsein vorherrscht, dann gibt es quasi um jeden einzelnen Menschen herum zahllose Menschen, die versuchen, Macht über uns auszuüben. Es ist also das Vorherrschen der Haltung im kollektiven Bewusstsein, nach Macht und Einfluss über andere zu streben, die uns alle zusammen in einen Zustand der Machtlosigkeit versetzt.

Unser Karma aus vielleicht zahllosen Leben, in denen wir versucht haben, Macht über andere auszuüben, wird uns also dadurch ausgeteilt, dass wir in eine solche Atmosphäre hineingeboren werden, in der wir Menschen uns durch das Streben nach Macht und Einfluss gegenseitig unserer Möglichkeiten berauben.

Während wir das Karma nicht ändern können, bleibt uns nur die Arbeit an unserem Bewusstsein, dass wir uns darauf fokussieren, zusammen mit anderen an Lösungen zu arbeiten, und dabei der Versuchung zu widerstehen, Macht und Einfluss ausüben zu wollen.

Die Abmilderung dieses Todesfluchs durch die 12. weise Frau in einen 100-jährigen Schlaf symbolisiert, dass der Zustand gefühlter Machtlosigkeit, der Zustand mangelnder Möglichkeiten in unserem Leben, nur eine Illusion ist, die wie ein hypnotischer Schlaf wirkt. Wir sollten unser Karma hinnehmen und annehmen, nicht deswegen resignieren und nicht andere dafür verantwortlich machen. Je mehr wir andere verantwortlich machen, desto mehr Machtlosigkeit erzeugen wird uns.

Die Zahl 100 symbolisiert Transformation. Wenn in uralten, überlieferten Weisheitstexten steht, dass bestimmte Menschen 100 Jahre alt wurden, war dies nicht wörtlich, biologisch gemeint. Die Bedeutung einer solchen Aussage war, dass die betreffenden Menschen zu Lebzeiten ihre spirituelle Transformation abschließen und Befreiung erlangen konnten.

Während das Ego dem Bewusstsein von Möglichkeit also den Tod wünscht, lenkt die Weisheit des Lebens, die zwölfte Fee, dieses Streben in die Transformation. Das Ego bekommt seinen Willen nicht dauerhaft, sondern nur für so lange, wie der Zustand der Machtlosigkeit unserer Transformation dient. Nach Abschluss dieser Transformation kann das Bewusstsein von Möglichkeit wieder mühelos und ohne besondere Anstrengung erwachen. Die 100 Jahre stehen also nicht für einen Zeitraum, sondern symbolisieren nur eine Phase der Transformation, bis diese abgeschlossen ist.

Die Wahrheit der Menschheit ist, dass wir die Möglichkeit haben, die Erde in einen Himmel zu verwandeln, der schöner ist als die schönsten Himmel Gottes. Demgegenüber sieht unsere Wirklichkeit aber so aus wie das genaue Gegenteil, dass die Erde eher einer Hölle ähnelt, die immer schrecklicher wird. Dies ist so, weil praktisch die gesamte Menschheit schläft. Das heißt, es ist unser Bewusstsein von Möglichkeit, das schläft. Die ganze Menschheit befindet sich heute noch in einem Dornröschenschlaf. Das Besondere an der heutigen Zeit ist, dass wir in einer Zeit leben, in der der hundertjährige Dornröschenschlaf demnächst kollektiv zu Ende gehen kann, weil das entsprechende Karma ablaufen soll.

Mit dem Ablauf des Karmas wird es zunehmend unsere Wahl, uns über unsere Ego-Probleme – vor allem über unsere Ängste, Schuldgefühle, Zwangsgefühle und Machtlosigkeitsgefühle – von mächtigen Menschen von außen steuern zu lassen, indem wir uns bequemerweise deren „Lösungsvorstellungen" anschließen, oder unser Ego zu transformieren, uns ein Bewusstsein von Möglichkeit zu erschaffen und selbst Verantwortung zu übernehmen und mit anderen an den Lösungen zu arbeiten, die wir uns wünschen.

Im Weiteren kürzen wir etwas ab. - Die Gaben der weisen Frauen erfüllten sich alle. An dem Tage, an dem es gerade fünfzehn Jahr alt ward, stach sich das Mädchen an einer Spindel. Im selben Augenblick fiel sie auf das Bett nieder, das da stand, und in einen tiefen Schlaf, der sich über das ganze Schloß verbreitete. Alle schliefen ein. Rings um das Schloß begann eine Dornenhecke zu wachsen, die das ganze Schloß umzog, und darüber hinaus wuchs, daß gar nichts mehr davon zu sehen war, selbst nicht die Fahne auf dem Dach. Viele Königssöhne, die versuchten ins Schloss zu gelangen, starben in den Dornen.

Wenn durch unsere Machtlosigkeitsgefühle unser Bewusstsein von Möglichkeit schläft, scheinen auch alle anderen Anteile unseres Bewusstseins zu schlafen. Ohne das Bewusstsein von Möglichkeit sind wir insgesamt als Mensch eher wie tot. Und in einem dunklen Zeitalter wie dem unsrigen, ist die ganze Menschheit gemessen an ihrem Potential eher wie tot und wird von ihren Ego-Problemen (siehe die Tabellen 3 und 4) gelebt, anstatt mit Umsicht ihre Selbstheilungskräfte (siehe Tabelle 5) zu entwickeln und bewusst zu leben.

Und dieser Zustand kann verhärten, so dass es immer schwerer wird, ihn wieder in ein Bewusstsein von Möglichkeit zu erwecken (die wuchernde Dornenhecke). Versuche, wieder zu einem Bewusstsein von Möglichkeiten zu erwachen, neigen dann dazu, einfach zu verpuffen (die toten Königssöhne).

Nach langen Jahren kam wieder einmal ein Königssohn in das Land, der von dem Geschehenen erfuhr und unbedingt zum Dornröschen gelangen wollte. Nun waren aber gerade die hundert Jahre verflossen, und der Tag war gekommen, wo Dornröschen wieder erwachen sollte. Als der Königssohn sich der Dornenhecke näherte, waren es lauter große schöne Blumen, die thaten sich von selbst auseinander und ließen ihn unbeschädigt hindurch, und hinter ihm thaten sie sich wieder als eine Hecke zusammen.

Unsere Sehnsucht, wieder ganz zum Bewusstsein von Möglichkeit zu erwachen, schläft nur. Sie stirbt nicht. Und eines Tages wollen wir aufwachen und wenn die rechte Zeit dafür gekommen, führen die Transformationsbemühungen zum Erfolg, unser Bewusstsein von Möglichkeit erwacht und führt unsere Bemühungen mühelos zum Erfolg.

Im Schloß fand er alles vor, wie es vor 100 Jahren eingeschlafen war. Er gelangte zum Turm und öffnete die Tür zu der Stube, in welcher Dornröschen schlief. Da lag es und war so schön, daß er die Augen nicht abwenden konnte, und er bückte sich und gab ihm einen Kuß.

Wie er es mit dem Kuß berührt hatte, schlug Dornröschen die Augen auf, erwachte, und blickte ihn ganz freundlich an. Da giengen sie zusammen herab, und der König erwachte und die Königin, und der ganze Hofstaat, und sahen einander mit großen Augen an. Und da wurde die Hochzeit des Königssohns mit dem Dornröschen in aller Pracht gefeiert, und sie lebten vergnügt bis an ihr Ende.

Der Königssohn und der Kuss, den er Dornröschen gibt, symbolisieren das Erwachen von Möglichkeit, wenn die Göttliche Gnade unsere Transformationsbemühungen zur gegebenen Zeit zum Erfolg führt.

Der Schlaf von hundert Jahren symbolisiert einen Zeitraum der Transformation, der auch ein ganzes Zeitalter lang währen kann, in dem unsere Schöpferkraft kollektiv schläft. Das Märchen bezieht sich ein Stück weit also auch auf die Zeitalterlehre, und zwar auf Beginn und Ende unseres demnächst auslaufenden Dunklen Zeitalters.

Der Gedanke, dass es uns vorbestimmt ist, zu diesem Zeitpunkt der Menschheitsgeschichte wieder zu unserem Bewusstsein von Möglichkeit zu erwachen, kann in manchen Menschen den Gedanken auslösen, dass für uns nichts zu tun bleibt oder sowieso alles von gottgesandten Erlösern geregelt wird. Der Gedanke, dass wir nichts mehr tun müssen oder Erlöser uns von außen retten werden, ist aber eine Versuchung unserer Faulheit und unseres Glaubens an unsere eigene Machtlosigkeit, also eine Egofalle. Auch wenn für unsere Zeit das Erwachen von Möglichkeit vorbestimmt ist, geschehen diese Dinge nicht von allein. Die alte Weisheit, dass von nichts auch nichts kommt, gilt auch heute. Wir werden nur Dinge erreichen, die wir auch bewusst anstreben und für die wir Verantwortung übernehmen.

Das symbolische Ablaufen des hundertjährigen Schlafs in unserer Zeit symbolisiert lediglich, dass jetzt immer mehr die Zeit kommt, in der wir zum Handeln aufgefordert sind und in der unsere Handlungen das Potential mitbringen, uns auch dem angestrebten Ziel einer freien und glücklichen, in Gerechtigkeit lebenden Menschheit näher zu bringen.

Auch wenn das Bewusstsein erwacht, sind vielen Menschen aufgrund ihrer Armut und anderer Einschränkungen immer noch die Hände gebunden. Das erwachende Bewusstsein muss also bewirken, dass jene, die etwas tun und verändern können, auch tätig werden und jenen helfen, die Unterstützung brauchen.

Unser Beschluss, leben und dem Leben dienen zu wollen, involviert also auch einen Beschluss, das Leid in der Welt zu lindern und Hoffnung zu schenken, einen Beschluss, für das Gute in der Welt einzutreten, einen Beschluss, glücklich zu sein, komme was da wolle. Auch wenn die Befreiung möglich wird, der Königssohn musste zumindest von der Absicht gelenkt sein, Dornröschen zu befreien. Es braucht unser absichtsvolles und zielstrebiges Handeln.

Dass es individuell fast zu schwierig ist, zu einem Bewusstsein von Möglichkeit zu erwachen, wenn quasi die ganze Gesellschaft in Gefühlen der Machtlosigkeit gefangen ist, wird es vermutlich erforderlich machen, die uns von außen unterdrückenden Organisationen zu entmachten.

Dieser Zusammenhang ist auch im Herrn der Ringe durch die Figur des Hexenkönigs von Angmar verschlüsselt, der Arnor zerstört, das unsere Souveränität und unser Bewusstsein von Möglichkeit symbolisiert. Der Hexenkönig verwandelt sich in den König der Ringgeister. Für diesen wird vorausgesagt, dass er nur von einer Frau wird getötet werden können.

In symbolischen Texten steht das Männliche für das Geistige und das Weibliche für die Welt der Schöpfung, weil es die Frau ist, die neues Leben gebärt. Tolkien hat hier also verschlüsselt, dass unser Bewusstsein von Möglichkeit nicht leicht erweckbar ist, und die Mächte, die uns von außen unserer Möglichkeiten berauben, auch im Außen gestoppt werden müssen.

Unser Bewusstsein von Möglichkeit ist kollektiv noch nicht erweckbar, weil die Menschheit von einem globalen Tiefenstaat unterdrückt wird, der darauf fokussiert ist, unsere Bemühungen, uns von seiner Kontrolle unabhängig zu machen, im Keim zu ersticken. Daher wird der Tiefenstaat erst fallen müssen, damit die Menschheit auch größere, in der Außenwelt sichtbare Durchbrüche erzielt. Und dieser Tiefenstaat wird vom König der Ringgeister symbolisiert. Diese Zusammenhänge sind in „Die Ringvernichtung" näher im geschichtlichen Gesamtzusammenhang erläutert.

Vielleicht haben die 100 Jahre des Dornröschen-Märchens auch eine speziellere Bedeutung für Deutschland. Wir Deutschen sind seit dem Ende des 1. Weltkriegs ein Volk mit gebundenen Händen. Seit damals sind jetzt über 100 Jahre verstrichen und wenn unser Volk erwacht, werden wir uns trotz aller uns auferlegten Knebel und Ketten befreien können.

Wenn wir erwachen, gibt es keinen Knebel in der Außenwelt mehr, der sich nicht lösen lassen wird, selbst wenn wir wie Houdini oder David Copperfield von oben bis unten mit Ketten umwickelt wurden. Alle diese Ketten sind aus Lügen gestrickt und verstoßen gegen universelles Recht. Um uns zu befreien, müssen wir dann halt wie Houdini oder David Copperfield sein. Und das Potential haben wir.

Da mit der Wintersonnenwende die Rauhnächte beginnen, hier noch ein paar Worte zur Monatszählung im Jahreskalender und zu den Rauhnächten. Die problematische Frage, ob wir durch die Zahl 12 komplett sind, oder erst durch die Zahl Dreizehn, weil unser Ego und die Notwendigkeit, uns durch die Transformation unseres Egos spirituell höher zu entwickeln, ja auch dazugehören will, ist gewissermaßen in unserem Jahresrhythmus verkörpert.

Die 12 Sternkreiszeichen werden den 12 Monaten zugeordnet. Gleichzeitig kommt das Wort Monat von Mond und meint eigentlich eine Umdrehung des Mondes um die Erde. Unser Jahr dauert knapp über 365 Tage, während 12 Umdrehungen des Mondes um die Erde etwa 355 Tage dauern. Somit hat jedes Jahr eigentlich etwa 12 1/3 Mond-Monate.

Das Sonnenjahr beginnt und endet am 21. Dezember. Das Mondjahr aus 12 Umdrehungen des Mondes beginnt am 1. Januar und endet am 21. Dezember. Am 21. Dezember enden also beide Jahre. Die Zeit vom 22.-31. Dezember ist quasi der beginnende 13. Mond-Monat. Die Nächte in diesem Zeitraum werden auch als die Rauhnächte bezeichnet, die negative Energien auf die Erde bringen.

Vielleicht wird in der Umdrehung unserer Erde um die Sonne also der Problematik, dass unser Ego eigentlich einen 13. Einflussbereich darstellt und der Transformation unserer Negativität bedarf, zu einem Drittel Raum gegeben. Dass diese 10 Tage besondere Energien zu uns bringen, die unser Bewusstsein negativ beeinflussen können, spräche dafür, dass diese Zeit verlangt, dass wir besonders auf unser Bewusstsein und unsere Gedanken achtgeben und sie spirituellen Übungen, Meditation und Gebeten für den Weltfrieden widmen sollten, um unseren Geist zu reinigen und unsere Gedanken hoch zu halten.

Vielleicht ist das auch der Grund, warum unsere vorchristlichen Altvorderen bereits vor Jahrtausenden das Weihnachtsfest feierten. Es war den Menschen ein besonders Anliegen, zu diesem Fest Freude zu verbreiten, einander Dankbarkeit zum Ausdruck zu bringen, dass sie da sind und dass sie füreinander da sind.

Ihnen war also klar, dass sie bewusst positive Energien erzeugen und positive Gefühle füreinander zum Ausdruck bringen mussten, um der Energie dieser Zeit etwas entgegenzusetzen. Wenn die Außeneinflüsse negativ sind, ist dies ein guter Grund, sich bewusst auf das Positive zu fokussieren, es zum Ausdruck zu bringen und spirituelle Übungen zur Umwandlung des Negativen zu machen.

Den negativen Außeneinflüssen dieser Zeit wurde also zum einen durch Weiherituale, also Weihnachten, und zum anderen dadurch begegnet, dass die Menschen ihr Miteinander und Füreinander, ihre Liebe und ihren Zusammenhalt feierten. In diesem Sinne und in diesem Geist können wir zu Weihnachten die Mitmenschlichkeit feiern und denen unsere Dankbarkeit zum Ausdruck bringen, für deren Dasein wir dankbar sind.

Ergänzen lässt sich, dass die Idee der Geburt Christi zu Weihnachten, den alten heidnischen Weihe- und Friedensritualen nicht widerspricht. Auch die Geburt der bedingungslosen Christusliebe am Punkt der tiefsten Dunkelheit des Jahres symbolisiert, uns in der Zeit des 13. Monats des Jahres mit besonderer Liebe unseren Familien und Mitmenschen zu widmen. Da Jesus nach seinen 12 Jüngern die 13. Person ist, passt es auch, seinen Geburtstag im 13. Monat zu feiern, auch wenn er wahrscheinlich eher im Frühling geboren wurde.

Wenn es um die Frage der Wiederbelebung unserer Kultur geht, steht sowieso die Wiederbelebung der Werte im Zentrum. Ob ein und dieselben Werte durch vorchristliche oder christliche Traditionen zum Ausdruck gebracht werden, sehe ich da als sekundär, weil es nicht die Glaubensvorstellungen sind, die uns nähren, sondern die gelebten Werte. Eine Wiederbelebung sowohl vorchristlicher als auch christlicher Werte ist also legitim. Beides verbindet uns mit unseren Altvorderen und belebt die Werte, die unserer Gesellschaft und Kultur ihr Leben einhauchen.

3.4 Rapunzel – Wiedererweckung eines Bewusstseins von Möglichkeit und Integrität

Vergeblicher Kinderwunsch	Machtlosigkeit
Rapunzel, die Pflanze	Verlockung zur Ausübung von Macht über andere
Zauberin	Zwangsego
Rapunzels Gefangenschaft	Gefangenschaft des Bewusstseins von Möglichkeit durch Ego
Rapunzels goldenes Haar	spirituelle Übungen als Grundlage, dem eigenen Ego entkommen zu können
Königssohn	Integrität
Stränge von Seide	Notwendigkeit einer beständigen allmählichen Transformation
Blindheit des Königssohns	Verlust unserer Integrität
Rapunzel in der Wüstenei	Hoffen auf einen Erlöser

In diesem Märchen geht es um die Wiedererweckung aus einem resignierten Zustand der Machtlosigkeit und Hilflosigkeit zurück in ein Bewusstsein von Möglichkeit, dass die Dinge in unserem Leben, die uns berühren, inspirieren und begeistern, auch möglich macht. Während beim Dornröschen der Karmaaspekt im Vordergrund steht, geht es hier auch um die Notwendigkeit von Integrität, die uns hilft, unser Bewusstsein von Möglichkeit zu erwecken.

Es war einmal ein Mann und eine Frau, die wünschten sich schon lange vergeblich ein Kind, endlich machte sich die Frau Hoffnung, der liebe Gott werde ihren Wunsch erfüllen. Die Leute hatten in ihrem Hinterhaus ein kleines Fenster, daraus konnte man in einen prächtigen Garten sehen, der voll der schönsten Blumen und Kräuter stand; er war aber von einer hohen Mauer umgeben, und niemand wagte hineinzugehen, weil er einer Zauberin gehörte, die große Macht hatte und von aller Welt gefürchtet ward.

Die Kinderlosigkeit symbolisiert die Machtlosigkeit, etwas hervorbringen oder bewirken zu können, was man gerne hervorbringen oder bewirken würde. Die Zauberin symbolisiert die Versuchung, die eigene Machtlosigkeit durch die Ausübung von Zwang auf andere Menschen zu beheben. Wenn wir es aufgrund eines Bewusstseins von Machtlosigkeit darauf anlegen, Macht über und Einfluss auf andere zu gewinnen, so geht dieses Machtstreben damit einher, dass wir die Macht nur ausüben können, wenn andere Menschen Furcht vor uns haben und sich nicht trauen, Einwände gegen unsere Absichten geltend zu machen.

Eines Tages stand die Frau an diesem Fenster und sah in den Garten hinab, da erblickte sie ein Beet, das mit den schönsten Rapunzeln bepflanzt war; und sie sahen so frisch und grün aus, dass sie lüstern ward und das größte Verlangen empfand, von den Rapunzeln zu essen. Das Verlangen nahm jeden Tag zu, und da sie wusste, dass sie keine davon bekommen konnte, so fiel sie ganz ab, sah blass und elend aus. Da erschrak der Mann und fragte: „Was fehlt dir, liebe Frau?" - „Ach," antwortete sie, „wenn ich keine Rapunzeln aus dem Garten hinter unserm Hause zu essen kriege, so sterbe ich." Der Mann, der sie lieb hatte, dachte: „Eh du deine Frau sterben läßest, holst du ihr von den Rapunzeln, es mag kosten, was es will." In der Abenddämmerung stieg er also über die Mauer in den Garten der Zauberin, stach in aller Eile eine Handvoll Rapunzeln und brachte sie seiner Frau. Sie machte sich sogleich Salat daraus und aß sie in voller Begierde auf. Sie hatten ihr aber so gut, so gut geschmeckt, dass sie den andern Tag noch dreimal soviel Lust bekam. Sollte sie Ruhe haben, so musste der Mann noch einmal in den Garten steigen.

Die verlockende Rapunzel im Garten der Zauberin symbolisiert die Verlockung zur Ausübung von Macht über andere. Wenn wir auf den Geschmack kommen, anderen sagen zu können, was sie tun müssen, wird unser grundlegendes Gefühl von Machtlosigkeit dadurch jedoch nicht gelöst. Wahre Macht besteht in der Fähigkeit, die Dinge, die uns berühren, inspirieren und begeistern, möglich zu machen. Und sie besteht auch in der Fähigkeit, andere ebenfalls so zu berühren, zu inspirieren und zu begeistern, dass sie sich von sich aus mit uns zusammen für dasselbe Ziel starkmachen. Wahre Macht schafft Verbundenheit und Einheit und löst Fronten auf. Wahre Macht schenkt allen Menschen, die damit zu tun haben, Energie und Tatkraft. Wenn die Motivation negativ ist und aus einem Genuss an der Machtlosigkeit der anderen besteht, die gezwungen sind zu tun, was wir ihnen sagen (der Genuss der Rapunzeln), schneiden wir uns selbst von der Möglichkeit ab, die Dinge aus Berührung, Inspiration und Begeisterung geschehen zu lassen. Das heißt, wir verstärken unser eigenes Gefühl von Machtlosigkeit – wie das Märchen es formuliert – um das Dreifache. Wenn wir unsere Lösungsstrategie für unser Gefühl von Machtlosigkeit dann nicht hinterfragen und nicht ändern, wird das Verlangen nach der Ausübung von Macht dadurch auch dreimal so stark. Menschen, die solche negative Macht ausüben, haben nie das Gefühl, dass sie genug Macht haben. Mit jedem Zuwachs an Macht über andere verstärken sie ihr grundlegendes Machtlosigkeit entsprechend um das Dreifache. Die mächtigsten Menschen dieser Erde sind in Wirklichkeit am stärksten im Gefühl ihrer Machtlosigkeit gefangen und glauben, dass sie sich erst sicher fühlen können, wenn der Rest der Menschheit in absoluter Machtlosigkeit versklavt oder tot ist. Das ist auch das, was diese Leute so gefährlich macht.

Er machte sich also in der Abenddämmerung wieder hinab, als er aber die Mauer herabgeklettert war, erschrak er gewaltig, denn er sah die Zauberin vor sich stehen. „Wie kannst du es wagen,“ sprach sie mit zornigem Blick, „in meinen Garten zu steigen und wie ein Dieb mir meine Rapunzeln zu stehlen? Das soll dir schlecht bekommen.“ - „Ach,“ antwortete er, „lasst Gnade für Recht ergehen, ich habe mich nur aus Not dazu entschlossen: meine Frau hat Eure Rapunzeln aus dem Fenster erblickt, und empfindet ein so großes Gelüsten, dass sie sterben würde, wenn sie nicht davon zu essen bekäme.“ Da ließ die Zauberin in ihrem Zorne nach und sprach zu ihm: „Verhält es sich so, wie du sagst, so will ich dir gestatten, Rapunzeln mitzunehmen, soviel du willst, allein ich mache eine Bedingung: Du musst mir das Kind geben, das deine Frau zur Welt bringen wird. Es soll ihm gut gehen, und ich will für es sorgen wie eine Mutter.“ Der Mann sagte in der Angst alles zu, und als die Frau in Wochen kam, so erschien sogleich die Zauberin, gab dem Kinde den Namen Rapunzel und nahm es mit sich fort.

Der Verlust des Kindes symbolisiert, dass wir unser inneres Kind, unser wahres Selbst verlieren, wenn wir der Versuchung, Macht über andere auszuüben oder unsere Macht an die Hoffnung auf einen Erlöser abgeben, wiederholt nachgeben und ihr verfallen. Dass die Zauberin das Kind an sich nimmt, symbolisiert, dass wir unser Bewusstsein von Möglichkeit vollständig verloren haben, weil unser Ego, das den Erfolg in unserem Leben erzwingen will, diesen Bereich unseres Seins ganz an sich gerissen hat und wir von unserem Ego kontrolliert werden. Das Zwangsego nimmt unser Bewusstsein von Möglichkeit gänzlich gefangen.

Rapunzel ward das schönste Kind unter der Sonne. Als es zwölf Jahre alt war, schloss es die Zauberin in einen Turm, der in einem Walde lag, und weder Treppe noch Türe hatte, nur ganz oben war ein kleines Fensterchen. Wenn die Zauberin hinein wollte, so stellte sie sich hin und rief:

„*Rapunzel, Rapunzel,*
Laß mir dein Haar herunter."

Rapunzel hatte lange prächtige Haare, fein wie gesponnen Gold. Wenn sie nun die Stimme der Zauberin vernahm, so band sie ihre Zöpfe los, wickelte sie oben um einen Fensterhaken, und dann fielen die Haare zwanzig Ellen tief herunter, und die Zauberin, stieg daran hinauf.

Unsere Fähigkeit, uns ein Bewusstsein von Möglichkeit zu erschaffen, durch das wir letztlich alles in unserem Leben kreieren können, was uns begeistert und inspiriert, ist eine wunderschöne Fähigkeit (Rapunzels Schönheit), die von unserem Ego, alles kontrollieren zu wollen, jedoch sozusagen weit außerhalb unserer Reichweite weggesperrt wird (Rapunzels Gefangenschaft im Turm). Kopfhaar geht am oberen (himmelwärts befindlichen) Ende unseres Körpers über uns hinaus und symbolisiert unsere geistige Aktivität, die über diese Welt hinaus auf das Spirituelle ausgerichtet ist, also unsere spirituellen Übungen. Das Wachsen von Rapunzels goldenem Haar bedeutet, dass wird durch unsere spirituellen Übungen und das Entwickeln förderlicher spiritueller Gewohnheiten ein spirituelles Bewusstsein schaffen, das wir benötigen, wenn wir in diesem Zustand von Machtlosigkeit gefangen sind, um dadurch für unser verlorenes, da gefangenes Bewusstsein von Möglichkeit sozusagen wieder Boden unter die Füße zu bekommen. Der Ablauf von zwölf Jahre symbolisiert einen ganzen Entwicklungszyklus. Dieser Prozess wird also einen Entwicklungszyklus lang dauern.

Dass in den ersten Jahren ausschließlich die Zauberin dieses Haar nutzt, symbolisiert unsere laufende Gefangenschaft im Griff unseres Egos. Wir brauchen lange Jahre spiritueller Übungen, um irgendwann unserem eigenen Ego entkommen zu können.

Nach ein paar Jahren trug es sich zu, dass der Sohn des Königs durch den Wald ritt und an dem Turm vorüberkam. Da hörte er einen Gesang, der war so lieblich, dass er still hielt und horchte. Das war Rapunzel, die in ihrer Einsamkeit sich die Zeit vertrieb, ihre süße Stimme erschallen zu lassen. Der Königssohn wollte zu ihr hinaufsteigen und suchte nach einer Türe des Turms, aber es war keine zu finden. Er ritt heim, doch der Gesang hatte ihm so sehr das Herz gerührt, dass er jeden Tag hinaus in den Wald ging und zuhörte. Als er einmal so hinter einem Baum stand, sah er, dass eine Zauberin herankam, und hörte, wie sie hinaufrief:

„Rapunzel, Rapunzel,
Laß dein Haar herunter."

Da ließ Rapunzel die Haarflechten herab, und die Zauberin stieg zu ihr hinauf. „Ist das die Leiter, auf welcher man hinaufkommt, so will ich auch einmal mein Glück versuchen." Und den folgenden Tag, als es anfing dunkel zu werden, ging er zu dem Turme und rief:

„Rapunzel, Rapunzel,
Laß dein Haar herunter."

Alsbald fielen die Haare herab, und der Königssohn stieg hinauf.

Um sich zu befreien, braucht unser Bewusstsein von Möglichkeit auch ein Erwachen der Integrität, die zu einer inneren Verheiratung des Bewusstseins von Möglichkeit (Rapunzel) mit der Integrität (Königssohn) führt. Eine ethische Renaissance wird versuchen daraufhin zu wirken, dass unser Bewusstsein von Möglichkeit wieder befreit wird.

Anfangs erschrak Rapunzel gewaltig, als ein Mann zu ihr hereinkam, wie ihre Augen noch nie einen erblickt hatten, doch der Königssohn fing an ganz freundlich mit ihr zu reden und erzählte ihr, dass von ihrem Gesang sein Herz so sehr sei bewegt worden, dass es ihm keine Ruhe gelassen und er sie selbst habe sehen müssen. Da verlor Rapunzel ihre Angst, und als er sie fragte, ob sie ihn zum Mann nehmen wollte, und sie sah, dass er jung und schön war, so dachte sie: „Der wird mich lieber haben als die alte Frau Gothel," und sagte ja, und legte ihre Hand in seine Hand. Sie sprach: „Ich will gerne mit dir gehen, aber ich weiß nicht, wie ich herabkommen kann. Wenn du kommst, so bringe jedesmal einen Strang Seide mit, daraus will ich eine Leiter flechten, und wenn die fertig ist, so steige ich herunter und du nimmst mich auf dein Pferd." Sie verabredeten, dass er bis dahin alle Abend zu ihr kommen sollte, denn bei Tag kam die Alte. Die

Zauberin merkte auch nichts davon, bis einmal Rapunzel anfing und zu ihr sagte: "Sag Sie mir doch, Frau Gothel, wie kommt es nur, sie wird mir viel schwerer heraufzuziehen als der junge Königssohn, der ist in einem Augenblick bei mir." - "Ach du gottloses Kind," rief die Zauberin, "was muss ich von dir hören, ich dachte, ich hätte dich von aller Welt geschieden, und du hast mich doch betrogen!" In ihrem Zorne packte sie die schönen Haare der Rapunzel, schlug sie ein paarmal um ihre linke Hand, griff eine Schere mit der rechten, und ritsch, ratsch waren sie abgeschnitten, und die schönen Flechten lagen auf der Erde. Und sie war so unbarmherzig, dass sie die arme Rapunzel in eine Wüstenei brachte, wo sie in großem Jammer und Elend leben musste.

Die nach und nach zu bringenden Stränge von Seide zum Flechten eines Seils zur Befreiung Rapunzels symbolisieren die Notwendigkeit einer beständigen allmählichen Transformation. Eine Seidenraupe, die sich in einen Schmetterling verwandeln wird, steht für diese Transformation. Es braucht eine langwierige, allmähliche Transformation, bis wir unser Bewusstsein von Möglichkeit schließlich aus dem Griff unseres Ego befreit haben, das dieses Bewusstsein gefangen hält.

Allerdings hat unser Ego kein Interesse an einem Erwachen unseres Bewusstseins von Möglichkeit in Integrität, weil es durch diese Kombination von Seins- und Bewusstseinseigenschaften seine Macht und Kontrolle verliert. Wenn unser Leben durch das Sein und Bewusstsein von Möglichkeit und Integrität viel leichter wird (der Königssohn ist leichter als die Zauberin), verliert unser Ego seine Kontrolle, weil es durch unsere Probleme und Schwierigkeiten, also durch die Schwere in unserem Leben, für die es anderen die Schuld gibt, über uns herrschen kann.

Das Abschneiden der Haare symbolisiert dann den Verlust unseres Bewusstseins von Möglichkeit durch die Aktivität unseres Egos, das seine Macht behalten will. Hier ist also eine mutwillige Zerstörung unseres Bewusstseins von Möglichkeit durch die Aktivität unseres Egos dargestellt. Die Verbannung in die Wüstenei symbolisiert ein Gefühl von Machtlosigkeit, das so intensiv ist, dass der Geist sich in ein bloßes Hoffen auf einen Erlöser zurückzieht, der uns aus unserem Elend erretten soll.

Wenn dieser resignierte Zustand kollektiv auftritt, wird er von den globalen Eliten auch immer wieder missbraucht, um mit viel Aufwand und Überzeugungskraft einen Erlöser der Massen aufzubauen, auf den sie hoffen und der dadurch die Pläne der Mächtigen weiter voran bringen kann. Möglicherweise werden sie uns auch noch einen sorgfältig aufgebauten Messias präsentieren.

Denselben Tag aber, wo sie Rapunzel verstoßen hatte, machte abends die Zauberin die abgeschnittenen Flechten oben am Fensterhaken fest, und als der Königssohn kam und rief:
    „Rapunzel, Rapunzel,
    Laß dein Haar herunter."
so ließ sie die Haare hinab. Der Königssohn stieg hinauf, aber er fand oben nicht seine liebste Rapunzel, sondern die Zauberin, die ihn mit bösen und giftigen Blicken ansah. „Aha," rief sie höhnisch, „du willst die Frau Liebste holen, aber der schöne Vogel sitzt nicht mehr im Nest und singt nicht mehr, die Katze hat ihn geholt und wird dir auch noch die Augen auskratzen. Für dich ist Rapunzel verloren, du wirst sie nie wieder erblicken." Der Königssohn geriet außer sich vor Schmerzen, und in der Verzweiflung sprang er den Turm herab: das Leben brachte er davon, aber die Dornen, in die er fiel, zerstachen ihm die Augen.

Wenn unser Ego übernimmt und wir unsere spirituellen Übungen und unser Streben nach Transformation aufgeben, verlieren wir auch unsere Orientierung im Leben, wie wir richtig leben, symbolisiert von der Blindheit, mit der der Königssohn von der Zauberin geschlagen wird. Dann haben wir nicht nur unser Bewusstsein von Möglichkeit verloren, sondern auch noch unsere Integrität.

Da irrte er blind im Walde umher, aß nichts als Wurzeln und Beeren, und tat nichts als jammern und weinen über den Verlust seiner liebsten Frau. So wanderte er einige Jahre im Elend umher und geriet endlich in die Wüstenei, wo Rapunzel mit den Zwillingen, die sie geboren hatte, einem Knaben und Mädchen, kümmerlich lebte. Er vernahm eine Stimme, und sie deuchte ihn so bekannt; da ging er darauf zu, und wie er herankam, erkannte ihn Rapunzel und fiel ihm um den Hals und weinte. Zwei von ihren Tränen aber benetzten seine Augen, da wurden sie wieder klar, und er konnte damit sehen wie sonst. Er führte sie in sein Reich, wo er mit Freude empfangen ward, und sie lebten noch lange glücklich und vergnügt.

Am Ende ist es die Sehnsucht nach unserem wahren Selbst und unserer inneren Ganzheit, das beharrliche Suchen und Streben danach, unser verlorenes Bewusstsein wiederzuerwecken und göttliche Gnade, die das Bewusstsein von Möglichkeit wieder erwecken kann.

Die Wiederbegegnung Rapunzels mit dem Königssohn, nachdem dieser sie finden konnte, symbolisiert, dass wir durch ein Streben nach dem richtigen Handeln und ein Leben in Integrität schließlich auch unser Bewusstsein von Möglichkeit aktivieren können. Wenn dies gelingt, kann dieses aufkommende Bewusstsein im Gegenzug unsere Integrität wiederbeleben.

Und diese wiederbelebte Integrität kann in der Rückwirkung wiederum das Bewusstsein von Möglichkeit wieder ganz erwecken, so dass sich Möglichkeit und Integrität wieder verbinden können. Diese Verbindung bedeutet, dass wir der Inspiration folgen, Verantwortung für Projekte zur Lösung unserer Probleme übernehmen und in ein fruchtbares Handeln kommen. Durch dieses Handeln endet dann endgültig das Hoffen auf einen Erlöser und wir werden selbst zu unseren Erlösern, indem wir die Möglichkeit all der Lösungen erfinden, die es für unser Leben braucht.

Wenn das Sein und Bewusstsein von Möglichkeit und Integrität wiederhergestellt ist, kann unser Leben gedeihen und erblühen. Die Kinder der beiden symbolisieren die schönen Werke und Schöpfungen, die aus einem solchen Sein und Bewusstsein entspringen.

Für unsere Zeit bedeutet das Märchen vom Rapunzel, dass wir das kollektive Erwachen eines Bewusstseins von Möglichkeit und Integrität brauchen, um die Verantwortung zu übernehmen zu tun, was wir tun können, und gemeinsam Projekte ins Leben zu rufen, deren Zielsetzung uns so berühren, inspirieren und begeistern, dass wir in diesem Geist von Möglichkeit und Integrität die Herausforderungen unserer Zeit bewältigen können.

Unsere Zeit ist dadurch gekennzeichnet, dass die Mächtigen aktuell – 2020 – einen Zusammenbruch unserer wirtschaftlichen, gesellschaftlichen und kulturellen Strukturen forcieren, weil sie die durch den Zusammenbruch entstehende Not dazu nutzen wollen, uns durch die von ihnen bereitgestellten „Lösungen" noch abhängiger zu machen. Ordre ab chao. Ihre Ordnung aus dem Chaos, ihre Neue Weltordnung zur angeblichen Lösung unserer Probleme und zu unserer angeblichen Rettung würde unsere Versklavung bedeuten.

Der Vorteil an den zusammenbrechenden wirtschaftlichen und gesellschaftlichen Strukturen ist für uns nun, dass wir trotz allem die Wahl haben werden, die „Lösungen" der Mächtigen abzulehnen und stattdessen selbst Verantwortung zu übernehmen für das, was wir gemeinsam möglich machen wollen und können.

Solange unsere Welt einigermaßen funktioniert hat, haben wir uns auch selbst an die ungesunden Strukturen gebunden, die uns versorgt haben. Wenn diese wegfallen, eröffnet sich für uns die Möglichkeit, gesunde Strukturen aufzubauen, die uns inspirieren und für die wie Verantwortung übernehmen oder für die globalen Eliten die Möglichkeit, uns zu versklaven, falls und indem wir die „Lösungen" übernehmen, die sie für uns vorbereitet haben. Welchen Weg wir gehen, entscheiden nicht die Eliten, sondern WIR durch die Wahl, die WIR treffen.

Egal wie minutiös die Eliten unsere Versklavung jahrhundertelang und sogar jahrtausendelang vorbereitet haben, sie sind davon abhängig, unsere Wahrnehmung der Welt so zu steuern, dass wir uns in der Neunheit unserer Egoprobleme verheddern und verirren und nicht mehr daraus heraus kommen: Mangelgefühlen, Unzufriedenheit, Benachteiligungsgefühlen, Minderwertigkeitsgefühlen, Machtlosigkeitsgefühlen, Zwangsgefühlen, Sinnlosigkeitsgefühle, Ängsten und Schuldgefühlen.

Durch eine spirituelle Haltung, an uns und unserer Transformation zu arbeiten, können wir uns aus dem Griff unserer Egoprobleme befreien.

Was im Moment des Zusammenbruchs also zählen wird, ist unser spirituelles Bewusstsein und unsere spirituelle Haltung. Wenn es uns gelingt, im Frieden und in der Entspannung zu bleiben und ein Bewusstsein von Möglichkeit und Integrität zu schaffen, können wir aus diesem Bewusstsein heraus unsere eigene Wahl treffen, wie wir die auftretenden Probleme gemeinsam lösen wollen und gemeinsam den Lösungen folgen, die uns berühren, inspirieren und begeistern.

Das ist das Machtvolle an einem Bewusstsein von Möglichkeit und Integrität, dass es uns aus dem Griff all unserer Egoprobleme und all unserer Negativität befreien kann, so dass wir solange den Projekten folgen, die uns berühren, inspirieren und begeistern, bis wir jenen Himmel auf Erden haben, dessen Möglichkeit unser Bewusstsein anhebt und unseren Projekte die benötigte Energie gibt. Wenn dieses Bewusstsein dann noch mit Integrität einhergeht, kann nichts den Siegeszug des Guten in der Welt mehr aufhalten, womit wir beim nächsten Bereich des menschlichen Geistes angekommen wären.

MÄRCHEN ZUM SECHSTEN BEREICH: RECHT

Den Tabellen 1 bis 5 in Kapitel 1.4 gemäß haben wir in diesem Bereich das Bedürfnis, in Freiheit in einer gerechten Welt zu leben. Durch unser Ego erfahren und produzieren wir jedoch Zwangsgefühle, die unser Ego leicht zu einer Haltung verarbeitet, anderen unsere Idee der richtigen Ordnung aufzuzwingen oder uns unsere Vorstellungen von Freiheit zu erzwingen, indem wir uns Abmachungen gegenüber unverbindlich zeigen und im Extrem auch lügen, betrügen und andere über unsere Absichten täuschen. Unsere Zwangsgefühle können sich in zwei Richtungen auswirken. Entweder in die Richtung, anderen unsere Vorstellung von Recht und Ordnung aufzuzwingen, oder in die Richtung, unsere Vorstellung von Freiheit zur Not durch die Nichteinhaltung von Regeln, Lug, Trug und Täuschung durchzusetzen. Der Teufelskreis in diesem Bereich besteht daraus, dass erzwungene Gerechtigkeit den Impuls stärkt, uns diesem Zwang durch Unverbindlichkeit, Nichteinhaltung, Lug, Trug und Täuschung zu entziehen, und diese wiederum den Impuls stärken, die Einhaltung der Gesetze und Regeln mit Zwang durchzusetzen. Beides schaukelt sich hoch. Alle diese Egoverhaltensweisen verstärken in der Rückwirkung also unsere Zwangsgefühle weiter. Wenn ich die Freiheit fordere, andere Menschen versklaven zu dürfen, zerstöre ich mit einer solchen Freiheit die Freiheit anderer. Eine allgemeine Freiheit ist also nur möglich und nur gegeben, wenn alle Regeln und Gesetze, die die Freiheit aller beschützen, auch von allen eingehalten werden. Jeder Mensch, der gegen diese Gesetze verstößt, übt damit einen Zwang aus, der die allgemeine Gerechtigkeit und Freiheit im Ausmaß seines Verstoßes zerstört. Allgemeine Freiheit und Gerechtigkeit sind also auch nur gegeben, wenn alle Menschen diese durch die Einhaltung der erforderlichen Regeln für ihre Mitmenschen erschaffen und beschützen. In dem Maße, in dem ein Mensch die Regeln verletzt, die die Freiheit aller beschützen, erzeugt er also Zwang, der auch auf ihn zurückkommen wird. Wer zum Beispiel ein schweres Verbrechen begeht, kann dafür eingesperrt werden, um die Zerstörung der Freiheit und Gerechtigkeit durch diesen Menschen zu stoppen.

Wenn wir also gegen die Gesetze der allgemeinen Freiheit und Gerechtigkeit verstoßen, erzeugen wir damit einen Zwang, der irgendwann auf uns zurückfallen und unsere Freiheit einschränken wird.

Auf der anderen Seite erklärt sich so die Aussage der Tibeter, dass der, der sich an das Dharma (die göttliche Ordnung) hält, auch vom Dharma beschützt wird. Wer sich an die Gesetze hält, die die Freiheit und Gerechtigkeit beschützen, wird auch von diesen Gesetzen beschützt.

Da alle Menschen das Bedürfnis nach Freiheit und Gerechtigkeit haben, haben wir auch entsprechende Pflichten zu erfüllen, die eine Welt aufrechterhalten, in der beides gegeben ist.

Durch Ego können Menschen das Egobedürfnis haben, anderen Menschen ihre Vorstellungen aufzuzwingen und/oder zu tun und zu lassen, was auch immer sie wollen, auch wenn dies die Freiheit oder das Recht anderer zerstört. Wer Gesetze machen kann, die er allen anderen aufzwingt und an die er sich selbst nicht halten muss, macht sich zum Herrn und andere zu Sklaven und zerstört damit sowohl die Freiheit als auch die Gerechtigkeit.

Wenn Menschen die Absicht haben, allen anderen Menschen ihren Willen aufzuzwingen und in eine Diktatur zu locken, so können diese sich dieser beiden Bedürfnisse des Menschen bedienen, unseres Bedürfnisses nach Freiheit und unseres Bedürfnisses nach Gerechtigkeit. Alles, was sie dafür benötigen, ist eine ausreichend geringe ethische Kultur, dass Menschen nicht verstehen oder nicht berücksichtigen wollen, dass Freiheit und Gerechtigkeit von jedem einzelnen Menschen ausgehen und einander bedingen. Wenn sie Menschen zu einer egoistischen Vorstellung von Freiheit verführen, bewegen sie sie dazu, gegen die universellen Gesetze zu verstoßen, so dass sie als Strafe für diese Verstöße ihrer Freiheiten beraubt werden können. Menschen die Illusion zu vermitteln, sie können tun und lassen, was auch immer sie wollen, ist egoausweitend. Sie dann für ihre Sünden zu unterdrücken und ihrer Rechte zu berauben, ist egobekämpfend. Diese egoausweitende-bekämpfende Dialektik ist im Märchen von Hänsel und Gretel (4.5) Thema.

Der Teufelskreis des Zwanges ist hochansteckend und führt leicht zu einem Kampf gegen die Unterdrückung, die von den Freiheitskämpfern ausgehend die Unterdrückung immer mehr verschlimmert. Uns zu einem Freiheitskampf verführen zu lassen, bei dem wir versuchen, uns unsere Rechte und Freiheiten zu erzwingen, und dabei gegen die Gebote der Nächstenliebe verstoßen und andere Menschen als Feinde angreifen, kann die Schlinge der Diktatur nur immer weiter zuziehen. Das Märchen von Jorinde und Joringel (4.6) gibt diese Problematik wieder, dass der Teufelskreis des Zwanges hochansteckend ist.

Zum Schutz von Freiheit und Gerechtigkeit gibt es Menschenrechte, die wir uns auch in Notsituationen und durch Erpressung nicht nehmen lassen dürfen. Da solche Rechte unveräußerlich sind, kann es sein, dass wir erpresste oder erschlichene Vereinbarungen und Gesetze, die uns unserer Grundrechte berauben, brechen müssen, um die allgemeine Freiheit und Gerechtigkeit wiederherstellen zu können. Diese Zusammenhänge sind Thema im Märchen vom Froschkönig (4.7).

Wenn Menschen um Macht, Geld, Vorteile, Privilegien etc. willen ihre Integrität aufgeben und glauben, sie stünden über dem Gesetz und könnten allen anderen ihre egoistischen Vorstellungen aufzwingen, braucht es eine Wiederbelebung ihres Gewissens und Gerechtigkeitssinns. Diese Problematik ist Gegenstand des Märchens von den sechs Schwänen (4.8).

Schließlich geht es im Märchen vom Blaubart (4.9) um das Thema der Täuschung. Wenn wir uns unsere Freiheiten und Rechte gesellschaftsweit oder sogar weltweit durch Täuschung nehmen lassen, braucht es eine allgemeine ethische Renaissance, um Freiheit und Gerechtigkeit wiederherzustellen. Einem Zwang, wie wir ihn in einer Diktatur erfahren, können wir nur unterzogen werden, wenn es sich dabei um die Rückwirkung kollektiver Verstöße gegen unsere Pflicht handelt, all die Gesetze einzuhalten, die unsere Freiheit und Gerechtigkeit bewirken und beschützen. Wenn uns kollektiv klar wird, dass wir die Diktatur selbst durch unsere Verstöße gegen die universellen Gesetze bewirken und durch welches Fehlverhalten wir in die Diktatur hineingelockt wurden, können wir unsere Werte und unser Verhalten korrigieren und eine ethische Renaissance bewirken, durch die wir so und nur so – nur im Einklang mit den universellen Gesetzen – auch eine Diktatur wieder beenden können. Da Freiheit nur in der Entsprechung mit den Gesetzen gegeben ist, die die Freiheit beschützen, müssen wir uns, falls wir uns heilen, befreien und Gerechtigkeit schaffen wollen, in Integrität und Achtsamkeit üben, ein Bewusstsein für unsere Pflichten und deren Einhaltung entwickeln und unterscheiden lernen, welches Verhalten Integrität bewirkt. Der Bereich der rechten Ordnung ist von zentraler Bedeutung für unser Menschsein. Daher schauen wir uns jetzt nacheinander die genannten fünf Märchen dazu an.

3.5 Hänsel und Gretel – Befreiung aus dem Griff der Dialektik von Egoausweitung und Egobekämpfung

Böse Stiefmutter	Zwangsego
Vater	Gewissen
Hänsel	emotionales Gemüt
Gretel	Verstand
Steine	zeitlos gültige Gesetze zu unserer ethischen Orientierung
Brotstücke	rein energetische Orientierung
Knusperhaus	egoausweitende Verlockung, dass auch Böses tun gut ist, oder zu meinen, dass man Gutes bewirken kann, indem man Böses tut
Böse Hexe	Zwangsego, egobekämpfender Kampf gegen das Böse, durch den das Böse in der Welt immer schlimmer wird

Das Märchen von Hänsel und Gretel ist eines der eindringlichsten Märchen, weil es uns symbolisch die überlebensnotwendige Entwicklung von

Unterscheidungsvermögen vermittelt. Es hat kaum je eine Zeit gegeben, in der es für jeden einzelnen Menschen so wichtig war wie heute, Unterscheidungsvermögen zu entwickeln, um unseren Weg zu finden.

Das Symbol für das Unterscheidungsvermögen in diesem Märchen besteht darin, dass Gretel erkennen muss, dass die „großzügige Frau", die die beiden Kinder mit allen möglichen Delikatessen versorgt, in Wahrheit eine böse Hexe ist, die besiegt werden muss, damit die Kinder wieder frei sein können. Wir gehen zum Schluss darauf ein, wie hochaktuell das für unsere Zeit ist.

Hänsel und Gretel wohnen mit ihrem Vater und ihrer Stiefmutter am Rande eines großen Waldes. Es gibt generell schon wenig zu essen und schließlich bricht auch noch eine große Not aus. Mann und Frau überlegen, wie sie das Problem lösen sollen. Die Stiefmutter will Hänsel und Gretel in den Wald führen, damit sie dort umkommen, und das Problem so lösen. Der Vater wehrt sich erst, weil ihn das Los der Kinder bekümmert, gibt aber schließlich nach.

Bei Hänsel und Gretel gibt es eine böse Stiefmutter und eine böse Hexe, die jeweils unser Zwangsego symbolisieren, auf das wir gleich näher eingehen.

Wenn in einem Märchen die Mutter stirbt, heißt dies, dass unser Bewusstsein die Verbindung zu unserem wahren Sein und damit zu Gott verliert. An die Stelle der Mutter tritt dann eine böse Stiefmutter. Das heißt, an die Stelle Gottes, mit dem wir im Geist verbunden sind, tritt nun unser Ego, das auch die Ursache ist, warum unsere Verbindung zu Gott verloren geht. Auch der Vater gibt das Thema der Neunheit vor, um das es in diesem Märchen speziell geht. Er steht hier für unser Gewissen, das uns vor unserem Zwangsego beschützen kann, solange es in uns wach genug ist und wir auf es hören. Damit ist der Bereich, um den es in diesem Märchen geht, der der göttlichen Ordnung. Es geht also um das richtige, gewissenhafte Handeln, das wir unserem Zwangsego entgegensetzen müssen.

Das Egoproblem in diesem Bereich unseres Seins besteht aus unseren Zwangsgefühlen. Gänzlich egoistisches Bewusstsein will anderen Menschen einerseits gerne die eigenen Vorstellungen und Regeln aufzwingen und sich andererseits selbst den Regeln der Mitmenschlichkeit entziehen, um sich auf Kosten anderer Vorteile zu verschaffen. Das Gefühl, zur Einhaltung von Regeln gezwungen zu werden, kann dann zu Verstößen gegen die Menschlichkeit führen, um diesem Zwang zu entgehen. Somit erzeugen Zwangsgefühle einerseits die Neigung, andere zu zwingen, und andererseits die Neigung, die für die Wahrung der Menschlichkeit wichtigen

Regeln zu missachten und sogar zu lügen, um sich selbst zu nichts zwingen zu lassen.

Mehr Zwang führt zu mehr Lügen, um sich dem Zwang zu entziehen. Mehr Lügen führen zu noch mehr Lügen, damit die Lügen nicht durchschaut werden. Und mehr Lügen führen zu mehr Zwang, um die Lügen zu kontrollieren. Mehr Zwang führt zu noch mehr Zwang, um die Regeln durchzusetzen. So führt der Teufelskreis des Zwangs zu immer mehr Zwang und Lügen im Zwischenmenschlichen und zerstört die Integrität und das Vertrauen zwischen den Menschen.

Dieses Zwangsego wird also von der bösen Stiefmutter, sowie später auch von der bösen Hexe symbolisiert. Das Zwangsego zerstört sowohl die Verbindung zu unserem Selbst (Tod der Mutter) als auch unsere Gewissenhaftigkeit (der Vater beschützt seine Kinder nicht vor der Grausamkeit der Stiefmutter). Unserem Zwangsego zu erliegen, führt zu grausamem Verhalten.

Hänsel steht für unser emotionales Gemüt und Gretel für unseren gesunden Menschenverstand. Wenn aufgrund der Tätigkeit unseres Zwangsegos in uns unsere Verbindung zu unserem Selbst verloren geht (das Nichtvorhandensein der Mutter), dann hat auch unser Gewissen einen schweren Stand. Unser Zwangsego belastet unser Gemüt und greift auch unsere Gewissenhaftigkeit an.

Die starke Aktivierung unseres Zwangsegos wird symbolisiert durch die große Hungersnot. Hungersnöte im Märchen symbolisieren, dass unser Selbst nicht mehr genährt wird, in diesem Fall nicht mehr durch verantwortungsbewusstes ethisches Handeln. Wenn wir uns nicht mehr an die Regeln der Menschlichkeit halten und stattdessen unsere eigenen Vorstellung erzwingen wollen, leidet unser wahres Selbst Hunger.

Unser Zwangsego ist bestrebt, seine Lösungsvorschläge gemäß dem Teufelskreis des Zwanges einzubringen, um uns ganz in seine Gewalt zu bekommen und versucht daher, uns auch noch von unserem Gewissen zu trennen. Unser Gewissen steht unserem Zwangsego natürlich im Weg. Wenn wir unserem Zwangsego Folge leisten, haben wir vielleicht noch Gewissensbisse, aber wir leisten unserem Zwangsego Folge.

Hänsel und Gretel belauschen das Gespräch ihrer Eltern. Hänsel geht daraufhin ins Freie und sammelt einen Haufen Kieselsteine, die er sich in die Tasche steckt. Daraufhin warten die Kinder den Morgen ab.

Steine stehen hier wie zum Beispiel auch in der Bibel für das, was unveränderliche, ewige Gültigkeit hat, also die ewigen spirituellen Gesetze und Wahrheiten. Dass in der Bibel die zehn Gebote auf zwei Steintafeln stehen, symbolisiert, dass es sich um ewig gültige Gesetze für das Leben in der Dualität handelt. Selbst wenn wir unserem Zwangsego schon nachgegeben haben, wissen wir noch, dass unsere eigentliche Sicherheit darin besteht, uns an die ewigen spirituellen Wahrheiten zu halten, statt uns unseren Willen zu erzwingen.

Die Stiefmutter weckt die Kinder grob und gibt ihnen ein Stück Brot. Anschließend brechen alle vier zusammen auf in den Wald. Unterwegs lässt Hänsel in regelmäßigen Abständen einen Stein aus seiner Tasche fallen. Im Wald machen die Eltern ein Feuer, an das sich die Kinder setzen und schließlich einschlafen. Als sie nachts aufwachen, sind die Eltern fort. Sie warten bis zum Aufgang des Mondes und finden aufgrund der im Mondschein glitzernden Steine nach Hause zurück. Dort schilt die Stiefmutter sie aus, wo sie so lange geblieben sind, aber der Vater ist erleichtert, da er doch ein schlechtes Gewissen gehabt hatte.

Dass der Vater mitgeht heißt, dass unser (zu schwaches) Gewissen das Treiben unseres Zwangsegos schließlich zulässt und dadurch unterstützt. Wenn wir uns mit unserem Verstand an den ewigen Wahrheiten orientieren, ist dies zwar nicht unser Gewissen selbst (nur der Mondschein = Widerschein des Gewissens). Wir können uns so jedoch immer noch zu unserem Gewissen zurückfinden und sind dann auch erleichtert.

Schon bald aber nimmt die Not wieder zu, die Stiefmutter bearbeitet den Vater, die Kinder wieder loszuwerden und diesmal noch tiefer in den Wald zu führen. Der Vater sträubt sich wieder, gibt aber nach.

Durch die fortgesetzte Aktivität unseres Zwangsegos in uns kann es jedoch erreichen, uns immer weiter von unserem Gewissen zu trennen, so dass wir am Ende tun, was unser Zwangsego möchte und nicht tun, was uns unser Gewissen gebietet.

Die Kinder haben das Gespräch belauscht. Hänsel will wieder Steine sammeln. Die Stiefmutter hat aber die Tür verschlossen. Daher nimmt Hänsel am nächsten Tag auf dem Weg in den Wald kleine Stücke seines Brotes, um den Weg wieder zu markieren. Die Stiefmutter führt die Kinder noch tiefer in den Wald. Sie machen wieder ein Feuer, an dem die Kinder wieder einschlafen. Als sie erwachen, suchen sie nach den Brotkrumen, die aber von den Vögeln gefressen worden waren und verlaufen sich im Wald. Sie irren bis zur Erschöpfung durch den Wald und schlafen schließlich ein.

Unser Zwangsego trennt unser Bewusstsein nicht auf Anhieb von unserem Gewissen ab, weil wir doch auch sehr zu unserem Gewissen hingezogen sind, weil wir zumindest unterschwellig wissen, dass unsere

Lebenschance und Sicherheit als Kind des Göttlichen in der physischen Welt auf unser Gewissen und unser gewissenhaftes Verhalten angewiesen ist.

Wenn unser Zwangsego sein Bestreben jedoch nicht aufgibt, uns ganz unter seine Kontrolle zu bekommen und es entsprechend auf unser Gemüt und unseren gesunden Menschenverstand einwirkt und Vorkehrungen trifft, um zu verhindern, dass wir uns an die ewigen Wahrheiten erinnern, kann es ihm schließlich gelingen, unser Gewissen ganz in den Hintergrund zu drängen. Dies ist ein innerer Krieg zwischen unserem Ego und unserem wahren Selbst und ohne ausreichende Gewissenhaftigkeit verlieren wir diesen Krieg, gehen an unser Ego verloren und glauben, wir könnten tun, was immer wir wollten.

Brot symbolisiert Wärme und Energie, ist also auch ein Symbol für den Energie- oder Triebkörper. Es gibt Therapien, deren Methoden energetisch sind. Das heißt, sie orientieren sich daran, was dem Patienten einen Zuwachs an Energie bringt. Es werden Blockaden gelöst, Energien in Fluss gebracht, Energieströme befreit und gestärkt und Verspannungen gelöst.

All dies ist hilfreich für die Gesundheit, da unser Körper und unsere Gesundheit den freien Fluss der Energien brauchen. Wenn die Krankheit jedoch auf einer tieferen Ebene sitzt – die Mentalebene sitzt in unserem Geist tiefer, weiter innen als die Energieebene – kann sie auf diesem Weg nicht aufgelöst werden. Wenn das Problem aus dem Teufelskreis des Zwanges besteht, für den wir schlichtweg ein waches Gewissen benötigen, wird Energiearbeit nicht helfen.

Die Befreiung unserer Energie führt uns nicht zurück zu unserem Gewissen, wenn dieses schläft oder einfach zu schwach ist. Die Vögel des Waldes essen Hänsels Brotkrümel auf. Die Vögel des Waldes stehen für unsere unkontrollierten Gedanken. Das heißt, unsere unkontrollierten Gedanken werden die so freigesetzte Energie einfach schlucken, wenn das Egoproblem nicht auf der tieferen, mentalen Ebene unseres Gewissens gelöst wird. Wenn wir in der Summe unser Gewissen also nicht mehr richtig hören, irren wir verloren durch unser Leben, während wir innerlich verhungern und unsere Zwangsgefühle immer stärker werden.

Am dritten Morgen, nachdem sie das Haus des Vaters verlassen haben, stoßen sie in ihrem Hunger auf ein Häuschen, das ganz aus Pfefferkuchen und anderen Leckereien gemacht ist. Sie essen von dem Haus. Aufgrund dessen wird die Bewohnerin des Hauses, eine böse Hexe, aufmerksam und lockt die Kinder nach einigen vergeblichen Versuchen schließlich ins Haus hinein. Dort versorgt sie sie mit allem, was sie sich nur wünschen können, so dass sie sich wie im Himmel fühlen.

Wenn unser Zwangsego sehr aktiv ist, locken uns permanent die Versuchungen, unsere Probleme durch Zwang, Lügen oder unsere eigenen Definitionen von gut und böse, richtig und falsch zu lösen. Wenn unser Gewissen schläft, nehmen wir uns Freiheiten raus, von denen wir nicht mehr bemerken, dass sie gegen die Gesetze der Menschlichkeit verstoßen. Ohne ein ausreichend waches Gewissen liefern wir uns den Strategien unseres Zwangsegos immer mehr aus.

Wir fallen durch die vom Ego verschärften Probleme ganz der Teufelskreisstrategie zum Opfer und denken zunächst, wir hätten ein herrliches Leben. Denn losgelöst von den Banden unseres Gewissens können wir scheinbar tun, was wir wollen.

Schon bald zeigt die böse Hexe jedoch ihr wahres Gesicht. Sie sperrt Hänsel ein, um ihn zu mästen und zu essen, will aber auch Gretel töten und essen. Gretel weint nun bitterlich, muss aber tun, was die böse Hexe verlangt.

Durch eine eher ungebremste Tätigkeit unseres Zwangsegos merken wir jedoch, dass wir große Schwierigkeiten im Leben bekommen, die so überhand nehmen können, dass wir existentiell gezwungen werden, uns unserem Zwangsego zu stellen und es zu besiegen. Unsere Mitmenschen mögen es weder, gezwungen noch belogen oder betrogen zu werden und bestrafen uns zunehmend.

Denn tatsächlich gibt unser Zwangsego niemals Ruhe, wenn wir in seinem Griff sind, und würde uns zerstören, wenn wir es frei schalten und walten ließen. Es würde uns so in die Kriminalität führen, dass wir im Gefängnis landen oder unter kriminellen Wölfen leben müssen, auch wenn wir mit unserem Verstand uns selbst und unsere Lage bedauern.

Hänsel erhält nun das beste Essen, Gretel jedoch fast nichts. Gretel betet um göttlichen Beistand. Eine Weile kann Hänsel der Hexe mit einem Stück Knochen vortäuschen, er wäre mager. Schließlich will die Hexe Hänsel jedoch trotzdem schlachten und essen und instruiert Gretel, den Ofen anzuheizen und nachzuschauen, ob schon richtig eingeheizt ist. Sie will auch Gretel essen.

Unser Zwangsego ist bemüht, unserem Gemüt (Hänsel) eine falsche Stärke, Selbstsicherheit etc. zu verleihen und es dadurch vollständig zu kontrollieren. Unser Zwangsego will unser Gemüt spirituell gesehen faul und fett machen, weil unsere Selbstgefälligkeit die Verdrehungen unseres Egos nicht bemerkt. Gleichzeitig ist unser Zwangsego bestrebt, unseren gesunden Menschenverstand (Gretel) gegenüber der Tätigkeit unseres

Zwangsegos auszulöschen, unschädlich zu machen, auszuhungern, damit wir nicht mehr richtig und kritisch gegenüber unserem eigenen Tun denken können.

Etwa so wie die Kräfteverhältnisse zwischen zwei eher wehrlosen Kindern und einem böswilligen Erwachsenen können die Kräfteverhältnisse zwischen unserem Wunsch zur Befreiung vom Ego und den Kräften unseres Zwangsegos leicht anmuten, vor allem wenn wir in Zeiten leben, in denen böswillige Massenmedien unser Zwangsego kollektiv absichtlich und mutwillig immer stärker anstacheln, weil sie Gruppierungen isoliert in einen Kampf gegen das Böse führen und als Finanzierer und Unterstützer aller Seiten unbemerkt gegeneinander lenken.

Und dennoch, bzw. gerade deswegen haben wir keine andere Wahl als uns diesem Kampf zu stellen und siegreich zu bleiben, um nicht unterzugehen.

Für unser Selbst geht es um Leben oder Tod, um alles oder nichts, das Selbst oder das Ego. Wenn wir erkennen, welch gefährliches Gift unser Zwangsego in uns produziert, erkennen wir auch, wie brenzlig seine Aktivität für uns ist und müssen uns überlegen, was wir tun können, uns davon zu befreien.

Wenn wir anfangen, aufrichtig zu Gott um Befreiung vom Ego zu bitten (Gretels Gebete), ist dies ein guter Anfang, aber noch lange nicht genug, denn unser Zwangsego hat immer völlig anderes im Sinn. Wenn wir versuchen, unser Zwangsego ins Leere laufen zu lassen und auf die uns von unserem Zwangsego verliehene Stärke zu verzichten (Hänsels Knochen), ist dies ebenfalls ein guter Schritt, ihm nicht mehr zu dienen, jedoch auch noch nicht genug, es aufzulösen.

Gretel durchschaut den Plan der Hexe und sagt, sie wisse nicht, wie das gehen soll. Als die Hexe es ihr zeigen will, stößt sie ihrerseits die Hexe kräftig in den Ofen, so dass sie dort verbrennen muss. Hänsel und Gretel haben erst eine Überlebenschance, als Gretel die Bosheit der Hexe durchschaut und erkennt, dass sie sie töten will, und sie den Mut und die Fähigkeit aufbringt, so gegen die Hexe zu kämpfen, dass sie sie auch besiegen kann.

Was wir außer Gebet um Erlösung und Nicht-Identifikation von unserem Zwangsego in erster Linie brauchen, ist ein klares Unterscheidungsvermögen, um in der Beobachtung unseres Inneren die Aktivität unseres Zwangsegos auch unterscheiden und eindeutig als Ego erkennen zu können. Nur wenn wir es unterscheiden können, haben wir auch eine Chance, es aufzulösen.

Wir müssen lernen, uns nachhaltig von unserem Zwangsego zu dis-identifizieren und unser eigenes Ziel – die Befreiung vom Ego – von den Zielen unseres Zwangsegos – unsere eigene Sicht zu erzwingen, um uns zu zerstören – zu unterscheiden. Nur dann können wir unser Zwangsego als etwas von uns Getrenntes wahrnehmen, das wir bewusst ins Leere laufen lassen und auflösen (im Ofen verbrennen lassen) können. Wir müssen erkennen, dass unser eigenes Ego unser Feind ist.

Wir müssen sogar erkennen, dass wir keine wirklichen Feinde im Außen haben (selbst wenn es Menschen geben mag, die uns nichts Gutes wollen) und dass unser Ego unser einziger wirklicher Feind ist. Unser eigenes Ego ist die böse Hexe. Und dann müssen wir Mut aufbringen und unterscheiden lernen, was in uns Ego ist und was nicht, was unserem Zwangsego dient und was unserem wahren Selbst und wie wir unser Zwangsego auflösen können.

Wir müssen existenziell Unterscheidungsvermögen entwickeln und systematisch auflösen, was wir als Ego erkennen können. Ohne Unterscheidungsvermögen in Bezug auf unser Ego haben wir keine Chance, unser wahres Selbst zu verwirklichen.

Gretel kann Hänsel nun befreien. Sie freuen sich und tanzen. Sie stecken sich ihre Taschen mit den Perlen und Edelsteinen voll, die überall herumstehen. Anschließend machen sie sich auf den Heimweg. Sie kommen an ein großes Wasser, das sie mit Hilfe einer hilfsbereiten Ente überqueren. Beim Vater angekommen, schütten sie ihre Perlen und Edelsteine aus und können mit dem Vater feiern, dass alle Not ein Ende hat.

Nach dem Sieg über unser Ego sind wir um die Weisheit, wie wir Ego auflösen können, bereichert (der Schmuck und die Perlen) und wieder unser wahres Selbst. Jetzt können wir frei von Ego im Bewusstsein der Einheit in dieser dualen Welt leben und die Früchte aus der Auflösung unseres Egos genießen. Jedes Gewässer hat zwei Ufer, welche die Dualität repräsentieren.

Durch das Auflösen unseres Egos (den Sieg über die böse Hexe), können wir, wann immer wir wollen, aus der Dualität ins Einheitsbewusstsein wechseln und wieder zurück. Da die Gedankentätigkeit zur Dualität gehört, bedeutet dies auch, dass wir im Einheitsbewusstsein unsere Gedanken jederzeit so kontrollieren können wie einen Fernseher mit einer Fernbedienung.

Wir können unsere Gedanken dann jederzeit willentlich zur Stille bringen. Es ist die Kontrolle über unsere Gedanken, die wir durch regelmäßige

Meditation und andere spirituellen Übungen einüben, durch die wir uns auf Gott ausrichten.

Im Grunde müsste am Ende der Geschichte auch die Mutter von Hänsel und Gretel wieder auftauchen, aber in einer Erzählung klänge es wohl unglaubwürdig, eine Mutter wieder von den Toten auferstehen zu lassen. Hier vertritt der Vater die Mutter, steht also für beide Eltern.

Es ist also existentiell wichtig, Unterscheidungsvermögen zu entwickeln. Ohne ein ständig wachsames Unterscheidungsvermögen haben wir praktisch keine Hoffnung auf eine Befreiung von unserem Ego.

Schauen wir uns nun die weltliche Relevanz von Hänsel und Gretel für unsere Zeit an. Die Strategie der globalen Eliten zu unserer Versklavung besteht seit vielen Jahrzehnten darin, uns in die Extreme von liberalistischem Laissez-faire einerseits und sozialistisch-kommunistischer Kontrolle andererseits zu spalten. Der Liberalismus ist das Knusperhaus und die sozialistisch-kommunistische Kontrolle ist die böse Hexe.

Die globalen Eliten haben also vor allem in den 1960er Jahres angefangen, verstärkt den Liberalismus zu verbreiten. Sex, Drugs and Rock'n'Roll. Alles soll erlaubt sein. Dieses „Alles ist erlaubt" wird im Märchen davon symbolisiert, dass Hänsel und Gretel nach Herzenslust an dem Kuchenhäuschen knabbern können. Was „eine Freiheit wie im Himmel" ist, ist in Wirklichkeit aber ein Weg in die Hölle.

Im Fokus des Liberalismus steht die Erfüllung unserer materialistischen Wünsche und damit die Verwirklichung unseres Egos. Sexuelle Revolution, ein kinder-, männer- und familienfeindlicher Feminismus, ein zunehmender Konsum und alle möglichen Befreiungsbewegungen zur Durchsetzung unserer Rechte führten in ein immer ichbezogeneres Denken. Dies sind die „neuen Werte", die die „überholten Werte" von Liebe und Mitgefühl, Pflichterfüllung, Respekt und selbstlosem Dienen usw. ersetzten.

Dieses liberalistische Überhandnehmen egoistischen Verhaltens führte dann zu immer mehr zwischenmenschlichen Konflikten. Gleichzeitig führten Kriminalität, Pornografie, Prostitution, Drogenkonsum und Glücksspiel die Gesellschaft in eine immer größere Unsicherheit und Gefährdung des Einzelnen durch den rücksichtslosen Egoismus der anderen.

Diese Ausweitung von eigennützigem, ichbezogenem und egoistischem Verhalten, das Menschen auch immer mehr dem Egoismus ihrer Mitmenschen auslieferte, führte somit zu einem zunehmenden Glauben, dass der Mensch eine Fehlkonstruktion und von Natur aus eher egoistisch und böse ist.

Und dieser Glaube, dass der Mensch eher böse ist, den die Eliten zielgerichtet und mutwillig erzeugt haben, wird von ihnen dann missbraucht, um uns erfolgreich ihr Märchen zu verkaufen, dass wir immer mehr Kontrolle und Überwachung brauchen, um uns vor der gefährlichen Welt da draußen zu beschützen.

Der von den Eliten kontrollierte Staat spielt die Beschützerrolle, um uns so immer mehr in die Sklaverei zu führen. Symbolisiert wird dies vom Locken der Kinder in das Knusperhaus, wo sie dann der bösen Hexe (dem immer mehr kontrollierenden Staat) ausgeliefert sind.

Dieses ganze böse Spiel zur Versklavung der Menschheit steht und fällt damit, dass wir uns zu unrechtem Tun verleiten lassen. Wenn unser eingeschläfertes Gewissen wieder erwacht und wir unser Bewusstsein für das ethisch richtige Handeln im Leben wieder schärfen, dann wird es den Eliten nicht gelingen, uns zu unrechtem Handeln zu bewegen, für das sie uns dann unsere Freiheit wegnehmen dürfen.

Unsere Freiheit beginnt und endet also mit unserer Gewissenhaftigkeit, unserer klaren, anständigen Haltung, in unserem Leben das Richtige zu tun, Gutes zu tun und niemandem jemals Schaden zuzufügen. Wenn diese Gewissenhaftigkeit erwacht und wir unterscheiden können, wie wir über unser Ego in die Sklaverei verführt werden und wir in der Schlussfolgerung richtig unterscheidend und gewissenhaft in unserem Leben handeln, dann ist unsere Befreiung gesichert.

Gewissenhaftes und richtig unterscheidendes Handeln ist spirituell erwachsenes Handeln. Und spirituell erwachsene Menschen können nicht mehr versklavt werden. Um diesen Punkt zu verdeutlichen, dass wir nicht mehr versklavt werden können, wenn wir spirituell erwachsen werden, betrachten wir das Märchen noch aus einer grundsätzlichen, spirituellen Perspektive, die den Kampf zwischen gut und böse in unserem Leben beleuchtet.

Das Göttliche, aus dem alles Sein kommt, ist in die Polarität von männlich und weiblich, nämlich reinem Bewusstsein und Sein, Shiva und Shakti, unterteilt. Diese beiden Pole ergänzen sich zur Einheit des Göttlichen.

Dies spiegelt sich im Menschen dadurch wider, dass unser Geist Gedanken und Gefühle enthält. Bewusstsein und Sein führen einen ewigen Tanz aus dem Feuer der Selbsterkenntnis und dem Zauber bedingungsloser Liebe auf.

Durch die Ausbildung einer davon getrennten Identität, nämlich unseres Egos, trennen wir uns von diesem göttlichen Spiel ab. Durch Ego erkennen wir weder unser wahres Sein noch erleben wir den Zauber bedingungsloser Liebe, da Ego immer nur auf sich selbst bezogen ist und Bedingungen für sein Wohlwollen oder seine Kooperation stellt.

Das eben genannte Feuer der Selbsterkenntnis ist gerade dazu da, die Elemente unseres Egos in wahrer Selbsterkenntnis wieder aufzulösen, um so die Liebe in uns zu reinigen und wieder selbstlos zu machen.

Wenn das Göttliche in uns aufleuchtet, hat es die Eigenschaft, unser Ego zu deaktivieren, so dass wir uns wieder mit unserem wahren Sein identifizieren können. Um sich selbst zu erhalten, geht unser Ego also hin, und trennt uns immer wieder vom Göttlichen in uns ab, so wie die böse Stiefmutter Hänsel und Gretel von ihrem Vater abtrennt, bis sie ihr Ziel erreicht hat.

Während das göttliche Spiel aus Bewusstsein und Sein uns anhebt und erfreut, versucht unser Ego dieses Spiel in sein Gegenteil zu verkehren, um seine eigene Existenz dauerhaft zu machen und zu sichern. Unser Bewusstsein wird durch Ego verwandelt in eine Strategie, unser Ego nicht mehr von unserem wahren Sein unterscheiden zu können.

Ego erreicht dies, indem es im ersten Schritt seine Negativität mit der Positivität unseres wahren Seins gleichstellt. Wenn das Böse dem Guten gleichgestellt wird, dann wird es die Oberhand behalten, weil das Gute in uns und das menschliche Leben an sich nur gedeihen kann, wenn wir uns immer wieder von der Unreinheit und Negativität unseres Egos befreien und das Gute vom Schlechten reinigen und es bewahren und beschützen.

Ego kann nicht gleichwertig mit unserem wahren Sein sein, weil Ego die Abtrennung von Gott und damit auch die Abtrennung von der Quelle allen Lebens ist und sich auf alles Lebendige daher tödlich auswirkt. Man kann sich Ego vorstellen wie eine Körperzelle, die sich weigert mit den anderen Zellen zusammenzuarbeiten und ihnen zu dienen. Eine solche Zelle produziert nur den Tod und wird sterben.

Die Gleichstellung des Egoistischen/Bösen mit dem Guten nennt sich traditionell luziferisch (= egoausweitend). Sie lässt das Böse wie etwas Lichtvolles oder Gottgegebenes aussehen, so dass es sich ungehindert verbreiten, allen Raum einnehmen, herrschen und alles Gute, Wahre und Schöne bis zur Unkenntnis verdunkeln, verzerren oder entstellen kann.

Das Egoausweitende ist also die Expansionspolitik unseres Egos, die alles verspricht und jegliche Selbstkontrolle oder Selbstbeherrschung auslöscht. Wir naschen einfach ohne Ende am Knusperhaus. Das Böse wird dadurch, dass es als dem Guten gleichwertig erklärt wird, nicht entschärft, sondern breitet sich aus, erzeugt immer mehr zwischenmenschliche Konflikte und taucht unser Sein in negative Gefühle, die uns quälen. Das heißt, durch das Naschen am Knusperhaus wird die böse Hexe auf den Plan gerufen.

Wenn wir dieser Negativität nicht mehr Herr werden, erscheint sie wie unser dominierendes oder sogar einziges Sein. In Bezug auf unsere Beziehungen zu anderen Menschen verleitet unser Ego uns also, andere Menschen und den Menschen an sich als böse zu sehen und das Böse in ihnen zu bekämpfen, um dieser Negativität Herr zu werden.

Diese Bekämpfung oder Unterdrückung des Bösen und Schlechten in anderen stammt aus dem Glauben, dass Menschen von Grund auf böse und egoistisch sind und nur gut gemacht werden können, indem das Böse im Menschen erfolgreich unterdrückt und unter Kontrolle gehalten werden kann. Diese Haltung gegenüber dem Bösen nennt sich traditionell satanisch (egobekämpfend).

Das Egobekämpfende ist also die finale Umkehrungs- und Verdrehungspolitik unseres Egos, die das Böse manifestiert, indem sie nur an den Kampf gegen das Böse in der Schöpfung und im Menschen und damit nur an das Böse glaubt.

Das Wort Satan besteht aus den Silben „Sat" und „an". „Sat" bedeutet „Sein" und „an" bedeutet „gegen" oder „nicht". Es meint also die gegen unser Sein gerichtete Kraft, damit es kein Sein mehr geben solle, weil wir an das Böse, das Ego glauben, das menschliche Sein als böse sehen und es daher bekämpfen und auslöschen müssen. Satanismus (das Egobekämpfende) ist so die Herbeiführung und Anbetung des Bösen und des Toten, ein Totenkult. Da es ist Liebe ist, die das Leben aufrechterhält, richtet sich das Egobekämpfende direkt gegen die Liebe und gegen das Leben und bringt nur den Tod und sonst nichts.

So bilden das Egoausweitende und das Egobekämpfende die negative Polarität des menschlichen Egos aus, die versucht, alles Göttliche, und damit unser wahres menschliches Sein zu zerstören und auszulöschen. Das Knusperhaus und die böse Hexe darin arbeiten zusammen, um Hänsel und Gretel zu zerstören.

Diese beiden sind also zwei Strategieformen des menschlichen Egos. Es gibt keine Konkurrenz zwischen ihnen, sondern sie arbeiten stets zusammen und machen das Negative im Menschen, das menschliche Ego, durch ihre Zusammenarbeit immer stärker. Unser Ego will nicht, dass wir uns davon befreien, damit es uneingeschränkt herrschen kann.

Das menschliche Ego, das Negative, das Nicht-Sein, ist eine Illusion, die nur dadurch Bestand haben kann, dass wir ihr immer wieder unsere Energie geben. Unser Ego benutzt sowohl unsere egoausweitenden als auch unsere egobekämpfenden Neigungen, um sich diese Energie zu holen.

Wenn wir zu viel Unterdrückung erleben oder in der Welt sehen, entsteht ein Verlangen nach dem Egoausweitenden, doch bitte schön alles tun zu dürfen, was man möchte. Und wenn durch den egoausweitenden Liberalismus der Egoismus der Menschen unerträglich wird, entsteht ein Verlangen nach der Unterdrückung und Bekämpfung von Egoismus und Kriminalität. Die Massenmedien zeigen Filme, in denen ständige Gewalt als etwas Normales hingestellt und zelebriert wird (egoausweitend – Knusperhaus). Sie zeigen Nachrichten, die uns eine in Gewalt und Chaos verkommene Welt zeigen, und machen dadurch beständig Werbung für eine harte Kontrolle der Menschen durch den Staat (egobekämpfend - Hexe). Beides wird seit etwa sechzig Jahren systematisch von den Massenmedien in den Geist der Menschen übertragen und manifestiert sich in der Folge immer mehr in der Welt.

So arbeiten sich die beiden im menschlichen Bewusstsein gegenseitig zu. Wenn wir wollen, dass dieses böse Spiel in der Welt beendet wird, müssen wir es in uns beenden, indem wir diese wechselnden Strategien unseres eigenen Egos erkennen und mit beiden Strategien nicht mehr kooperieren. Ein guter erste Schritt dazu bestünde darin, kein Fernsehen mehr zu schauen und keine Mainstream-Zeitung mehr zu lesen. Unsere Massenmedien sind bis oben voll von egoausweitenden und/oder egobekämpfenden Inhalten.

Wir können die Aktivität dieser negativen Polarität überall in unserer Welt beobachten. Das Egoausweitende und das Egobekämpfende tun so, als wären sie das Gegenteil voneinander oder als stünden sie in Konkurrenz zueinander. Dabei sind sie nur der rechte und der linke Arm der Errichtung einer Diktatur.

Dem Egoausweitenden entspricht in unserer Welt der Kapitalismus und Liberalismus. Alles ist erlaubt, weil Gut und Böse gleichberechtigt sind. Es ist nicht gut, die Freiheit der Kapitalisten einzuschränken, weil dies staatliche Kontrolle und Unterdrückung bedeuten würde. Also ist es besser, den Kapitalismus gewähren zu lassen. Das egoausweitende Dogma lautet: Der freie Markt wird das Böse schon in Schach halten.

Diese letztere Behauptung ist natürlich eine Lüge. Der Kapitalismus verteilt alles Vermögen fortlaufend immer weiter und immer schneller von unten nach oben um, bis wenige Menschen alles und damit auch die Macht über alles haben. Der Kapitalismus zerstört den freien Markt und die Freiheit. Was auch immer die kapitalistischen Monopolisten dann an Bösem tun, kann irgendwann nicht mehr angehalten oder aufgehalten werden.

Da das Egoausweitende dem Ego freie Fahrt lässt, können sich die Egos also so ausbreiten, dass durch den Wettbewerb der Egos irgendwann ein Ego über alle anderen herrschen und somit alle Freiheit zerstören kann. So zerstört der egoausweitende Liberalismus oder Libertarismus am Ende jegliche Freiheit.

Dem Egobekämpfenden entspricht in unserer Welt der Sozialismus und Kommunismus oder auch jede andere Form der Diktatur im Namen des Guten, des Umweltschutzes, der Gerechtigkeit und Gleichheit etc. Diese Ismen gehen davon aus, dass der Mensch böse ist und nur durch harte Unterdrückung, Kontrolle und Gleichmachung durch die Auslöschung unserer sexuellen, nationalen und kulturellen Identität gut gemacht werden kann.

Dieser Glaube an das Böse im Menschen führt also zur totalitären Diktatur im Namen des Guten, um dem bösen Menschen eine gute, schöne, neue Welt aufzuzwingen. Wie man also leicht sehen kann, sind das Egoausweitende und das Egobekämpfende, der Kapitalismus und Liberalismus einerseits, sowie der Sozialismus und Kommunismus andererseits nichts weiter als der rechte und linke Arm der Diktatur, wobei der linke Arm der Diktatur das Ziel ist. Auch das Egoausweitende hat das Egobekämpfende zum Ziel, nämlich die totale globale kommunistische Diktatur.

Während das Egoausweitende gut und böse nur gleichstellt, geht das Egobekämpfende noch einen Schritt weiter und löscht alles Gute und alles Leben gewaltsam aus. Daher ist die egobekämpfende kommunistische Diktatur das Ziel der globalen Eliten.

Die globalen Eliten sind hingegangen und haben die Erde nun auch in zwei Hälften gespalten und haben den Westen egoausweitend gemacht, also kapitalistisch-liberalistisch, und den Osten egobekämpfend, nämlich kommunistisch.

Dabei ist wie gesagt der Kommunismus, also die kommunistische Diktatur, das eigentliche Ziel, das sie nun – seit der Coronadiktatur noch weiter verstärkt – umsetzen, indem sie auch den bisher egoausweitend-kapitalistisch-liberalistisch aufgeweichten Westen langsam in eine kommunistische Diktatur verwandeln und China zu ihrem neuen globalen Steuerungszentrum machen, dem der Westen nichts mehr entgegenzusetzen hat.

Diese beiden Pole des menschlichen Egos werden von den globalen Eliten dialektisch benutzt, um das Ziel der Weltdiktatur voranzutreiben. Zu diesem Zweck machen beide negativen Pole fortlaufend Werbung für sich. Sie spalten uns so in Linke (das Egobekämpfende) und Rechte (das Egoausweitende) und machen uns zu willigen Werkzeugen der Spaltung, indem wir uns auf eine der beiden Seiten schlagen.

Letztlich fallen Menschen, die sich als politisch rechts oder politisch links definieren, leicht dieser egoausweitenden-bekämpfenden Strategie zum Opfer und begeben sich in die von dieser Spaltung geschaffene Hölle.

Wir retten unsere Freiheit nicht, indem wir den Egoismus in der Welt gegenüber der egobekämpfenden Unterdrückung verteidigen. Und wir sorgen nicht für Gerechtigkeit, indem wir den Egoismus durch Zwang in Schach halten. Beide Versuchungen sind Fallen, die in die Diktatur führen.

Wenn die herrschenden globalen Eliten nun ein Projekt in die Welt setzen, mit dem die Menschheit ein Stück weiter versklavt werden soll, also ein egobekämpfendes Projekt, das den Menschen unterdrückt, lenken sie den Widerstand gegen das Projekt in eine egoausweitende Gewalt gegen die Unterdrückung. Im dritten Schritt nutzen sie das Erschrecken der Menschen vor der Gewalt, um das ursprünglich beabsichtigte Kontrollprojekt zum Gesetz zu machen und durchzusetzen. Durch die Dialektik der herrschenden globalen Eliten dient das Egoausweitende dem Egobekämpfenden, dient der Kapitalismus dem Kommunismus, wie man zum Beispiel leicht in China sehen kann.

Die Verlockung, ein Recht auf Egoismus zu verteidigen, sowie die Verlockung, den Egoismus durch Zwang in Schach zu halten, sind in jedem Menschen angelegt. Wir können uns von den Machenschaften der globalen Eliten erst befreien, wenn wir beiden Verlockungen widerstehen, sie individuell transformieren und unser wahres Sein, das Göttliche, zu unserem Ziel machen.

Die dialektische Strategie der globalen Eliten kann also nur durchkreuzt werden, wenn wir stets auf zwei Dinge achten:

1) Die Verlockungen unseres eigenen Egos erkennen und ihnen nicht nachgeben. Also einerseits die Verlockung tun zu wollen, was immer uns beliebt, egal was es für andere bedeutet. Und andererseits die Verlockung, den Egoismus und also das Böse in anderen bekämpfen zu wollen, weil wir selbst ja die Guten sein müssen. Wir sollten erkennen, was wir selbst nicht tun sollten und es dann auch unterlassen, und wir sollten erkennen, dass wir den Egoismus nur in uns selbst wandeln können, nicht in anderen.

2) Wir können in der Welt nur erschaffen, was in uns ist. Wenn wir uns eine heile Welt wünschen, müssen wir zuerst selbst diese heile Welt sein und verkörpern. Wir müssen selbst zu einer Quelle für diese heile Welt werden. Den Egoismus in anderen zu bekämpfen verschüttet die Quelle sowohl in uns als auch in anderen. Und der Quelle, also dem Guten, in anderen zu dienen, bedeutet, auch der Quelle in uns zu dienen.

Das ist der einzige Weg.

In einer Welt, in der die Dämonen zunehmend auf den Tischen tanzen und ihren nahenden Sieg feiern, ist es nicht so leicht, diesen Weg zu gehen. Und dennoch ist es in jedem Fall besser zu scheitern, während wir den richtigen Weg gehen, als Erfolg zu haben, während wir den falschen Weg gehen.

Es gibt keine Alternative zur Wahrheit und zur Liebe und den übrigen göttlichen Werten.

Eine von egoausweitender-egobekämpfender Dialektik gesteuerte Welt ist äußerst verwirrend. Ständig wird das Gute verdreht und das Böse zum Guten erklärt. Bzw., wird das Gute in Worten gesprochen und das Böse getan, was auch wie eine Konditionierung wirkt, dass die bösen Taten wie das Gute sind, mit dem sie bezeichnet werden. Krieg ist Frieden, Sklaverei ist Freiheit etc.

Die extreme Verwirrung und Verdrehung, die vom Teufelskreis des Zwanges (Hexe) ausgeht, wird vom wackelnden Kopf einer Hexe symbolisiert. Dieses Wackeln verwirrt. Wenn böse Dinge von den Massenmedien ständig mit guten Worten belegt und gepriesen und wahrhaftige Bemühungen zu unserer Befreiung ständig mit bösen Worten belegt werden, entsteht bei denen, die sich das anschauen, eine Verwirrung, die so groß ist, dass anschließend nur das Egoausweitende zurückbleibt: Die Menschen können dann gut und böse nicht mehr wirklich unterscheiden, halten gut und böse dann nur noch für relativ und irgendwie für das Gleiche und lassen alles gewähren, letztlich auch die egobekämpfende Errichtung einer Diktatur, weil sie glauben, dass sich die staatliche Gewalt nur gegen das Böse richtet und also unserem Schutz dient. Die Menschen, die sich ihren Glauben an Regierung und Massenmedien bewahren, werden sich so lange in dieser lähmenden Verwirrung befinden, bis es ihnen entweder gelingt, sich von der Hypnose durch die Massenmedien loszulösen, oder sie sich als Sklaven wiederfinden.

Wir können ihnen entweder gar nicht, oder, wenn sich ein Spalt öffnet, nur dadurch helfen, dass wir selbst die Werte sind, für die wir einstehen.

Dass wir geduldig sind, dass wir liebevoll und verständnisvoll sind, dass wir die Wahrheit, die wir ihnen mitteilen wollen, mit Güte sprechen, auch wenn wir es energisch tun, jedoch mit Güte. Sonst werden sie sich nicht dafür öffnen.

Die göttliche Polarität zielt auf eine Ausweitung der Liebe. Wenn die Liebe von negativen Gefühlen beeinträchtigt ist, so haben solche negativen Gefühle ihre Ursache im Bewusstsein. Es gilt dann also, uns selbst zu erforschen und unser Bewusstsein von Ego zu reinigen. Wir kümmern uns darum, das Negative in uns durch ein liebevolles Bewusstsein aufzulösen.

Wir opfern also unser Ego, unseren Eigennutz und unsere Bequemlichkeit, um die Kraft zu haben, anderen Menschen Positives und Förderliches zukommen lassen zu können. In Bezug auf die Außenwelt fördern und unterstützen wir also vor allem das Gute in anderen Menschen. Wir opfern also unser Ego zugunsten des Guten, das wir dadurch für andere tun können.

Die Polarität unseres Egos kehrt diese Verhältnisse in ihr Gegenteil. Unser Ego neigt dazu, das Wohl anderer Menschen zu opfern, um uns selbst Gutes zu tun. Das Ego tut also genau das Gegenteil des Göttlichen.

Und nun sucht das Ego nach einer Rechtfertigung und Unterstützung für sich und seine Aktivität. Die Neigung, nur dem eigenen Wohl zu dienen, wird dadurch rechtfertigt und unterstützt, dass wir das Böse, also das Egoistische, mit dem Guten, also mit der selbstlosen Liebe, gleichsetzen. Durch dieses Egoausweitende gibt es keinen Grund mehr, an unserem Ego zu arbeiten oder es zu wandeln. Da ein sich ausbreitender Egoismus jedoch eine Seuche für den menschlichen Geist ist, leiden alle darunter. Um nun gegen dieses vom Egoismus erzeugt Leid anzugehen, ohne dabei tatsächlich etwas gegen unser eigenes Ego zu tun, wird unser Egoismus auf andere projiziert, die sich ändern müssen. Wir brauchen uns nicht ändern.

So kämpft nun das Ego eines jeden gegen den Egoismus der anderen. Und so verstärken wir unseren Egoismus gegenseitig immer weiter.

Diese Dynamik wirkt auch in Menschen, die sich selbst für erwacht halten.

Die eigentliche Ursache der Macht der globalen Eliten besteht nur in ihrer Fähigkeit, diese Dynamik in der ganzen Menschheit aufrechtzuerhalten, auch in denen, die sich für erwacht halten. Ihre Entmachtung ist also nur dadurch möglich, genau dieser Dynamik entgegenzuwirken und nicht mehr das Ego in anderen zu bekämpfen, sondern es in uns selbst aufzulösen. Der stärkste, machtvollste Beitrag, den wir für die Auflösung der

Diktatur in unserer Außenwelt leisten können, besteht also in der Transformation unseres eigenen Egos.

Während alle gegen den Egoismus der anderen kämpfen, gibt es auf einer unterbewussten Ebene eine Übereinkunft, nämlich die, im Ego zu bleiben. Alle sind sich einig, alle anderen für den Egoismus verantwortlich zu machen und das eigene Ego zu verteidigen und ihm Geltung zu verschaffen. Die Einigkeit auf dieser Ebene kann nur eine Ego-Realität erzeugen. Die einzige Chance, die jeder hat, dieser Ego-Realität zu entkommen, besteht in der eigenen Wahl, der Wahrheit zu folgen, das Ego in uns selbst wahrzunehmen und liebevoll zu wandeln und grundsätzlich das Gute in anderen zu sehen und ihnen Gutes zu tun. Wir können diese Wahl treffen, ohne dass andere sie treffen. Es ist unsere Wahl für uns selbst. Wir verändern damit unsere eigene Realität und überlassen es der freien Wahl der anderen, ob sie dem folgen wollen oder nicht.

Dies beendet unseren Dienst an unserem eigenen Ego und den Kampf gegen das Ego in anderen, also beide Pole der Negativität unseres Egos. Wir essen nicht mehr vom Knusperhaus der Hexe und lassen uns dadurch auch nicht mehr in ihr Haus locken. Es ist dieses Verhalten, das den Glauben an das Gute im Menschen und an Gott wiederbeleben und verstärken kann. Wir begeben uns wieder bewusst in die Polarität des Göttlichen, reinigen uns von unserem Ego, von unserer Negativität und schenken der Welt unsere Liebe und das Gute, das wir zu verschenken haben.

Wenn das irgendwann genug Menschen machen, dann wird unsere verdrehte Welt geradegerückt. Dies bringt den Himmel auf die Erde und beendet den selbstgeschaffenen Alptraum der negativen Polarität unseres Egos. Wahrheit, Liebe und Vergebung sind der einzige Weg. Einen anderen gibt es nicht.

3.6 Jorinde und Joringel – Heilung vom hochansteckenden Zwangsvirus

Erzzauberin	Zwangsego
Schloss der Erzzauberin	Bereich der rechten Ordnung, der von Zwang beherrscht wird
Wild und Vögel	natürliche freie Gefühle und Gedanken
Keusche Jungfrau	reines Gemüt
Jorinde	reines, liebendes Herz
Joringel	integrer Geist
Turteltaube	Glück und Freude

Nachtigall	Sehnsucht nach Gott, unserem wahren Selbst
Zu Stein erstarren	Lähmung durch den Wunsch, eine Lösung zu erzwingen
Schafe hüten	Achtsamkeit gegenüber unseren Gedanken
Rote Blume	Erwachen der Liebe in unserem Herzen
mit schöner Perle	Kostbarkeit der Liebe
Siebentausend Körbe	Gefangenschaft aller Gedanken durch Zwangsdenken

Durch die Coronakrise und die damit verbundenen Maßnahmen haben sich im kollektiven Sein starke Emotionen breitgemacht, massiven Zwängen unterworfen zu werden. Wenn unser Bewusstsein von Zwangsgedanken beherrscht wird, werden wir im Kampf gegen den Zwang auch nur eine Welt des Zwanges herbeiführen können, in der sich Dinge nur äußerlich, nicht jedoch essentiell ändern können.

Der Grund dafür liegt in der Natur des Teufelskreises des Zwanges. Schauen wir uns diesen also noch einmal näher an.

Wenn wir Zwängen unterworfen werden und uns ungerecht behandelt fühlen, entsteht leicht der Wunsch, uns unser Recht zu erzwingen. Je nach Charakter oder Situation werden wir das Gefühl, gegen unseren Willen zu etwas gezwungen zu werden, zu Unverbindlichkeit, Nichteinhaltung von Regeln, die für die Bewahrung der Menschlichkeit wichtig sind, Unredlichkeit, Wortbruch oder auch zu Gewalt oder zu Lügen verarbeiten, die uns helfen sollen, dem auf uns ausgeübten Zwang zu entgehen.

Wenn die Lösung der Wahl daraus besteht, wort- oder vertragsbrüchig zu werden oder zu lügen oder zu betrügen, entsteht in der Rückwirkung leicht eine Strafe dafür, die uns aufgezwungen wird. Ein Wortbruch oder eine Lüge sind selbst Formen des Zwangs, weil wir dadurch ein von uns gewünschtes Ergebnis erzwingen wollen und dafür sogar die Wahrheit missachten.

Während Zwang also zu Unverbindlichkeit und sogar Lügen führt, mit deren Hilfe wir versuchen, dem Zwang zu entgehen, führen andersherum Lügen und Wortbrüche zur Ausübung von noch mehr Zwang, damit wir uns an die Wahrheit und an die Regeln und getroffenen Vereinbarungen halten.

Da auch Lügen, Wort- und Vertragsbrüche und Betrügereien Formen der Zwangsausübung sind, mit denen wir versuchen, ein gewünschtes Ergebnis zu unseren Gunsten zu erzwingen, sieht man also, dass alle Formen der Zwangsausübung eine teufelskreisartige Verschlimmerung des Zwangs nach sich ziehen.

Je mehr Zwang auf Menschen ausgeübt wird, desto weniger halten sie sich an Regeln und Vereinbarungen, um sich dem Zwang zu entziehen, und je weniger sich Menschen an Regeln, Vereinbarungen und ihr gegebenes Wort halten, desto geringer wird das zwischenmenschliche Vertrauen und desto größer die Ausübung von Zwang, um die benötigte Rechtsordnung herbeizuführen. Es entsteht ein Teufelskreis aus Unredlichkeit und Zwang, der in unserer Außenwelt nur in die Diktatur führen kann, wenn er im kollektiven Bewusstsein nicht gestoppt wird.

Wenn sehr mächtige Menschen also eine Diktatur errichten wollen, besteht das offensichtliche Mittel der Wahl darin, die Gesellschaft in Egoismus, Rücksichtslosigkeit, Kriminalität und gewalttätigem Zwang versinken zu lassen, die in der Summe dazu führen, dass jemand, am besten ein herbeigesehnter Erlöser, die Gesellschaft retten muss, indem er alle zu der erforderlichen Ordnung zwingt.

Die Verbreitung von Kriminalität, Unredlichkeit und Egoismus und die Errichtung einer Diktatur hängen also sehr eng zusammen. Wer das zweite will, wird das Erstere verbreiten. Wenn der Teufelskreis des Zwangs im kollektiven Bewusstsein einmal aktiviert ist, wird es für den Einzelnen sehr schwer, sich zu entspannen, froh und glücklich zu bleiben und sich seine Integrität zu wahren. Dabei ist die Wahrung der eigenen Integrität das primäre Mittel, unsere Freiheit zurückzugewinnen und die Ausübung von Zwang in sich zusammenfallen zu lassen.

Nach dem Ende des ersten Corona-Shutdowns konnte man in den USA mit Sorge verfolgen, wie aus der Shutdown-Krise heraus Rassenunruhen entstanden, durch die viele negative Emotionen und viel Gewalt verbreitet wurde. Während wir bereits in der Krise unserer Freiheiten beraubt wurden, wird zusätzlich versucht, die aus diesem Zwang resultierenden Zwangsgefühle, die sich aufgestaut haben, in die Gewalt zu lenken.

Und diese Gewalt soll die Rechtfertigung liefern, uns noch stärkeren Zwängen zu unterwerfen und uns noch mehr unserer Freiheiten und Rechte zu berauben. Im Moment besteht die größte Gefahr für unseren Frieden und unsere Freiheit also in dem stark aufgewühlten kollektiven Bewusstsein, das gleichzeitig zur Gewalt animiert und weiteren Zwängen unterworfen wird, die ebenfalls unsere Gewaltbereitschaft steigern sollen. Da wollen einflussreiche Menschen, dass uns die sprichwörtliche Hutschnur platzt.

Wenn wir uns diesem Teufelskreis des Zwangs nicht entziehen und uns willig in diese verschiedenen Formen des Zwanges hineinbegeben, die gewünschten Lösungen endlich zu erzwingen, weil es ja augenscheinlich nur geht, wenn wir uns nichts mehr gefallen lassen und uns unser Recht erzwingen, dann besteht tatsächlich die Gefahr einer laufenden Verschlimmerung der seit der Einführung der Coronamaßnahmen bestehenden Diktatur. Zwangsgefühle sind im kollektiven Bewusstsein sehr, sehr ansteckend und können nur in die Diktatur führen, wenn wir uns anstecken lassen. Die beiden schlimmsten Epidemien des Jahres 2020 sind in Wirklichkeit die Epidemie der Angst und die Epidemie des Zwanges in den Köpfen der Menschen. Die vom auf diese Weise kollektiv aktivierten Teufelskreis des Zwanges ausgehende hochansteckende Gefahr wurde im Märchen von Jorinde und Joringel anschaulich symbolisch dargestellt. Es veranschaulicht durch seine Symbolik, mit welcher Geisteshaltung wir uns aus diesen Zwängen befreien können, so dass die Art und Weise unseres Eintretens für Freiheitsrechte auch das gewünschte Ergebnis hervorbringt.

Es war einmal ein altes Schloß mitten in einem großen dicken Wald, darinnen wohnte eine alte Frau ganz allein, das war eine Erzzauberin.

Eine Erzzauberin symbolisiert den Teufelskreis des Zwanges. Wie wir gesehen haben, kann das Gefühl, Zwängen ausgesetzt zu sein, zu der Versuchung führen, uns diesen Zwängen mit unlauteren Mitteln zu entziehen oder einen noch größeren Gegenzwang auszuüben, mit dem wir uns unser Recht erzwingen. Beides verstärkt den Zwang, den Menschen aufeinander ausüben, um sich jeweils ihr Recht zu erzwingen.

Am Tage machte sie sich zur Katze oder zur Nachteule, des Abends aber wurde sie wieder ordentlich wie ein Mensch gestaltet.

Der Tag symbolisiert ein waches, integres Bewusstsein. Katzen und Nachteulen sind nachaktiv und schlafen und verbergen sich am Tag lieber. Das bedeutet, dass sich ein Bewusstsein, dass im Teufelskreis des Zwanges gefangen ist, klaren unterscheidenden Gedanken gegenüber lieber verborgen hält und auf seine Chance wartet, mit seinen Zwangsgelüsten zuzuschlagen.

Sie konnte Wildtiere und die Vögel herbeilocken, und dann schlachtete, kochte und briet sie diese.

Wild und Vögel symbolisieren natürliche und freie Gefühle und Gedanken. Diese werden von unserem Gefühl, einem Zwang ausgesetzt zu sein und selbst Zwang ausüben zu wollen, vereinnahmt und eliminiert, so dass nur noch der Zwang im Bewusstsein herrscht.

Wenn jemand auf hundert Schritte dem Schloß nahe kam, so mußte er stillestehen und konnte sich nicht von der Stelle bewegen, bis sie ihn lossprach;

Dem Schloss zu nahe kommen, heißt, einen Gedanken des Zwanges zu nahe an uns heran und uns davon anstecken zu lassen. Werden wir einmal davon erfasst, braucht es einen bewussten inneren Verzicht darauf, unser Ziel oder unsere Vorstellung erzwingen zu wollen, um uns wieder von unseren Zwangsgefühlen lösen zu können.

Wenn aber eine keusche Jungfrau in diesen Kreis kam, so verwandelte sie dieselbe in einen Vogel und sperrte sie dann in einen Korb ein und trug den Korb in eine Kammer des Schlosses. Sie hatte wohl siebentausend solcher Körbe mit so raren Vögeln im Schlosse.

Ein keusche Jungfrau symbolisiert Reinheit. Wenn wir die Versuchung zur Zwangsausübung zu nahe an unser heran lassen, so liefert dieser Zwang unser Denken ganz unserem Ego aus, von dem unser Denken nun gesteuert wird und seine Reinheit verliert. Die Zahl 7 symbolisiert Ganzheit. Die 1000 symbolisiert die Vielzahl unserer Möglichkeiten im Leben.

Die siebentausend Körbe mit verwunschenen Vögeln symbolisieren also, dass der Teufelskreis des Zwanges die Reinheit und die Möglichkeiten in unserem Geist gänzlich bindet und zerstört und unser Denken durch die Zwangsgefühle unserem Ego ganz ausgeliefert ist.

Nun war einmal eine Jungfrau, die hieß Jorinde; sie war schöner als alle anderen Mädchen. Die und dann ein gar schöner Jüngling namens Joringel hatten sich zusammen versprochen. Sie waren in den Brauttagen, und sie hatten ihr größtes Vergnügen eins am andern.

Das Brautpaar symbolisiert einen spirituell reifen Zustand, in dem ein reines liebendes Herz (Jorinde) und einen integrer Geist (Joringel) zusammengefunden haben.

Damit sie nun einsmalen vertraut zusammen reden könnten, gingen sie in den Wald spazieren. „Hüte dich," sagte Joringel, „daß du nicht so nahe ans Schloß kommst." Es war ein schöner Abend, die Sonne schien zwischen den Stämmen der Bäume hell ins dunkle Grün des Waldes, und die Turteltaube sang kläglich auf den alten Maibuchen.

Im Bewusstsein integrer Reinheit kann ein einziger Gedanke des Zwanges einen tiefen Sturz bewirken. Eine Turteltaube symbolisiert den Seinsbereich von Glück und Freude; ihr kläglicher Gesang symbolisiert eine trübe, unglückliche Stimmung. Das heißt, dass eine trübe Stimmung den Wunsch wecken kann, die Lösung einer unglücklich machenden Situation zu erzwingen.

Jorinde weinte zuweilen, setzte sich hin im Sonnenschein und klagte: Joringel klagte auch. Sie waren so bestürzt, als wenn sie hätten sterben sollen; sie sahen sich um, waren irre und wußten nicht, wohin sie nach Hause gehen sollten. Noch halb stand die Sonne über dem Berg, und halb war sie unter. Joringel sah durchs Gebüsch und sah die alte Mauer des Schlosses nah bei sich; er erschrak und wurde todbang. Jorinde sang:

„*Mein Vöglein mit dem Ringlein rot singt Leide, Leide, Leide:*
es singt dem Täubelein seinen Tod, singt Leide, Lei - zicküth, zicküth, zicküth."

Wenn die trübe Stimmung dazu führt, sich einem Gedanken des Zwanges zu überlassen, sind wir durch den aufkommenden Wunsch, die Lösung eines Problems zu erzwingen, wie außer uns oder neben uns und unsere Reinheit wird gefangen genommen und verwandelt. Der rote Ring symbolisiert Gefangenschaft. Eine Taube symbolisiert reines, glückseliges Bewusstsein, z.B. auch in der Bibel, wenn sich bei Jesus eine Taube zeigt. Der Tod der Taube symbolisiert also die Abgeschnittenheit vom reinen Glück unseres wahren Selbst.

Joringel sah nach Jorinde. Jorinde war in eine Nachtigall verwandelt, die sang zicküth, zicküth.

Das Wort Nachtigall heißt so viel wie Sängerin in der Nacht. Sie symbolisiert damit unsere Sehnsucht nach Gott, wenn unser Bewusstsein in der Dunkelheit unseres Egos gefangen ist, weil unsere Verbindung zu Gott, zu unserem eigenen wahren Sein verloren ging.

Eine Nachteule mit glühenden Augen flog dreimal um sie herum und schrie dreimal schu, hu, hu, hu. Joringel konnte sich nicht regen. Er stand da wie ein Stein, konnte nicht weinen, nicht reden, nicht Hand noch Fuß regen. Nun war die Sonne unter; die Eule flog in einen Strauch, und gleich darauf kam eine alte krumme Frau aus diesem hervor, gelb und mager: große rote Augen, krumme Nase, die mit der Spitze ans Kinn reichte. Sie murmelte, fing die Nachtigall und trug sie auf der Hand fort. Joringel konnte nichts sagen, nicht von der Stelle kommen; die Nachtigall war fort. Endlich kam das Weib wieder und sagte mit dumpfer Stimme: „Grüß dich, Zachiel, wenn's Möndel ins Körbel scheint, bind lose Zachiel, zu guter Stund." Da wurde Joringel los.

Wenn der Teufelskreis des Zwanges Besitz von uns ergreift, so lähmt unser Wunsch, eine Lösung zu erzwingen, unsere Fähigkeit, mit integren Mitteln zurück in die Einheit zu finden, in der wir wieder liebevoll, friedvoll und entspannt sein können. Das symbolisiert Joringels Lähmung.

Er fiel vor dem Weib auf die Knie und bat, sie möchte ihm seine Jorinde wiedergeben, aber sie sagte, er sollte sie nie wiederhaben, und ging fort.

Solange wir unser Bewusstsein dann nicht ganz vom Zwang, vom Wunsch, andere Menschen zu Gerechtigkeit zu zwingen oder eine Lösung der Situation erzwingen zu wollen, befreien können, können wir die Reinheit und Unschuld unseres Herzens nicht wiederfinden.

Er rief, er weinte, er jammerte, aber alles umsonst. „Uu, was soll mir geschehen?" Joringel ging fort und kam endlich in ein fremdes Dorf; da hütete er die Schafe lange Zeit.

Das Hüten von Schafen symbolisiert, auf sein Bewusstsein, auf seine Gedanken zu achten und sich vor negativen Gedanken zu hüten, um uns unseren inneren Frieden und die Reinheit in unseren Gedanken zu wahren. Die biblische Symbolik des Schafehütens meint auch genau das, das Achtgeben auf unsere Gedanken, um diese von Negativität und Egoismus rein zu halten.

Oft ging er rund um das Schloß herum, aber nicht zu nahe dabei. Endlich träumte er einmal des Nachts, er fände eine blutrote Blume, in deren Mitte eine schöne große Perle war. Die Blume brach er ab, ging damit zum Schlosse: alles, was er mit der Blume berührte, ward von der Zauberei frei; auch träumte er, er hätte seine Jorinde dadurch wiederbekommen.

Eine Blume symbolisiert das Erblühen unseres Seins von innen heraus. Rot steht hier für die Liebe, die unser Sein zum Erblühen bringt. Die schöne große Perle symbolisiert die Kostbarkeit unserer Liebe. Das heißt, im Angesicht einer Welt und von Menschen, die in Fronten gespalten sind, so dass wir uns auf beiden Seiten der Fronten nur noch unsere Sicht der Dinge aufzwingen wollen, hilft nur das Erwachen einer Liebe, die in der Lage ist, den bösen Zauber des Zwanges, den Menschen aufeinander ausüben, zu lösen. Und so ist es allein die Liebe und ein Handeln aus Liebe, was uns helfen kann, die Reinheit und Unschuld unseres Geistes (Jorinde) wiederzufinden und uns aus dem Griff der Zwangsgefühle zu befreien.

Des Morgens, als er erwachte, fing er an, durch Berg und Tal zu suchen, ob er eine solche Blume fände; er suchte bis an den neunten Tag, da fand er die blutrote Blume am Morgen früh.

Die neun gilt als die göttliche Zahl. Hier ist also symbolisiert, dass wir mit göttlicher Gnade ans Ziel kommen, wenn wir uns beharrlich bemühen, so dass unsere selbstlose Liebe erblühen kann. Das finden am frühen Morgen symbolisiert den Anbruch eines neuen Bewusstseins.

In der Mitte war ein großer Tautropfen, so groß wie die schönste Perle.

Auch der Tautropfen symbolisiert hier den Morgen, das Anbrechen eines neuen Bewusstseins, das von der Schönheit der Liebe geprägt ist.

Diese Blume trug er Tag und Nacht bis zum Schloß.

Das Tragen der Blume Tag und Nacht symbolisiert das Entwickeln von Gleichmut, also unsere Bemühungen stetig und unabhängig zu machen von Erfolg und Misserfolg.

Wie er auf hundert Schritt nahe bis zum Schloß kam, da ward er nicht fest, sondern ging fort bis ans Tor. Joringel freute sich hoch, berührte die Pforte mit der Blume, und sie sprang auf. Er ging hinein, durch den Hof, horchte, wo er die vielen Vögel vernähme; endlich hörte er's. Er ging und fand den Saal, darauf war die Zauberin und fütterte die Vögel in den siebentausend Körben. Wie sie den Joringel sah, ward sie bös, sehr bös, schalt, spie Gift und Galle gegen ihn aus, aber sie konnte auf zwei Schritte nicht an ihn kommen.

Wenn sich Integrität, also das Wissen um das richtige Handeln, und Liebe verbindet, können die Zwangsgefühle nicht mehr greifen.

Er kehrte sich nicht an sie und ging, besah die Körbe mit den Vögeln;

Sich nicht um die Zauberin kehren, heißt nicht mehr auf die Versuchungen einzugehen, in Zwangsgefühle zu verfallen.

Da waren aber viele hundert Nachtigallen, wie sollte er nun seine Jorinde wiederfinden? Indem er so zusah, [merkte er,] daß die Alte heimlich ein Körbchen mit einem Vogel wegnahm und damit nach der Türe ging. Flugs sprang er hinzu, berührte das Körbchen mit der Blume und auch das alte Weib - nun konnte sie nichts mehr zaubern, und Jorinde stand da, hatte ihn um den Hals gefaßt, so schön, wie sie ehemals war. Da machte er auch alle die andern Vögel wieder zu Jungfrauen, und da ging er mit seiner Jorinde nach Hause, und sie lebten lange vergnügt zusammen.

Wenn in einer Situation kollektiv aufgewühlter Zwangsgefühle unser integres Handeln dazu führt, dass die Liebe erwacht, ist ein solches Bewusstsein aus Integrität und Liebe stärker als aller Zwang, wird diesen erlösen und unser Bewusstsein davon befreien. Wenn das kollektive Bewusstsein auf diese Weise erlöst wird, kann sich keine Diktatur mehr halten und wird in sich zusammenfallen. Die primäre Macht zum Auflösen und Beenden einer Diktatur ist also nicht ein Druck, den wir auf die Regierung ausüben, nicht ein Zwang, mit dem wir uns unser Recht und unsere Freiheit erzwingen, sondern Integrität und Liebe, durch deren Herrschaft der Teufelskreis des Zwanges im kollektiven Bewusstsein endet. Wenn wir uns in Integrität und Liebe verankern, können wir die Mächtigen aus einem Bewusstsein des Friedens heraus daran erinnern, die Regeln einzuhalten, auf die sie sich selbst berufen. Dann werden sie sich mit einem Zwang, von dem sie nicht ablassen wollen, letztlich selbst zerstören und nicht uns. Uns können sie nur zerstören, wenn wir der Ansteckungsgefahr des Zwanges erliegen und Zwang mit Zwang bekämpfen.

Das Entwickeln von selbstloser Liebe und Integrität wird entscheidend unterstützt, wenn es uns gelingt, uns unsere Lebensfreude zu bewahren und auch mit diktatorischen Einschränkungen frohe und glückliche Menschen zu bleiben.

Im Herrn der Ringe ist es der Hobbit Merry, der diese Gewohnheit, ein froher und glücklicher Mensch zu sein, symbolisiert, und es ist Prinzessin Éowyn, die jene selbstlose Liebe symbolisiert, mit der wir die Diktatur in sich zusammenfallen lassen können. Es sind Éowyn und Merry, die zusammen den König der Ringgeister besiegen, der den Tiefenstaat symbolisiert.

Auch wenn wir von außen diktatorischen Zwängen unterworfen werden, geht es in Wirklichkeit viel mehr um unser Bewusstsein. Das ist die Ebene, auf der wir siegreich - und frohe, glückliche und selbstlos der Freiheit und Gerechtigkeit der Allgemeinheit dienende Menschen bleiben müssen. Dann verfehlen die diktatorischen Maßnahmen ihren Zweck und wir werden sie beenden können. Es gilt also, der Versuchung standzuhalten, die Situation für hoffnungslos zu erklären und eine Lösung herbeizwingen zu wollen. Stattdessen ist es wichtig, dass wir im Vertrauen bleiben, dass wir entspannt bleiben und dass wir in der Liebe bleiben, anstatt unsere Mitmenschen zu dem zwingen zu wollen, was wir als notwendige Lösung ansehen, auf sie einzureden und sie zu dem anzustacheln, was unserer Meinung nach nur die einzige Lösung sein kann.

Es kann gut sein, dass wir mit unseren Lösungsvorstellungen richtig liegen, andere Menschen aber nicht dafür gewinnen können, weil sie unter dem Eindruck der Zwänge, die aus verschiedenen Richtungen kommen, nicht entspannen und in Ruhe nachdenken können.

Wenn ich mir zum Beispiel die politische Situation in den USA anschaue, dann wurde dort gezielt eine Spaltung der Gesellschaft herbeigeführt. Auf der einen Seite befinden sich die Massenmedien, die die eine Hälfte der Gesellschaft anstacheln, und auf der anderen Seite der US-Präsident (dies wurde vor der US-Präsidentschaftswahl 2020 geschrieben) und Teile der Medien, die die andere, patriotische Hälfte der Gesellschaft anführen. Beide Seiten werden von den Massenmedien, bzw. alternativen Medien so geschickt mit Informationen bedient, dass sie jeweils der Meinung sind, einen heiligen Krieg gegen Lügen, Gewalt und Unrecht zu führen. So sind zwei Fronten entstanden, die gewillt sind, ihre Sicht der Dinge mit Macht durchzusetzen und zu erzwingen. Und dadurch sind die westlichen Gesellschaften in dem Wunsch gefangen, die jeweils gewünschte Lösung zu erzwingen, so dass nur noch Zwang herrscht, der zu Gewalt, Mord und Totschlag führen kann, wenn dieser Zwang nicht im Denken aufgelöst und in eine liebevolle Haltung umgewandelt wird.

Durch den Teufelskreis des Zwanges im kollektiven Bewusstsein, die Isolierung der Menschen voneinander und die Gedankensteuerung über Massenmedien und Internet besteht die Gefahr, dass man der einen Front die Zustimmung abringt, mit Gewalt gegen Rechte, gegen Verschwörungstheoretiker, Virusleugner etc. vorzugehen, und der anderen Front die Zustimmung abringt, mit Gewalt gegen BLM, Antifa und Tiefenstaat vorzugehen. Wenn unser Bewusstsein kollektiv dem Wunsch anhängt, eine gerechte Welt zu erzwingen, dann ist es auch Zwang, den wir kollektiv erzeugen. Dann erzeugen wir uns selbst die Diktatur, die sich von uns selbst ausgehend verschlimmert. Gerade die Situation in den USA birgt die große Gefahr, dass die Konservativen in die Gewalt gegen den linken Mainstream und die zugehörigen Gesellschaftskreise gesteuert werden, so dass man die wirtschaftliche und gesellschaftliche Selbstzerstörung der USA hinterher den Patrioten in die Schuhe schiebt. So würde sich der Patriotismus durch seine Gewaltbereitschaft selbst zerstören und damit der kommunistischen Weltdiktatur dienen.

Die zunehmenden Zwangsgefühle im kollektiven Bewusstsein haben jedoch auch eine positive Ursache, weil unser Geist Schale für Schale von innen nach außen heilt. Innen liegt die Angst, weiter außen der Zwang. Während die Eliten den Zwang erhöhen, um uns trotz unserer Befreiung von der Angst ihren Willen aufzuzwingen, gibt es immer auch die höhere Ebene der Steuerung aller Ereignisse durch Gott, weil im Endeffekt alles von Gott in Richtung unserer Befreiung gelenkt wird, wenn wir mit ihm kooperieren. Aus der Ebene der göttlichen Steuerung durch unsere Kooperation mit dem göttlichen Willen bedeutet die Zunahme des Zwangs von außen, dass wir den Wunsch entwickeln, uns in uns vom Zwang zu befreien und damit die tatsächliche kausale Ebene für die Ereignisse in der Welt zu heilen. Wenn wir den Eliten so ihr Wasser abgraben, treiben sie mit global gleichgeschalteten Mainstreammedien und von zentraler Stelle aus aufeinander abgestimmten Regierungen weltweit die Maßnahmen zur Errichtung einer Eine-Welt-Regierung, also zu einer globalen Diktatur, voran, weil sich das kollektive Denken langsam aus der dialektischen Angststeuerung befreit. Wenn sie unser Denken verlieren, müssen sie mehr Zwang ausüben, damit wir noch tun, was sie wollen. Wenn wir uns von diesem Zwang nicht anstecken lassen, wird er in sich zusammenfallen und der Tiefenstaat enden. Tatsächlich weisen also gerade die zunehmenden Anzeichen für die Errichtung einer Diktatur darauf hin, dass wir unser Denken immer mehr befreien und uns der kritischen Masse für einen Umschwung des kollektiven Denkens in Richtung unserer Befreiung nähern. Dadurch dass wir uns nicht willig und unterwürfig Angst machen und über die Angst steuern und gegeneinander aufhetzen lassen, kommt die unverhohlene Zwangsausübung. Die Möglichkeit, Zwang über uns auszuüben, hängt also nicht nur von den Möglichkeiten ab, Gewalt einzusetzen. Die Zwangsausübung ist davon abhängig, dass wir uns kollektiv in ein Bewusstsein begeben, auf das man Zwang ausüben kann, weil es in einem Teufelskreis des Zwanges gefangen ist. Wir können uns vom Zwang von außen nur befreien, wenn wir uns zuerst in uns von ihm befreien. Wenn nicht, trägt unser Befreiungskampf nur zur Diktatur bei.

Wenn der Zwang im kollektiven Bewusstsein sehr aktiviert ist, kann die diktatorische Machtausübung verschlimmert werden. Die bloße Tatsache, dass unser kollektives Gemüt gerade in der Coronadiktatur und durch die Coronadiktatur durch hochansteckende Zwangsgedanken und Zwangsgefühle aufgewühlt ist, zeigt auf der anderen Seite auch, dass die Chance, uns durch eine ethische Renaissance mit Siebenmeilenstiefeln in Richtung unserer Befreiung zu bewegen, so groß ist wie nie zuvor. Jeder, der der Aufgewühltheit des kollektiven Gemüts bewusst gegensteuert, indem er mit Entschlossenheit und Achtsamkeit daran arbeitet, den eigenen inneren Frieden immer wieder herbeizuführen und eine Haltung der Integrität und Liebe einzunehmen und auch für den Frieden zu beten, leistet einen gigantischen Beitrag zu unserer Befreiung. Wenn wir uns ausreichend vom Teufelskreis des Zwanges befreien können, wird die Diktatur ins Leere laufen und wir werden sie beenden können. Die Welt im Außen spiegelt tatsächlich nur unser kollektives Bewusstsein wider.

3.7 Der Froschkönig – Prioritäten bei der Wiederherstellung von Integrität

Königreich	Bereich der rechten Ordnung
König	Gewissen
Schöne jüngste Königstochter	Achtsamkeit
Die goldene Kugel	unser innerstes Wesen
Brunnen, dessen Grund nicht zu sehen ist	Fehlende Einsicht in unser Inneres

Frosch, verwunschener Königssohn	Erpressung und Ausnutzung von Abhängigkeit und Not
Nebeneinandersitzen am Tisch	sich frei und unabhängig entscheiden
Essen aus 1 Teller und Trinken aus 1 Becher	Abmachungen, auf deren Bedeutung und Einordnung wir uns geeinigt haben
Schlaf	Veränderung unseres Bewusstseins
Der treue Heinrich	Sehnsucht nach der rechten Ordnung
Die eiserne Bande	Bedrückung unseres Herzens durch Zwangsordnung

In einer Zeit der Drangsalierung und Verarmung der breiten Masse benötigen wir eine Renaissance unserer gesellschaftlichen Integrität, um das Zwangsdenken aufzulösen und jene tragende gesellschaftliche Solidarität zu entwickeln, die wir für unsere Befreiung brauchen werden.

Es ist die Drangsal, die jeden Menschen zunehmend vor die Wahl stellt, entweder seinem Ego, seinem Eigennutz und seinen negativen Gedanken und Emotionen zu folgen oder bewusst inneren Frieden und Einklang anzustreben, sich zu besinnen, welches Handeln in der jeweiligen Situation im Einklang mit dem Wohl des Ganzen integer ist, und dies dann zu tun.

Das heißt, die Drangsal stellt uns immer mehr vor die Wahl zwischen unserem Eigennutz und unserem wahren Sein. In der kollektiven Summe werden zunehmend zwei Lager entstehen, jene, die der Deutung der Geschehnisse durch ihren Eigennutz folgen, und jene die ihr wahres Sein, das heißt Gott und die Liebe in ihrem Herzen wählen und sich aufrichtig bemühen, das Richtige in ihrem Leben zu tun. Wenn wir die Situation nutzen, mit Achtsamkeit nicht nur unserem Gewissen zu folgen, sondern auch für unser wahres Sein einzustehen, so wird dieses wahre Sein auch stärker werden, deutlicher in uns sprechen und uns stärker machen.

Wenn wir die für unsere Befreiung erforderliche Wiederherstellung unserer gesellschaftlichen Integrität wählen, wird sich durch unsere Wahl in unserem Leben letztendlich alles zum Bestmöglichen wenden, bis wir durch die Zeit der Drangsal hindurch sind und ein Goldenes Zeitalter kommt, das durch unser gereinigtes Bewusstsein entsteht.

Das Märchen, das sowohl die Notwendigkeit als auch die große Schwierigkeit bei der Wiederherstellung unserer verloren gegangenen gesellschaftlichen Integrität am plakativsten veranschaulicht, ist der Froschkönig. Steigen wir also in die Symbolik ein.

In den alten Zeiten, als das Wünschen noch geholfen hat, lebte ein König, dessen Töchter waren alle schön, aber die Jüngste war so schön, dass die Sonne selbst, die doch so vieles gesehen hat, sich wunderte so oft sie ihr ins Gesicht schien. Nahe bei dem Schloss des Königs lag ein großer dunkler Wald, und in dem Walde unter einer alten Linde war ein Brunnen. An heißen Tagen ging das Königskind hinaus in den Wald und setzte sich an den Rand des kühlen Brunnens. Wenn sie Langeweile hatte, nahm sie eine goldene Kugel, warf sie in die Höhe und fing sie wieder; dieses Spiel hatte sie am liebsten.

Nun trug es sich einmal zu, dass die goldene Kugel der Königstochter nicht in ihr Händchen fiel, das sie in die Höhe gehalten hatte, sondern vorbei auf die Erde schlug und geradezu ins Wasser hinein rollte. Die Königstochter schaute ihr nach, aber die Kugel verschwand. Der Brunnen war tief, so tief, dass man keinen Grund sah. Da fing sie an zu weinen und weinte immer lauter.

Das Königreich symbolisiert den 6. Bereich unseres Geistes, das Recht, und der König die leitende Kraft für unsere Integrität, nämlich unser Gewissen. Seine schönen Töchter symbolisieren die verschiedenen Aspekte der Integrität, die unseres Sein dadurch in Schönheit erblühen lassen, dass wir ein integres Leben führen. Die jüngste und schönste Tochter, die aus Langeweile mit ihrer goldenen Kugel spielt und diese schließlich aus Unachtsamkeit in den Brunnen fallen lässt, symbolisiert die Achtsamkeit, die wir anderen und uns selbst gegenüber brauchen, um unsere Integrität wahren zu können. Ein sehr achtsames Bewusstsein von Integrität, das niemanden jemals verletzt oder angreift oder seiner Rechte beraubt, auch uns selbst nicht, hat eine große Schönheit, die der selbstleuchtenden Schönheit unseres wahren Selbst nahekommt, symbolisiert von der Königstochter, über deren Schönheit sich sogar die Sonne wundert.

Wir brauchen die Achtsamkeit, nichts zu tun, was unseren Einklang mit unserem eigenen innersten Wesen (symbolisiert von der goldenen Kugel), also unseren Einklang mit Gott zerstört. Mit unserem eigenen innersten Wesen sollten wir nicht unachtsam spielen, sondern uns seiner Kostbarkeit stets bewusst sein. Durch Unachtsamkeit bei der Wahrung unserer Integrität kann es also sein, dass wir falsche Dinge tun, durch die wir den Einklang mit unserem innersten Wesen verlieren, diesen Verlust als unangenehm empfinden und ihn beklagen.

Und wie sie so klagte, rief ihr jemand zu: "Was hast du vor, Königstochter, du schreist ja, dass sich ein Stein erweichen möchte." Sie sah sich um, woher die Stimme käme, da erblickte sie einen Frosch, der seinen dicken Kopf aus dem Wasser streckte. "Ach, du bist's, alter Wasserpatscher," sagte sie, "ich weine wegen meiner goldenen Kugel, die mir in den Brunnen gefallen ist." "Sei still und weine nicht," antwortete der Frosch, "ich kann dir helfen, aber was gibst du mir, wenn ich deine Kugel wieder heraufhole?" "Was du haben willst, lieber Frosch," sagte sie, "meine Kleider, meine Perlen und Edelsteine, auch noch die goldene Krone, die ich trage." Der Frosch antwortete: "Deine Kleider, deine Perlen und Edelsteine, und deine goldene Krone, die mag ich nicht. Aber wenn du mich lieb haben willst, und ich soll dein Freund und Spielkamerad sein, an deinem Tischlein neben dir sitzen, von deinem goldenen Tellerchen essen, aus deinem Becherchen trinken, in deinem Bettchen schlafen; wenn du mir das versprichst, so will ich hinunter tauchen und dir die goldene Kugel wieder herauf holen." "Ach ja," sagte sie, "ich verspreche dir alles, was du willst, wenn du mir nur die Kugel wieder bringst." Sie dachte aber: "Was der einfältige Frosch schwätzt, der sitzt im Wasser bei seines Gleichen und quakt."

Ein Frosch, der aus dem Wasser kommt, symbolisiert Nacktheit, dass etwas ohne Verhüllung aus der Dualität heraustritt und offenbar und offensichtlich wird, zum Beispiel eine unleugbare Wahrheit. Im Kontext dieses Märchens symbolisiert der Frosch, der eigentlich ein von einer Hexe verwunschener Königssohn ist, Zwang und Erpressung, um Grundrechte zu rauben, die niemals geraubt werden dürften.

Wir gehen später, wenn der Frosch die Einhaltung des ihm gegebenen Wortes einfordert, durch, was die Symbolik der Forderungen des Frosches bedeutet.

Wie sich später herausstellt, hat die Königstochter etwas versprochen, was sie nicht hätte versprechen sollen. Wenn wir etwas versprechen, was wir nicht hätten versprechen sollen, weil wir durch das bloße Versprechen dieser Sache bereits unsere Integrität verlieren, bringen wir uns dadurch in eine Lage, in der es ab diesem Moment unmöglich wird, unsere Integrität zu wahren. Was wir auch tun, es wird dann keine Integrität haben. In diesem Märchen ist also verschlüsselt, wie wir unsere Integrität wiederherstellen können, wenn wir sie verloren haben, und wie wir erkennen, welche Form des Verlustes unserer Integrität höher steht, wenn wir vor der Wahl zwischen zwei Formen des Verlustes unserer Integrität stehen. Mit anderen Worten: Wann können wir unsere Integrität dadurch wahren, dass wir unser Wort halten, und wann müssen wir unsere Integrität dadurch wiederherstellen, dass wir unser Wort nicht halten, weil wir unsere Integrität dadurch verloren haben, dass wir einer Forderung zugestimmt haben, die von uns verlangt hat, uns unsere Grundrechte rauben zu lassen, die wir uns niemals rauben lassen dürften.

Verdeutlichen wir das Dilemma, in das wir uns selbst bringen können, durch ein Beispiel: Wenn ein Mensch entgegen seiner innersten Wahrheit ein lebenslanges Gelübde ablegt, als Mönch oder Nonne zu leben, und dann an den Punkt kommt zu erkennen, dass ein solches Leben nicht seinem innersten wahren Wesen entspricht, dann verliert er seine Integrität, wenn er sein Gelübde erfüllt, und wenn er es nicht erfüllt.

Wenn wir unser Wort in dieser Sache halten, verlieren wir unsere Integrität, weil wir gegen unser innerstes Wesen handeln, und wenn wir unser Wort nicht halten, verlieren wir ebenfalls unsere Integrität, ganz einfach, weil wir unser Wort nicht gehalten haben. Das heißt, wir verlieren unsere Integrität bereits in dem Moment, in dem wir aus mangelnder Achtsamkeit gegenüber unserem eigenen wahren Wesen unser Wort für etwas geben, wofür wir es nicht geben sollten.

Was steht in dem Moment also höher? Und aus der Frage, welches Gebot höher steht, ergibt sich die Frage, welche Aufgaben wir zu erfüllen haben, um unsere Integrität wiederherzustellen. Die Königstochter muss zur Wiederherstellung ihrer Integrität zwei Aufgaben erfüllen

1) Sie muss ihr Wort halten, wo sie es halten kann, ohne gegen ihr innersten Wesen zu verstoßen

2) Und sie muss erkennen, wo die Grenze ist, an der sie ihrem innersten Wesen mehr verpflichtet ist als einem gegebenen Wort, und das Wort nicht nur nicht zu halten braucht, sondern es sogar nicht halten darf, weil sie damit gegen ihr eigenes Wesen verstoßen würde, was weniger Integrität hat als das Nichthalten ihres Wortes

Sie hat ihr Wort gegeben für etwas, für das sie ihr Wort nicht hätte geben dürfen. Wenn wir unser Wort für Dinge geben, für die wir unser Wort nicht geben dürfen, weil wir bereits dadurch, dass wir dafür unser Wort geben, unsere Integrität verlieren, befinden wir uns ab dem Moment in der Bredouille, richtig zu unterscheiden, wodurch wir unsere Integrität weniger verlieren. Nur das, wodurch wir unsere Integrität weniger verlieren, kann sie wiederherstellen.

Der Frosch folgte der Königstochter und verlangte Einlass, als die Familie beim Mahl saß. Die Königstochter wollte ihn nicht einlassen. Der König mahnt sie jedoch, dass sie halten muss, was sie versprochen hat. Da sie versprochen hatte, mit dem Frosch an einem Tisch zu sitzen, vom gleichen Teller zu essen und aus dem gleichen Becher zu trinken, tat sie dies auf die Ermahnung des Königs hin auch.

Das Nebeneinandersitzen am Tisch symbolisiert, sich frei und unabhängig entscheiden zu können. Das zusammen Essen und zusammen Trinken symbolisiert, Dinge auf die gleiche Weise wahrzunehmen und einzuordnen.

Dass die Königstochter das Sitzen an einem Tisch, das Essen von einem Teller und das Trinken aus einem Becher letztlich akzeptiert, symbolisiert also, dass es erforderlich ist, Abmachungen einzuhalten, die wir frei und unabhängig getroffen haben und auf deren Bedeutung und Einordnung wir uns mit der anderen Seite geeinigt haben.

Nach dem Mahl verlangte der Frosch, mit der Königstochter wie versprochen in einem Bett zu schlafen. Nach der erneuten Mahnung des Königs, dass sie halten muss, was sie versprochen hat, nahm die Königstochter den Frosch mit größtem Widerwillen mit und setzte ihn in eine Ecke ihres Schlafzimmers. Als er zu ihr ins Bett wollte und ihr drohte, ihren Wortbruch an den König zu verraten, fasste sie ihn und warf ihn an die Wand. Als sie ihre Augen öffnete, war er kein Frosch, sondern ein Königssohn mit schönen und freundlichen Augen. Er war nun nach ihres Vaters Willen ihr lieber Freund und Gemahl. Er erzählte ihr, er sei von einer bösen Hexe verwünscht worden, und niemand hätte ihn aus dem Brunnen erlösen können als sie allein.

Schlaf symbolisiert die Veränderung unseres Bewusstseins. Als Bedingung einer Abmachung in einem Bett schlafen heißt also zuzulassen, dass unser Bewusstsein so verändert wird, dass wir nicht mehr wir selbst sind. Es ist also falsch, uns auf Bedingungen einzulassen, die unser Bewusstsein und damit die Regeln unseres Seins und damit letztlich unsere Grundrechte als Mensch verändern. Das Werfen des Frosches an die Wand heißt also, dass eine Abmachung, die wir eingehen, nicht das Bewusstsein und Sein verändern darf, das uns als Mensch ausmacht. Sie darf auch nicht in die Grundrechte eingreifen, die unser Bewusstsein und Sein als Mensch schützen. Was bedeutet das Werfen des Frosches an die Wand in diesem Märchen also? - Wir können eigentlich nicht und dürfen daher auch nicht weggeben, was wesensmäßig zu uns gehört und was uns daher nicht wirklich genommen werden kann. Es kann uns nur dadurch genommen werden, dass unser Bewusstsein in einen Zustand der Täuschung versetzt wird und wir diese Täuschung tolerieren.

Aber eigentlich haben wir und bleibt uns dann die Aufgabe, aus dieser Täuschung wieder zu erwachen und uns unsere Grundrechte als Mensch wiederherzustellen. In Wahrheit sind unsere Grundrechte als Mensch ewig und unveräußerlich. Wenn wir sie dennoch wissentlich veräußern, zerstören wir uns wissentlich selbst, indem wir wissentlich unsere Integrität zerstören. Es hat keine Integrität, Gesetze einzuhalten, die uns unserer Grundrechte berauben. Und wir können unsere Integrität dann nur wiederherstellen, indem wir die Gesetze, die uns unserer Grundrechte berauben, wiederabschaffen.

Wir dürfen als Mensch mit allen möglichen Rechten Handel treiben, aber nicht mit unseren Grundrechten, die unser Menschsein definieren. Wenn wir diese veräußern oder andere dazu bewegen, sie zu veräußern, machen wir uns oder andere zu Sklaven, was aus der Perspektive der Einheit dasselbe bedeutet: Wir machen also uns selbst zu Sklaven.

Dazu gehören die folgenden gottgegebenen Grundrechte in Bezug auf unser spirituelles, mentales und energetisches Dasein in dieser Welt, die wir nicht aufgeben dürfen, weil sie zu unserer Integrität gehören, die wir nicht aufgeben dürfen:

Auf der spirituellen Ebene: Das Grundrecht, unser Wesen, Fühlen und Denken frei zum Ausdruck zu bringen. Im Politischen würde man hier sagen, unser Grundrecht auf die unbeschränkte Nutzung unserer Denkfähigkeit und daraus ableitend die freie Äußerung der Ergebnisse unseres Denkens und unserer freien Meinung, ohne uns irgendwelchen Zwängen politischer Korrektheit fügen zu müssen. Vor allem in den letzten beiden Jahrzehnten haben die Mächtigen dieser Erde hart daran gearbeitet, uns dieses Grundrecht wegzunehmen.

Auf der mentalen Ebene: Alle Rechte, die für alle Menschen gelten, also das Grundrecht auf Gleichberechtigung, was auch das Recht auf die eigene Unversehrtheit beinhaltet, sowie das Recht nicht erpresst oder bedroht zu werden, weder durch Privatpersonen, noch durch den Staat. Und dies beinhaltet das Recht auf die Verteidigung unserer Freiheit und Unversehrtheit, auch wenn die Gewalt vom Staat ausgehen sollte. In unserer Welt haben sich nur die Amerikaner dieses Recht nicht wegnehmen lassen. Und auch in den USA arbeitet der Staat hart daran, den Amerikanern dieses Recht wegzunehmen. Es stellt sich die Frage, ob und wie wir uns dieses Grundrecht wiederherstellen können, nachdem wir es (außer in den USA) kollektiv aufgegeben haben.

Auf der energetischen Ebene: Das am schwierigsten zu bewahrende Grundrecht betrifft schließlich das allgemeine Recht darauf, die von uns benötigten Ressourcen der Erde unabhängig, das heißt ohne Tribut an andere, private Menschen nutzen zu dürfen, also auch ohne Zinsen für Kredite oder die Nutzung von Land zahlen zu müssen, außer an eine Gemeinschaft, die das betreffende Geld zirkuliert oder das betreffende Land den einzelnen Personen bereitstellt und die Einnahmen auch wieder zum Wohle der Gemeinschaft ausgibt. Das dunkle Zeitalter hat sich von Anfang an dadurch gekennzeichnet, dass Menschen Tribute oder Zinsen von anderen Menschen, die abhängig sind, fordern. Dies spaltet die Menschheit in Herren und Diener und zerstört so die Gleichberechtigung bei der Nutzung der Ressourcen, also genau die Gleichberechtigung, die uns eigentlich nicht genommen werden darf, weil sie zum menschlichen Wesen gehört.

Die Grundrechte auf diesen drei Ebenen sind uns durch unsere Geburt als Mensch mitgegeben, gehören zu unserem Wesen und brauchen daher eigentlich keine politische Erlaubnis, kein Grundgesetz und keine Verfassung. Auch wenn die Politik bestimmte Meinungen verbietet und brandmarkt, uns verbietet, uns selbst zu verteidigen und die Rechte von Superreichen schützt, Milliarden an Schuldzinsen einzufordern, haben wir immer noch diese Grundrechte, weil sie wesensmäßig zu uns gehören und uns daher eigentlich nicht genommen werden können, außer durch ein hirngewaschenes Sklavenbewusstsein oder durch überlegene Gewalt, der wir weichen müssen, weil sie die Wegnahme der Grundrechte mit Gewalt durchsetzt.

An dieser Stelle stelle ich klar, dass ich niemandem rate, gegen irgendwelche geltenden Gesetze zu verstoßen oder eingegangene Verträge zu brechen. Obwohl diese Grundrechte gottgegeben sind, werden wir sie nur durchsetzen können, wenn wir mit angemessenen Mitteln bewirken können, dass wir uns als Gesellschaft oder Gemeinschaft auch auf sie einigen.

Dabei können wir unser Opferbewusstsein, unserer Grundrechte beraubt zu werden, nur verlassen, wenn wir unseren Anteil an der Entrechtung, also unser Täterbewusstsein erkennen und wandeln. Wir schaffen das Gute nicht, indem wir das Böse angreifen, sondern indem wir das Gute schaffen und alle anderen Menschen nach und nach dafür gewinnen, daran teilzuhaben. Auch die Menschen, die für sich beanspruchen, im Namen des Staates zu handeln und die Gesetze und Rechte der Allgemeinheit zu vertreten, können und sollten daher angehalten werden, sich selbst auch an die Gesetze zu halten, auf die sie sich berufen.

Der Staat ist eine Widerspiegelung und Schöpfung unseres kollektiven Denkens. Er verhält sich so, wie wir uns kollektiv verhalten. Wenn er in grundlegenden Dingen unrecht handelt, so weist dies auf ein prinzipielles Unrecht im kollektiven Denken, zu dem wir alle beitragen.

Wenn wir also jene, die das Unrecht im Namen des Staates durchsetzen, als Täter angreifen, leugnen wir selbst unsere Mitschöpfung dieses

Zustands der Welt, leugnen die Rechte der anderen und tragen damit zur Herrschaft des Unrechts bei. Dies wirkt wie eine indirekte Legitimierung derer, die das Unrecht tun. Diese sind dann durch unser Unrecht legitimiert, uns für unser Unrecht zu bestrafen.

Es ist unser Verlangen, andere Sichtweisen der Welt auszuschalten, was uns in der Summe unsere Meinungsfreiheit raubt, weil unser Verlangen die Mächtigsten berechtigt, genau das Gleiche zu tun und alle Sichtweisen auszuschalten, die ihrer Sicht der Dinge widersprechen.

Es ist unser Verlangen, anderen Menschen unseren Glauben, unsere Weltsicht oder unsere Überzeugungen aufzudrängen, und ihnen vorzuschreiben, was sie dürfen und was sie nicht dürfen, was die Gleichberechtigung aller Menschen zerstört. Denn indem wir eine solche Haltung einnehmen, rechtfertigen wir die Mächtigsten, dies genauso zu machen, uns ihre Ordnung aufzuzwingen und unsere Unversehrtheit zu verletzen.

Und es ist unser Verlangen nach Zinsen und leistungslosen Einnahmen durch Vermögen, das andere Menschen tributpflichtig macht und in der Endwirkung die ganze Menschheit einer Tributpflicht unterwirft. Wenn wir nach Zinsen und leistungslosen Einnahmen streben, rechtfertigen wir die reichsten Menschen dieser Welt, dies ebenfalls zu tun und uns auf der Grundlage ihres Supervermögens laufend Milliarden wegzunehmen und letztlich bis aufs Hemd auszurauben.

Wenn wir uns selbst und andere nicht so behandeln, als hätten sie die gleichen Menschenrechte wie wir, dann ermächtigen wir die Mächtigen letztendlich, uns wie Menschen ohne solche Rechte zu behandeln.

Die böse Hexe, die den Frosch verwünscht hat, symbolisiert den Zwang und die Verdrehungen, die uns dazu bewegt haben, einem Entzug unserer Grundrechte zuzustimmen, dem wir nie hätten zustimmen dürfen. Dass nur die Königstochter den Frosch erlösen kann heißt: Nur unsere Achtsamkeit gegenüber unserem eigenen wahren Wesen, um herauszufinden, welche unserer Rechte Grundrechte sind, die wir niemals veräußern dürfen, und daher auch dann noch für diese einzustehen, wenn sie uns genommen wurden, um sie wiederherzustellen, kann dadurch auch unsere verlorene Integrität wiederherstellen.

Dann schliefen sie ein, und am andern Morgen, als die Sonne sie aufweckte, kam ein Wagen herangefahren, mit acht weißen Pferden bespannt, die hatten weiße Straußfedern auf dem Kopf und gingen in goldenen Ketten, und hinten stand der Diener des jungen Königs, das war der treue Heinrich. Der treue Heinrich hatte sich so betrübt, als sein Herr war in einen Frosch verwandelt worden, daß er drei eiserne Bande hatte um sein Herz legen lassen, damit es ihm nicht vor Weh und Traurigkeit zerspränge. Der Wagen aber sollte den jungen König in sein Reich abholen; der treue Heinrich hob beide hinein, stellte sich wieder hinten auf und war voller Freude über die Erlösung.

In dem Moment, in dem wir unsere Integrität wiederherstellen, wird unser Herz erleichtert. Die Zahl acht steht für Vollkommenheit und die weißen Pferde für die Reinheit unseres spirituellen Körpers, die wir durch die Wiederherstellung unserer Integrität wiedergewinnen. Der treue Heinrich symbolisiert Gott in unserem Herzen, der uns immer treu ist, auch wenn wir Gott nicht treu sind. Gott selbst leidet in unserem Herzen, wenn wir unsere Integrität verlieren und betet beständig für uns, dass es uns gelingen möge, unsere verlorene Integrität wiederherzustellen.

Und als sie ein Stück Wegs gefahren waren, hörte der Königssohn, daß es hinter ihm krachte, als wäre etwas zerbrochen. Noch einmal und noch einmal krachte es auf dem Weg, und der Königssohn meinte immer, der Wagen bräche, und es waren doch nur die Bande, die vom Herzen des treuen Heinrich absprangen, weil sein Herr erlöst und glücklich war.

Entsprechend symbolisieren die eisernen Bande, die das Herz zusammendrücken, unsere kollektiv selbstgeschaffene Not, nicht zuletzt weil unsere eigene vom universellen Recht abweichende Haltung die Mächtigsten ermächtigt, uns in diese Not zu versetzen. Das Krachen der eisernen Bande durch die Erleichterung des treuen Heinrich symbolisiert die große Erleichterung, die Gott selbst in unserem Herzen empfindet, wenn wir uns von dem Unrecht, das wir selbst geschaffen haben, befreien, und als Menschheit entsprechend schrittweise lernen, uns nicht mehr gegenseitig durch Zwang und Unrecht zu verletzen und uns in gegenseitiger Integrität und Liebe zu behandeln.

Unsere Befreiung mit der Wiederherstellung unserer Integrität verläuft immer von innen nach außen, vom Spirituellen über das Mentale zum Energetischen. Erst erwachen wir kollektiv dazu, unsere Angst vor Isolation und Ausgrenzung zu überwinden und uns unser Recht auf Meinungsfreiheit zu bewahren, egal wie sehr zum Beispiel die Massenmedien uns für unsere Meinung als Nazis, Rechte, Spinner, Verschwörungstheoretiker etc. stigmatisieren und brandmarken mögen. Dann erwachen wir kollektiv dazu, uns unser Recht auf Unversehrtheit und Selbstverteidigung zu bewahren, indem wir z.B. erpresste Impfungen und Ähnliches ablehnen und mit angemessenen Mitteln durch Nichtkooperation die sich aktuell immer weiter verschärfende Diktatur ins Leere laufen lassen.

Und im dritten Schritt folgt das schwierigste Erwachen, die Wiederherstellung unseres Rechts auf die kostenlose Nutzung der Ressourcen an Krediten und Land gegenüber Privatpersonen, da wir nach universellem Recht eigentlich nur der Gemeinschaft gegenüber verpflichtet sind, die uns ein Geld- und Kreditsystem und das Land zur Verfügung stellt, keinen Privatpersonen, denen wir eigentlich nur real entstehende Kosten zahlen müssten.

Und mit diesem Platzen der dritten eisernen Bande in unserer Welt werden wir unsere verlorene Integrität wiederhergestellt haben und das dunkle Zeitalter wird enden. Es wird enden, wenn und weil wir kollektiv gelernt haben, die Meinung unserer Mitmenschen zu respektieren und zu verteidigen, die Gleichberechtigung, Unversehrtheit und Selbstbestimmung unserer Mitmenschen zu respektieren und zu verteidigen und das Recht unserer Mitmenschen auf eine tributfreie Nutzung von Krediten und Land zu respektieren und zu verteidigen.

Es ist also ein sehr langer Prozess, den wir durchlaufen, bis wir kollektiv auf allen drei Ebenen unseres Seins gelernt haben, das zu tun, was unsere Pflicht ist, was beinhaltet, dass wir soweit praktisch und gewaltfrei machbar das ablehnen, was uns unsere eigentlich unveräußerlichen Grundrechte weggenommen hat oder noch wegnehmen will.

Es ist unser Recht auf eine tributfreie und zinsfreie Nutzung von Krediten und Land, das in unserer Welt am meisten verletzt wird, weil es im kollektiven Bewusstsein der Menschen durch das Streben nach Zinseinnahmen auch am meisten missachtet wird, was entsprechend am wenigsten verstanden wird.

Während es zurzeit kollektiv immer noch um die Befreiung unseres Denkens geht, also um die Befreiung von der Angst, und in zunehmendem Maße um die Befreiung von den Versuchungen, Lösungen erzwingen zu wollen, damit wir uns auch von der Unterdrückung durch den Tiefenstaat befreien können, wird es final um die Basis gehen, die den beiden anderen Aufgaben zugrunde liegt.

Nämlich um die Befreiung von unserer Anhaftung an die Materie, um uns dann auch im Außen endgültig von jenen befreien zu können, die die materielle Welt beherrschen und die uns daher aufgrund unserer Anhaftung an die Materie steuern und ausbeuten können. Um auch diese Befreiung schließlich erreichen zu können, werden wir eine ethische Renaissance brauchen, die unsere Freiheit beschützen und unsere Unversehrtheit sichern kann.

Zu dieser Renaissance wird gehören, alle die mannigfachen Gesetze, die in der Welt geschaffen wurden, um die Menschheit zu versklaven, rückgängig zu machen. Es hat keine Integrität, uns an Gesetze zu halten, die uns unserer Grundrechte berauben. Wenn wir kollektiv unsere Integrität wiederherstellen, müssen wir als erstes unsere Grundrechte wiederherstellen, egal durch welche Gesetze und Verträge sie uns in der Vergangenheit geraubt wurden.

Wie die Tibeter sagen: „Wer im Dharma (also in der rechten, göttlichen Ordnung) lebt, wird durch das Dharma beschützt." Am Ende besteht der größte Schutz, den wir für unser Leben gewinnen können, daraus, dass wir aufrichtig nach bestem Wissen und Gewissen leben und unser inneres Haus aufräumen, wann immer es nach Maßgabe unserer Achtsamkeit und unseres Gewissens etwas aufzuräumen gilt.

3.8 Die sechs Schwäne – Auflösung unserer Neigung zur Selbstüberhebung

König	Integrität
Hexe	Zwang, Korrumpierung der Integrität
Wackelnder Kopf der Hexe	vom Zwang ausgehende Verwirrung
Hochzet mit Tochter der Hexe	Lüge zur ständigen Begleiterin machen
Knäuel Garn	Bewahrung eines guten Kerns durch gute Taten
Sechs Königssöhne	Aus Integrität resultierendes Bewusstsein
Königstochter	Gerechtigkeitsgefühl
Schwäne, verwunschene Königssöhne	Selbstüberhebung
Verbliebener Flügel	ein subtiler Rest an Selbstüberhebung
Verbrennen der Hexe	Wandlung unseres Zwangsegos im Feuer der Transformation

In diesem Märchen geht es um die Wiederherstellung unserer Integrität, nachdem wir lange Zeit in einem Bewusstsein der Selbstüberhebung gelebt haben, im Leben nur unseren eigenen Regeln folgen zu müssen, weil wir uns über dem Gesetz stehend wähnen.

Es jagte einmal ein König in einem großen Wald und jagte einem Wild so eifrig nach, daß ihm niemand von seinen Leuten folgen konnte. Als der Abend herankam, hielt er still und blickte um sich, da sah er, daß er sich verirrt hatte.

Er suchte einen Ausgang, konnte aber keinen finden. Da sah er eine alte Frau mit wackelndem Kopfe, die auf ihn zukam; das war aber eine Hexe.

Der König symbolisiert das Leitprinzip für den Bereich der rechten Ordnung, nämlich unser Gewissen. Seine eifrige Jagd nach dem Wild symbolisiert eine intensive Beschäftigung mit dem Thema der Durchsetzung unserer eigenen Ansichten/Ideologie/Religion. Das Verirren des Königs im Wald symbolisiert, bei der Jagd nach solchen egozentrischen Werten unsere Integrität zu verlieren.

Eine Hexe, die böse Mittel und Erpressung einsetzt, um ihren Willen durchzusetzen, symbolisiert Zwang, Lügen und Betrug, also eine aufkommende Neigung, zur Durchsetzung der eigenen Vorstellungen unser Gewissen auszuschalten und unlautere Mittel einzusetzen. Der wackelnde Kopf der Hexe symbolisiert die durch die Verdrehung und Verbiegung unserer Integrität entstehende Verwirrung.

„Liebe Frau," sprach er zu ihr, „könnt Ihr mir nicht den Weg durch den Wald zeigen?"

„O ja, Herr König," antwortete sie, „das kann ich wohl, aber es ist eine Bedingung dabei, wenn Ihr die nicht erfüllt, so kommt Ihr nimmermehr aus dem Wald und müßt darin Hungers sterben."

„Was ist das für eine Bedingung?" fragte der König.

Die Erpressung des Königs durch die Hexe symbolisiert unsere Erpressbarkeit und Zwingbarkeit, wenn wir nicht richtig erkennen, wofür wir unser Leben als Mensch bekommen haben, durch Eigennutz vom Weg abkommen, nicht mehr das Richtige tun und gegen Gesetze verstoßen, die uns strafbar und damit für böse Kräfte steuerbar machen.

„Ich habe eine Tochter," sagte die Alte, „die so schön ist, wie Ihr eine auf der Welt finden könnt, und wohl verdient, Eure Gemahlin zu werden, wollt Ihr die zur Frau Königin machen, so zeige ich Euch den Weg aus dem Walde."

Der König in der Angst seines Herzens willigte ein, und die Alte führte ihn zu ihrem Häuschen, wo ihre Tochter beim Feuer saß. Sie empfing den König, als wenn sie ihn erwartet hätte, und er sah wohl, daß sie sehr schön war, aber sie gefiel ihm doch nicht, und er konnte sie ohne heimliches Grausen nicht ansehen. Nachdem er das Mädchen zu sich aufs Pferd gehoben hatte, zeigte ihm die Alte den Weg, und der König gelangte wieder in sein königliches Schloß, wo die Hochzeit gefeiert wurde.

Die Tochter der Hexe symbolisiert so wie die Hexe selbst den Zwang und die damit verbundenen Lügen und Unwahrheiten. Wenn wir uns mit unseren Verstößen gegen die universellen, göttlichen Gesetze Probleme erzeugen und dann nicht bereit sind, die volle Verantwortung zu übernehmen und unsere Probleme durch Wiedergutmachung und richtiges Tun zu lösen, und stattdessen Forderungen und Erpressungen Folge leisten, um den Konsequenzen unserer falschen Handlungen zu entgehen, müssen wir dadurch im Anschluss die Lüge zu unserer Frau machen und eng mit ihr zusammenleben. Dies ist dann gleichbedeutend mit einer Selbstauslieferung an böse Mächte, um Nachteile zu umgehen und uns Vorteile zu schaffen. Wenn wir so die Lüge zu unserer Frau machen, sind wir nicht einmal mehr Herr über uns selbst, weil wir unseren einzigen Schutz verlieren, den Schutz, den wir nur dadurch haben, dass wir uns an die Wahrheit und das universelle Recht halten.

Der König war schon einmal verheiratet gewesen und hatte von seiner ersten Gemahlin sieben Kinder, sechs Knaben und ein Mädchen, die er über alles auf der Welt liebte. Weil er nun fürchtete, die Stiefmutter möchte sie nicht gut behandeln und ihnen gar ein Leid antun, so brachte er sie in ein einsames Schloß, das mitten in einem Walde stand. Es lag so verborgen und der Weg war so schwer zu finden, daß er ihn selbst nicht gefunden hätte, wenn ihm nicht eine weise Frau ein Knäuel Garn von wunderbarer Eigenschaft geschenkt hätte; wenn er das vor sich hinwarf, so wickelte es sich von selbst los und zeigte ihm den Weg.

Die frühere Heirat des Königs symbolisiert, dass wir in der Vergangenheit noch in Integrität lebten, uns daran erinnern können und daher sehr wohl wissen, was richtiges und was falsches Handeln im Leben ist. Die sieben symbolisiert Ganzheit. Die sieben Kinder des Königs symbolisieren hier also alle Aspekte unserer Integrität. Dass der König seine Kinder versteckt, bedeutet also, dass unser Bewusstsein für das richtige Tun im Leben aufgrund unseres falschen Handelns in den Hintergrund tritt. So wird unser Bewusstsein für das richtige Handeln durch falsches Tun seiner Kraft und Funktion beraubt. Unser Gewissen wird durch falsches Handeln inaktiv und die sich aus einem wachen Gewissen ergebende richtige, gewissenhafte Lebensführung (die Kinder des Königs) tritt in den Hintergrund, wenn das Zwangsego, uns in allem unser Recht zu erzwingen, die Führung unseres Bewusstseins übernimmt.

Die heimlichen Besuche seiner Kinder symbolisieren die Bewahrung eines guten Kerns, um das Gute in uns zu schützen, das wir einmal hervorgebracht haben. Wir Menschen wissen im Grunde, dass wir unser Menschsein verwirken, wenn wir um diverser Vorteile willen nicht unserem Gewissen folgen und versuchen dann in den meisten Fällen, wenigstens einen guten Kern zu bewahren.

Die meisten Menschen haben zum Glück auch dann noch, wenn sie unter einen schlechten Einfluss geraten, einen guten Kern, den sie sich bewahren wollen. Das Knäuel Garn symbolisiert, dass wir uns das Gute in uns bewahren können, indem wir nicht aufhören, auch immer wieder Gutes zu tun, um so zu gegebener Zeit auch wieder ganz auf den rechten Weg zurückfinden zu können.

Der König ging aber so oft hinaus zu seinen lieben Kindern, daß der Königin seine Abwesenheit auffiel; sie ward neugierig und wollte wissen, was er draußen ganz allein in dem Walde zu schaffen habe. Sie gab seinen Dienern viel Geld, und die verrieten ihr das Geheimnis und sagten ihr auch von dem Knäuel, das allein den Weg zeigen könnte. Nun hatte sie keine Ruhe, bis sie herausgebracht hatte, wo der König das Knäuel aufbewahrte, und dann machte sie kleine weißseidene Hemdchen, und da sie von ihrer Mutter die Hexenkünste gelernt hatte, so nähete sie einen Zauber hinein. Und als der König einmal auf die Jagd geritten war, nahm sie die Hemdchen und ging in den Wald, und das Knäuel zeigte ihr den Weg. Die Kinder, die aus der Ferne jemand kommen sahen, meinten, ihr lieber Vater käme zu ihnen, und sprangen ihm voll Freude entgegen. Da warf sie über ein jedes eins von den Hemdchen, und wie das ihren Leib berührt hatte, verwandelten sie sich in Schwäne und flogen über den Wald hinweg. Die Königin ging ganz vergnügt nach Haus und glaubte ihre Stiefkinder los zu sein, aber das Mädchen war ihr mit den Brüdern nicht entgegengelaufen, und sie wußte nichts von ihm. Andrentags kam der König und wollte seine Kinder besuchen, er fand aber niemand als das Mädchen.

Während die Zahl sieben Ganzheit bedeutet, symbolisiert die Zahl sechs Karma und eine durch Karma bedingte Anhaftung an Vergangenes. Die Unterteilung in sechs Jungen und ein Mädchen bedeutet also, dass unsere Integrität durch einen Verstoß gegen die Gesetze der Menschlichkeit unter einen karmischen Einfluss fällt. Der Moment der Verwandlung in Schwäne symbolisiert einen Zeitpunkt, ab dem wir besonders viel schlechtes Karma auf uns laden. Ein Schwan symbolisiert im Positiven Anmut und im Negativen – als verwunschene Königssöhne – die Selbstüberhebung, so hoch zu stehen oder so auserwählt zu sein, dass das Recht immer auf unserer Seite ist. Die Entdeckung der Kinder durch die böse Königin und die Verwandlung der Söhne in Schwäne symbolisieren also, dass unser Ego daraufhin wirkt, dass unser verbliebener Sinn für das richtige Tun im Leben verwandelt wird in Selbstüberhebung. Wir definieren uns selbst dann als das Richtige und können per Definition nichts mehr falsch machen, auch wenn wir laufend gegen unser Gewissen handeln.

„Wo sind deine Brüder?" fragte der König.

„Ach, lieber Vater," antwortete es, „die sind fort und haben mich allein zurückgelassen," und erzählte ihm, daß es aus seinem Fensterlein mit angesehen habe, wie seine Brüder als Schwäne über den Wald weggeflogen wären, und zeigte ihm die Federn, die sie in dem Hof hatten fallen lassen und die es aufgelesen hatte. Der König trauerte, aber er dachte nicht, daß die Königin die böse Tat vollbracht hätte, und weil er fürchtete, das Mädchen würde ihm auch geraubt, so wollte er es mit fortnehmen. Aber es hatte Angst vor der Stiefmutter und bat den König, daß es nur noch diese Nacht im Waldschloß bleiben dürfte.

Das arme Mädchen dachte: Meines Bleibens ist nicht länger hier, ich will gehen und meine Brüder suchen. Und als die Nacht kam, entfloh es und ging gerade in den Wald hinein. Es ging die ganze Nacht durch und auch den andern Tag in einem fort, bis es vor Müdigkeit nicht weiterkonnte. Da sah es eine Wildhütte, stieg hinauf und fand eine Stube mit sechs kleinen Betten, aber es getraute nicht, sich in eins zu legen, sondern kroch unter eins, legte sich auf den harten Boden und wollte die Nacht da zubringen. Als aber die Sonne bald untergehen wollte, hörte es ein Rauschen und sah, daß sechs Schwäne zum Fenster hereingeflogen kamen. Sie setzten sich auf den Boden und bliesen einander an und bliesen sich alle Federn ab, und ihre Schwanenhaut streifte sich ab wie ein Hemd. Da sah sie das Mädchen an und erkannte ihre Brüder, freute sich und kroch unter dem Bett hervor. Die Brüder waren nicht weniger erfreut, als sie ihr Schwesterchen erblickten, aber ihre Freude war von kurzer Dauer.

„Hier kann deines Bleibens nicht sein," sprachen sie zu ihm, „das ist eine Herberge für Räuber, wenn die heimkommen und finden dich, so ermorden sie dich."

„Könnt ihr mich denn nicht beschützen?" fragte das Schwesterchen.

„Nein," antworteten sie, „denn wir können nur eine Viertelstunde lang jeden Abend unsere Schwanenhaut ablegen und haben in dieser Zeit unsere menschliche Gestalt, aber dann werden wir wieder in Schwäne verwandelt." Das Schwesterchen weinte und sagte: „Könnt ihr denn nicht erlöst werden?"

„Ach nein," antworteten sie, „die Bedingungen sind zu schwer. Du darfst sechs Jahre lang nicht sprechen und nicht lachen und mußt in der Zeit sechs Hemdchen für uns aus Sternenblumen zusammennähen. Kommt ein einziges Wort aus deinem Munde, so ist alle Arbeit verloren." Und als die Brüder das gesprochen hatten, war die Viertelstunde herum, und sie flogen als Schwäne wieder zum Fenster hinaus.

Dass nun nur noch die Königstochter dem König erhalten bleibt, symbolisiert, dass wir durch Selbstüberhebung unsere Integrität opfern und im Anschluss nur noch ein restliches Gefühl zurückbleibt, auf unserem

Weg als Mensch das Richtige zu tun und das Falsche zu unterlassen. Wir haben dann nur noch dieses Gefühl als Ausgangspunkt, um unser wahres Sein wiederzubeleben. Wenn wir erkennen, dass wir unseren Weg verloren haben und unseren menschlichen Werten wieder den Platz einräumen müssen, der ihnen gebührt, so braucht dies einen festen dauerhaften Entschluss, dieses Ziel zu erreichen und zumindest dem Gefühl zu folgen, das Richtige im Leben zu tun.

Die kurze Verwandlung der Schwäne in ihre Brüder symbolisiert gelegentliche Momente der Erkenntnis, dass wir unsere Integrität wiederherstellen müssen. Durch solche Momente kann unser Gefühl für das richtige Handeln wieder stärker werden, symbolisiert von der Wiederbegegnung der Geschwister, durch die die Schwester gestärkt wird.

Ein solcher Moment kann einerseits die Kraft haben, die Sehnsucht nach dem verlorenen Einklang und die Freude darauf wiederzuerwecken, und zeigt uns zum anderen jedoch auch, welche negativen Gewohnheiten der Selbstüberhebung noch in uns wohnen, die wir erst beharrlich transformieren müssen, weil diese negativen Gewohnheiten uns unseres wahren Seins berauben. Diese negativen Gewohnheiten, die uns unseres wahren Seins berauben, werden von den Räubern symbolisiert.

Die Zahl sechs steht für Vergangenes und Karma. Die sechs Jahre nicht sprechen und nicht lachen symbolisieren eine lange Phase ausreichend starker spiritueller Selbstdisziplin, ernsthaft nur Gutes und Richtiges in unserem Leben zu tun, die geeignet ist, unser Karma zu erschöpfen, neues gutes Karma zu schaffen, uns aus der Vergangenheit zu lösen und uns ganz ins Hier und Jetzt zu bringen, wo wir wieder unser wahres Sein entfalten können.

Das Mädchen aber faßte den festen Entschluß, seine Brüder zu erlösen, und wenn es auch sein Leben kostete. Es verließ die Wildhütte, ging mitten in den Wald und setzte sich auf einen Baum und brachte da die Nacht zu. Am andern Morgen ging es aus, sammelte Sternblumen und fing an zu nähen. Reden konnte es mit niemand, und zum Lachen hatte es keine Lust; es saß da und sah nur auf seine Arbeit. Als es schon lange Zeit da zugebracht hatte, geschah es, daß der König des Landes in dem Wald jagte und seine Jäger zu dem Baum kamen, auf welchem das Mädchen saß. Sie riefen es an und sagten: „Wer bist du?" Es gab aber keine Antwort. „Komm herab zu uns," sagten sie, „wir wollen dir nichts zuleid tun." Es schüttelte bloß mit dem Kopf. Als sie es weiter mit Fragen bedrängten, so warf es ihnen seine goldene Halskette herab und dachte sie damit zufriedenzustellen. Sie ließen aber nicht ab, da warf es ihnen seinen Gürtel herab, und als auch dies nicht half, seine Strumpfbänder, und nach und nach alles, was es anhatte und entbehren konnte, so daß es nichts mehr als sein Hemdlein behielt. Die Jäger ließen sich aber damit nicht abweisen, stiegen auf den Baum, hoben das Mädchen herab und führten es vor den König.

Der Beschluss des Mädchens, seine Brüder zu retten, symbolisiert die Entschlossenheit, mit der wir uns auf den spirituellen Weg machen müssen, sobald wir erkannt haben, worauf es im Leben wirklich ankommt, um das Ziel erreichen zu können. Die Sternenblumen symbolisieren das Erblühen jener Eigenschaften in uns, die von den Sternen symbolisiert werden, nämlich ein Gleichgewicht von Liebe und Weisheit. Es gilt, dass wir in der Liebe und Weisheit wachsen, bis wir wie von einem Hemdchen ganz davon umhüllt sind. Während unseres spirituellen Wachstum gilt es, an unserer Disziplin festzuhalten und sie zu einer festen Gewohnheit zu machen.

Der König fragte: „Wer bist du? Was machst du auf dem Baum?" Aber es antwortete nicht. Er fragte es in allen Sprachen, die er wußte, aber es blieb stumm wie ein Fisch. Weil es aber so schön war, so ward des Königs Herz gerührt, und er faßte eine große Liebe zu ihm. Er tat ihm seinen Mantel um, nahm es vor sich aufs Pferd und brachte es in sein Schloß. Da ließ er ihm reiche Kleider antun, und es strahlte in seiner Schönheit wie der helle Tag, aber es war kein Wort aus ihm herauszubringen. Er setzte es bei Tisch an seine Seite, und seine bescheidenen Mienen und seine Sittsamkeit gefielen ihm so sehr, daß er sprach: „Diese begehre ich zu heiraten und keine andere auf der Welt," und nach einigen Tagen vermählte er sich mit ihr.

Wenn unser Gefühl für Einklang und richtiges Handeln stärker wird, wünschen wir uns auch wieder ein feste Verankerung in Integrität. Der König symbolisiert diese Integrität. Die Hochzeit symbolisiert nun den Beginn der Verbindung von Gerechtigkeitsgefühl und bewusster Integrität.

Der König aber hatte eine böse Mutter, die war unzufrieden mit dieser Heirat und sprach schlecht von der jungen Königin. „Wer weiß, wo die Dirne her ist," sagte sie, „die nicht reden kann: Sie ist eines Königs nicht würdig" Über ein Jahr, als die Königin das erste Kind zur Welt brachte, nahm es ihr die Alte weg und bestrich ihr im Schlafe den Mund mit Blut. Da ging sie zum König und klagte sie an, sie wäre eine Menschenfresserin. Der König wollte es nicht glauben und litt nicht, daß man ihr ein Leid antat. Sie saß aber beständig und nähete an den Hemden und achtete auf nichts anderes. Das nächste Mal, als sie wieder einen schönen Knaben gebar, übte die falsche Schwiegermutter denselben Betrug aus, aber der König konnte sich nicht entschließen, ihren Reden Glauben beizumessen. Er sprach: „Sie ist zu fromm und gut, als daß sie so etwas tun könnte, wäre sie nicht stumm und könnte sie sich verteidigen, so würde ihre Unschuld an den Tag kommen." Als aber das dritte Mal die Alte das neugeborne Kind raubte und die Königin anklagte, die kein Wort zu ihrer Verteidigung vorbrachte, so konnte der König nicht anders, er mußte sie dem Gericht übergeben, und das verurteilte sie, den Tod durchs Feuer zu erleiden.

So wie der Vater des Mädchens eine böse Frau heiratete, hat jetzt ihr Mann eine böse Mutter. Das alte Thema wird also wieder aufgegriffen.

Sobald Gerechtigkeitsgefühl und bewusste Integrität durch unsere disziplinierte Ausrichtung auf das Ziel stärker werden, meldet sich unser Zwangsego und ist mit dieser Disziplin nicht einverstanden. Die böse Mutter des Königs, der für die Integrität steht, symbolisiert dieses Zwangsego, das sich gerne selbst die Regeln macht und diese wenn möglich anderen aufzwingt, häufig versteckt im Kleid einer Ideologie oder Religion, die uns eine Rechtfertigung gibt oder vielleicht sogar eine Pflicht auferlegt, anderen unsere Vorstellungen aufzudrängen oder aufzuzwingen.

Spirituelle Selbstverpflichtungen (die Disziplin der Königin) mag unser Zwangsego nicht, da unsere egoistischen Freiheiten von diesen eingeschränkt werden. Entsprechend symbolisiert die Wegnahme der Kinder der Königin unsere Rückschläge auf dem Weg, die wir durch die Tätigkeit unseres Egos erleiden.

Wenn wir zu viele Rückschläge erleiden, glauben wir schließlich vielleicht den Einflüsterungen unseres Egos und laufen Gefahr, zu resignieren und die weitere spirituelle Suche nach dem richtige Weg ganz aufzugeben.

Als der Tag herankam, wo das Urteil sollte vollzogen werden, da war zugleich der letzte Tag von den sechs Jahren herum, in welchen sie nicht sprechen und nicht lachen durfte, und sie hatte ihre lieben Brüder aus der Macht des Zaubers befreit. Die sechs Hemden waren fertig geworden, nur daß an dem letzten der linke Ärmel noch fehlte. Als sie nun zum Scheiterhaufen geführt wurde, legte sie die Hemden auf ihren Arm, und als sie oben stand und das Feuer eben sollte angezündet werden, so schaute sie sich um, da kamen sechs Schwäne durch die Luft dahergezogen. Da sah sie, daß ihre Erlösung nahte, und ihr Herz regte sich in Freude.

In der Zeit bevor unser Zwangsego weicht, macht es sich noch einmal verstärkt bemerkbar und versucht, die volle Kontrolle über unser Bewusstsein zurückzugewinnen. Wenn wir bis dahin jedoch mit Disziplin unseren spirituellen Weg gegangen sind, kann unsere Integrität ganz im Einklang mit uns selbst erwachen und wir können uns von unserem Zwangsego befreien.

Die Schwäne rauschten zu ihr her und senkten sich herab, so daß sie ihnen die Hemden überwerfen konnte; und wie sie davon berührt wurden, fielen die Schwanenhäute ab, und ihre Brüder standen leibhaftig vor ihr und waren frisch und schön; nur dem Jüngsten fehlte der linke Arm, und er hatte dafür einen Schwanenflügel am Rücken. Sie herzten und küßten sich, und die Königin ging zu dem Könige, der ganz bestürzt war, und fing an zu reden und sagte: „Liebster Gemahl, nun darf ich sprechen und dir offenbaren, daß ich unschuldig bin und fälschlich angeklagt," und erzählte ihm von dem Betrug der Alten, die ihre drei Kinder weggenommen und verborgen hätte. Da wurden sie zu großer Freude des Königs herbeigeholt, und die böse Schwiegermutter wurde zur Strafe auf den Scheiterhaufen gebunden und zu Asche verbrannt. Der König aber und die Königin mit ihren sechs Brüdern lebten lange Jahre in Glück und Frieden.

Die Rückverwandlung der Schwäne in ihre Brüder symbolisiert die Verwandlung unserer Selbstüberhebung, über dem Recht zu stehen, in ein wiedererwachtes Bewusstsein von Integrität.

Dass dem jüngsten der sechs Bruder der linke Arm fehlte und stattdessen ein Schwanenflügel herabhängt, symbolisiert, dass ein subtiler Rest von Selbstüberhebung noch im Gemüt zurückbleiben mag, der uns auch erst verlassen wird, wenn wir das Ziel der Befreiung auch von unserem spirituellen Ego ganz erreicht haben und wieder in der Einheit sind.

Das Verbrennen der Schwiegermutter-Hexe bis zur Asche symbolisiert das Verbrennen unseres Zwangsegos im Feuer der Transformation. So wie Asche als Dünger dienen kann, können die zurückgebliebenen Geschichten über unsere eigenen Verfehlungen und unsere Transformation als Inspiration wie Dünger für das Wachstum anderer spiritueller Sucher dienen.

Nach der Befreiung von unserem Zwangsego haben wir den Einklang mit der universellen Ordnung wiederhergestellt.

Die Symbolik dieses Märchen passt zum Lebensweg von Menschen, die sich um diverser Vorteile wie Geld, Status und Macht willen so lange mit dem Unrecht verheiratet haben, dass dieses Unrecht in Form von Selbstüberhebung zu ihrem Charakter, einem Bestandteil ihres Wesens, wurde. Wenn sie irgendwann erkennen, dass sie vollkommen vom Weg der Menschlichkeit und Integrität abgekommen sind, gibt es noch die Möglichkeit, einen festen inneren Beschluss zu fassen, trotz ihrer Überheblichkeit so lange ihrem Gerechtigkeitsgefühl zu folgen, bis sie ihren Charakter wieder wandeln und ihre Überheblichkeit wieder von ihnen abfallen kann. Sie werden einen inneren Kampf zwischen ihrem Ego (die böse Königsmutter) und ihrem verbliebenen Gerechtigkeitsgefühl (die Königin) durchhalten und gewinnen müssen, um dieses Ziel zu erreichen.

Dass die Königin nicht sprechen und nicht lachen darf, symbolisiert dabei die Zurückhaltung des eigenen Egos, der eigenen Überheblichkeit, um das Gerechtigkeitsempfinden bewahren und stärker werden lassen zu können. Selbst ein einmaliges Ausagieren der Überheblichkeit könnte das verbliebene Gerechtigkeitsgefühl so schwächen, dass eine Transformation der Überheblichkeit nicht mehr möglich wäre. So kann ein Mensch, der seine eigene Selbstüberhebung und Überheblichkeit erkannt hat, durch einen inneren Beschluss zur Treue gegenüber seinem Gerechtigkeitsgefühl, die er so lange wie erforderlich beibehält, auch wieder an den Punkt kommen, die eigenen Überheblichkeit in Integrität und ein natürliche Menschlichkeit wandeln zu können.

In einer Zeit, in der die gesamte Menschheit einer Prüfung ihrer Menschlichkeit und Integrität unterzogen wird, können es gerade die Mitglieder der Eliten sein, die vielleicht noch eine letzte Chance nutzen können, das Richtige in ihrem Leben zu tun, der Befreiung der Menschheit zu dienen und ihren Weg zurück zu einer integren Lebensweise zu finden, durch die sich wieder in Einklang mit der göttlichen Ordnung und ihren Mitmenschen bringen.

3.9 Blaubart – Wie die Drangsal zur gesellschaftlichen Befreiung beiträgt

Vater	Urteilsvermögen
drei Söhne	der starke, von Integrität bewirkte Schutz
Tochter	Wahrheitsstreben
Blaubart	Täuschung
Verbot, die Kammer zu öffnen	Tabu, die Wahrheit zu erforschen

Das Märchen vom König Blaubart ist eines der gruseligsten deutschen Volksmärchen. Und nicht nur daher ist es geeignet, uns Hinweise für den Umgang mit all dem Gruseligen zu geben, was hinter den dunklen Kulissen der Macht abläuft, mit dem die Mächtigen bewirken wollen, dass wir weiterschlafen und nicht auf das böse Spiel aufmerksam werden, das ständig mit uns gespielt wird. Das Thema des Märchens vom König Blaubart ist die Täuschung, das Erwachen aus der Täuschung und die große Gefahr, in der wir uns befinden, wenn jene, die uns getäuscht haben, merken, dass wir aus der Täuschungshypnose erwachen. Wir leben seit Jahrhunderten mit tiefenstaatlichen Eliten, von denen wir über ihre wahren Ziele hinweggetäuscht werden.

In der jetzigen Situation der globalen Coronakrise wachen allmählich endlich mehr Menschen zu den Dingen auf, die auf Erden wirklich ablaufen, wobei es aktuell gerade in Deutschland noch viel mehr werden müssen. Daher kann uns dieses Märchen ein paar Hinweise geben, wie wir uns aus der Gefahr retten, die dadurch entstehen wird, dass wir unser Denken befreien und die Eliten sich gezwungen sehen, zu zunehmend drastischeren Mitteln zu greifen, um ihre Herrschaft über uns trotz unseres Erwachens aufrechtzuerhalten und zu sichern. Legen wir also los.

In einem Walde lebte ein Mann, der hatte drei Söhne und eine schöne Tochter. Einmal kam ein goldener Wagen mit sechs Pferden und einer Menge Bedienten angefahren, hielt vor dem Haus still, und ein König stieg aus und bat den Mann, er möchte ihm seine Tochter zur Gemahlin geben. Der Mann war froh, dass seiner Tochter ein solches Glück widerfuhr, und sagte gleich ja; es war auch an dem Freier gar nichts auszusetzen, als dass er einen ganz blauen Bart hatte, so dass man einen kleinen Schrecken kriegte, sooft man ihn ansah. Das Mädchen erschrak auch anfangs davor und scheute sich, ihn zu heiraten, aber auf Zureden ihres Vaters willigte es endlich ein.

Der Blaubart symbolisiert in diesem Märchen den Aspekt der Täuschung. Blau ist einerseits eine Farbe, die ein Bart normalerweise nicht hat. Das bedeutet, dass jemand nicht sein wahres Gesicht zeigt. Außerdem steht zum Beispiel die tiefblaue Farbe des Meeres für Unergründlichkeit. Man weiß also nicht, woran man ist. Durch Täuschung erwerben Menschen eine Kooperation anderer, die sie nicht bekommen würden, wenn sie die Wahrheit sagten. Täuschung ist also eine Form des Zwangs, jemanden zu etwas zu bewegen, was er von sich aus nicht tun würde. Zum Beispiel täuscht ja eine Schlange ein Kaninchen über ihre wahren Absichten hinweg und wir wissen, was am Ende mit dem Kaninchen passiert.

Die Schwester symbolisiert das Wahrheitsstreben des Menschen. Dass das Mädchen eine schöne Tochter ist, zeigt, dass das Wahrheitsstreben des Menschen eine besonders schöne Eigenschaft ist. Das Verlangen des Blaubarts, sie zu seiner Frau zu nehmen, symbolisiert die spezielle Beziehung der Täuscher zur Wahrheit. Sie wollen sich mit der Wahrheit zusammentun und sich mit der Wahrheit schmücken, um sie für ihre Zwecke zu benutzen und zu kontrollieren. Sie möchten den Anschein von so viel

Wahrheit wie möglich erwecken können. Die Zahl sechs symbolisiert unsere Verhaftung an die Vergangenheit und unser Karma aus der Vergangenheit. Die sechs Pferde des Blaubarts verraten die Verhaftung des Geistes an die Vergangenheit und dass das Tun des Blaubarts Karma erzeugt.

Der Vater des Mädchens, der seine Tochter dem Blaubart geben will, weil die königliche Erscheinung ihm gefällt, symbolisiert unser getäuschtes Urteilsvermögen, das auf die vorgegaukelten Vorteile vertraut und damit bereit ist, das eigene Streben nach Wahrheit der Täuschung zu opfern. Der Vater opfert sein Tochter einem eigentlich nicht geheuren Freier. Hier ist also eine Geisteshaltung dargestellt, die sich bereitwillig in grundlegenden Dingen täuschen lässt, weil unsere Bereitschaft, uns täuschen zu lassen, Vorteile und Annehmlichkeiten mit sich bringt. Das ganze Märchen dreht sich darum, was es braucht, aus der Täuschung zu erwachen, unser Urteilsvermögen wieder in Besitz zu nehmen und unsere Integrität wiederherzustellen, die wir dadurch verlieren, dass wir uns um diverser Annehmlichkeiten und Vorteile willen täuschen lassen.

Doch weil das Mädchen so eine Angst fühlte, ging es erst zu seinen drei Brüdern, nahm sie allein und sagte: „Liebe Brüder, wenn ihr mich schreien hört, wo ihr auch seid, so lasst alles stehen und liegen und kommt mir zu Hülfe." Das versprachen ihm die Brüder und küssten es. „Leb wohl, liebe Schwester, wenn wir deine Stimme hören, springen wir auf unsere Pferde und sind bald bei dir."

Die drei Brüder des Mädchens sind gleichzeitig ihre Beschützer. Sie werden nicht näher beschrieben oder unterschieden. Wichtig ist hier also nur die Zahl drei. Die drei symbolisiert eine besondere Betonung und Verstärkung von etwas, wenn etwas drei Mal wiederholt wird. Drei Brüder, die ihr zusichern, ihr in der Not zu Hilfe zu kommen, symbolisieren einen weit größeren Schutz als nur ein Bruder. Die drei Brüder symbolisieren also den sehr starken, von der Wiederherstellung oder Wahrung unserer Integrität bewirkten Schutz für unseren Geist und für unser Leben. Wer sich an die universellen Gesetze der Gerechtigkeit hält, wird von diesen Gesetzen beschützt. Und dieser Schutz ist tatsächlich der stärkste Schutz, den wir haben können.

Die Zahl 888 symbolisiert z.B., dass die Qualität der 8 besonders stark gilt. Die 8 steht für Vollendung. Wenn Irlmaier z.B. von 888 Tagen der weltweiten Herrschaft eines ganz bösen Mannes spricht, kann dies wörtlich gemeint sein (was bei Irlmaier meistens der Fall ist) und / oder symbolisch anzeigen, dass unsere Phase der besonderen Drangsal durch den Tiefenstaat unserer Vollendung dienen soll, weil sie uns aufweckt und eine ethische Renaissance erforderlich macht, damit wir so solidarisch zusammenstehen, dass wir uns retten können.

Die Zahl 6 hatten wir oben schon. Die dreifache Betonung der 6, also 666, symbolisiert eine besonders starke Verhaftung an die Vergangenheit und an unser Karma. Als Dreierschritt kann 666 heißen: Wegen Karma kamen wir, mit Karma leben wir und mit Karma verlassen wir diese Welt. Menschen, die auf diese Zahl fixiert sind, zeigen dadurch ihren Wunsch, ihre Mitmenschen so in Karma zu verstricken, dass sie nicht mehr aus ihrer Schuld herauskönnen und über ihre Schuld kontrolliert und beherrscht werden können. Deswegen sind übelwollende Menschen wohl so von dieser Zahl besessen.

Die 999 hingegen heißt: Aus unsterblichem Bewusstsein (Unschuld) kommen wir, unsterbliches Bewusstsein (Unschuld) sind wir und zu unsterblichem Bewusstsein (Unschuld) werden wir auch wieder. Durch unser Ego und seine Projektion sind wir von unserer Unschuld getrennt. Durch spirituelle Übungen können wir in die Unschuld unseres wahren Seins zurückfinden.

Zurück zum Märchen: Das Thema des Märchens ist die Täuschung, die zum Bereich des Rechts gehört. Das zu Hilfe eilen durch die drei Brüder symbolisiert also ein starkes Erwachen von Integrität, eine ethische Renaissance, ein starkes Erwachen des Gewissens und unserer Bereitschaft zu tun, was unser Gewissen uns gebietet. Ein solches Erwachen kann unsere Wahrheitsliebe wiederherstellen, so dass wir unseren Geist wieder fest in der spirituellen Wahrheit und in den wahren Werten der Menschlichkeit verankern können. Wenn die Täuschung kollektiv operiert und in eine Diktatur führt oder zu führen droht, so gibt es auch dann noch keine stärkere befreiende Kraft aus einer Diktatur und keinen größeren Schutz vor einer Diktatur für uns als wenn wir unsere verlorene Integrität, die zur Diktatur geführt hat, wiederherstellen.

Darauf setzte das Mädchen sich in den Wagen zu dem Blaubart und fuhr mit ihm fort. Wie es in sein Schloss kam, war alles prächtig, und was die Königin nur wünschte, das geschah, und sie wären recht glücklich gewesen, wenn sie sich nur an den blauen Bart des Königs hätte gewöhnen können, aber immer, wenn sie den sah, erschrak sie innerlich davor.

Wenn die Täuschung zu einem angenehmen Leben führt wie wir es in Deutschland zum Beispiel seit 70 Jahren haben, sind wir leicht bereit, über die Warnsignale, die uns auf die Täuschung unserer Wahrnehmung hinweisen, hinwegzusehen, auch wenn wir immer wieder solche Warnsignale bekommen. Wir sind zum Beispiel leicht bereit, die Hinweise auf die bösen Zustände hinter den Kulissen der Mächtigen dieser Welt als Verschwörungstheorien abzutun, um unser angenehmes Leben fortsetzen zu können.

Nachdem das einige Zeit gewährt, sprach er: „Ich muss eine große Reise machen, da hast du die Schlüssel zu dem ganzen Schloss, du kannst überall aufschließen und alles besehen, nur die Kammer, wozu dieser kleine goldene Schlüssel gehört, verbiet ich dir; schließt du die auf, so ist dein Leben verfallen." Sie nahm die Schlüssel, versprach ihm zu gehorchen, und als er fort war, schloss sie nacheinander die Türen auf und sah so viel Reichtümer und Herrlichkeiten, dass sie meinte, aus der ganzen Welt wären sie hier zusammengebracht.

Die Täuschung gestattet, dass wir alle Wahrheiten wahrnehmen dürfen, die zulassen, dass die Täuschung aufrechterhalten wird. Sie gestattet nicht, dass wir jene Dinge wahrnehmen, die dem Vorgetäuschten widersprechen und die Täuschung aufdecken. Da die Täuschung die Wahrheit für ihre Zwecke benutzt, wird das meiste davon auf Wahrheit aufgebaut sein, um die Täuschung erfolgreich verbergen zu können. Wir sollen nach Maßgabe der Täuschung aber auf keinen Fall die ganze Wahrheit kennen, die alles in ein völlig anderes Licht rücken würde. Auch wenn der größte Teil dessen, was die Massenmedien uns berichten, zumindest ungefähr der Wahrheit entspricht, belügen sie uns über die sehr grundlegenden Dinge. Das, was sie richtig berichten, berichten sie nur richtig, weil wir ihre fundamentalen Lügen sonst ja nicht glauben würden.

Als Beispiel würde ich hier die Migrationskrise nennen. In unserer politischen Korrektheit sind Tabus verankert. Würden wir den wahren Beweggrund dieser Tabus verstehen, würden wir auch die wahren Absichten der Mächtigen erkennen. Diese wahren Absichten auszusprechen, ist tabuisiert und wird mit sozialer Ächtung als Verschwörungstheoretiker, Nazi, Rechter oder dergleichen bestraft. Wenn wir das Tabu missachten, werden wir angegriffen. Natürlich haben wir verschiedene Pflichten der Menschlichkeit, zum Beispiel Menschen in Not zu helfen, Menschen nicht wegen ihrer Abstammung oder Hautfarbe zu diskriminieren, allen Menschen mit dem gleichen Respekt und Achtung ihrer Menschenwürde zu begegnen. All das ist wahr.

Aber wahr ist auch, dass wir in unserem Fall als das einheimische deutsche Volk eigentlich das Recht hätten, uns in unserem Land wie Gastgeber zu benehmen, die das Recht haben, jeden Gast, also jeden, der nicht deutsch ist, ohne Angabe von Gründen aus unserem Land wegzuschicken. Auf die gleiche Weise hat im Privaten jeder Gastgeber das Recht, einen

Gast nach Hause zu schicken, der sich äußerst undankbar zeigte, wenn er ihn dafür als Rassisten beschimpfte. Unser natürliches Recht als Gastgeber in unserem Land wurde uns durch internationale Verträge durch Regierungen schon fast geraubt, die sich jeweils der nationalen Bevölkerung gegenüber, deren Interessen sie eigentlich vertreten sollten, treulos gezeigt haben. Und das auszusprechen ist ein solches Tabu. Wir dürfen die wahren Absichten der Mächtigen nicht hinterfragen, nicht untersuchen, nicht reflektieren und keine Ergebnisse solcher Forschungen aussprechen.

Uns diese Wirklichkeit zu tabuisieren, dient also der Täuschung über das wahre Motiv hinter der Massenmigration. Allein die Massivität dieses Tabus deutet auf eine Absicht der Mächtigen hin, den Ureinwohnern Europas, also uns indigenen europäischen Völkern unsere geistige Ausrichtung, Kraft und Integrität zu rauben, um eine westeuropaweite Bevölkerung ohne nationale Identität, bzw. ohne einheimische Mehrheit und mit so vielen nationalen Minderheiten zu schaffen, dass die einzelnen Gruppierungen leicht gegeneinander ausgespielt und regiert werden können.

Wenn wir diese Zusammenhänge öffentlich besprechen, werden wir angegriffen. Wir dürfen sie also nicht besprechen. Und die Drohung, dass wir diese Zusammenhänge nicht besprechen und nicht erforschen dürfen, steht ja auch immer im Raum so wie die Drohung des Blaubarts an seine Frau, die das Wahrheitsstreben symbolisiert, dem nicht gestattet wird, sich über die installierten Tabus hinwegzusetzen, um die Wahrheit herauszufinden und diese auch auszusprechen.

Es war nun nichts mehr übrig als die verbotene Kammer, der Schlüssel war von Gold, da gedachte sie, in dieser ist vielleicht das Allerkostbarste verschlossen; die Neugierde fing an, sie zu plagen, und sie hätte lieber all das andere nicht gesehen, wenn sie nur gewusst, was in dieser wäre. Eine Zeitlang widerstand sie der Begierde, zuletzt aber ward diese so mächtig, dass sie den Schlüssel nahm und zu der Kammer hinging: „Wer wird es sehen, dass ich sie öffne," sagte sie zu sich selbst, „ich will auch nur einen Blick hineintun." Da schloss sie auf, und wie die Türe aufging, schwomm ihr ein Strom Blut entgegen, und an den Wänden herum sah sie tote Weiber hängen, und von einigen waren nur die Gerippe noch übrig. Sie erschrak so heftig, dass sie die Türe gleich wieder zuschlug, aber der Schlüssel sprang dabei heraus und fiel in das Blut. Geschwind hob sie ihn auf und wollte das Blut abwischen, aber es war umsonst, wenn sie es auf der einen Seite abgewischt, kam es auf der andern wieder zum Vorschein; sie setzte sich den ganzen Tag hin und rieb daran und versuchte alles mögliche, aber es half nichts, die

Blutflecken waren nicht herabzubringen; endlich am Abend legte sie ihn ins Heu, das sollte in der Nacht das Blut ausziehen.

Wenn wir jedoch einmal merken, dass wichtige Dinge vor uns verborgen bleiben und unsere Wahrheitsliebe und unser Gewissen erwacht, wollen wir auch die ganze Wahrheit wissen. Wenn wir unsere Täuschung dann erforschen, stoßen wir vermutlich auch auf den dunklen und hässlichen Grund für die Täuschung. Wir finden sozusagen die Leichen im Keller. Das Erschrecken über die Wahrheit und die Hässlichkeit der Wahrheit führen dazu, dass man uns auch anmerkt, dass wir die Wahrheit kennen, die wir nun nicht mehr verbergen können.

Menschen, die böse Taten und sogar Verbrechen begehen, müssen das Streben danach, die Wahrheit ans Licht zu bringen, immer wieder eliminieren (die toten Vorgängerinnen). Nur wenn alle Hinweise auf die Täuschung eliminiert werden können, kann der Anschein gewahrt bleiben. Dass der Blaubart immer wieder eine neue Frau braucht, weil er sie immer wieder umbringt, symbolisiert also, dass das Aufrechterhalten der Grundtäuschung erforderlich macht, dass die Wahrheit immer wieder und wieder durch neue Lügen verdeckt wird, die aus den wahren Gegebenheiten gestrickt werden. Das Wahrheitsstreben wird durch die immer neuen Lügen sozusagen immer und immer wieder getötet.

Je furchtbarer die Verbrechen sind, die gegen die Wahrheit und das Recht verstoßen, desto größer dadurch der Schutz, weil ein normaler Verstand sich umso mehr gegen die Erkenntnis der Wahrheit sträubt, je schlimmer die Dinge sind, die verbrochen wurden. In unserer Zeit ist der Unwille im kollektiven Bewusstsein, die Machenschaften des globalen Tiefenstaats überhaupt wahrzunehmen und überhaupt die Erkenntnis zuzulassen, dass dieser Tiefenstaat keine Verschwörungstheorie ist, also auch durch das Ausmaß der Verbrechen dieses Tiefenstaats definiert. Ein Grund für die Weigerung unserer Mitmenschen aufzuwachen und die Realitäten zu sehen, besteht daher sicherlich in der Massivität der Verbrechen dieses Tiefenstaats, die wir kollektiv ausblenden, um unser angenehmes Leben weiterzuleben. Das Erwachen wird einen sehr schmerzhaften Schock mit sich bringen, sobald die Wahrheit unleugbar wird.

Am andern Tag kam der Blaubart zurück, und das erste war, dass er die Schlüssel von ihr forderte; ihr Herz schlug, sie brachte die ändern und hoffte, er werde es nicht bemerken, dass der goldene fehlte. Er aber zählte sie alle, und wie er fertig war, sagte er: „Wo ist der zu der heimlichen Kammer?" Dabei sah er ihr in das Gesicht. Sie ward blutrot und antwortete: „Er liegt oben, ich habe ihn verlegt, morgen will ich ihn suchen." - „Geh lieber gleich, liebe Frau, ich werde ihn noch heute brauchen." - „Ach ich will dir's nur sagen, ich habe ihn im Heu verloren, da muss ich erst suchen." - „Du hast ihn nicht verloren," sagte der Blaubart zornig, „du hast ihn dahin gesteckt, damit die Blutflecken herausziehen sollen, denn du hast mein Gebot übertreten und bist in der Kammer gewesen, aber jetzt sollst du hinein, wenn du auch nicht willst." Da musste sie den Schlüssel holen, der war noch voller Blutflecken. „Nun bereite dich zum Tode, du sollst noch heute sterben," sagte der Blaubart, holte sein großes Messer und führte sie auf den Haus-ehrn. „Lass mich nur noch vor meinem Tod mein Gebet tun," sagte sie. „So geh, aber eil dich, denn ich habe keine Zeit lang zu warten."

Wenn Menschen, die uns in böser Absicht getäuscht haben, bemerken, dass wir ihre Täuschung durchschaut haben, und wenn ihre böse Absicht bestehen bleibt, was meistens der Fall sein wird, werden sie versuchen, ihr Unrecht auf uns zu projizieren und uns die Schuld zu geben und zu bestrafen, damit sie ihre böse Absicht dennoch erreichen können. Natürlich wollen sie uns nur dafür bestrafen, dass wir ihnen auf die Schliche gekommen sind. Was sehen wir jetzt in der Welt? Es kommen immer mehr üble Wahrheiten ans Licht und gleichzeitig gehen Massenmedien und Regierung immer drastischer gegen ihre Kritiker vor.

Da lief sie die Treppe hinauf und rief, so laut sie konnte, zum Fenster hinaus: „Brüder, meine lieben Brüder, kommt, helft mir!" Die Brüder saßen im Wald beim kühlen Wein, da sprach der jüngste: „Mir ist, als hätt ich unserer Schwester Stimme gehört; auf! wir müssen ihr zu Hülfe eilen!" Da sprangen sie auf ihre Pferde und ritten, als wären sie der Sturmwind. Ihre Schwester aber lag in Angst auf den Knieen; da rief der Blaubart unten: „Nun, bist du bald fertig?" Dabei hörte sie, wie er auf der untersten Stufe sein Messer wetzte; sie sah hinaus, aber sie sah nichts als von Ferne einen Staub, als kam eine Herde gezogen. Da schrie sie noch einmal: „Brüder, meine lieben Brüder! kommt, helft mir!" Und ihre Angst ward immer größer. Der Blaubart aber rief: „Wenn du nicht bald kommst, so hol ich dich, mein Messer ist gewetzt!" Da sah sie wieder hinaus und sah ihre drei Brüder durch das Feld reiten, als flögen sie wie Vögel in der Luft, da schrie sie zum drittenmal in der höchsten Not und aus allen Kräften: „Brüder, meine lieben Brüder! kommt, helft mir!" Und der jüngste war schon so nah, daß sie seine Stimme hörte: „Tröste dich, liebe Schwester, noch einen Augenblick, so sind wir bei dir!" Der Blaubart aber rief: „Nun ist's genug gebetet, ich will nicht länger warten, kommst du nicht, so hol ich dich!" - „Ach! nur noch für meine drei lieben Brüder laß mich beten." Er hörte aber nicht, kam die Treppe heraufgegangen und zog sie hinunter, und eben hatte er sie an den Haaren gefaßt und wollte ihr das

Messer in das Herz stoßen, da schlugen die drei Brüder an die Haustüre, drangen herein und rissen sie ihm aus der Hand, dann zogen sie ihre Säbel und hieben ihn nieder. Da ward er in die Blutkammer aufgehängt zu den andern Weibern, die er getötet, die Brüder aber nahmen ihre liebste Schwester mit nach Haus, und alle Reichtümer des Blaubarts gehörten ihr.

Dass allein die Brüder sie jetzt noch retten können, symbolisiert, was wir brauchen, wenn wir Menschen, die uns mit kriminellen Absichten täuschen, auf die Schliche gekommen sind und uns vor ihren Übergriffen schützen müssen. Wir brauchen wie bereits erwähnt also eine besonders starke ethische Renaissance, eine Wiedergeburt der Bereitschaft, die Wahrheit wahrzunehmen, auf unser Gewissen zu lauschen und in allen Dingen nach bestem Wissen und Gewissen zu handeln. Dies wird erforderlich machen, dass wir bereit sind, auf Vorteile und Annehmlichkeiten zu verzichten und uns von der Welt des oberflächlichen Scheins und des Materialismus abzuwenden. Es waren der oberflächliche Schein und die materiellen Annehmlichkeiten, durch die wir uns als Gesellschaft so lange haben täuschen lassen und immer noch täuschen lassen.

Der Hilfeschrei der Schwester an ihre Brüder wird in unserer Welt inzwischen auch immer lauter. Es ist der Hilfeschrei der Bedrängten, die die bösen Machenschaften der Mächtigen aufdecken und immer mehr in die Not kommen, dass wir ein Erwachen unserer Mitmenschen und eine ethische Renaissance der Gesellschaft brauchen.

Ich habe dieses Märchen ausgewählt, weil unser Denken kollektiv noch von den Massenmedien gesteuert und damit massiv über die wahren Ziele der Eliten getäuscht wird. Dies ist noch möglich, weil die Mehrheit der Menschen immer noch die Haltung des Vaters in diesem Märchen einnimmt, nämlich die Bereitschaft, alle Hinweise auf die Wahrheit hinter den bösen Zuständen in der Welt als bloße Verschwörungstheorien abzutun.

Die meisten Menschen werden von der vermeintlichen Realität getäuscht, die uns von den Massenmedien vorgegaukelt wird, kommen jedoch selbst nicht in so massive karmische Verstrickungen, dass sie ihre Integrität nicht wiederherstellen könnten. Die meisten Menschen sind keine schlechten Menschen, sondern setzen sich aus der Wahrnehmung, dass der Status Quo in der Welt noch zu ihrem Vorteil ist, nicht wirklich für das Gute und Richtige in der Welt ein. Sie hängen noch an ihren scheinbaren Vorteilen und sind daher nicht bereit, die Wahrheiten hinter den Zuständen in der Welt zu erkennen und lassen das Böse gewähren, das sie nicht wahrnehmen und nicht wahrhaben wollen. Sie sind daher gerne bereit, alle Hinweise auf die Wahrheit hinter den Zuständen in der Welt als bloße Verschwörungstheorie abzutun. Wenn sie schließlich jedoch erkennen können, dass diese Hinweise keine bloßen Verschwörungstheorien waren und plötzlich ihr eigenes Dasein gefährdet ist, weil der Tiefenstaat aufgrund der Befreiung unseres Denkens zu drastischen Zwangsmaßnahmen greift, zu denen auch unsere Verarmung gehört, dann und erst dann, werden sie erwachen, die Wahrheiten hinter den Zuständen in der Welt erkennen und sich für das Gute in der Welt einsetzen.

Wir könnten vielleicht verhindern, dass die Zustände in der Welt so brenzlig werden, indem wir früher kollektiv aufwachten. Aber da die Mehrheit erst aufwacht, wenn es brenzlig wird, scheint es nicht früher gehen zu können. Es ist jetzt offenbar noch nicht brenzlig genug und muss erst noch brenzliger werden, so brenzlig wie in diesem Märchen, in dem die Brüder ihre Schwester erst in letzter Sekunde retten können.

Aufgrund der uns von unserer Regierung gemachten zunehmenden gesellschaftlichen Probleme wird das Wahrheits- und Gerechtigkeitsstreben der Menschen zunehmend stärker, so dass wir kollektiv dabei sind, uns einer kritischen Masse von Menschen zu nähern, die die bösen Pläne der Mächtigen durchschauen. Wir bewegen uns mittlerweile also auch immer mehr aus der bloßen Kontrolle unseres Denkens durch die Massenmedien hinaus und hin zu einer unverhohlenen Diktatur. Wir befinden uns analog dem Märchen vom Blaubart in einer Phase, in der auch das kollektive Bewusstsein kurz davor steht, die Kammer aufschließen zu wollen. Das Tabu, die Wahrheiten über das Treiben der Mächtigen zu erforschen und nicht aussprechen zu dürfen, sieht man an der zunehmenden Zensur im Internet, die eine freie Meinung kaum noch zulässt. Wir steuern also auf eine Phase zu, in der sich die 2020 bereits laufende Diktatur immer noch mehr verschärfen wird, weil wir kollektiv immer mehr aufwachen.

Sobald wir also kollektiv den Mut aufgebracht haben, die Wahrheit zu sehen und selbst zu denken anstatt unser Denken aus Angst und Bequemlichkeit steuern zu lassen, brauchen wir also die von den drei Brüdern symbolisierte ethische Renaissance, das Erwachen unseres Gewissen, in die Gänge zu kommen und für das Gute in der Welt und die Gerechtigkeit einzutreten. Wenn unser Mut erwacht ist und unser kollektives Bewusstsein stark genug in den menschlichen Werten verankert ist, können wir auch die Mächtigen dazu anhalten, sich an die Regeln der Menschlichkeit und an die Wahrheit zu halten. „Wer im Dharma lebt, wird durch das

Dharma beschützt." Im Dharma leben heißt, die Gebote der Menschlichkeit und Liebe zu beachten und mit einem wachen Gewissen nach bestem Wissen und Gewissen so selbstlos wie möglich zu handeln. Wenn wir dies kollektiv tun, dann werden wir durch diese Haltung auch beschützt und es wird uns schließlich gelingen, den Tiefenstaat zu Fall zu bringen.

Die bloße Tatsache, dass wir 2020 immer unverhohlener in eine Diktatur rutschen, ist auch eine Widerspiegelung des kollektive Bewusstseins. Die einzige Chance, die eine kleine Gruppe von Menschen hat, den Rest der Menschheit einer Diktatur zu unterwerfen, besteht in einem Niedergang und Verfall der Integrität der Gesellschaft. Das Egoprobleme in diesem Bereich - und das haben wir jetzt fünf Märchen lang gesehen - ist das des Zwanges. Wenn sich die Gesellschaft als Ganzes nicht mehr an die Regeln hält, die eingehalten werden müssen, damit Freiheit und Gerechtigkeit überhaupt gegeben sein können, bewirken wir selbst durch unseren Verstoß gegen die universellen Gesetze, dass wir zur notwendigen Ordnung gezwungen werden müssen. Es mag sein, dass die Mächtigen uns durch jahrzehntelange Versuchung, Beeinflussung und Indoktrination dazu verführt haben, gegen die universellen Gesetze zu verstoßen. Die Verantwortung für die Nichteinhaltung tragen wir dennoch selbst. Wenn der Teufel uns einflüstert, eine Straftat zu begehen, können wir anschließend nicht dem Teufel die Schuld dafür geben, wenn sie tatsächlich begehen. Wir könnten ja nein sagen. Die Feststellung, dass wir in die schlimmen gesellschaftlichen Zustände hineinmanipuliert und hineingetäuscht wurden, hilft uns also null. Das einzige, was uns hilft, ist eine ethische Renaissance. Wenn die stattfindet, werden wir trotz aller Staatsgewalt und gesetzlichen Maßnahmen zu unserer Entrechtung der Diktatur Einhalt gebieten und Freiheit und Gerechtigkeit wiederherstellen können.

Märchen sind immer Bilder für unser Inneres, für das menschliche Bewusstsein und für Prozesse in unserem Bewusstsein. Die Märchen teilen unser inneres Geschehen in gut und böse, nicht das Geschehen und die Menschen in der Außenwelt. Wir selbst sind es durch unsere innere Wahl und unsere sich daraus ergebenden Taten, die letztlich bestimmen, ob wir zu den Guten oder Bösen in der Welt gehören.

Wenn wir die Bilder dieses Märchens auf das kollektive Bewusstsein anwenden, dann steuern wir auf eine Zeit zu, in der jeder Mensch eine Wahl treffen muss, die Wahl, ob er mit den menschlichen Werten mitgeht und nach seinem besten Wissen und Gewissen handelt, oder die Wahl, ob er seine Menschlichkeit und sein Gewissen um verschiedener persönlicher

Vorteile und Annehmlichkeiten willen opfert. Wenn die Zeit der Drangsal besonders schlimm wird, findet auf diese Weise letztlich eine Zweiteilung der Menschen statt. Die einen werden eine ethische Renaissance wählen und ihrem Gewissen folgen. Und die anderen werden mit den Mächtigen mitgehen, um ihrem Eigennutz zu dienen, und werden schließlich zusammen mit diesen Mächtigen untergehen.

Auf jeden Fall wird die kommende Zeit eine Prüfung für unser aller Menschlichkeit. Letztlich hat die Drangsal also den höheren Sinn, jene spirituelle Renaissance zu bewirken, die es ohne eine solche Drangsal nicht geben würde.

Wenn wir wissen, worauf bestimmte Prozesse hinauslaufen, dann können wir uns durch dieses Wissen vielleicht eher bemühen, genau jene Qualitäten zu entwickeln, deren Entwicklung überhaupt der Zweck dieser Prozesse ist. Und indem wir uns schon früher und schon von vornherein um diese Qualitäten bemühen, können wir die Prozesse abmildern, so dass sie leichter für uns und leichter für unsere Mitmenschen werden. Denn jeder, der die Lektionen des Lebens lernt, macht es seinen Mitmenschen damit ein Stück leichter, sie ebenfalls zu lernen.

Durch eine ethische Renaissance in der Gesellschaft können wir das Rechte im Leben tun und auch die Mächtigen anhalten, das Rechte zu tun, das sie sonst immer nur vortäuschen zu tun. So können wir alle durch unsere persönliche spirituelle und menschliche Entwicklung und durch unser richtiges Einstehen für das Recht einen entscheidenden Beitrag leisten, diese Welt zu einem freundlichen und lebenswerten Ort zu machen, der am Ende auch immer mehr zu einem Himmel auf Erden werden kann, indem wir zuerst selbst dieser Himmel sind, der hier auf Erden tätig ist.

Das Problem der Zwangsgefühle gehört in die Spalte der Projektion (siehe Tabellen 3 und 4). Das heißt, unser Ego tendiert automatisch dazu, anderen unsere eigene Haltung der Projektion zu unterstellen oder sogar vorzuwerfen. Es tendiert dazu, Beweise für die Unredlichkeit und Fehler der anderen als Beweise für unsere eigene Redlichkeit und Korrektheit zu nehmen, was mitnichten der Fall ist. Ob wir selbst redlich sind, liegt nicht an der nachgewiesenen Unredlichkeit der anderen, sondern allein an unserer eigenen Redlichkeit.

Wir können auf die Integrität in der Gesellschaft nur hinwirken, indem wir unsere eigene Integrität wiederherstellen und wahren, indem wir unsere Projektionsneigung zurücknehmen, selbst nur nach bestem Wissen und Gewissen das Richtige in unserem Leben tun und aus dieser Haltung heraus auch die Mächtigen dazu anhalten, sich an die geltenden Regeln zu halten.

Dabei ist gerade die Rücknahme der Projektion sehr schwierig. Die Mächtigen werfen jenen, die ihre bösen Absichten aufdecken, Böswilligkeit und Projektion vor. Wenn das menschliche Ego die Strategie der Projektion kennt und nicht davon ablassen will, wird das Befolgen dieser Strategie allen anderen unterstellt, um auch berechtigte Kritik dadurch zu entkräften und die Kritiker der Mächtigen als böswillig hinzustellen.

Die bloße Erkenntnis dieser Strategie bedeutet also noch nicht, dass wir uns auch davon befreien wollen. Auf die Schwierigkeiten im Zusammenhang mit der Rücknahme unserer Projektion gehen wir im Märchen vom „Schneeweißchen und Rosenrot" in Kapitel 5.4 näher ein. In diesem Märchen geht es ganz spezifisch um die Egostrategie der Projektion und die Erfordernisse für ihre Rücknahme.

Kapitel 4: Märchen zum spirituellen Körper

Einleitung

Unser spiritueller Körper ist insofern unser zentraler und wichtigster Körper als wir nur diesen mit in unser Leben genommen haben und nur diesen wieder mit aus unserem Leben hinausnehmen werden. Er ist unser inneres Wesen und birgt unser wahres Selbst. Wenn wir in diesem Körper mit uns selbst im Einklang sind, sind wir in unserem wahren Sein-Bewusstsein. Unser spiritueller Körper besteht von außen nach innen gezählt aus der 7., 8. & 9., innersten Schale unseres Geistes. Die Negativität in dieser innersten Schale hat eine stark negative Rückwirkung auf alle weiter außen liegenden Schalen, vor allem auf die 1. Schale, unser Versorgungsgefühl. Unsere Neigung zur Schuldprojektion (9. Schale) erzeugt Mangelgefühle, Geiz und Materialismus (1. Schale). Es ist am Ende der Materialismus, der am schwersten zu wandeln ist, nicht zuletzt, weil unser auf ständiges Schuldenwachstum aufbauendes Geldsystem die Schuldzinslasten immer schwerer werden lässt, was die globale Armut verschärft und die Mangelgefühle im kollektiven Bewusstsein immer mehr verstärkt, die wir dann auch kollektiv zu einer Anhaftung an materielle Sicherheiten verarbeiten, die wir in einer Welt drohender Verarmung dringend zu brauchen glauben. So hängen Schuldprojektion (Schuldenaufbürdung) und Mangel also eng zusammen. Die Schuldprojektion ist das zentrale Problem unseres Menschseins, das uns nicht nur in diesem 4. Kapitel, sondern auch im 5. Kapitel danach beschäftigen wird, während sich natürlich jegliche Negativität in einem Bereich unseres Geistes negativ auch auf unseren gesamten Geist auswirkt. Anders herum ist es so, dass jede Tugend und Selbstheilkraft, die wir entwickeln, die Macht hat, sich positiv auf unseren gesamten Geist auszuwirken. Jedes spirituelle Bemühen kann eine enorme Heilkraft für unseren Geist, für unseren Frieden, unsere Liebe und unser Glück entwickeln.

Märchen zum siebten Bereich: Sinn und Glück

Den Tabellen 1 bis 5 in Kapitel 1.4 gemäß haben wir in diesem Bereich das Bedürfnis, unser Leben als sinnvoll zu erleben und glücklich zu sein. Durch unser Ego erfahren und produzieren wir jedoch Sinnlosigkeitsgefühle und Kümmernisse, die unser Ego zu Resignation, Zynismus und Depression verarbeitet, die jeweils in der Rückwirkung unsere Sinnlosigkeitsgefühle und Kümmernisse weiter verstärken. Zu unserer Selbstheilung können wir unseren Fokus darauf legen, das Leid anderer zu lindern und sie glücklich zu machen. Wir manifestieren Glück durch eine selbstlose Haltung und den Beschluss, glücklich zu sein, komme was wolle. Schauen wir uns an, was „Die goldene Gans" und „Frau Holle" zu unserer Befreiung aus dem Teufelskreis der Sinnlosigkeit sagen.

4.1 Die Goldene Gans – Überwinden der Anhaftung an die Früchte unseres Handelns

Dummling	Selbstlosigkeit
Holzhacken, Holzhauen	spirituelle Suche
Altes graues Männlein	Karma und selbstgeschaffenes Schicksal
Eierkuchen	Versorgung mit Energie
Wein	Wille
Gans	Mentalkörper
Goldene Gans	auf das spirituelle Ziel ausgerichteter Geist
Wirt und 3 Töchter	Energiekörper und Materialismus, Verlangen, Missgunst
Pfarrer	urteilende Haltung
Küster	mahnende Haltung
Bauer	Ausrichtung auf Früchte unserer Bemühungen
König	rationales Denken
Ernsthafte Tochter	Fehlendes Glück durch Kümmernisse
Berg von Brot	Überfluss an Energie und Wärme
Schiff zu Land und zu Wasser	Glück unabhängig von äußeren Umständen

In diesem Märchen geht es um den 7. Bereich des menschlichen Geistes, unser Glück im Leben. Es ist vor allem in diesem Bereich, in welchem uns unser Karma ereilt, indem wir Leid und Unglück erfahren. Daher ist es von besonderer Bedeutung für uns, unser Leben dafür zu nutzen, anderen Menschen Gutes zu tun und ihnen Glück zu bescheren, um uns auf diese Weise gutes Karma zu schaffen und unser schlechtes Karma abzumildern.

Es war ein Mann, der hatte drei Söhne, davon hieß der jüngste der Dummling, und wurde verachtet und verspottet, und bei jeder Gelegenheit zurückgesetzt. Es geschah, daß der älteste in den Wald gehen wollte, Holz hauen, und eh er gieng, gab ihm noch seine Mutter einen schönen feinen Eierkuchen und eine Flasche Wein mit, damit er nicht Hunger und Durst litte. Als er in den Wald kam, begegnete ihm ein altes graues Männlein, das bot ihm einen guten Tag und sprach ‚gieb mir doch ein Stück Kuchen aus deiner Tasche, und laß mich einen Schluck von deinem Wein trinken, ich bin so hungrig und durstig.' Der kluge Sohn aber antwortete ‚geb ich dir meinen Kuchen und meinen Wein, so hab ich selber nichts, pack dich deiner Wege,' ließ das Männlein stehen und gieng fort. Als er nun anfieng einen Baum zu behauen, dauerte es nicht lange, so hieb er fehl, und die Axt fuhr ihm in den Arm, daß er mußte heimgehen und sich verbinden lassen. Das war aber von dem grauen Männchen gekommen. Darauf gieng der zweite Sohn in den Wald, mit ähnlichem Ablauf. Dieser hieb sich ins Bein.

Die Eltern der drei Söhne symbolisieren unser denkendes und fühlendes Gemüt. Ein Baum symbolisiert die Fähigkeit, bestimmte Früchte hervorbringen zu können. Dieses Märchen bezieht sich auf den 7. Bereich unseres Geistes, also die spirituelle Ebene. Das Holzhacken symbolisiert also den Versuch, Glück im Leben zu erfahren. Die Eierkuchen symbolisieren eine gute Versorgung mit der nötigen Energie und der Wein steht für unseren Willen. Die ersten beiden Söhne symbolisieren also eine spirituelle Suche nach Glück, bei der wir gut versorgt sind und auch unseren Willen auf das Ziel ausrichten. Allerdings handeln sie gegenüber dem kleinen Männchen eigennützig und egoistisch. Der eine hackt sich in der Folge in den Arm, der andere ins Bein. Dies symbolisiert, dass wir auf dem spirituellen Weg nichts weiter tun können und kein Glück erfahren, wenn wir nicht lernen, eine selbstlos teilende Haltung im Leben anzunehmen und anderen Menschen Gutes zu tun. Die beiden älteren Söhne symbolisieren berechnendes Handeln, wodurch es uns unmöglich ist, spirituellen Fortschritt zu erzielen und wirklich glücklich zu sein. Das alte graue Männlein symbolisiert unser Karma und unser selbstgeschaffenes Schicksal. Wenn wir uns schlechtes Karma schaffen, indem wir ein eigennütziges und egozentrisches Leben führen und es unterlassen, anderen Menschen Gutes zu tun und ihnen stattdessen vielleicht sogar Leid zufügen, kommt dies als mangelnder Segen und Leid zu uns zurück. Wenn wir uns gutes Karma schaffen, indem wir ein gottgefälliges Leben führen, kann die göttliche Vorsehung und Gnade uns in den Problemen unseres Lebens zu Hilfe kommen. Das Problem in Bezug auf die Nachvollziehbarkeit von Karma ist, dass Karma auch über verschiedene Leben hinweg wirkt. Karma, das wir uns in diesem Leben schaffen und nicht wiedergutmachen oder nicht in der Rückwirkung erleiden, wird uns in einem späteren Leben finden. Dadurch ist es möglich, dass manche Menschen, die ein Leben lang Böses tun, aufgrund ihres guten Karmas aus früheren Leben Wohlstand und Erfolg erleben, und manch andere, die ein Leben lang nur Gutes tun, ein schweres Leben haben, weil sie auf ihrem Karmakonto zu viele Schulden aus früheren Leben mitgebracht haben. Das Problem des Menschseins ist auch, dass dies ständig schwankt. Durch gutes Karma bekommen wir tendenziell ein angenehmes Leben. Ein Leben in Wohlstand und Erfolg macht viele Menschen egoistische, eigennützig und von sich selbst eingenommen. Egoismus und Eigennutz schaffen negatives Karma, das uns leidvolle Leben mit vielen Schwierigkeiten beschert. Leidvolle Erfahrungen haben wiederum eher das Potential, uns nach innen zu lenken, so dass wir wieder mehr an Gott, unser wahres Selbst denken und eher den göttlichen Geboten der Nächstenliebe folgen, was wieder gutes Karma schafft. Um diesem Kreislauf zu entkommen, ist es wichtig zu erkennen, wofür wir unser Leben als Mensch bekommen haben: Es geht darum, unser ganzes Leben zu nutzen, uns als die Liebe, das Glück und die kindliche Unschuld zu erfahren, die das Wesen unseres wahren Selbst ausmachen. Hierzu braucht es ein Leben mit ernsthafter spiritueller Ausrichtung auf dieses Ziel.

Da sagte der Dummling ‚Vater, laß mich einmal hinaus gehen und Holz hauen.' Antwortete der Vater ‚deine Brüder haben sich Schaden dabei gethan, laß dich davon, du verstehst nichts davon.' Der Dummling aber bat so lange, bis er endlich sagte ‚geh nur hin, durch Schaden wirst du klug werden.' Die Mutter gab ihm einen Kuchen, der war mit Wasser in der Asche gebacken, und dazu eine Flasche saueres Bier. Als er in den Wald kam, begegnete ihm gleichfalls das alte graue Männchen, grüßte ihn und sprach ‚gieb mir ein Stück von deinem Kuchen und einen Trunk aus deiner Flasche, ich bin so hungrig und durstig.' Antwortete der Dummling ‚ich habe aber nur Aschenkuchen und saueres Bier, wenn dir das recht ist, so wollen wir uns setzen und essen.' Da setzten sie sich, und als der Dummling seinen Aschenkuchen herausholte, so wars ein feiner Eierkuchen, und das sauere Bier war ein guter Wein. Nun aßen und tranken sie, und danach sprach das Männlein ‚weil du ein gutes Herz hast und von dem Deinigen gerne mittheilst, so will ich dir Glück bescheren. Dort steht ein alter Baum, den hau ab, so wirst du in den Wurzeln etwas finden.' Darauf nahm das Männlein Abschied.

Aus der Sicht einer berechnenden Lebenshaltung ist es dumm, die eigenen Möglichkeiten und Ressourcen selbstlos mit anderen zu teilen. Daher symbolisiert der Dummling diese Selbstlosigkeit.

Wenn wir mit einer berechnenden Lebensführung nicht glücklich werden und Leid erfahren, melden sich vielleicht unsere eher selbstlosen Anteile. Wenn wir diesen folgen und selbstlos helfen, erzeugen wir uns gutes Karma und Glück. Außer dass Selbstlosigkeit gutes Karma erzeugt, macht uns eine selbstlos gebende und helfende Haltung im Leben an sich schon glücklich. Gutes Karma, das wir uns in diesem Leben durch ein mitfühlendes und selbstlos helfendes Verhalten schaffen, wird uns auch mit Sicherheit finden und uns helfen, wenn wir Schwierigkeiten erfahren.

Der Dummling gieng hin und hieb den Baum um, und wie er fiel, saß in den Wurzeln eine Gans, die hatte Federn von reinem Gold. Er hob sie heraus, nahm sie mit sich und gieng in ein Wirthshaus, da wollte er übernachten. Der Wirth hatte aber drei Töchter, die sahen die Gans, waren neugierig was das für ein wunderlicher Vogel wäre und hätten gar gern eine von seinen goldenen Federn gehabt. Die älteste dachte ‚es wird sich schon eine Gelegenheit finden wo ich mir eine Feder ausziehen kann,‘ und als der Dummling einmal hinaus gegangen war, faßte sie die Gans beim Flügel, aber Finger und Hand blieben ihr daran festhängen.' Bald danach kam die zweite und hatte keinen andern Gedanken als sich eine goldene Feder zu holen: kaum aber hatte sie ihre Schwester angerührt, so blieb sie festhängen. Endlich kam auch die dritte in gleicher Absicht: da schrieen die andern ‚bleib weg, ums Himmelswillen, bleib weg.‘ Aber sie begriff nicht warum sie wegbleiben sollte, dachte ‚sind die dabei, so kann ich auch dabei sein,‘ und sprang herzu, und wie sie ihre Schwester angerührt hatte, so blieb sie an ihr hängen. So mußten sie die Nacht bei der Gans zubringen.

Eine Gans kann sich im Wasser, an Land und in der Luft fortbewegen und symbolisiert somit unseren Mentalkörper, der in allen Elementen zu Hause ist. Eine goldene Gans symbolisiert einen Geist, der auf das spirituelle Ziel ausgerichtet ist. Dass der Dummling die goldene Gans als Geschenk bekommt, symbolisiert also, dass wir als großes Geschenk und karmische Belohnung für unsere selbstlosen Handlungen im Leben ein Verlangen entwickeln können, uns auf den spirituellen Weg zu begeben. Nicht vielen Menschen wird dieses Geschenk zuteil, da sich die meisten Menschen nur für ihre weltlichen Angelegenheiten interessieren und Menschen auf dem spirituellen Weg eher für dumm oder spinnert halten.

Die Anhaftung an der goldenen Gans, ohne wieder von ihr loskommen zu können, symbolisiert, dass wir sehr wohl die Früchte einer spirituellen Ausrichtung genießen wollen, nämlich das Glück, die Liebe und den Frieden, die dadurch gewinnt, diese Erwartung und Anhaftung jedoch eine Belastung für unsere spirituelle Suche und unsere Selbstlosigkeit ist.

Ein Wirt versorgt und mit Essen und Trinken und symbolisiert unseren Energiekörper, der uns mit Energie versorgt. Seine drei Töchter symbolisieren die 3 Ego-Teufelskreise des Energiekörpers in Tabelle 4, also Materialismus, Verlangen und Missgunst. Wenn wir eine Haltung einnehmen, die spirituellen Geschenke des Lebens an uns für uns behalten zu wollen, mehr davon haben zu wollen und andere um ihre Dinge zu beneiden, sind wir verhaftet, nicht frei und können so keine spirituellen Fortschritte machen, um Glück, Liebe und Frieden zu erfahren. Glück ist eine Eigenschaft unseres wahren Seins. Durch die Anhaftung, durch die wir unser Glück als etwas betrachten, das von außerhalb von uns kommt, trennen wir uns von unserem wahren Sein ab und können kein Glück erfahren.

Am andern Morgen nahm der Dummling die Gans in den Arm, gieng fort, und bekümmerte sich nicht um die drei Mädchen, die daran hingen. Sie mußten immer hinter ihm drein laufen, links und rechts, wies ihm in die Beine kam. Mitten auf dem Felde begegnete ihnen der Pfarrer, und als er den Aufzug sah, sprach er ‚schämt euch, ihr garstigen Mädchen, was lauft ihr dem jungen Bursch durchs Feld nach, schickt sich das?' Damit faßte er die jüngste an die Hand und wollte sie zurückziehen: wie er sie aber anrührte, blieb er gleichfalls hängen und mußte selber hinter drein laufen. Nicht lange, so kam der Küster daher, und sah den Herrn Pfarrer, der drei Mädchen auf dem Fuß folgte. Da verwunderte er sich und rief ‚ei, Herr Pfarrer, wo hinaus so geschwind? vergeßt nicht daß wir heute noch eine Kindtaufe haben,' lief auf ihn zu und faßte ihn am Ermel, blieb aber auch fest hängen. Wie die fünf so hinter einander her trabten, kamen zwei Bauern mit ihren Hacken vom Feld: da rief der Pfarrer sie an und bat sie möchten ihn und den Küster los machen. Kaum aber hatten sie den Küster angerührt, so blieben sie hängen, und waren ihrer nun siebene, die dem Dummling mit der Gans nachliefen.

Der Pfarrer symbolisiert hier eine urteilende (selbstverurteilende) Haltung, die unsere egozentrierte Anhaftung nicht lösen kann. Der Küster steht für eine zur Ordnung mahnende Haltung, die die Anhaftung auch nicht lösen kann. Die beiden Bauern, die den Acker bebauen und für dessen Früchte arbeiten, symbolisieren unsere Haltung, auf die Früchte unserer Bemühungen ausgerichtet zu sein. Wenn wir nur Gutes tun, um Früchte dafür zu bekommen, können wir uns ebenfalls nicht von unserer egozentrierten Anhaftung befreien. Die Bauern machen hier auch die Zahl sieben voll, die alle Ebenen des menschlichen Seins symbolisieren. Unser ganzes Sein ist beeinträchtigt, so lange wir unser Herz nicht von unseren Anhaftungen befreien - wie auch immer diese aussehen, was auch immer es ist, dass uns im Außen Glück bringen soll, Vermögen, Ansehen, Macht und Einfluss, menschliche Beziehungen etc.

Er kam darauf in eine Stadt, da herrschte ein König, der hatte eine Tochter, die war so ernsthaft, daß sie niemand zum lachen bringen konnte. Darum hatte er ein Gesetz gegeben, wer sie könnte zum lachen bringen, den sollte sie heirathen. Der Dummling, als er das hörte, gieng mit seiner Gans und ihrem Anhang vor die Königstochter, und als diese die sieben Menschen immer hinter einander herlaufen sah, fieng sie überlaut an zu lachen und wollte gar nicht wieder aufhören.

Die Prinzessin symbolisiert gemäß dem 7. Bereich unseres Geistes, um den es in diesem Märchen geht, unser Glück im Leben. Wenn wir kein Glück im Leben erfahren, neigen wir zu übertriebener Ernsthaftigkeit. Der König, der seine Tochter lachen sehen will, steht für unser rationales Denken, in dem wir uns sagen, dass wir alles täten, um Glück zu erfahren. Jeder Mensch hat das Bedürfnis, glücklich zu sein und wird von diesem Bedürfnis auch angetrieben. Wir denken: Ich würde alles tun, um wirklich glücklich zu sein. Letztlich ist das Leid, das wir im Leben erfahren, das uns bereit macht, jene Dinge loszulassen, durch die wir uns selbst unglücklich machen. Wenn wir durch selbstloses Handeln Glück erfahren, atmet unsere Seele auf und möchte dieses Glück auch gerne erweitern. Wenn wir einen Blick dafür bekommen, wie grotesk unsere egoistischen Bemühungen, glücklich zu sein, häufig sind, können wir es schaffen, über uns selbst zu lachen. Ein solches Lachen über uns selbst kann sehr befreiend und entspannend sein und uns für unser Glück befreien.

Da verlangte sie der Dummling zur Braut, aber dem König gefiel der Schwiegersohn nicht, er machte allerlei Einwendungen und sagte er müßte ihm erst einen Mann bringen, der einen Keller voll Wein austrinken könnte. Der Dummling dachte an das graue Männchen, das könnte ihm wohl helfen, gieng hinaus in den Wald, und auf der Stelle, wo er den Baum abgehauen hatte, sah er einen Mann sitzen, der machte ein ganz betrübtes Gesicht. Der Dummling fragte was er sich so sehr zu Herzen nähme. Da antwortete er ‚ich habe so großen Durst, und kann ihn nicht löschen, das kalte Wasser vertrage ich nicht, ein Faß Wein habe ich zwar ausgeleert, aber was ist ein Tropfen auf einem heißen Stein?' ‚Da kann ich dir helfen,' sagte der Dummling, ‚komm nur mit mir, du sollst satt haben.' Er führte ihn darauf in des Königs Keller, und der Mann machte sich über die großen Fässer, trank und trank, daß ihm die Hüften weh thaten, und ehe ein Tag herum war, hatte er den ganzen Keller ausgetrunken.

Das Lachen über uns selbst ist ein guter Anfang, reicht jedoch noch nicht aus, unsere Anhaftungen, durch die wir uns unglücklich machen, loszuwerden und wirklich selbstlos glücklich zu werden. Unser rationales Denken ist noch zu berechnend und hat Einwände dagegen, ganz selbstlos zu werden. So wird unsere Selbstlosigkeit Prüfungen unterzogen, um unser Ego zu überwinden. Wein symbolisiert unseren Willen. Die Einwände unseres Egos mögen so sein, dass wir das Gefühl haben, niemals einen ausreichend großen und beharrlichen Willen (den Keller voll Wein) entwickeln zu können, wahrhaft selbstlos glücklich werden zu können.

Wenn wir aber die aufrichtige Absicht haben und einen beharrlichen Willen entwickeln, wird göttliche Gnade und Vorsehung (das Männchen) uns helfen.

Der Dummling verlangte abermals seine Braut, der König aber ärgerte sich daß ein schlechter Bursch, den jedermann einen Dummling nannte, seine Tochter davon tragen sollte, und machte neue Bedingungen: er müßte erst einen Mann schaffen, der einen Berg voll Brot aufessen könnte. Der Dummling besann sich nicht lange, sondern gieng gleich hinaus in den Wald: da saß auf demselben Platz ein Mann, der schnürte sich den Leib mit einem Riemen zusammen, machte ein grämliches Gesicht, und sagte ‚ich habe einen ganzen Backofen voll Raspelbrot gegessen, aber was hilft das, wenn man so großen Hunger hat, wie ich: mein Magen bleibt leer, und ich muß mich nur zuschnüren, wenn ich nicht Hungers sterben soll.' Der Dummling war froh darüber, und sprach ‚mach dich auf und geh mit mir, du sollst dich satt essen.' Er führte ihn an den Hof des Königs, der hatte alles Mehl aus dem ganzen Reich zusammenfahren und einen ungeheuern Berg davon backen lassen: der Mann aber aus dem Walde stellte sich davor, fieng an zu essen, und in einem Tag war der ganze Berg verschwunden.

Brot symbolisiert Energie und Wärme. Alle unsere egoistischen und berechnenden Handlungen rauben uns Energie. Unser Ego, bzw. die allmähliche Auflösung unseres Egos verlangt uns viel Energie ab. Die Energie aufzubringen, uns in einer Lebenshaltung zu verankern, die wirklich selbstlos ist, wird uns in der nötigen Menge von Gott geschenkt, wenn wir es ernst meinen. Und selbstloses Dienen bereitet uns nicht nur Freude, sondern schenkt uns dann auch viel Energie.

Der Dummling forderte zum drittenmal seine Braut, der König aber suchte noch einmal Ausflucht, und verlangte ein Schiff das zu Land und zu Wasser fahren könnte: ‚so wie du aber damit angesegelt kommst,' sagte er, ‚so sollst du gleich meine Tochter zur Gemahlin haben. Der Dummling gieng gerades Weges in den Wald, da saß das alte graue Männchen, dem er seinen Kuchen gegeben hatte, und sagte ‚ich habe für dich getrunken und gegessen, ich will dir auch das Schiff geben; das alles thu ich, weil du barmherzig gegen mich gewesen bist.' Da gab er ihm das Schiff, das zu Land und zu Wasser fuhr, und als der König das sah, konnte er ihm seine Tochter nicht länger vorenthalten. Die Hochzeit ward gefeiert, nach des Königs Tod erbte der Dummling das Reich, und lebte lange Zeit vergnügt mit seiner Gemahlin.

Land symbolisiert Einheit und Wasser Dualität. Ein Schiff, das zu Land und zu Wasser fahren kann, symbolisiert die Fähigkeit, ungeachtet aller Lebensumstände glücklich zu sein. Wenn wir das spirituelle Ziel beharrlich anstreben (Keller voll Wein), unsere Energie in unsere spirituellen Übungen und einen selbstlosen Dienst an unseren Mitmenschen stecken (Berg von Brot) und den festen Entschluss fassen, immer glücklich zu sein, komme in unserem Leben, was da wolle (Schiff, dass zu Land und zu Wasser Land fahren kann), wird Gott selbst alles für uns tun, dass wir glücklich sind. Wir können jederzeit den festen Entschluss fassen, im Leben glücklich zu sein, egal was da kommen mag. Das Glück, das wir erleben, folgt unserem Beschluss, glücklich zu sein. Die Hochzeit symbolisiert, dass solches Glück im Leben nachhaltig und dauerhaft bleibt, wenn es mit selbstlosem Handeln verbunden ist. Der Tod des Königs steht für das Ende unseres berechnenden Denkens, das Transzendieren unseres Geistes und die finale Verankerung in der Glückseligkeit unseres wahren Selbst.

4.2 Frau Holle – Einfachheit & Unumgänglichkeit der Karmagesetze

Witwe	Verlust der Einheit, Ego
Schöne, fleißige Tochter	selbstlos dienende Haltung
Hässliche, faule Tochter	eigennützige faule Haltung
Spule, Spindel	durch unsere Taten in der Vergangenheit selbstgeschaffenes Schicksal
Brot aus dem Ofen holen	unsere Energie richtig zum Wohle anderer einsetzen
Äpfel vom Baum schütteln	unser vergängliches Leben für gute Taten nutzen
Frau Holle	das unparteiische Karma
Betten schütteln, so dass Schneeflocken fallen	unsere selbstlosen Taten fallen wie Schneeflocken auf die Erde, bescheren anderen Freude und transformieren unser Bewusstsein
Goldmarie	Glück durch gutes Karma
Pechmarie	Leid durch schlechtes Karma

In diesem Märchen geht es um die im Grunde sehr einfachen Karma-Gesetze. Was du nicht willst, das man dir tu, das füg auch keinem anderen zu. Dazu könnte man ergänzen: Was du dir von anderen wünschst, das verschenke freimütig. Oder Liebe deinen Nächsten wie dich selbst. Die Karma-Gesetze sind die Gesetze der Einheit. Alles Leben ist ein Teil von uns. Wenn wird anderen Schaden zufügen, zeugt dies von unserer gefühlten Unkenntnis dieser Wahrheit. Dies macht dann erforderlich, dass unser Handeln aus Unwissenheit in gleicher Münze zu uns zurückkommt, so dass wir fühlen, wie sich der andere gefühlt hat, und wir zu der Erkenntnis kommen, die uns gefehlt hat, als wir aus Unwissenheit anderen Schlechtes getan haben. Durch schlechtes Karma, das in Form von Leid zu uns zurückkommt, können wir reflektieren, was wir getan haben, die Wahrheit erkennen und das Leid, das wir selbst im Leben erfahren, nutzen, um so umzudenken, dass wir in das Bewusstsein der Einheit mit allem Leben zurückkehren können.

Eine Witwe hatte zwei Töchter, davon war die eine schön und fleißig, die andere häßlich und faul. Sie hatte aber die häßliche und faule, weil sie ihre rechte Tochter war, viel lieber, und die andere mußte alle Arbeit tun und der Aschenputtel im Hause sein.

Der Verlust des Ehemanns symbolisiert hier den Verlust der Verbindung zu Gott, also unser Bewusstsein von Trennung. Im Bewusstsein der Trennung fühlen wir uns auf uns alleine gestellt und in der Welt isoliert. In diesem Zustand dienen wir in erster Linie unseren eigenen Interessen, also unserem Ego. Die Witwe symbolisiert diesen Zustand der Trennung aus der Einheit. In diesem Zustand haben wir egoistische Neigungen, die uns lieber sind, und wohl immer noch die eher selbstlosen Neigungen unseres wahren Selbst, die unser Ego jedoch nicht schätzt.

Im folgenden gehen wir die Geschichte der beiden ungleichen Schwestern am Stück kurz durch, da das Märchen bekannt sein dürfte, und danach in die Interpretation über.

Das arme Mädchen mußte sich täglich auf die große Straße bei einem Brunnen setzen und mußte so viel spinnen, daß ihm das Blut aus den Fingern sprang. Nun trug es sich zu, daß die Spule einmal ganz blutig war, da bückte es sich damit in den Brunnen und wollte sie abwaschen; sie sprang ihm aber aus der Hand und fiel hinab. Es weinte, lief zur Stiefmutter und erzählte ihr das Unglück. Sie schalt es aber so heftig und war so unbarmherzig, daß sie sprach: „Hast du die Spule hinunterfallen lassen, so hol sie auch wieder herauf." Da ging das Mädchen zu dem Brunnen zurück und wußte nicht, was es anfangen sollte; und in seiner Herzensangst sprang es in den Brunnen hinein, um die Spule zu holen.

Es verlor die Besinnung, und als es erwachte und wieder zu sich selber kam, war es auf einer schönen Wiese, wo die Sonne schien und vieltausend Blumen standen. Auf dieser Wiese holte sie ein ausgebackenes Brot aus dem Ofen und schüttelte reife Äpfel vom Baum, die sie säuberlich zusammenlegte.

Endlich kam es zu einem kleinen Haus, in dem Frau Holle wohnte und diente dieser fleißig und treu. Sie schüttelte auch die Betten, so dass Schneeflocken auf die Erde fielen, die den Menschen Freude schenken. Schließlich wollte sie nach Hause und wurde bei der Rückkehr zum Dank für ihre fleißigen und treuen Dienste mit Gold überschüttet. Der Hahn begrüßt sie mit einem „Kikeriki, Unsere goldene Jungfrau ist wieder hie."

Da ging es hinein zu seiner Mutter, und weil es so mit Gold bedeckt ankam, ward es von ihr und der Schwester gut aufgenommen.

Die böse Schwester wird von ihrer Mutter daraufhin mit der berechnenden Erwartung, von Gold überschüttet zu werden, zu Frau Holle geschickt. Sie ist faul und missmutig und wird dafür am Ende mit Pech überschüttet. Als sie heimkommt, wird sie vom Hahn als Pechmarie angekündigt.

Die schöne und fleißige Tochter, die Goldmarie, symbolisiert unser selbstloses Abgeben und Teilen und eine unserem wahren Wesen entsprechende fleißige, hilfsbereite, selbstlose mitfühlende Lebenseinstellung, die gutes Karma erzeugt. Sie symbolisiert also die uns mitgegebenen guten Anlagen und das erworbene gute Karma.

Die Ankündigung des Hahns symbolisiert bei Goldmarie und Pechmarie jeweils, dass unser Karma wie ein göttlicher Urteilsspruch über das Leben ist, das wir führen. Die gute Aufnahme der Goldmarie durch die Stiefmutter und Stiefschwester zeigt, dass eine egoistische Lebenseinstellung die mit gutem Karma verbundenen Vorteile natürlich gerne annimmt.

Die Pechmarie symbolisiert eine faule, eigennützige, egozentrische und herzlose Lebenseinstellung, die schlechtes Karma erzeugt. Die ursprüngliche Neigung unseres wahren Seins, Gutes zu tun und fleißig zu sein, ist dem Anspruchsdenken und der Faulheit unseres Egos nicht gemäß.

Die Spindel, mit der sich die Mädchen stechen, ist ein Symbol für die Summe unseres Karmas, das sich wie ein Faden von einer Spindel im Laufe unseres Lebens abwickelt. Wir selbst sind die Spinnerin, die sich diesen Faden durch unsere selbstlos guten und berechnend egoistischen Taten aufwickelt.

Die Brote, die aus dem Ofen wollen, und die Äpfel, die vom Baum wollen, symbolisieren, dass wir unsere Energien und Ressourcen nicht durch Nichtstun verkommen lassen, sondern diese zur rechten Zeit und für die richtigen Dinge nutzen sollten, um vor allen Dingen anderen Menschen, die Unterstützung brauchen, Gutes zu tun.

Der Dienst an Frau Holle symbolisiert eine Lebenseinstellung im selbstlosen Dienst an unseren Mitmenschen. Was wir selbstlos tun, um anderen

Menschen zu dienen und ihnen Freude zu bereiten, fällt wie Schnellflocken, über die wir uns freuen, als Segen auf die Erde. Selbstlose Taten bringen den Himmel auf die Erde und transformieren unser Bewusstsein.

Wenn wir faul und eigennützig handeln, fehlt der Welt dieser Segen. Wir sind es selbst, von denen der Segen ausgehen muss. Nur durch uns kann Gott den Himmel auf die Erde und Glück und Freude unter die Menschen bringen.

Manche Menschen hängen einer luziferischen (egoausweitenden) Sicht der Welt an und sind der Meinung, dass das Böse einen genauso hohen Wert hat wie das Gute, daher als gleichwertig akzeptiert werden sollte und es entsprechend auch kein Karma gibt. Schließlich könnten wir den Wert des Guten erst schätzen, wenn wir das Böse erfahren hätten.

Dieses Denken führt dann zu einer unangemessenen und gefährlichen Toleranz gegenüber bösen Taten, Verbrechen und Gewalt, zu Gleichgültigkeit und Zynismus. Viele Menschen, die esoterisch Denken, zucken im Angesicht von Gräueltaten, Verbrechen und Katastrophen nur mit den Schultern und sagen: „Es wird schon irgendwofür gut sein. Diese Menschen müssen sicher diese Erfahrung machen. Da findet bestimmt nur ein Karmaausgleich statt. Wer weiß, was die dadurch lernen usw."

Wenn es um das Leid geht, das anderen Menschen zu Unrecht angetan wird, ist diese Haltung zynisch, hässlich, grausam und gleichgültig. Würden wir uns wünschen, dass andere Menschen diese Haltung einnehmen, wenn uns selbst eine Katastrophe oder furchtbares Unrecht widerfährt?

Wenn es schlechtes Karma ist, durch das andere Menschen in eine Grube fallen, ist es dann nicht dennoch unsere Aufgabe als mitfühlende Menschen, diesen Menschen wieder aus der Grube herauszuhelfen? Würden wir uns nicht dasselbe von anderen wünschen? Laden wir nicht selbst schlechtes Karma auf uns, wenn uns das Leid unserer Mitmenschen gleichgültig und faul lässt?

Es ist sehr gefährlich für unser Menschsein, wenn wir die Karmagesetze als Rechtfertigung dafür nehmen, anderen Menschen nicht zu helfen und unser Herz vor ihrem Leid zu verschließen.

Was uns zu Menschen macht, ist unser Mitgefühl, unsere Anteilnahme und unsere Fürsorge für die Leidenden und Hilfsbedürftigen. Wenn wir das nicht aufbringen können oder wollen, ist unser Menschsein eher tot. Und aus einem solchen Totsein heraus laden wir leicht schlechtes Karma auf uns. Wenn wir tatenlos dem Leid zuschauen, das anderen widerfährt, gibt es keine Möglichkeit, das Rad des Karmas jemals anzuhalten. Wenn wir jedoch zu Mitgefühl und selbstlosem Handeln erwachen, können wir das Rad des Karmas anhalten und den Himmel auf die Erde bringen, so wie Frau Holle die Flocken auf die Erde fallen lässt. Alles was es dazu braucht, ist unsere Bereitschaft, unser Herz zu öffnen und dem Wohl und Glück der Notleidenden zu dienen.

Das Karma-Gesetz wirkt für alle gleich. Alles, was wir anderen antun, kommt in gleicher Münze zu uns zurück, egal ob in diesem oder in einem anderen Leben. Das heißt, durch unser Verhalten gegenüber anderen Menschen und Lebewesen schaffen wir uns auf Dauer genau die Realität für uns selbst, die durch unsere Taten zum Ausdruck gebracht wird. Wenn wir Schlechtes, Leidvolles erfahren, haben wir uns das selbst irgendwann in der Vergangenheit erzeugt.

Andererseits ist es erneut zynisch, anderen Menschen Schlechtes zu tun, das wir dadurch rechtfertigen, dass es schon deren Karma sein wird und sie es sonst nicht erleiden würden. Eine solche Haltung sorgt für noch schlimmeres Karma, da wir uns der Karmagesetze eigentlich bewusst sind, also nicht aus Unwissenheit handeln, die uns ein Stück weit entschuldigen könnte, sondern durch ein solches Handeln die Karmagesetze verhöhnen.

Entscheidend ist also, dass wir unterscheiden können zwischen dem Leid, das uns widerfährt, und dem Leid das anderen widerfährt. Wir gehen konstruktiv mit dem Leid um, das uns widerfährt, wenn wir uns bewusst machen, dass wir es uns selbst erzeugt haben, und dann die Haltung einnehmen, uns und unser Leben anzunehmen, wie es ist, und das Beste aus unseren Lebensumständen zu machen, was wir können, um dennoch selbst ein Segen für andere zu sein. Wir gehen konstruktiv mit dem Leid um, das anderen widerfährt, wenn wir es nutzen, um unser Herz zu öffnen, um zu helfen und Leid zu lindern. Das ist der wichtige Unterschied. Andere über ihr Karma zu belehren, ohne selbst Mitgefühl und Hilfsbereitschaft zu zeigen, ist (in den meisten Fällen) grausam und herzlos.

Es gibt also auch eine richtige und eine falsche Art, mit dem Wissen um die Karma-Gesetze umzugehen. Der falsche Umgang führt zu Hartherzigkeit und Mitleidslosigkeit. Der richtige Umgang macht uns mitfühlend und demütig und erzeugt Akzeptanz und Hingabe.

Dieser Umgang ist unsere Wahl, mit der wir selbst die Richtung unseres Lebens bestimmen. Wir können uns Leid verursachen, indem wir anderen Schaden zufügen und ihnen Leid verursachen, oder wir können uns Glück schaffen, indem wir das Leid anderer lindern, ihnen Gutes tun und ihnen Freude bereiten.

Märchen zum achten Bereich: Sein

Den Tabellen 1 bis 5 in Kapitel 1.4 gemäß haben wir in diesem Bereich das Bedürfnis, uns sicher, geborgen und geliebt zu fühlen. Durch unser Ego erfahren und produzieren wir jedoch Angst, die unser Ego zu Misstrauen, Einschüchterung, Kontrolle, Unnahbarkeit und/oder Selbstmitleid verarbeitet, was in der Rückwirkung unsere Ängste jeweils weiter verstärken. Zu unserer Selbstheilung können wir Liebe, Mitgefühl, Mut und Selbstvertrauen entwickeln. Wie beim 6. Bereich gibt es hierzu mehrere Märchen, die teilweise nur in etwas weiterem Sinne unser Sein betreffen und die wir uns nun anschauen.

4.3 Die sieben Raben - Über das Verhältnis von Eigenbemühung zu göttlicher Gnade

Zahl sieben	Ganzheit, Anzahl unserer Chakren
Raben	Kommunikation mit der spirituellen Welt
Verwandlung in Raben	Verlust der Verbindung zur Quelle durch Schuld und Angst vor Strafe
7 verwunschene Raben	Deaktivierung der spirituellen Funktion unserer Chakren
Berg	Erhöhung unseres Bewusstseins
Glas	Erkenntnis
Glasberg	Selbsterkenntnis
Zwerg	Energie (hier durch selbstlosen Dienst)
Ring	Bindung
Ring der Eltern	Bindung an Gott

In diesem Märchen geht es um die Frage der Bedeutung unserer Eigenbemühungen, das spirituelle Ziel zu erreichen, im Verhältnis zur Bedeutung göttlicher Gnade für unseren Erfolg. Das Erreichen vollkommener Unschuld und das Erreichen des spirituellen Ziels der Gottverwirklichung sind ein und dasselbe.

Ein Mann hatte sieben Söhne und immer noch kein Töchterchen, so sehr er sichs auch wünschte; endlich gab ihm seine Frau wieder gute Hoffnung zu einem Kinde, und wies zur Welt kam, war es auch ein Mädchen.

Die sieben symbolisiert die Ganzheit. In diesem Märchen geht es um das Entwickeln von Liebe und Unschuld, also um die spirituelle Ebene. Somit symbolisieren die sieben Söhne auch die spirituelle Funktion unserer sieben Chakren. Die Geburt der heiß ersehnten Tochter symbolisiert unseren Wunsch, etwas in die physische Welt zu bringen. Damit einher geht eine Verlagerung des Bewusstseins weg vom Spirituellen und mehr ins Weltliche.

Die Freude war groß, aber das Kind war schmächtig und klein, und sollte wegen seiner Schwachheit die Nottaufe haben.

Die Schmächtigkeit und Kleinheit des Mädchens, das eine Nottaufe braucht, symbolisiert, dass unserer Schöpfung die spirituelle Kraft fehlt und dringend der spirituellen Nahrung und Unterstützung bedarf.

Der Vater schickte einen der Knaben eilends zur Quelle, Taufwasser zu holen: die andern sechs liefen mit, und weil jeder der erste beim Schöpfen sein wollte, so fiel ihnen der Krug in den Brunnen. Da standen sie und wußten nicht, was sie tun sollten, und keiner getraute sich heim.

Wenn wir in unserem spirituellen Bemühen überhastet, fahrig und unkonzentriert sind, kann es sein, dass wir in unserem Streben die Verbindung zur spirituellen Quelle, die uns nähren soll, verlieren. Dabei löst der Verlust Schuldgefühle und eine Angst vor einer Bestrafung für unsere Schuld aus.

Als sie immer nicht zurückkamen, ward der Vater ungeduldig und sprach: „Gewiß haben sie's wieder über ein Spiel vergessen, die gottlosen Jungen." Es ward ihm angst, das Mädchen müßte ungetauft verscheiden, und im Ärger rief er: „Ich wollte, daß die Jungen alle zu Raben würden." Kaum war das Wort ausgeredet, so hörte er ein Geschwirr über seinem Haupt in der Luft, blickte in die Höhe und sah sieben kohlschwarze Raben auf- und davonfliegen.

Unsere Schuldgefühle über den Verlust führen dazu, dass wir uns über uns selbst und den Verlust ärgern. Eigentlich haben wir als Kinder des Höchsten eine natürliche Verbindung zur Quelle. Aber wenn wir uns für unseren Verlust selbst Vorwürfe machen, verlieren wir die Verbindung zu unserer inneren Quelle ganz. So können unsere Chakren, die eine natürliche Verbindung zum Göttlichen bereitstellen, deaktiviert werden.

Raben stehen für unsere Verbindung mit der spirituellen Welt. Die davonfliegenden, verwunschenen Raben symbolisieren also den Verlust unserer Verbindung zur Quelle in uns und die Deaktivierung der spirituellen Funktion unserer Chakren.

Die Eltern konnten die Verwünschung nicht mehr zurücknehmen, und so traurig sie über den Verlust ihrer sieben Söhne waren, trösteten sie sich doch einigermaßen durch ihr liebes Töchterchen, das bald zu Kräften kam, und mit jedem Tage schöner ward.

Der Verlust der Verbindung zur Quelle durch Wut und Ärger aufgrund unserer Schuldprojektion ist nicht so leicht rückgängig zu machen. Das

Schönerwerden des Töchterchens symbolisiert nun, dass wir uns mit unserem Schaffen in der Welt wieder dem Spirituellen annähern, um Schönheit in dieses Schaffen zu bringen.

Es wußte lange Zeit nicht einmal, daß es Geschwister gehabt hatte, denn die Eltern hüteten sich, ihrer zu erwähnen, bis es eines Tags von ungefähr die Leute von sich sprechen hörte, das Mädchen wäre wohl schön, aber doch eigentlich schuld an dem Unglück seiner sieben Brüder. Da ward es ganz betrübt, ging zu Vater und Mutter und fragte, ob es denn Brüder gehabt hätte, und wo sie hingeraten wären. Nun durften die Eltern das Geheimnis nicht länger verschweigen, sagten jedoch, es sei so des Himmels Verhängnis und seine Geburt nur der unschuldige Anlaß gewesen. Allein das Mädchen machte sich täglich ein Gewissen daraus und glaubte, es müßte seine Geschwister wieder erlösen. Es hatte nicht Ruhe und Rast, bis es sich heimlich aufmachte und in die weite Welt ging, seine Brüder irgendwo aufzuspüren und zu befreien, es möchte kosten, was es wollte. Es nahm nichts mit sich als ein Ringlein von seinen Eltern zum Andenken, einen Laib Brot für den Hunger, ein Krüglein Wasser für den Durst und ein Stühlchen für die Müdigkeit.

Wenn uns klar wird, dass wir unsere Verbindung zur Quelle, zum Göttlichen verloren haben, und durch diesen Verlust in unterbewussten Schuldgefühlen gefangen sind, können wir unser Wirken in der Welt auf eine zielstrebige spirituelle Suche lenken, um unsere Verbindung zur Quelle wiederherzustellen, ganz zu werden und in die Selbstvergebung, Unschuld und den Frieden zurückzufinden.

Die Unschuld des Mädchens symbolisiert die grundlegende Unschuld, von der wir nur durch unseren Mangel an Selbstvergebung abgetrennt sind, weil wir uns unterbewusst nicht dafür vergeben können, uns von der Quelle, von Gott, getrennt zu haben. Durch eine spirituelle Ausrichtung und durch Vergebung und Selbstvergebung können wir uns rückverbinden.

Die Sehnsucht nach Gott muss so stark werden, dass Gott wichtiger für uns wird als alles andere in unserem Leben. Die wenigen Dinge, die das Mädchen mit auf seine Suche nimmt, symbolisieren ein Leben in Einfachheit und Verzicht auf das Weltliche, um in unserem Bewusstsein Raum für das Wesentliche, das Spirituelle zu schaffen.

Nun ging es immerzu, weit weit, bis an der Welt Ende.

Das Erreichen des Endes der Welt symbolisiert, dass wir durch unsere spirituelle Suche das Ende unserer beschränkenden religiösen und weltanschaulichen Konzepte und unserer Vorstellungen von uns selbst erreichen können, so dass sich unsere Wahrnehmung von uns selbst und der Welt wandeln kann. Es geht darum, unsere von uns selbst geschaffene, falsche Identität aufzulösen.

Da kam es zur Sonne, aber die war zu heiß und fürchterlich, und fraß die kleinen Kinder. Eilig lief es weg und lief hin zu dem Mond, aber der war gar zu kalt und auch grausig und bös, und als er das Kind merkte, sprach er: „Ich rieche Menschenfleisch." Da machte es sich geschwind fort und kam zu den Sternen, die waren ihm freundlich und gut, und jeder saß auf seinem besondern Stühlchen.

Die Hitze der Sonne symbolisiert, dass wir energetisch verbrennen, wenn wir ohne gesunden Menschenverstand nur dem spirituellen Gefühl folgen. Die Kühle des Mondes symbolisiert, dass unser Denken allein leblos und tot ist, wenn wir nur intellektuellen Erkenntnissen folgen. Eine Weisheit ohne Liebe ist kalt, grausam und böse. Kein spiritueller Fortschritt hat irgendeinen Wert, wenn wir die Liebe nicht haben.

Die Sterne, an denen wir uns richtig orientieren können, symbolisieren die Verbindung von Sonne und Mond, von Spiritualität und gesundem Menschenverstand, an denen wir uns auf unserem Weg in Kombination gut orientieren können. Sterne dienen ja auch der Orientierung.

Dass jeder Stern auf einem besonderen Stühlchen saß, symbolisiert, dass wir durch das Gleichgewicht von Liebe und Weisheit in uns überall am richtigen Ort und zu Hause sind.

Der Morgenstern aber stand auf, gab ihm ein Hinkelbeinchen und sprach: „Wenn du das Beinchen nicht hast, kannst du den Glasberg nicht aufschließen, und in dem Glasberg, da sind deine Brüder."

Der Morgenstern ist bereits vor Tagesbeginn im Osten zu sehen und schenkt besondere Orientierung. Er symbolisiert unsere Ausrichtung auf das Göttliche in uns, unser wahres Selbst. Hier gibt er den Hinweis auf den Glasberg. Das Symbol des Berges steht für die Erhöhung unseres Bewusstseins durch eine spirituelle Lebensausrichtung. Ein Glasberg symbolisiert dabei Selbsterkenntnis. Dass die Brüder im Glasberg sind, bedeutet also, dass wir für die Befreiung unseres wahren Selbst und die Aktivierung der spirituellen Ebene unserer Chakren Selbsterkenntnis benötigen.

Während ein Huhn eine neue Geburt symbolisiert, steht das Hinkelbeinchen für unsere unbeholfenen Bemühungen für eine spirituelle Wiedergeburt. Wer die persönliche spirituelle Erfahrung hat, weiß worum es bei der spirituellen Suche geht. Wer sie nicht hat, kann sich nicht viel darunter vorstellen. Das ist normal. Das Hinkelbeinchen symbolisiert, dass es zumindest unsere spirituellen Bemühungen für die Erkenntnis unseres wahren Selbst braucht, auch wenn diese unbeholfen sind.

Das Mädchen nahm das Beinchen, wickelte es wohl in ein Tüchlein, und ging wieder fort, so lange, bis es an den Glasberg kam. Das Tor war verschlossen und es wollte das Beinchen hervorholen, aber wie es das Tüchlein aufmachte, so war es leer, und es hatte das Geschenk der guten Sterne verloren. Was sollte es nun anfangen? Seine Brüder wollte es erretten und hatte keinen Schlüssel zum Glasberg. Das gute Schwesterchen nahm ein Messer, schnitt sich ein kleines Fingerchen ab, steckte es in das Tor und schloß glücklich auf.

Der Verlust des Hinkelbeinchen symbolisiert, dass unsere Mühen allein nicht ausreichen, um unsere verlorene Verbindung zum Göttlichen zurückzugewinnen. Das Abschneiden des Fingers symbolisiert unsere Hingabe an Gott, durch die wir uns an die göttliche Gnade wenden, die Verbindung zum Göttlichen wiederherzustellen. Es geht darum, uns so an Gott zu wenden, so zu Gott zu beten wie ein dreijähriges Kind sich an seine Mutter wenden würde, ohne auch nur einen Gedanken daran, dass wir absolut nichts wissen und nur im Vertrauen, dass Gott wie eine Mutter für uns da sein wird.

Als es eingegangen war, kam ihm ein Zwerglein entgegen, das sprach: „Mein Kind, was suchst du?" - „Ich suche meine Brüder, die sieben Raben," antwortete es. Der Zwerg sprach: „Die Herren Raben sind nicht zu Haus, aber willst du hier so lang warten, bis sie kommen, so tritt ein." Darauf trug das Zwerglein die Speise der Raben herein auf sieben Tellerchen und in sieben Becherchen, und von jedem Tellerchen aß das Schwesterchen ein Bröckchen, und aus jedem Becherchen trank es ein Schlückchen; in das letzte Becherchen aber ließ es das Ringlein fallen, das es mitgenommen hatte.

Der Zwerg, der den Raben und dem Mädchen dient, symbolisiert die spirituelle Energie, die sich uns durch selbstlosen Dienst erschließt. Das Essen und Trinken aus den Tellern und Bechern der Raben symbolisiert, dass wir wieder beginnen, uns mit den spirituellen Qualitäten unserer Chakren zu nähren, für die die Raben stehen. Dies ist in gewissem Sinne die Vorbereitung für die Rückverwandlung der Raben, also für die Reaktivierung der spirituellen Funktion unserer Chakren, diese wieder bewusst einzusetzen. Das Fallenlassen des Ringes symbolisiert unsere Sehnsucht nach Gott, unseren Wunsch, uns wieder mit der Quelle in uns rückzuverbinden.

Auf einmal hörte es in der Luft ein Geschwirr und ein Geweh, da sprach das Zwerglein: „Jetzt kommen die Herren Raben heim geflogen." Da kamen sie, wollten essen und trinken, und suchten ihre Tellerchen und Becherchen. Da sprach einer nach dem andern: „Wer hat von meinem Tellerchen gegessen? Wer hat aus meinem Becherchen getrunken? Das ist eines Menschen Mund gewesen." Und wie der siebente auf den Grund des Bechers kam, rollte ihm das Ringlein entgegen. Da sah er es an und erkannte, daß es ein Ring von Vater und Mutter war, und sprach: „Gott gebe, unser Schwesterlein wäre da, so wären wir erlöst." Wie das Mädchen, das hinter der Türe stand und lauschte, den Wunsch hörte, so trat es hervor, und da bekamen alle die Raben ihre menschliche Gestalt wieder. Und sie herzten und küßten einander, und zogen fröhlich heim.

Durch die Reaktivierung und Wiederinbesitznahme der spirituellen Funktion unserer Chakren und durch göttliche Gnade können wir uns wieder mit der Quelle verbinden. Die Gegenwart des Schwesterleins, die ihre Brüder erlöst, symbolisiert, dass wir unser spirituelles Bewusstsein ganz auf die Erde und in allem, was wir tun, in die Welt einbringen können.

Und auf diese Weise finden wir am Ende wieder in die Einheit bedingungsloser Liebe und kindlicher Unschuld zurück, die unser wahres Zuhause ist. Ohne die göttliche Gnade können wir spirituell nichts erreichen. Wenn wir uns jedoch bemühen, wird die Gnade da sein, dass unser spirituelles Bewusstsein voll erwacht. Wir erreichen das spirituelle Ziel nicht, indem wir uns aus den Werken der Welt zurückziehen, sondern indem wir mit unserem spirituellen Bewusstsein im Alltag, in der Welt sind und dieses in alles einfließen lassen, was wir tun, indem wir unsere Liebe in die Welt tragen und all unser Tun zu einem Gottesdienst machen.

Wenn und in dem Maße, in dem wir die Verbindung zum Göttlichen verlieren, füllt unser Verstand das entstehende Vakuum aus und erklärt sich die Welt. Er kann dabei unmöglich wissen, was wir verloren haben. Es geht also auch immer wieder darum, in die Haltung eines Kindes zurückzufinden, das begierig vom Leben lernt und nicht unserem Verstand zu glauben, der sich alles erklärt und meint, schon alles zu wissen.

4.4 Der goldene Vogel – Der Weg ins Einheitsbewusstsein

Goldener Apfel	Nutzung unseres vergänglichen Lebens für spirituelle Übungen
Goldener Vogel	spirituelle Ausrichtung unserer Gedanken
Goldenes Pferd	bewusster selbstloser Dienst, um zur Liebe zu erwachen
Schöne Königstochter vom goldenen Schlosse	bedingungslose Liebe
Fuchs, verwunschener	Weisheit aus Vergebungsarbeit zur Wiedergewinnung unserer durch Ego verlorenen Unschuld
Königssohn	kindliche Unschuld

Das Märchen vom goldenen Vogel zeigt symbolisch die Stufen unserer spirituellen Entwicklung bis wir ganz unser wahres Selbst verwirklicht haben und wieder in der Einheit und in Gott sind.

Es war vor Zeiten ein König, der hatte einen schönen Lustgarten hinter seinem Schloß, darin stand ein Baum, der goldene Äpfel trug. Als die Äpfel reiften, wurden sie gezählt, aber gleich den nächsten Morgen fehlte einer. Das ward dem König gemeldet, und er befahl, daß alle Nächte unter dem Baume Wache sollte gehalten werden.

Das Königsreich symbolisiert den achten Bereich des menschlichen Geistes, also unser Sein. Der König symbolisiert die Liebe, die das Leitprinzip für unser Sein ist. Ein Apfel symbolisiert Vergänglichkeit. Der Baum mit den goldenen Äpfeln symbolisiert die systematische Haltung, die Vergänglichkeit unseres Lebens für das Erreichen des spirituellen Ziels unseres Lebens zu nutzen. Der Verlust eines Apfels symbolisiert den Verlust unserer spirituellen Ausrichtung, unser vergängliches Leben für das spirituelle Ziel unseres Leben zu nutzen. Die Angst, weitere Äpfel zu verlieren, symbolisiert die Angst, die in unser Leben tritt, wenn wir unseren Fokus auf das spirituelle Ziel verlieren. Die Welt ist vergänglich. Wenn uns der spirituelle Fokus fehlt und wir unser Glück auf weltliche Annehmlichkeiten, Besitztümer und Vermögenswerte stützen, über die wir uns definieren, programmieren wir uns selbst eine Angst vor Verlust.

Der König hatte drei Söhne, davon schickte er den ältesten bei einbrechender Nacht in den Garten. Wie es aber Mitternacht war, konnte er sich des Schlafes nicht erwehren, und am nächsten Morgen fehlte wieder ein Apfel. In der folgenden Nacht mußte der zweite Sohn wachen, aber dem erging es nicht besser. Als es zwölf Uhr geschlagen hatte, schlief er ein, und morgens fehlte ein Apfel.

Die beiden älteren Söhne symbolisieren eine von zu starker Faulheit und Eigennutz befleckte Liebe, die aufgrund ihres Egoismus nicht in der Lage ist, eine Haltung zu bewahren, die die Vergänglichkeit unseres Lebens für das spirituelle Ziel nutzt. Faulheit und Egoismus zerstören die Haltung, unser vergängliches Leben richtig zu nutzen, so dass wir gar nicht merken, wie wir es verschwenden.

Jetzt kam die Reihe zu wachen an den dritten Sohn; der war auch bereit, aber der König traute ihm nicht viel zu und meinte, er würde noch weniger ausrichten als seine Brüder; endlich aber gestattete er es doch. Der Jüngling legte sich also unter den Baum, wachte und ließ den Schlaf nicht Herr werden. Als es zwölf schlug, so rauschte etwas durch die Luft, und er sah im Mondschein einen Vogel daherfliegen, dessen Gefieder ganz von Gold glänzte. Der Vogel ließ sich auf dem

Baume nieder und hatte eben einen Apfel abgepickt, als der Jüngling einen Pfeil nach ihm abschoß. Der Vogel entfloh, aber der Pfeil hatte sein Gefieder getroffen, und eine seiner goldenen Federn fiel herab. Der Jüngling hob sie auf, brachte sie am andern Morgen dem König und erzählte ihm, was er in der Nacht gesehen hatte. Der König versammelte seinen Rat, und jedermann erklärte, eine Feder wie diese sei mehr wert als das gesamte Königreich. „Ist die Feder so kostbar," erklärte der König, „so hilft mir die eine auch nichts, sondern ich will und muß den ganzen Vogel haben."

Der dritte Sohn symbolisiert nun eine Liebe, die einerseits zwar nicht von Egoismus belastet ist, der andererseits jedoch die nötige Weisheit fehlt und die daher Weisheit erwerben muss. Der goldene Vogel symbolisiert einen Geist, der erfüllt von den Gedanken an Gott ist und nach der Einheit strebt. Ein Vogel weist auf den Mentalkörper und Gold auf unser wahres Selbst. Ein solcher Geist wird die Vergänglichkeit des irdischen Lebens richtig für das spirituelle Ziel nutzen. Es ist jedoch schwierig, den eigenen Geist ganz auf das spirituelle Ziel auszurichten. Dass der dritte Sohn den Vogel nicht fangen, sondern ihm nur eine Feder entringen kann, symbolisiert diese große Schwierigkeit.

Die goldene Feder, die allein mehr wert ist das Königsreich, weil sie den Wunsch nach dem Besitz des goldenen Vogels weckt, symbolisiert nun, wie unschätzbar wertvoll es ist, einen Vorgeschmack davon zu bekommen, den eigenen Geist ganz auf Gott auszurichten, so dass unsere Sehnsucht nach Gott geweckt ist. Allein die Sehnsucht nach Gott ist mehr wert als jedes Dasein ohne spirituelle Neigungen.

Der älteste Sohn machte sich auf den Weg, verließ sich auf seine Klugheit und meinte den goldenen Vogel schon zu finden. Wie er eine Strecke gegangen war, sah er an dem Rande eines Waldes einen Fuchs sitzen, legte seine Flinte an und zielte auf ihn. Der Fuchs rief: „Schieß mich nicht, ich will dir dafür einen guten Rat geben. Du bist auf dem Weg nach dem goldenen Vogel und wirst heute abend in ein Dorf kommen, wo zwei Wirtshäuser einander gegenüberstehen. Eins ist hell erleuchtet, und es geht darin lustig her; da kehr aber nicht ein, sondern geh ins andere, wenn es dich auch schlecht ansieht." Wie kann mir wohl so ein albernes Tier einen vernünftigen Rat erteilen! dachte der Königssohn und drückte los, aber er fehlte den Fuchs, der den Schwanz streckte und schnell in den Wald lief. Darauf setzte er seinen Weg fort und kam abends in das Dorf, wo die beiden Wirtshäuser standen. In dem einen ward gesungen und gesprungen, das andere hatte ein armseliges betrübtes Ansehen. Ich wäre wohl ein Narr, dachte er, wenn ich in das lumpige Wirtshaus ginge und das schöne liegen ließ. Also ging er in das lustige ein, lebte da in Saus und Braus und vergaß den Vogel, seinen Vater und alle guten Lehren. Als eine Zeit verstrichen und der älteste Sohn immer und immer nicht nach Haus gekommen war, so machte sich der zweite auf den Weg und wollte den goldenen Vogel suchen. Wie dem Ältesten begegnete ihm der Fuchs und gab ihm den guten Rat, den er nicht achtete. Er kam zu den beiden Wirtshäusern, wo sein Bruder am Fenster des einen stand, aus dem der Jubel erschallte, und ihn anrief. Er konnte nicht widerstehen, ging hinein und lebte nur seinen Lüsten.

Wenn unsere Liebe zu stark mit sinnlichem und weltlichem Eigennutz behaftet ist, vergessen wir das Streben nach einem Geist, der auf das spirituelle Ziel ausgerichtet ist. Dieser Eigennutz kann uns ganz von unserem Weg abbringen. Der Fuchs symbolisiert hier die Klugheit und Weisheit, die aus der spirituellen Suche nach der durch unser Ego verlorengegangenen Unschuld erwächst, die es braucht, um das Ziel bedingungsloser Liebe erreichen zu können. Dass zwei der Brüder für den Eigennutz stehen, zeigt, dass es primär der Eigennutz ist, der für unsere Fähigkeit, unser Denken ganz auf das spirituelle Ziel auszurichten, am meisten hinderlich ist. Eigennutz landet leicht in weltlichen Vergnügungen und Materialismus, in denen wir unser spirituelles Ziel völlig vergessen.

Wiederum verstrich eine Zeit, da wollte der jüngste Königssohn ausziehen und sein Heil versuchen, der Vater aber wollte es nicht zulassen. „Es ist vergeblich," sprach er, „der wird den goldenen Vogel noch weniger finden als seine Brüder, und wenn ihm ein Unglück zustößt, so weiß er sich nicht zu helfen, es fehlt ihm am Besten." Doch endlich, wie keine Ruhe mehr da war, ließ er ihn ziehen. Vor dem Walde saß wieder der Fuchs, bat um sein Leben und erteilte den guten Rat. Der Jüngling war gutmütig und sagte: „Sei ruhig, Füchslein, ich tue dir nichts zuleid!" - „Es soll dich nicht gereuen," antwortete der Fuchs, „und damit du schneller fortkommst, so steig hinten auf meinen Schwanz." Und kaum hat er sich aufgesetzt, so fing der Fuchs an zu laufen und ging's über Stock und Stein, daß die Haare im Winde pfiffen. Als sie zu dem Dorf kamen, stieg der Jüngling ab, befolgte den guten Rat und kehrte, ohne sich umzusehen, in das geringe Wirtshaus ein, wo er ruhig übernachtete.

Der dritte Sohn, der für die Liebe steht, der es an Weisheit mangelt, ist zumindest frei vom Materialismus und Eigennutz und daher doch eine geeignete Einstellung, sich auf den Weg zu machen, um die nötige Weisheit zu erwerben, die es zu bedingungsloser Liebe braucht. Dass der Fuchs zum ständigen Berater des dritten Sohns wird, obwohl dieser oft nicht hört, symbolisiert unsere Bereitschaft, unsere Fehler in Weisheit umzuwandeln, um das Ziel am Ende erreichen zu können.

Am andern Morgen, wie er auf das Feld kam, saß da schon der Fuchs und sagte: „Ich will dir weiter sagen, was du zu tun hast. Geh du immer gerade aus, endlich wirst du an ein Schloß kommen, vor dem eine ganze Schar Soldaten liegt; aber kümmre dich nicht darum, denn sie werden alle schlafen und schnarchen: geh mittendurch und geradewegs in das Schloß hinein, und geh durch alle Stuben. Zuletzt wirst du in eine Kammer kommen, wo ein goldener Vogel in einem hölzernen Käfig hängt. Nebenan steht ein leerer Goldkäfig zum Prunk, aber hüte dich, daß du den Vogel nicht aus seinem schlechten Käfig herausnimmst und in den prächtigen tust, sonst möchte es dir schlimm ergehen." Nach diesen Worten streckte der Fuchs wieder seinen Schwanz aus, und der Königssohn setzte sich auf. Da ging's über Stock und Stein, daß die Haare im Winde pfiffen. Als er bei dem Schloß angelangt war, fand er alles so, wie der Fuchs gesagt hatte. Der Königssohn kam in die Kammer, wo der goldene Vogel in einem hölzernen Käfig stand, und ein goldener stand daneben; die drei goldenen Äpfel aber lagen in der Stube umher. Da dachte er, es wäre lächerlich, wenn er den schönen Vogel in dem gemeinen und häßlichen Käfig lassen wollte, öffnete die Türe, packte ihn und setzte ihn in den goldenen. In dem Augenblick aber tat der Vogel einen durchdringenden Schrei. Die Soldaten erwachten, stürzten herein und führten ihn ins Gefängnis. Den andern Morgen wurde er vor ein Gericht gestellt und, da er alles bekannte, zum Tode verurteilt. Doch sagte der König, er wollte ihm unter einer Bedingung das Leben schenken, wenn er ihm nämlich das goldene Pferd brächte, welches noch schneller liefe als der Wind, und dann sollte er obendrein zur Belohnung den goldenen Vogel erhalten.

Der Rat des Fuchses, den goldenen Vogel in seinem hölzernen Käfig zu lassen, symbolisiert die Erfordernis der nötigen Demut. Wenn wir unseren auf das spirituelle Ziel ausgerichteten Geist gegenüber anderen zur Geltung bringen wollen, wird dieser Geltungsdrang zum Verlust der Ausrichtung unseres Geistes auf das spirituelle Ziel führen.

Hier ist also die Warnung verschlüsselt, uns immer wieder an die Wahrheit zu erinnern, dass wir allen Fortschritt auf unserem Weg, allein Gott zu verdanken haben, auch wenn wir uns an eine stete Disziplin halten. Ohne göttliche Gnade erreichen wir nichts, und wenn wir glauben, etwas Besonderes zu sein, wird das Ziel unerreichbar.

Ein Pferd gilt als besonders edles Tier, weil es bereit ist, dem Menschen treu zu dienen und ihn überall hin zu tragen. Das goldene Pferd symbolisiert also das erforderliche Maß an selbstlosem Dienst, das wir benötigen, um unser spirituelles Ziel bedingungsloser Liebe erreichen zu können. Dass der Königssohn bei Erwerb des goldenen Pferdes auch den goldenen

Vogel zurückbekommt, heißt, wenn wir das erforderliche Maß an selbstlosem Dienst in Demut entwickeln, wird es auch wieder leicht, unser Denken ganz auf das spirituelle Ziel auszurichten.

Der Königssohn machte sich auf den Weg, seufzte aber und war traurig, denn wo sollte er das goldene Pferd finden? Da sah er auf einmal seinen alten Freund, den Fuchs, an dem Wege sitzen. „Siehst du," sprach der Fuchs, „so ist es gekommen, weil du mir nicht gehört hast! Doch sei guten Mutes, ich will mich deiner annehmen und dir sagen, wie du zu dem goldenen Pferd gelangst. Du mußt gerades Weges fortgehen, so wirst du zu einem Schloß kommen, wo das Pferd im Stalle steht. Vor dem Stall werden die Stallknechte liegen, aber sie werden schlafen und schnarchen, und du kannst geruhig das goldene Pferd herausführen. Aber eins mußt du in acht nehmen: leg ihm den schlechten Sattel von Holz und Leder auf und ja nicht den goldenen, der dabeihängt, sonst wird es dir schlimm ergehen." Dann streckte der Fuchs seinen Schwanz aus, der Königssohn setzte sich auf, und es ging über Stock und Stein, daß die Haare im Winde pfiffen. Alles traf so ein, wie der Fuchs gesagt hatte, er kam in den Stall, wo das goldene Pferd stand. Als er ihm aber den schlechten Sattel auflegen wollte, so dachte er: Ein so schönes Tier wird verschändet, wenn ich ihm nicht den guten Sattel auflege, der ihm gebührt. Kaum aber berührte der goldene Sattel das Pferd, so fing es an laut zu wiehern. Die Stallknechte erwachten, ergriffen den Jüngling und warfen ihn ins Gefängnis. Am andern Morgen wurde er vom Gerichte zum Tode verurteilt, doch versprach ihm der König das Leben zu schenken und dazu das goldene Pferd, wenn er die schöne Königstochter vom goldenen Schlosse herbeischaffen könnte.

Der hölzerne Sattel symbolisiert erneut Demut. Ein Mangel an Demut und die fehlende Würdigung, dass wir allen Fortschritt der göttlichen Gnade zu verdanken haben, ohne die keine Mühe ans Ziel führen kann, wird unseren Dienst am Nächsten zu leicht überheblich oder selbstzufrieden machen, so dass uns die nötige Achtsamkeit verloren geht. Die schöne Königstochter vom goldenen Schlosse symbolisiert nun das ultimative Ziel, also nicht nur die Erweckung zur Liebe, sondern das Erblühen zu bedingungsloser Liebe, für die wir erneut Weisheit brauchen, damit sie erweckt werden kann.

Mit schwerem Herzen machte sich der Jüngling auf den Weg, doch zu seinem Glück fand er bald den treuen Fuchs. „Ich sollte dich nur deinem Unglück überlassen," sagte der Fuchs, „aber ich habe Mitleiden mit dir und will dir noch einmal aus deiner Not helfen. Dein Weg führt dich gerade zu dem goldenen Schlosse. Abends wirst du anlangen, und nachts, wenn alles still ist, dann geht die schöne Königstochter ins Badehaus, um da zu baden. Und wenn sie hineingeht, so spring auf sie zu und gib ihr einen Kuß, dann folgt sie dir, und kannst sie mit dir fortführen; nur dulde nicht, daß sie vorher von ihren Eltern Abschied nimmt, sonst kann es dir schlimm ergehen." Dann streckte der Fuchs seinen Schwanz, der Königssohn setzte sich auf, und so ging es über Stock und Stein, daß die Haare im Winde pfiffen. Als er beim goldenen Schloß ankam, war es so, wie der Fuchs gesagt hatte. Er wartete bis um Mitternacht, als alles in tiefem Schlaf lag und die schöne Jungfrau ins Badehaus ging, da sprang er hervor und gab ihr einen Kuß. Sie sagte, sie wollte gerne mit ihm gehen, sie bat ihn aber flehentlich und mit Tränen, er möchte ihr erlauben, vorher von ihren Eltern Abschied zu nehmen. Er widerstand anfangs ihren Bitten, als sie aber immer mehr weinte und ihm zu Füßen fiel, so gab er endlich nach. Kaum war die Jungfrau zu dem Bette ihres Vaters getreten, so wachte er und alle andern, die im Schlosse waren, auf, und der Jüngling ward festgehalten und ins Gefängnis gesetzt.

Das Erwachen zu bedingungsloser Liebe erfordert die Lösung aller Bindungen, die wir an diese Welt haben. Wenn wir es nicht über das Herz bringen, diese Bindungen zu lösen und daran festhalten, werden wir auf dem Weg steckenbleiben und das Ziel bedingungsloser Liebe nicht erreichen.

Am andern Morgen sprach der König zu ihm: „Dein Leben ist verwirkt, und du kannst bloß Gnade finden, wenn du den Berg abträgst, der vor meinen Fenstern liegt und über welchen ich nicht hinaussehen kann, und das mußt du binnen acht Tagen zustande bringen. Gelingt dir das, so sollst du meine Tochter zur Belohnung haben." Der Königssohn fing an, grub und schaufelte ohne abzulassen, als er aber nach sieben Tagen sah, wie wenig er ausgerichtet hatte und alle seine Arbeit so gut wie nichts war, so fiel er in große Traurigkeit und gab alle Hoffnung auf. Am Abend des siebenten Tages aber erschien der Fuchs und sagte: „Du verdienst nicht, daß ich mich deiner annehme, aber geh nur hin und lege dich schlafen, ich will die Arbeit für dich tun." Am andern Morgen, als er erwachte und zum Fenster hinaussah, so war der Berg verschwunden. Der Jüngling eilte voll Freude zum König und meldete ihm, daß die Bedingung erfüllt wäre, und der König mochte wollen oder nicht, er mußte Wort halten und ihm seine Tochter geben.

Die acht Tage symbolisieren die für unsere Vollendung verfügbare Zeit. Die acht symbolisiert Vollendung. Ein Berg symbolisiert die Erhöhung unseres Bewusstseins. Über diesen Berg hinaussehen zu wollen, symbolisiert das Streben nach dem höchsten Bewusstsein, das es zu erlangen gilt. Dass der Jüngling die Königstochter nur dann bekommt, symbolisiert also, dass der Zustand bedingungsloser Liebe höchstes Bewusstsein erfordert.

Dass der Fuchs ihm erneut hilft, obwohl er es nicht verdient hat, symbolisiert, dass die göttliche Gnade uns trotz unserer Fehler die Weisheit schenken wird, die uns fehlt, wenn wir entschlossen auf dem Weg bleiben.

Mit Hilfe der göttlichen Gnade können wir also jenes erhöhte Bewusstsein erlangen, in dem wir auch zur bedingungslosen Liebe erwachen.

Nun zogen die beiden zusammen fort, und es währte nicht lange, so kam der treue Fuchs zu ihnen. „Das Beste hast du zwar," sagte er, „aber zu der Jungfrau aus dem goldenen Schloß gehört auch das goldene Pferd." - „Wie soll ich das bekommen?" fragte der Jüngling. „Das will ich dir sagen," antwortete der Fuchs, „zuerst bring dem Könige, der dich nach dem goldenen Schlosse geschickt hat, die schöne Jungfrau. Da wird unerhörte Freude sein, sie werden dir das goldene Pferd gerne geben und werden dir's vorführen. Setz dich alsbald auf und reiche allen zum Abschied die Hand herab, zuletzt der schönen Jungfrau, und wenn du sie gefaßt hast, so zieh sie mit einem Schwung hinauf und jage davon, und niemand ist imstande, dich einzuholen, denn das Pferd läuft schneller als der Wind."

Wenn wir die bedingungslose Liebe erreicht haben, brauchen wir weiterhin das, was zur bedingungslosen Liebe untrennbar dazugehört, nämlich einen auch weiterhin anhaltenden selbstlosen Dienst am Nächsten. Nur in diesem Dienst kann unsere bedingungslose Liebe in unserem Leben auch leben und fließen.

Alles wurde glücklich vollbracht, und der Königssohn führte die schöne Jungfrau auf dem goldenen Pferde fort. Der Fuchs blieb nicht zurück und sprach zu dem Jüngling: „Jetzt will ich dir auch zu dem goldenen Vogel verhelfen. Wenn du nahe bei dem Schlosse bist, wo sich der Vogel befindet, so laß die Jungfrau absitzen, und ich will sie in meine Obhut nehmen. Dann reit mit dem goldenen Pferd in den Schloßhof; bei dem Anblick wird große Freude sein, und sie werden dir den goldenen Vogel herausbringen. Wie du den Käfig in der Hand hast, so jage zu uns zurück und hole dir die Jungfrau wieder ab." Als der Anschlag geglückt war und der Königssohn mit seinen Schätzen heimreiten wollte, so sagte der Fuchs: „Nun sollst du mich für meinen Beistand belohnen." - „Was verlangst du dafür?" fragte der Jüngling. „Wenn wir dort in den Wald kommen, so schieß mich tot und hau mir Kopf und Pfoten ab." - „Das wäre eine schöne Dankbarkeit!" sagte der Königssohn, „das kann ich dir unmöglich gewähren." Sprach der Fuchs: „Wenn du es nicht tun willst, so muß ich dich verlassen; ehe ich aber fortgehe, will ich dir noch einen guten Rat geben. Vor zwei Stücken hüte dich, kauf kein Galgenfleisch und setze dich an keinen Brunnenrand!" Damit lief er in den Wald.

Wenn wir die bedingungslose Liebe verwirklicht und uns fest in einem Leben im selbstlosen Dienst verankert haben, brauchen wir zudem immer noch einen auf das höchste Ziel ausgerichteten Geist, um ganz in die Einheit mit Gott eingehen zu können. Der Wunsch des Fuchses, dass er totgeschossen wird und ihm Kopf und Pfoten abgehauen werden, symbolisiert die Notwendigkeit, alle unsere Weisheitskonzepte, die uns geholfen haben, ans Ziel zu kommen, am Ende ganz hinter uns zu lassen.

Die Nichtbereitschaft des Königssohns, dies zu tun, symbolisiert unsere Verhaftung an unsere spirituellen Konzepten. Dass es der Fuchs selbst ist, der dies fordert, symbolisiert, dass wir als Bestandteil unserer spirituellen Konzepte im Grunde wissen, dass es um die Einheit geht, und wir für das Erlangen der Einheit am Ende alle unser Konzepte für den Weg durch die Dualität hinter uns lassen müssen, egal wie hilfreich sie für uns gewesen sind.

Der Jüngling dachte: „Das ist ein wunderliches Tier, das seltsame Grillen hat. Wer wird Galgenfleisch kaufen! Und die Lust, mich an einen Brunnenrand zu setzen, ist mir noch niemals gekommen." Er ritt mit der schönen Jungfrau weiter, und sein Weg führte ihn wieder durch das Dorf, in welchem seine beiden Brüder geblieben waren. Da war großer Auflauf und Lärmen, und als er fragte, was da los wäre, hieß es, es sollten zwei Leute aufgehängt werden. Als er näher hinzukam, sah er, daß es seine Brüder waren, die allerhand schlimme Streiche verübt und all ihr Gut vertan hatten. Er fragte, ob sie nicht könnten freigemacht werden. „Wenn Ihr für sie bezahlen wollt," antworteten die Leute, „aber was wollt Ihr an die schlechten Menschen Euer Geld hängen und sie loskaufen." Er besann sich aber nicht, zahlte für sie, und als sie freigegeben waren, so setzten sie die Reise gemeinschaftlich fort.

Sie kamen in den Wald, wo ihnen der Fuchs zuerst begegnet war, und da es darin kühl und lieblich war und die Sonne heiß brannte, so sagten die beiden Brüder: „Laßt uns hier an dem Brunnen ein wenig ausruhen, essen und trinken!" Er willigte ein, und während des Gespräches vergaß er sich, setzte sich an den Brunnenrand und versah sich nichts Arges. Aber die beiden Brüder warfen ihn rückwärts in den Brunnen, nahmen die Jungfrau, das Pferd und den Vogel, und zogen heim zu ihrem Vater. „Da bringen wir nicht bloß den goldenen Vogel," sagten sie, „wir haben auch das goldene Pferd und die Jungfrau von dem goldenen Schlosse erbeutet." Da war große Freude, aber das Pferd fraß nicht, der Vogel pfiff nicht, und die Jungfrau, die saß und weinte.

Der Kauf von Galgenfleisch symbolisiert falsch verstandene Treue zu Gewohnheiten oder Konzepten, die ursprünglich aus einer Egoverhaftung entstanden sind. Wir schulden diesen Konzepten eigentlich nichts, wenn wir sie hinter uns lassen. Das Setzen an den Brunnenrand symbolisiert die

Gefahr, Dingen und Konzepten gegenüber arglos zu sein, die uns Schaden zufügen können.

Der jüngste Bruder aber war nicht umgekommen. Der Brunnen war zum Glück trocken, und er fiel auf weiches Moos, ohne Schaden zu nehmen, konnte aber nicht wieder heraus. Auch in dieser Not verließ ihn der treue Fuchs nicht, kam zu ihm herabgesprungen und schalt ihn, daß er seinen Rat vergessen hätte. „Ich kann's aber doch nicht lassen," sagte er, „ich will dir wieder an das Tageslicht helfen." Er sagte ihm, er sollte seinen Schwanz anpacken und sich fest daran halten, und zog ihn dann in die Höhe. „Noch bist du nicht aus aller Gefahr," sagte der Fuchs, „deine Brüder waren deines Todes nicht gewiß und haben den Wald mit Wächtern umstellt, die sollen dich töten, wenn du dich sehen ließest."

Wenn wir durch eine alte Egogewohnheit zu Fall kommen und uns durch Selbsterkenntnis wieder auf den rechten Weg bringen können, sind wir noch nicht außer Gefahr, weil die Gefahr erst endet, wenn das für den Fall ursächliche Ego aufgelöst ist.

Da saß ein armer Mann am Weg, mit dem vertauschte der Jüngling die Kleider und gelangte auf diese Weise an des Königs Hof. Niemand erkannte ihn, aber der Vogel fing an zu pfeifen, das Pferd fing an zu fressen, und die schöne Jungfrau hörte Weinens auf. Der König fragte verwundert: „Was hat das zu bedeuten?" Da sprach die Jungfrau: „Ich weiß es nicht, aber ich war so traurig und nun bin ich so fröhlich. Es ist mir, als wäre mein rechter Bräutigam gekommen." Sie erzählte ihm alles, was geschehen war, obgleich die andern Brüder ihr den Tod angedroht hatten, wenn sie etwas verraten würde. Der König hieß alle Leute vor sich bringen, die in seinem Schlosse waren, da kam auch der Jüngling als ein armer Mann in seinen Lumpenkleidern, aber die Jungfrau erkannte ihn gleich und fiel ihm um den Hals. Die gottlosen Brüder wurden ergriffen und hingerichtet, er aber ward mit der schönen Jungfrau vermählt und zum Erben des Königs bestimmt.

Das Tauschen der Kleider mit dem armen Mann symbolisiert die Vorsicht gegenüber unserem eigenen Ego, um es nicht unnötig zu provozieren. Wenn wir auf das Ziel fokussiert bleiben, wird das Ziel am Ende zu uns kommen, so dass das Ego harmonisch von uns abfallen kann.

Aber wie ist es dem armen Fuchs ergangen? Lange danach ging der Königssohn einmal wieder in den Wald. Da begegnete ihm der Fuchs und sagte: „Du hast nun alles, was du dir wünschen kannst, aber mit meinem Unglück will es kein Ende nehmen, und es steht doch in deiner Macht, mich zu erlösen," und abermals bat er flehentlich, er möchte ihn totschießen und ihm Kopf und Pfoten abhauen. Also tat er's, und kaum war es geschehen, so verwandelte sich der Fuchs in einen Menschen und war niemand anders als der Bruder der schönen Königstochter, der endlich von dem Zauber, der auf ihm lag, erlöst war. Und nun fehlte nichts mehr zu ihrem Glück, solange sie lebten.

Wenn wir die bedingungslose Liebe verwirklicht haben, fehlt im Grunde dennoch ein finaler Schritt, nämlich das Einheitsbewusstsein. In der Liebe gibt es immer noch zwei, den Liebenden und den Geliebten. Im Einheitsbewusstsein gibt es nur noch das Bewusstsein, dass alles Liebe und nichts davon getrennt ist.

Dass der Königssohn den Fuchs totschießen und ihm Kopf und Pfoten abhauen muss, symbolisiert also den Schritt in diese Einheit hinein, in der wir alle Hilfsmittel, die uns zur Einheit verholfen haben, auch die Hilfsmittel tiefster Weisheit, hinter uns lassen. Der Bruder der schönen Königstochter symbolisiert das Bewusstsein vollkommener Unschuld, die zur bedingungslosen Liebe dazugehört. Wenn wir durch Unterscheidungsfähigkeit und Selbsterkenntnis unser wahres Sein verwirklichen, erreichen wir am Ende diese vollkommene Unschuld, durch die wir eins mit Gott sind.

4.5 Der treue Johannes – Das Wirken göttlicher Gnade in den Problemen unserer Zeit

Der treue Johannes	Göttliche Gnade
König & Königssohn	Integrität
Königstochter vom goldenen Dache	bedingungslose Liebe
Raben	Kommunikation mit der spirituellen Welt
Gold	aus sich heraus leuchtendes Bewusstsein
Fuchsrotes Pferd	unkontrollierte spirituelle Energie
Brauthemd, das aussieht wie aus Gold und Silber, jedoch aus Pech und Schwefel ist	Illusion spiritueller Reife, die uns verbrennt
Zu Stein werden	Unwirksamkeit und Verlust der göttlichen Gnade
Opfern der Söhne	Hingabe von all unserem Tun an Gott

In diesem Märchen wird anschaulich die Geduld, Akzeptanz und Hingabe symbolisiert, die wir kollektiv brauchen werden und entwickeln müssen, um die großen Herausforderungen, die in den nächsten Jahren auf uns zukommen werden, erfolgreich bewältigen zu können.

Ich glaube zwar, dass die große Mehrheit nicht bereit sein wird, eine solche Geduld, Akzeptanz und Hingabe zu entwickeln, weil es viel von uns braucht, sie zu entwickeln. Jeder Mensch, der bereit ist, sie zu entwickeln und sich darum bemüht, kann damit jedoch einen sehr großen Unterschied bewirken und einen entscheidenden Beitrag auch für unsere kollektive Befreiung leisten.

Es war einmal ein alter König, der war krank und dachte, es wird wohl das Totenbett sein, auf dem ich liege.

Der Tod des alten Königs symbolisiert den Zustand unserer Integrität am Ende unseres Lebens, in diesem Fall am Ende unseres letzten Lebens, weil sich das Märchen um den Königssohn dreht.

Da sprach er: „Laßt mir den getreuen Johannes kommen!" Der getreue Johannes war sein liebster Diener und hieß so, weil er ihm sein Leben lang so treu gewesen war.

Der getreue Johannes symbolisiert Gottes Gnade, die immer mit uns ist und darauf wartet, uns dienen zu können, indem wir uns in unserem Leben ganz an der göttlichen Ordnung und den Geboten der Liebe orientieren. Der Name Johannes heißt übersetzt „Gott ist gnädig".

Als er nun vor das Bett kam, sprach der König zu ihm: „Getreuester Johannes, ich fühle, daß mein Ende herannaht, und da habe ich keine andere Sorge als um meinen Sohn. Er ist noch in jungen Jahren, wo er sich nicht immer zu raten weiß. Und wenn du mir nicht versprichst, ihn zu unterrichten in allem, was er wissen muß, und sein Pflegevater zu sein, so kann ich meine Augen nicht in Ruhe schließen."

Zum Ende unseres Lebens bleibt uns nichts weiter als uns im Tod der göttlichen Gnade zu übergeben und zu beten und zu hoffen, dass Gott mit uns sein und uns auch in einem weiteren Leben auf den richtigen Weg führen wird.

Da antwortete der getreue Johannes: „Ich will ihn nicht verlassen und will ihm mit Treue dienen, wenn's auch mein Leben kostet." Da sagte der alte König: „So sterb ich getrost und in Frieden."

Das bedeutet, wenn wir uns Gott hingeben, wird seine Gnade sicher mit uns sein und unserem Geist Frieden schenken.

Und sprach dann weiter: „Nach meinem Tode sollst du ihm das ganze Schloß zeigen, alle Kammern, Säle und Gewölbe und alle Schätze, die darin liegen. Aber die letzte Kammer in dem langen Gange sollst du ihm nicht zeigen, worin das Bild der Königstochter vom goldenen Dache verborgen steht. Wenn er das Bild erblickt, wird er eine heftige Liebe zu ihr empfinden und wird in Ohnmacht niederfallen und wird ihretwegen in große Gefahren geraten; davor sollst du ihn hüten." Und als der treue Johannes nochmals dem alten König die Hand darauf gegeben hatte, ward dieser still, legte sein Haupt auf das Kissen und starb.

Die Königstochter vom goldenen Dache symbolisiert die spirituelle Liebe. Das Verbot, ihr Bild zu sehen, weist auf die Gefahr hin, dass wir ohne ausreichende mentale Reife und Integrität der in uns erwachenden Liebe blind folgen und Schaden nehmen. Liebe ohne Weisheit und Integrität kann großen Schaden anrichten. Wir brauchen also eine für unseren Weg dienliche spirituelle Erziehung, die uns die wahren Werte des Lebens vermittelt, bevor wir der erwachenden spirituellen Liebe folgen. Wenn wir im Tod der göttlichen Gnade vertrauen können, dass sie uns auch in einem weiteren Leben richtig führen wird, können wir in Frieden sterben.

Da unser Mentalkörper bei unserem Tod ebenfalls stirbt, sind wir in einem nächsten Leben von der göttlichen Gnade abhängig, uns so zu führen, dass wir auf den richtigen Weg spiritueller Integrität kommen und uns nicht durch die mannigfachen Verlockungen der Welt täuschen lassen, durch die wir uns in unserem Ego verirren können. Allein dies zeigt, wie wichtig es ist, unseren Kindern im Laufe der Erziehung spirituelle Werte zu vermitteln. Kinder sind darauf angewiesen, dass wir ihnen diese Werte vermitteln, weil sich das Bewusstsein dieser Werte in jedem Leben neu ausbilden muss.

Wenn wir unseren Kindern keine spirituellen Werte vermitteln, gehen sie ungeschützt in ihr Leben und laufen große Gefahr, ihrem Ego zum Opfer zu fallen, unglücklich zu werden und auch ihre Mitmenschen durch ihre Egozentrik unglücklich zu machen. Andererseits ist es so, wenn wir ein Leben lang eigennützige, egoistische Ziele verfolgen, also stets primär auf unseren eigenen Vorteil hinwirken, erhalten wir in einem neuen Leben fast sicher materialistisch und eigennützig orientierte Eltern, so dass uns der nötige Schutz durch die Erziehung zu spirituellen Werten nicht mitgegeben wird und wir den Gefahren einer eigennützigen, materialistischen Lebenseinstellung weit stärker ausgeliefert sind. Dennoch wirkt die göttliche Gnade für jeden Menschen und versucht, jeden von uns durch die Erfahrungen in unserem Leben auf den richtigen Weg zurück zu unserem eigenen wahren Selbst zu führen.

Dass der treue Johannes weiß, was für den König gut ist, und der junge König selbst nicht weiß, was für ihn gut ist, symbolisiert, dass Gott weiß, was gut und richtig für uns ist, und er in seiner Gnade daher versucht, uns in unserem Leben durch das, was uns im Leben widerfährt, richtig zu führen. Allein durch unsere Unwissenheit erkennen wir nicht, dass Gott in unserem Leben optimal wirkt, um uns zuerst auf den richtigen Weg zu bringen und dann, wenn wir auf dem richtigen Weg sind, versucht, uns auf diesem voran zu bringen.

Aus diesem Grunde müssen wir Gott und seiner Führung unseres Lebens gegenüber vor allen Dingen Akzeptanz und Hingabe an den göttlichen Willen lernen, um unseren Weg zu finden und auf unserem Weg voranzukommen. Schauen wir uns an, wie Gott uns der Symbolik des Märchens gemäß auf unserem Weg hilft.

Als der alte König zu Grabe getragen war, da erzählte der treue Johannes dem jungen König, was er seinem Vater auf dem Sterbelager versprochen hatte, und sagte: „Das will ich gewißlich halten und will dir treu sein, wie ich ihm gewesen bin, und sollte es mein Leben kosten." Die Trauer ging vorüber. Da sprach der treue Johannes zu ihm: „Es ist nun Zeit, daß du dein Erbe siehst, ich will dir dein väterliches Schloß zeigen." Da führte er ihn überall herum, auf und ab, und ließ ihn alle die Reichtümer und prächtigen Kammern sehen, nur die eine Kammer öffnete er nicht, worin das gefährliche Bild stand. Das Bild war aber so gestellt, daß, wenn die Türe aufging, man gerade darauf sah, und war so herrlich gemacht, daß man meinte, es leibte und lebte und es gäbe nichts Lieblicheres und Schöneres auf der ganzen Welt.

In einem neuen Leben wird die göttliche Gnade daher daraufhin wirken wollen, dass uns zuerst die nötigen Werte vermittelt werden, bevor wir zur spirituellen Liebe erwachen.

Der junge König aber merkte wohl, daß der getreue Johannes immer an einer Tür vorüberging, und sprach: „Warum schließest du mir diese niemals auf?" - „Es ist etwas darin," antwortete er, „vor dem du erschrickst." Aber der König antwortete: „Ich habe das ganze Schloß gesehen, so will ich auch wissen, was darin ist," ging und wollte die Türe mit Gewalt öffnen. Da hielt ihn der getreue Johannes zurück und sagte: „Ich habe es deinem Vater vor seinem Tode versprochen, daß du nicht sehen sollst, was in der Kammer steht; es könnte dir und mir zu großem Unglück ausschlagen." - „Ach nein," antwortete der junge König, „wenn ich nicht hineinkomme, so ist's mein sicheres Verderben. Ich würde Tag und Nacht keine Ruhe haben, bis ich's mit meinen Augen gesehen hätte. Nun gehe ich nicht von der Stelle, bis du aufgeschlossen hast."

Allerdings ist die Sehnsucht nach Gott in einem Menschen, der in seinem letzten Leben ein sehr gottgefälliges Leben geführt hat, zumeist recht stark, so dass die spirituelle Liebe in einem solchen Herzen leicht zu erwecken ist.

Da sah der getreue Johannes, daß es nicht mehr zu ändern war, und suchte mit schwerem Herzen und vielem Seufzen aus dem großen Bund den Schlüssel heraus. Als er die Tür geöffnet hatte, trat er zuerst hinein und dachte, er wolle das Bildnis bedecken, daß es der König vor ihm nicht sähe. Aber was half das? Der König stellte sich auf die Fußspitzen und sah ihm über die Schulter. Und als er das Bildnis der Jungfrau erblickte, das so herrlich war und von Gold und Edelsteinen glänzte, da fiel er ohnmächtig zur Erde nieder. Der getreue Johannes hob ihn auf, trug ihn in sein Bett und dachte voll Sorgen: Das Unglück ist geschehen, Herr Gott, was will daraus werden? Dann stärkte er ihn mit Wein, bis er wieder zu sich selbst kam. Das erste Wort, das er sprach, war: „Ach, wer ist das schöne Bild?" - „Das ist die Königstochter vom goldenen Dache," antwortete der treue Johannes. Da sprach der König weiter: „Meine Liebe zu ihr ist so groß, wenn alle Blätter an den Bäumen Zungen wären, sie könnten's nicht aussagen; mein Leben setze ich daran, daß ich sie erlange. Du bist mein getreuester Johannes, du mußt mir beistehen."

Wenn die spirituelle Liebe erwacht, während wir noch nicht die nötige spirituelle Reife haben, brauchen wir erst recht die göttliche Gnade und ihren Schutz für unser Leben, so dass es für den Erfolg unserer spirituellen Übungen und Bemühungen von zentraler Wichtigkeit ist, auch für diese Gnade zu beten.

Der treue Diener besann sich lange, wie die Sache anzufangen wäre, denn es hielt schwer, nur vor das Angesicht der Königstochter zu kommen. Endlich hatte er ein Mittel ausgedacht und sprach zu dem König: „Alles, was sie um sich hat, ist von Gold, Tische, Stühle, Schüsseln, Becher, Näpfe und alles Hausgerät. In deinem Schatze liegen fünf Tonnen Goldes, laß eine von den Goldschmieden des Reiches verarbeiten zu allerhand Gefäßen und Gerätschaften, zu allerhand Vögeln, Gewild und wunderbaren Tieren, das wird ihr gefallen, wir wollen damit hinfahren und unser Glück versuchen." Der König hieß alle Goldschmiede herbeiholen, die mußten Tag und Nacht arbeiten, bis endlich die herrlichsten Dinge fertig waren. Als alles auf ein Schiff geladen war, zog der getreue Johannes Kaufmannskleider an, und der König mußte ein Gleiches tun, um sich ganz unkenntlich zu machen. Dann fuhren sie über das Meer und fuhren so lange, bis sie zu der Stadt kamen, worin die Königstochter vom goldenen Dache wohnte.

Gold symbolisiert die Sonne und unser aus sich selbst heraus leuchtendes Bewusstsein. Alle Dinge aus Gold zu machen symbolisiert, unsere Handlungen auf Gott auszurichten. Die entsprechenden Vorbereitungen des treuen Johannes symbolisieren also, dass die göttliche Gnade versuchen wird, uns in unserem Leben zu den richtigen spirituellen Werten zu erziehen.

Der treue Johannes hieß den König auf dem Schiffe zurückbleiben und auf ihn warten. „Vielleicht," sprach er, „bring ich die Königstochter mit, darum sorgt, daß alles in Ordnung ist, laßt die Goldgefäße aufstellen und das ganze Schiff ausschmücken." Darauf suchte er sich in sein Schürzchen allerlei von den Goldsachen zusammen, stieg ans Land und ging gerade nach dem königlichen Schloß. Als er in den Schloßhof kam, stand da beim Brunnen ein schönes Mädchen, das hatte zwei goldene Eimer in der Hand und schöpfte damit. Und als es das blinkende Wasser forttragen wollte und sich umdrehte, sah es den fremden Mann und fragte, wer er wäre. Da antwortete er: „Ich bin ein Kaufmann," und öffnete sein Schürzchen und ließ sie hineinschauen. Da rief sie: „Ei, was für schönes Goldzeug!" setzte die Eimer nieder und betrachtete eins nach dem anderen. Da sprach das Mädchen: „Das muß die Königstochter sehen, die hat so große Freude an den Goldsachen, daß sie Euch alles abkauft." Es nahm ihn bei der Hand und führte ihn hinauf, denn es war die Kammerjungfer. Als die Königstochter die Ware sah, war sie ganz vergnügt und sprach: „Es ist so schön gearbeitet, daß ich dir alles abkaufen will." Aber der getreue Johannes sprach: „Ich bin nur der Diener von einem reichen Kaufmann. Was ich hier habe, ist nichts gegen das, was mein Herr auf seinem Schiff stehen hat, und das ist das Künstlichste und Köstlichste, was je in Gold gearbeitet worden ist." Sie wollte alles heraufgebracht haben, aber er sprach: „Dazu gehören viele Tage, so groß ist die Menge, und so viele Säle, um es aufzustellen, daß Euer Haus nicht Raum dafür hat." Da ward ihre Neugierde und Lust immer mehr angeregt, so daß sie endlich sagte: „Führe mich hin zu dem Schiff, ich will selbst hingehen und deines Herrn Schätze betrachten."

Da führte sie der treue Johannes zu dem Schiffe hin und war ganz freudig, und der König, als er sie erblickte, sah, daß ihre Schönheit noch größer war, als das Bild sie dargestellt hatte, und meinte nicht anders, als das Herz wollte ihm zerspringen. Nun stieg sie in das Schiff, und der König führte sie hinein; der getreue Johannes aber blieb zurück bei dem Steuermann und hieß das Schiff abstoßen: „Spannt alle Segel auf, daß es fliegt wie ein Vogel in der Luft." Der König aber zeigte ihr drinnen das goldene Geschirr, jedes einzeln, die Schüsseln, Becher, Näpfe, die Vögel, das Gewild und die wunderbaren Tiere. Viele Stunden gingen herum, während sie alles besah, und in ihrer Freude merkte sie nicht, daß das Schiff dahinfuhr. Nachdem sie das letzte betrachtet hatte, dankte sie dem Kaufmann und wollte heim, als sie aber an des Schiffes Rand kam sah sie, daß es fern vom Land auf hohem Meere ging und mit vollen Segeln forteilte. „Ach," rief sie erschrocken, „ich bin betrogen, ich bin entführt und in die Gewalt eines Kaufmannes geraten; lieber wollt ich sterben!" Der König aber faßte sie bei der Hand und sprach: „Ein Kaufmann bin ich nicht, ich bin ein König und nicht geringer an Geburt als du bist. Aber daß ich dich mit List entführt habe, das ist aus übergroßer Liebe geschehen. Das erstemal, als ich dein Bildnis gesehen habe, bin ich ohnmächtig zur Erde gefallen." Als die Königstochter vom goldenen Dache das hörte, ward sie getröstet, und ihr Herz ward ihm geneigt, so daß sie gerne einwilligte, seine Gemahlin zu werden.

Das Locken der Königstochter auf das Schiff symbolisiert, dass die göttliche Gnade uns einen ersten Geschmack geben wird, wie es ist, im Zustand der Einheit zu verweilen. Sie wird uns ein Einheitserlebnis vermitteln, das um ein vielfaches schöner ist als alles, was wir je erlebt haben, um unsere Sehnsucht nach Gott zu wecken, die Sehnsucht danach, dauerhaft zum Zustand der Einheit zu gelangen. Aber dieses anfängliche Erlebnis ist ein bisschen wie ein Diebstahl, weil wir zu Beginn unseres spirituellen Weges noch lange nicht fit sind, dauerhaft in diesen Zustand einzutreten. Die eigentliche Arbeit beginnt erst, sobald Gott unser Herz dafür gewonnen hat, den spirituellen Weg zu gehen.

Es trug sich aber zu, während sie auf dem hohen Meere dahinfuhren, daß der treue Johannes, als er vorn auf dem Schiffe saß und Musik machte, in der Luft drei Raben erblickte, die dahergeflogen kamen. Da hörte er auf zu spielen und horchte, was sie miteinander sprachen, denn er verstand das wohl. Der eine rief: „Ei, da führt er die Königstochter vom goldenen Dache heim." - „Ja," antwortete der zweite, „er hat sie noch nicht." Sprach der dritte: „Er hat sie doch, sie sitzt bei ihm im Schiffe." Da fing der erste wieder an und rief: „Was hilft ihm das! Wenn sie ans Land kommen, wird ihm ein fuchsrotes Pferd entgegenspringen, da wird er sich aufschwingen wollen, und tut er das, so sprengt es mit ihm fort und in die Luft hinein, daß er nimmer mehr seine Jungfrau wiedersieht." Sprach der zweite: „Ist gar keine Rettung?" - „O ja, wenn ein anderer schnell aufsitzt, das Feuergewehr, das in den Halftern stecken muß, herausnimmt und das Pferd damit totschießt, so ist der junge König gerettet. Aber wer weiß das! Und wer's weiß und sagt's ihm, der wird zu Stein von den Fußzehen bis zum Knie." Da sprach der zweite: „Ich weiß noch mehr, wenn das Pferd auch getötet wird, so behält der junge König doch nicht seine Braut. Wenn sie zusammen ins Schloß kommen, so liegt dort ein gemachtes Brauthemd in einer Schüssel und sieht aus, als wär's von Gold und Silber gewebt, ist aber nichts als Schwefel und Pech. Wenn er's antut, verbrennt es ihn bis auf Mark und Knochen." Sprach der dritte: „Ist da gar keine Rettung?" - „O ja," antwortete der zweite, „wenn einer mit Handschuhen das Hemd packt und wirft es ins Feuer, daß es verbrennt, so ist der junge König gerettet. Aber was hilft's! Wer's weiß und es ihm sagt, der wird halben Leibes Stein vom Knie bis zum Herzen." Da sprach der dritte: „Ich weiß noch mehr, wird das

Brauthemd auch verbrannt, so hat der junge König seine Braut doch noch nicht. Wenn nach der Hochzeit der Tanz anhebt und die junge Königin tanzt, wird sie plötzlich erbleichen und wie tot hinfallen, und hebt sie nicht einer auf und zieht aus ihrer rechten Brust drei Tropfen Blut und speit sie wieder aus, so stirbt sie. Aber verrät das einer, der es weiß, so wird er ganzen Leibes zu Stein vom Wirbel bis zur Fußzehe." Als die Raben das miteinander gesprochen hatten, flogen sie weiter, und der getreue Johannes hatte alles wohl verstanden, aber von der Zeit an war er still und traurig. Denn verschwieg er seinem Herrn, was er gehört hatte, so war dieser unglücklich; entdeckte er es ihm, so mußte er selbst sein Leben hingeben. Endlich aber sprach er bei sich: „Meinen Herrn will ich retten, und sollte ich selbst darüber zugrunde gehen."

Die göttliche Gnade kann nur wirken, wenn wir uns ohne intellektuelle Berechnung in Einklang mit ihr begeben. Oder anders formuliert, haben die wichtigsten spirituellen Erkenntnisse nur eine ausreichende Kraft, wenn wir diese Erkenntnis durch eigenes Erleben gewinnen, nicht dadurch, dass wir Bücher lesen oder jemand sie uns vermittelt. Was wir daher brauchen, ist das Vertrauen, dass Gott unser Leben so lenkt, dass wir die nötigen Erkenntnisse dadurch gewinnen, dass wir die Herausforderungen unseres Lebens auch als gottgewollt annehmen und bewältigen, ohne dass wir vorher wissen, was auf uns zukommt. Die Bedeutung der drei von den Raben geschilderten Begebenheiten gehen wir im Folgenden durch. Raben sind ein Symbol für unsere Kommunikation mit der spirituellen Welt. Die schwarze Farbe der Raben symbolisiert die Unergründlichkeit des Göttlichen. Auch die Zahl drei weist auf das Spirituelle hin. Das Wirken der göttlichen Gnade in unserem Leben ist also in hohem Maße davon abhängig, dass wir uns durch Gebete, spirituelle Übungen, Meditation usw. in die Kommunikation mit unserem spirituellen Sein begeben. Die Verwandlung in Stein symbolisiert, dass die göttliche Gnade unwirksam wird und verloren geht. Wenn wir spirituelle Weisheiten nur in Büchern lesen und keine praktizierte Lebenserfahrung daraus machen, dann sind diese Weisheiten für uns nutzlos.

Als sie nun ans Land kamen, da geschah es, wie der Rabe vorher gesagt hatte, und es sprengte ein prächtiger fuchsroter Gaul daher. „Wohlan," sprach der König, „der soll mich in mein Schloß tragen," und wollte sich aufsetzen, doch der treue Johannes kam ihm zuvor, schwang sich schnell darauf, zog das Gewehr aus den Halftern und schoß den Gaul nieder. Da riefen die anderen Diener des Königs, die dem treuen Johannes doch nicht gut waren: „Wie schändlich, das schöne Tier zu töten, das den König in sein Schloß tragen sollte!" Aber der König sprach:

„Schweigt und laßt ihn gehen, es ist mein getreuester Johannes, wer weiß, wozu das gut ist!"

Das fuchsrote Pferd symbolisiert unkontrollierte spirituelle Energie. Wenn unsere Energie erwacht, wird die göttliche Gnade daraufhin wirken, dass diese nicht unkontrolliert mit uns durchgeht. Wir würden sonst jegliche Erdung verlieren und unsere spirituelle Kraft nicht auf die Erde bekommen. Wenn in unserem Leben unsere Bemühungen, diese Energie in uns zu erwecken, lange nicht von Erfolg gekrönt sind, besteht die Gefahr, dass wir resignieren. Das Ausbleiben der Energie trotz all unserer spirituellen Übungen und Bemühungen erfordert also unsere Akzeptanz und Hingabe daran, dass sie ausbleibt, damit wir trotz scheinbar ausbleibendem Erfolg mit unseren Bemühungen fortfahren. Die Egoanteile in uns tendieren dazu, gegen Gott zu rebellieren, wenn bei all unseren Bemühungen der Erfolg auszubleiben scheint und es jahrelang so aussieht, als würden wir keine Fortschritte auf dem Weg machen. Wir kommen nicht so leicht auf die Idee, dass es göttliche Gnade sein könnte, die überschießende Fortschritte von uns fern hält. Es geht also um das Entwickeln von Geduld und Beharrlichkeit auf dem spirituellen Weg, deren Entwickeln viel wichtiger ist als die Freisetzung spiritueller Energie.

Nun gingen sie ins Schloß, und da stand im Saal eine Schüssel, und das gemachte Brauthemd lag darin und sah nicht anders aus, als wäre es von Gold und Silber. Der junge König ging darauf zu und wollte es ergreifen, aber der Johannes schob ihn weg, packte es mit Handschuhen an, trug es schnell ins Feuer und ließ es verbrennen. Die anderen Diener fingen wieder an zu murren und sagten: „Seht, nun verbrennt er gar des Königs Brauthemd." Aber der junge König sprach: „Wer weiß, wozu es gut ist laßt ihn gehen, es ist mein getreuester Johannes!"

Das Brauthemd, das aussieht wie aus Gold und Silber gewirkt, in Wahrheit jedoch aus Pech und Schwefel besteht, symbolisiert unsere Illusion spiritueller Reife. Gold und Silber symbolisieren unser erwachtes Selbst und einen von diesem Erwachen erleuchteten Verstand. Wenn wir uns für erleuchtet halten, wirkt diese Selbstüberschätzung wie Pech und Schwefel, die uns verbrennen. Das heißt, wir brauchen die göttliche Gnade, unser Gebet für die Gnade und unsere Bemühung um diese Gnade, um ausreichend demütig zu sein und zu beherzigen, dass wir nichts wissen, um nicht von den Illusionen unserer Pseudo-Erleuchtung verbrannt zu werden. Es geht also um das Entwickeln von Demut.

Nun ward die Hochzeit gefeiert. Der Tanz hub an, und die Braut trat auch hinein, da harrte der treue Johannes acht und schaute ihr ins Antlitz. Auf einmal erbleichte sie und fiel wie tot zur Erde. Da sprang er eilends hinzu, hob sie auf und trug sie in eine Kammer, da legte er sie nieder, kniete und sog die drei Blutstropfen aus ihrer rechten Brust und speite sie aus. Als bald atmete sie wieder und erholte sich, aber der junge König hatte es mit angesehen und wußte nicht, warum es der getreue Johannes getan hatte, ward zornig darüber und rief: „Werft ihn ins Gefängnis!"

Die drei Tropfen Blut aus der rechten Brust der Braut symbolisieren die spirituelle Nahrung, die wir von der erwachenden Liebe für unsere Integrität bekommen. Wenn wir die nötige Integrität entwickeln, dabei jedoch nicht ganz in der Liebe sind und bleiben, dann wird uns die spirituelle Liebe auch wieder abhandenkommen. Jesus hat das so formuliert, dass egal, was wir erreichen, wenn uns die Liebe abhandenkommt, dann haben wir nichts erreicht.

Wir brauchen also unsere enge Anlehnung an die göttliche Gnade und unser Gebet für diese Gnade, damit unsere bedingungslose Liebe nicht nur erwacht, sondern auch lebendig bleibt. Sollte uns trotz beharrlicher spiritueller Übungen und Bemühungen die Liebe abhandenkommen, sind wir von der göttlichen Gnade abhängig, unsere Liebe wiederzuerwecken. Es kann sein, dass die göttliche Gnade daraufhin wirkt, dass der Strom der Liebe in unserem Herzen unterbrochen wird, damit unsere Sehnsucht nach Gott erweckt wird und die Sehnsucht bewirkt, das unsere bedingungslose Liebe erwacht.

Wenn die göttliche Gnade derartige Schwierigkeiten für uns bewirkt, besteht die Gefahr, dass unser Herz verstockt und wir die göttliche Gnade ablehnen, weil wir uns ungeliebt fühlen. Es geht am Ende also um das Entwickeln vollkommener Hingabe an den göttlichen Willen und das Leben. Die Schwere der Prüfung, die diese Hingabe erwecken soll, kann dazu führen, dass unser Herz gegen Gott verstockt.

Am anderen Morgen ward der getreue Johannes verurteilt und zum Galgen geführt und als er oben stand und gerichtet werden sollte, sprach er: „Jeder, der sterben soll darf vor seinem Ende noch einmal reden, soll ich das Recht auch haben?" - „Ja," antwortete der König „es soll! dir vergönnt sein." Da sprach der treue Johannes: „Ich bin mit Unrecht verurteilt und bin dir immer treu gewesen, und erzählte, wie er auf dem Meer das Gespräch der Raben gehört und wie er, um seinen Herrn zu retten, das alles hätte tun müssen. Da rief der König: „Oh, mein treuester Johannes Gnade! Gnade! Führt ihn herunter!' Aber der treue Johannes war bei dem letzten Wort das er geredet hatte, leblos herabfallen und war ein Stein.

Wenn uns in dieser Verstocktheit nun offenbart wird, also im Herzen klar wird, dass die Schwierigkeiten in unserem Leben der göttlichen Gnade entstammen, uns zu prüfen, um uns für die endgültige Befreiung von unserem Eigensinn und Ego fit zu machen, so wird dieses Wissen uns noch nicht in Einklang mit der Gnade bringen und diese wird sich zunächst unerreichbar zurückziehen, damit wir das eine Essentielle entwickeln, das wir brauchen, um dauerhaft im Bewusstsein und Zustand der Gnade leben zu können, nämlich die volle Hingabe an den göttlichen Willen, der sich durch alles zum Ausdruck bringt, was in unserem Leben geschieht. Nichts in unserem Leben geschieht, um uns zu ärgern oder zu quälen. Alles dient unserem spirituellem Wachstum und unserer Befreiung von unserem Ego. Damit das Leben unserem spirituellen Wachstum und unserer Befreiung von unserem Ego dienen kann, braucht es unsere volle Akzeptanz und Hingabe an das Leben. Wir sollten also immer daran denken, dass ein scheinbarer Misserfolg oder Stillstand auf dem spirituellen Weg trotz vieler beharrlicher Mühen durch die göttliche Gnade bedingt sein kann, um uns vor unserem Ego zu schützen und uns fit zu machen, uns davon zu befreien. In jedem Fall sollten wir uns beharrlich bemühen, nicht resignieren, wenn wir scheinbar keinen Fortschritt erzielen, und nicht verstocken und unser Herz vor der Gnade verschließen, wenn die äußeren Umstände große Herausforderungen mit sich bringen. Diese Herausforderungen und Prüfungen selbst können ein Akt göttlicher Gnade sein, damit wir auch stark genug werden, zu wahrer, bedingungsloser spiritueller Liebe zu erwachen.

Darüber trugen nun der König und die Königin großes Leid, und der König sprach: „Ach, was hab ich große Treue so übel belohnt!" und ließ das steinerne Bild aufheben und in seine Schlafkammer neben sein Bett stellen. Sooft er es ansah, weinte er und sprach: „Ach, könnt' ich dich wieder lebendig machen, mein getreuester Johannes!" Es ging eine Zeit herum, da gebar die Königin Zwillinge, zwei Söhnlein, die wuchsen heran und waren ihre Freude. Einmal, als die Königin in der Kirche war und die zwei Kinder bei dem Vater saßen und spielten, sah dieser wieder das steinerne Bildnis voll Trauer an, seufzte und rief: „Ach, könnt' ich dich wieder lebendig machen, mein getreuester Johannes!" Da fing der Stein an zu reden und sprach: „Ja, du kannst mich wieder lebendig machen, wenn du dein Liebstes daran wenden willst' Da rief der König: „Alles, was ich auf der Welt habe, will ich für dich hingeben!" Sprach der Stein weiter: „Wenn du mit deiner eigenen Hand deinen beiden Kindern den Kopf abhaust und mich mit ihrem Blute bestreichst, so erhalte ich das Leben wieder." Der König erschrak, als er hörte, daß er seine liebsten Kinder selbst töten sollte, doch dachte er an die große Treue und daß der getreue Johannes für ihn gestorben war, zog sein Schwert und hieb mit eigner Hand den Kindern den Kopf ab. Und als er mit ihrem Blute den Stein bestrichen hatte, so kehrte das Leben zurück, und der getreue Johannes stand wieder frisch und gesund vor ihm. Er sprach zum König: „Deine Treue soll nicht unbelohnt bleiben," und nahm die Häupter der Kinder, setzte sie auf und bestrich die Wunde mit ihrem Blut, davon wurden sie im Augenblick wieder heil, sprangen herum und spielten fort, als war ihnen nichts geschehen. Nun war der König voll Freude, und als er die Königin kommen sah, versteckte er den getreuen Johannes und die beiden Kinder in einen großen Schrank. Wie sie hereintrat, sprach er zu ihr: „Hast du gebetet in der Kirche?" - „Ja," antwortete sie, „aber ich habe beständig an den getreuen Johannes gedacht, daß er so unglücklich durch uns geworden ist." Da sprach er: „Liebe Frau, wir könnten ihm das Leben wiedergeben. Aber es kostete uns unsere beiden Söhnlein, die müssten wir opfern." Die Königin ward bleich und erschrak im Herzen, doch sprach sie: „Wir sind's ihm schuldig wegen seiner großen Treue." Da freute er sich, daß sie dachte, wie er gedacht hatte, ging hin und schloß den Schrank auf, holte die Kinder und den treuen Johannes heraus und sprach: „Gott sei gelobt, er ist erlöst, und unsere Söhnlein haben wir auch wieder!" und erzählte ihr, wie sich alles zugetragen hatte. Da lebten sie zusammen in Glückseligkeit bis an ihr Ende.*

Die beiden Söhnlein symbolisieren die Früchte eines Lebens aus Integrität und Liebe. Das Opfern der Söhne zur Wiederbelebung des Johannes symbolisiert unsere Hingabe von allem, was wir tun, an Gott. Nur die volle Hingabe an Gott, oder in anderen Worten die volle Hingabe an das Leben kann die Göttliche Gnade in unserem Leben dauerhaft wirksam machen. Diese volle Akzeptanz und Hingabe ist das ultimative Ziel des menschlichen Lebens.

Das Opfern der beiden Söhne ist wie die gesamte Sprache der Märchen ein rein inneres Bild. Auch in den alten Weisheitstexten der Menschheit wird diese Symbolsprache verwendet. In der Bibel fordert Gott Abraham auf, ihm seinen Sohn Isaak zu opfern. Das symbolisiert die Hingabe der Dinge, der Theorien, Konzepte etc., die wir uns erschaffen, an Gott, um dadurch praktisch zu bestätigen, dass Gott der Handelnde ist, nicht wir.

In den alten Weisheitsschrift, so auch in der Bibel, geht es niemals um Kindsopfer. Die Verdrehungen in der Bibel sind (mal abgesehen von den später vorgenommenen Fälschungen) wie schon erwähnt dadurch entstanden, dass rein innere Bilder, die sich allein auf unser Bewusstsein beziehen, in die Außenwelt verlagert wurden. So sind in den Übersetzungen der Bibel Kindsopfer, Menschenopfer, Tieropfer, Kriege, Blutvergießen und ein eifersüchtiger und rachsüchtiger Gott entstanden, die es in den Urtexten so alle gar nicht gibt.

Tatsächlich bedeutet eine in die Außenwelt verlagerte Interpretation der Urtexte eine satanische (egobekämpfende) Verdrehung, weil die Gesetze in der materiellen Welt anders herum sind als in der spirituellen Welt. Eine negative Kraft in unserem Bewusstsein zu eliminieren ist etwas Positives. Wenn ein solcher Text in die Außenwelt projiziert wird und innere Bewusstseinsanteile mit dem Namen äußerer Völker übersetzt werden, entsteht daraus die Anleitung, Menschen oder sogar Völker umzubringen, also das ziemliche Gegenteil der Bedeutung der Urtexte.

Das Märchen des treuen Johannes hat eine brandaktuelle Bedeutung für unsere Zeit, weil wir auf kollektive Herausforderungen zusteuern, die wir nur mit Gottes Gnade werden bewältigen können, und zwar sowohl in Bezug auf die Geschehnisse in unserer Außenwelt als auch in Bezug auf unsere Transformationsprozesse, die überlebenswichtig für uns sein werden, um den inneren Fluten der Resignation, Hoffnungslosigkeit, Ängste, Schuldgefühle und Wut Einhalt zu gebieten, im Frieden und in der Liebe zu bleiben und aus einem zuversichtlichen Bewusstsein heraus an den Lösungen für unsere Probleme arbeiten zu können. Wenn es uns gelingt, in den großen Herausforderungen der nächsten Jahre letztlich Gottes Willen zu erkennen und alle Herausforderungen anzunehmen und in Hingabe an den göttlichen Willen umzuwandeln, dann werden wir siegreich durch diese Zeit kommen.

Zwar gibt es dunkle Kräfte, die versuchen, die Menschheit zu versklaven. Wenn wir unser Bewusstsein jedoch nicht in die Wahrnehmung verstricken lassen, die die dunklen Kräfte versuchen, uns durch die überhand nehmenden Probleme überzustülpen, und unseren Geist stattdessen hochhalten und auf die Befreiung unseres Geistes von den negativen Kräften unseres Egos ausgerichtet bleiben, dann werden wir uns innerlich und äußerlich befreien können.

Nur in der Hingabe an den göttlichen Willen in den Problemen, die das Leben zu uns bringen wird, werden wir Halt und Frieden finden können. Wir werden dadurch die Wahrnehmung der Welt und dadurch letztlich die Welt selbst wandeln und den Himmel auf die Erde bringen können.

4.6 Die zwölf Jäger - Supremat der göttlichen Werte über unsere Glaubensvorstellungen

Königssohn	Integrität
Braut des Königssohns	Liebe
Tod des Vaters	Niedergang der Integrität
Heiraten einer falschen Braut	Integritätsverlust durch falsche Werte
Zwölf identische Mädchen	Erwachen zu bedingungsloser Liebe
Jäger	Unterscheidungsvermögen
Löwe, der sprechen kann	Mut und Stärke zu direkter Kommunikation

In diesem Märchen ist das Grundproblem der Religionen verschlüsselt, dass sie ihre Glaubensvorstellungen höher stellen als Gott selbst und sich damit selbst an die Stelle Gottes setzen. Der Weg aus dieser Falle heraus kann nur daraus bestehen, Gott und den spirituellen Werten wieder den ihnen gebührenden ersten Platz zu geben. Die praktizierte spirituelle Liebe muss immer höher stehen als alle religiösen Konzepte.

Es war einmal ein Königssohn, der hatte eine Braut und hatte sie sehr lieb. Als er nun bei ihr saß und ganz vergnügt war, da kam die Nachricht, daß sein Vater todkrank läge und ihn noch vor seinem Ende zu sehen verlangte. Da sprach er zu seiner Liebsten: „Ich muß nun fort und muß dich verlassen, da geb ich dir einen Ring zu meinem Andenken. Wann ich König bin, komm ich wieder und hol dich heim."

Der Königssohn symbolisiert Integrität, seine Braut die Liebe. Der Ring symbolisiert das Versprechen, den Geboten der Liebe treu zu sein. Die Erkrankung des Vaters symbolisiert ein Problem der Integrität, dessen Natur durch das Verhalten des Vaters noch gezeigt wird. Die Abreise des Königssohns symbolisiert, dass durch die verlorene Integrität die Liebe in den Hintergrund rückt.

Da ritt er fort, und als er bei seinem Vater anlangte, war dieser sterbens krank und dem Tode nah. Er sprach zu ihm: „Liebster Sohn, ich habe dich vor meinem Ende noch einmal sehen wollen, versprich mir, nach meinem Willen dich zu verheiraten," und nannte ihm eine gewisse Königstochter, die sollte seine Gemahlin werden. Der Sohn war so betrübt, daß er sich gar nicht bedachte, sondern sprach: „Ja, lieber Vater, was Euer Wille ist, soll geschehen," und darauf schloß der König die Augen und starb.

Der Tod des Vaters symbolisiert einen Niedergang der Integrität. Das Versprechen, eine Braut zu heiraten, die der Königssohn gar nicht liebt, sozusagen eine falsche Braut, symbolisiert nun auch den Verlust der Liebe durch den Verlust der Integrität, so wie es durch die Bindung an ein religiöses oder ideologisches Konzept geschieht, das uns von der Liebe wegführt und sie schließlich in den Hintergrund treten lässt.

Mit anderen Worten formuliert, ist hier die Verdrehung unserer Prioritäten im Leben symbolisiert. Eine Religion ist solange legitim und hilfreich wie die gelebten, spirituellen Werte, wie die der bedingungslosen Liebe und Vergebung, wichtiger sind als die religiösen Glaubensvorstellungen.

Sobald die Glaubensvorstellungen über die Werte gestellt werden, tritt die Liebe in den Hintergrund, weil sie an die Bedingungen geknüpft wird, den Glaubensvorstellungen entsprechen zu müssen, um den „rechten Glauben" zu haben und durch den „rechten Glauben" dazuzugehören.

Als nun der Sohn zum König ausgerufen und die Trauerzeit verflossen war, mußte er das Versprechen halten, das er seinem Vater gegeben hatte, und ließ um die Königstochter werben, und sie ward ihm auch zugesagt. Das hörte seine erste Braut und grämte sich über die Untreue so sehr, daß sie fast verging. Da sprach ihr Vater zu ihr: „Liebstes Kind, warum bist du so traurig? Was du dir wünschest, das sollst du haben." Sie bedachte sich einen Augenblick, dann sprach sie: „Lieber Vater, ich wünsche mir elf Mädchen, von Angesicht, Gestalt und Wuchs mir völlig gleich." Sprach der König: „Wenns möglich ist, soll dein Wunsch erfüllt werden," und ließ in seinem ganzen Reich so lange suchen, bis elf Jungfrauen gefunden waren, seiner Tochter von Angesicht, Gestalt und Wuchs völlig gleich.

Ein Mensch, der sich einem Konzept, wie zum Beispiel den Glaubensdogmen einer Religion, mehr verbunden fühlt als den eigentlichen spirituellen Werten, trennt sich damit selbst auf eine Weise von der bedingungslosen Liebe ab, die ihm Kummer bereitet. Die Liebe wird Bedingungen unterworfen und auf Gleichgesinnte begrenzt.

Alle anderen werden ausgeschlossen und auch die Gleichgesinnten erhalten nur eine sehr bedingte Liebe, die nur so lange währt wie die gleiche Gesinnung vorhanden ist. Der Verlust der Liebe führt zum Kummer. Der Wunsch der Braut nach elf identischen Mädchen, um 12 zu werden, symbolisiert den Wunsch nach der Erweckung bedingungsloser, allumfassender Liebe. Die 12 symbolisiert dieses Allumfassende.

Um dem Gefängnis einschränkender Glaubensvorstellungen wieder zu entkommen, braucht es also eine Ausrichtung auf die Liebe und eine Bereitschaft, in unseren zwischenmenschlichen Beziehungen (symbolisiert von der Zahl 12) Liebe und Mitgefühl den ersten Platz einzuräumen.

Als sie zu der Königstochter kamen, ließ diese zwölf Jägerkleider machen, eins wie das andere, und die elf Jungfrauen mußten die Jägerkleider anziehen, und sie selber zog das zwölfte an. Darauf nahm sie Abschied von ihrem Vater und ritt mit ihnen fort und ritt an den Hof ihres ehemaligen Bräutigams, den sie so sehr liebte. Da fragte sie an, ob er Jäger brauchte, und ob er sie nicht alle zusammen in seinen Dienst nehmen wollte. Der König sah sie an und erkannte sie nicht; weil es aber so schöne Leute waren, sprach er ja, er wollte sie gerne nehmen; und da waren sie die zwölf Jäger des Königs.

Wenn wir uns an religiöse oder ideologische Konzepte binden, die unsere Liebe in den Hintergrund treten lassen, braucht es eine bedingungslose Liebe von anderen, um unser Herz wieder zur Liebe zu erwecken. Ein Jäger symbolisiert Unterscheidungsvermögen. Die Verkleidung der 12 als Jäger im Dienst des Königs symbolisiert, dass die Liebe selbst sich in einer solchen Situation darauf fokussiert, unser Gemüt mit Unterscheidungsvermögen von Negativität zu reinigen, um so im Dienst an der Integrität zu stehen. (Der Dienst der Jäger für den König.)

Für die Möglichkeit der Wiedererweckung bedingungsloser Liebe ist es also wichtig, unsere Mitmenschen so zu akzeptieren, wie sie sind, nicht mit ihren Glaubensvorstellung zu diskutieren und uns auf unsere eigene Reinigung von der Negativität zu fokussieren, die andere durch ihre verdrehten Prioritäten und Glaubensvorstellungen IN UNS auslösen. Wir sollten also unser Bewusstsein reinigen und nicht versuchen, die Glaubensvorstellungen anderer zu verändern.

Der König aber hatte einen Löwen, das war ein wunderliches Tier, denn er wußte alles Verborgene und Heimliche. Es trug sich zu, daß er eines Abends zum König sprach: „Du meinst, du hättest da zwölf Jäger?" - „Ja," sagte der König, „zwölf Jäger sinds." Sprach der Löwe weiter: „Du irrst dich, das sind zwölf Mädchen." Antwortete der König: „Das ist nimmermehr wahr, wie willst du mir das beweisen?" - „O, laß nur Erbsen in dein Vorzimmer streuen," antwortete der Löwe, „da wirst dus gleich sehen. Männer haben einen festen Tritt, wenn die über Erbsen hingehen, regt sich keine, aber Mädchen, die trippeln und trappeln und schlurfeln, und die Erbsen rollen." Dem König gefiel der Rat wohl, und er ließ die Erbsen streuen.

Der weise Löwe, der sprechen kann, symbolisiert den Mut und die Stärke zu einer direkten, geraden und schonungslos ehrlichen Kommunikation. Es kann aber hinderlich sein, Menschen mit der vollen Wahrheit zu konfrontieren, wenn es zunächst einmal darum geht, durch bedingungslose Liebe die Anhaftung an ihre starren Konzepte aufzuweichen.

Nur wenn Menschen mit einer Liebe behandelt werden, in der sie nicht provoziert werden, ihre Ansichten, Positionen und Konzepte zu verteidigen, weil man ihnen diese lässt, können sie nach und nach richtiges Denken und Handeln lernen, um von sich aus und selbst zu entdecken, was die richtige Priorität im Leben ist, nämlich der Vorrang der Werte – vor allem der Liebe – vor den religiösen oder ideologischen Konzepten.

Es war aber ein Diener des Königs, der war den Jägern gut, und wie er hörte, daß sie sollten auf die Probe gestellt werden, ging er hin und erzählte ihnen alles wieder und sprach: „Der Löwe will dem König weismachen, ihr wärt Mädchen." Da dankte ihm die Königstochter und sprach hernach zu ihren Jungfrauen: „Tut euch Gewalt an und tretet fest auf die Erbsen." Als nun der König am andern Morgen die zwölf Jäger zu sich rufen ließ, und sie ins Vorzimmer kamen, wo die Erbsen lagen, so traten sie so fest darauf und hatten einen so sichern starken Gang, daß auch nicht eine rollte oder sich bewegte. Da gingen sie wieder fort, und der König sprach zum Löwen: „Du hast mich belogen, sie gehen ja wie Männer." Antwortete der Löwe: „Sie habens gewußt, daß sie sollten auf die Probe gestellt werden, und haben sich Gewalt angetan. Laß nur einmal zwölf Spinnräder ins Vorzimmer bringen, so werden sie herzukommen und werden sich daran freuen, und das tut kein Mann." Dem König gefiel der Rat, und er ließ die Spinnräder ins Vorzimmer stellen. Der Diener aber, ders redlich mit den Jägern meinte, ging hin und entdeckte ihnen den Anschlag. Da sprach die Königstochter, als sie allein waren, zu ihren elf Mädchen: „Tut euch Gewalt an und blickt euch nicht um nach den Spinnrädern." Wie nun der König am andern Morgen seine zwölf Jäger rufen ließ, so kamen sie durch das Vorzimmer und sahen die Spinnräder gar nicht an. Da sprach der König wiederum zum Löwen: „Du hast mich belogen, es sind Männer, denn sie haben die Spinnräder nicht angesehen." Der Löwe antwortete: „Sie habens gewußt, daß sie sollten auf die Probe gestellt werden, und haben sich Gewalt angetan." Der König aber wollte dem Löwen nicht mehr glauben.

Der Diener des Königs symbolisiert diese Umsicht, im Dienst an der Integrität nicht zu konfrontativ zu sein, um einen Menschen, der auf dem Weg ist, nicht in die Enge zu treiben, nicht in eine Position zu bringen, in der er sich angegriffen fühlt und sich verteidigt und rechtfertigt, also nicht zu verschrecken oder zu verletzen. Tolkien hat im Herrn der Ringe ein Bild mit ähnlicher Bedeutung verwendet als er erzählte, dass Frodo und Sam für ihren Gang durch Mordor Orkkleider anzogen. Das symbolisiert ebenfalls die Anpassung an die herrschenden Glaubensvorstellungen und Ideologien, um Konflikte zu minimieren und wie nebenbei die eigentliche spirituelle Arbeit leisten zu können, die zum Sieg der Liebe in der Welt führt.

Die vom Löwen symbolisiert Direktheit würde vielleicht erkennen, dass wir uns nur anpassen und bestimmte Glaubensvorstellung nicht mit voller Überzeugung vertreten, würde vermuten, dass unsere Haltung nur aus einer Emotion kommt (symbolisch gesehen ein Mädchen ist) und in dem Glauben, damit der Wahrheit zu dienen, uns darin überführen wollen.

Wenn wir also damit konfrontiert werden, ob wir die Glaubensvorstellungen nicht auch genau so sehen wie wir sie sehen sollen, ist es nicht ratsam zu sagen: „Nein, ich halte das alles für unsinnig/übertrieben oder dergleichen" und mir kommt es nur auf die bedingungslose Liebe an, obwohl dies die Wahrheit wäre. Es ist also eher ratsam, eine Haltung zu wahren, die die Glaubensvorstellungen unserer Mitmenschen nicht provoziert und sie ihnen lässt, indem wir uns im erforderlichen Maße auch daran anpassen.

Die Jäger folgten dem König beständig zur Jagd, und er hatte sie je länger je lieber.

Ein systematisches Handeln aus Liebe schafft den Raum, dass Menschen von ihren urteilenden und verurteilenden religiösen und ideologischen Konzepten ablassen, den Wert bedingungsloser Liebe durch unser Handeln erfahren und sich aufgrund der Erfahrung, so behandelt zu werden, schließlich der wahren Liebe und dem wahren Glauben, nämlich dass Gott Liebe ist, zu öffnen.

Nun geschah es, daß, als sie einmal auf der Jagd waren, Nachricht kam, die Braut des Königs wäre im Anzug. Wie die rechte Braut das hörte, tats ihr so weh, daß es ihr fast das Herz abstieß, und sie ohnmächtig auf die Erde fiel.

Tatsächlich können religiöse oder ideologische Konzepte die Liebe in unserem Herzen so stark einschränken, dass uns irgendwann aufgrund der erwachenden Liebe das Herz wehtut, weil diese Liebe eigentlich erwachen will und aufgrund der Konzepte nicht darf. In dem Moment kann uns bewusst werden, dass wir eine Wahl zu treffen haben.

Wenn wir unseren Herzschmerz untersuchen und feststellen, dass wir die spirituelle Liebe in unserem Herzen als kostbarstes Gut betrachten, das wir nicht länger durch religiöse oder ideologische Konzepte einzwängen wollen, dann können wir uns bewusst für diese Liebe entscheiden und sie über unsere Konzepte stellen.

Der König meinte, seinem lieben Jäger sei etwas begegnet, lief hinzu und wollte ihm helfen, und zog ihm den Handschuh aus. Da erblickte er den Ring, den er seiner ersten Braut gegeben, und als er ihr in das Gesicht sah, erkannte er sie. Da ward sein Herz so gerührt, daß er sie küßte, und als sie die Augen aufschlug, *sprach er: „Du bist mein und ich bin dein, und kein Mensch auf der Welt kann das ändern."* Zu der andern Braut aber schickte er einen Boten und ließ sie bitten, in ihr Reich zurückzukehren, denn er habe schon eine Gemahlin, und wer einen alten Schlüssel wiedergefunden habe, brauche den neuen nicht. Darauf ward die Hochzeit gefeiert, und der Löwe kam wieder in Gnade, weil er doch die Wahrheit gesagt hatte.*

Die oberste Form der Integrität ist das Handeln aus bedingungsloser Liebe. Wenn wir diese Wahl treffen, heiraten wir die wahre Braut und die religiösen oder ideologischen Konzepte werden auf den ihnen gebührenden Platz im Hintergrund verwiesen. Wenn dieser Zustand erreicht ist, fallen die Bindungen an die falschen Konzepte ab. Wir können uns zu den spirituellen Werten bekennen, die wirklich wichtig sind.

„Wer einen alten Schlüssel wiedergefunden hat, braucht den neuen nicht" heißt, wenn wir den direkten Weg zu Gott als der bedingungslosen Liebe in unserem Herzen wiedergefunden haben, dann brauchen wir die religiösen Glaubensvorstellungen, die uns Gott näherbringen sollen, oder die ideologischen Konzepte, die eine menschlichere Welt bewirken sollen, nicht mehr. Denn dann sind wir ja am Ziel. Die bedingungslose Liebe ist das Ziel, das alle religiösen und ideologischen Konzepte überflüssig macht.

Dass der Löwe wieder in Gnade kam, symbolisiert, dass es in einem Umfeld, das von bedingungsloser Liebe geprägt ist, auch wieder richtig und angemessen ist, sich gegenseitig geradeheraus die Wahrheit ins Gesicht zu sagen, wissend, dass das Ergebnis immer Liebe sein wird.

Wenn wir den spirituellen Werten den ersten Platz einräumen, also Liebe, Wahrheit, Vergebung, Demut, Dienst am Nächsten etc., dann tritt mit diesen Werten und durch diese Werte Gott in unser Leben. Der Dienst an Gott besteht darin, diese Werte zu leben und systematisch das Gute in unseren Mitmenschen zu sehen. Tatsächlich besteht der bekennende Glaube an Gott darin, die spirituellen Werte in unserem Leben zu leben und ganz im Dienst an unseren Mitmenschen zu stehen. Wenn ich sage, dass ich an Gott glaube, und lebe diese Werte nicht, dann zeige ich durch mein Handeln, dass ich eigentlich nicht an Gott – an Gott im Herzen meiner Mitmenschen – glaube. Vielmehr glaube ich an meine Konzepte und an die Kontrolle, die es braucht, damit andere meine Konzepte übernehmen. Andersherum, wenn Menschen zwar sagen, dass sie nicht an Gott glauben, ihr Handeln aber von Güte, Verständnis, Mitgefühl und einer dienenden Haltung gegenüber ihren Mitmenschen geprägt ist, zeigt ein solcher Mensch durch sein Handeln, dass er doch an Gott, an das Gute im Menschen, glaubt.

Konzepte und Organisationen sind hinderlich, wenn sie selbst für heilig oder einzig wahr erklärt werden. Es gibt keine heilige Kirche. Nur Gott ist heilig. Wenn wir die Konzepte selbst, mit deren Hilfe wir angeblich Gott verwirklichen wollen, für heilig und einzig wahr erklären, schließen wir Gott, die bedingungslose Liebe, dadurch aus unserem Leben aus.

Konzepte müssen niedriger stehen als das, was sie verwirklichen sollen. Sie müssen, wenn wir vor einer Wahl zwischen dem Konzept (Religion, Ideologie) oder der Liebe stehen, in den Hintergrund treten und nur einen nebensächlichen Rang einnehmen, damit die Liebe sein kann. Gott und die bedingungslose Liebe, die das Gesicht Gottes ist, sind jenseits aller Konzepte. Konzepte sind förderlich, sofern sie uns helfen, Gott zu verwirklichen und selbst zu bedingungsloser Liebe zu werden. Da Gott jenseits aller Konzepte ist, müssen wir am Ende jedoch alle religiösen und anderen Konzepte hinter uns lassen, um ganz in Gott sein zu können.

4.7 Die weisse Schlange – Hellfühligkeit im Dienst unseres spirituellen Wachstums

Weiße Schlange	Hellfühligkeit unserer Chakren
Reise zu Pferd	Weg der Transformation
Fische im Wasser	Konzepte in der Dualität
Ameise	Geringe Bedeutung unseres weltlichen Daseins
Rabe	Kommunikation mit der spirituellen Welt
Pferd	selbstloser Dienst
Schöne Königstochter	bedingungslose Liebe
Hirse	Versorgung unserer Bedürfnisse
Apfel vom Baum des Lebens	sich in Vollkommenheit entfaltendes Leben

Im Märchen von der weißen Schlange ist verschlüsselt, dass Hellfühligkeit keinen Selbstzweck hat und nur von Nutzen ist, wenn sie ganz in den Dienst unseres spirituellen Wachstums gestellt wird.

Es ist nun schon lange her, da lebte ein König, dessen Weisheit im ganzen Lande berühmt war. Nichts blieb ihm unbekannt und es war, als ob ihm Nachricht von den verborgensten Dingen durch die Luft zugetragen würde. Er hatte aber eine seltsame Sitte. Jeden Mittag, wenn von der Tafel alles abgetragen und niemand mehr zugegen war, mußte ein vertrauter Diener noch eine Schüssel bringen. Sie war aber zugedeckt, und der Diener wußte selbst nicht, was darinlag, und kein Mensch wüßte es, denn der König deckte sie nicht eher auf und aß nicht davon, bis er ganz allein war. Das hatte schon lange Zeit gedauert, da überkam eines Tages den Diener, der die Schüssel wieder wegtrug, die Neugierde, daß er nicht widerstehen konnte, sondern die Schüssel in seine Kammer brachte. Als er die Tür sorgfältig verschlössen hatte, hob er den Deckel auf und da sah er, daß eine weiße Schlange darinlag. Bei ihrem Anblick konnte er die Lust nicht zurückhalten, sie zu kosten; er schnitt ein Stückchen davon ab und steckte es in den Mund. Kaum aber hatte es seine Zunge berührt, so hörte er vor seinem Fenster ein seltsames Gewisper von feinen Stimmen. Er ging und horchte, da merkte er, daß es die Sperlinge waren, die miteinander sprachen und sich allerlei erzählten, was sie im Felde und Walde gesehen hatten. Der Genuß der Schlange hatte ihm die Fähigkeit verliehen, die Sprache der Tiere zu verstehen.

Die weiße Schlange symbolisiert die Hellsichtigkeit und Hellfühligkeit, über die wir durch unsere Chakren verfügen können. Die Sprache der Tiere verstehen zu können, heißt, dass wir durch Hellfühligkeit die Gedanken und Gefühle unserer Mitmenschen genau mitbekommen. Dass nur der König in diesem Märchen von der Schlange weiß und von der Schlange isst, bedeutet, dass wir in unserem Dunklen Zeitalter ein Problem damit haben: Wir sind durch den kollektiven Egoismus und die Bereitschaft, Wissen auf Kosten anderer eigennützig einzusetzen, von unserer Hellsichtigkeit abgeschnitten, damit diese nicht für einen Krieg der Menschen gegeneinander missbraucht wird.

Dazu kommt, dass in unserer materialistischen Welt eher Menschen mit außergewöhnlichen esoterischen Fähigkeiten als weise gelten als Menschen mit wahrer spiritueller Weisheit, die ihre Weisheit dadurch zeigen, dass sie ganz im selbstlosen Dienst am Wohl ihrer Mitmenschen stehen.

Der Diener, der verbotenerweise von der weißen Schlange kostet, symbolisiert, dass die geistige Welt uns prüfen kann, indem sie uns vorsichtig wieder in die Hellsichtigkeit einführt, um zu sehen, ob wir auch weisen, selbstlosen und gerechten Gebrauch davon machen.

Nun trug es sich zu, daß gerade an diesem Tage der Königin ihr schönster Ring fortkam und auf den vertrauten Diener, der überall Zugang hatte, der Verdacht fiel, er habe ihn gestohlen. Der König ließ ihn vor sich kommen und drohte ihm unter heftigen Scheltworten, wenn er bis morgen den Täter nicht zu nennen wüßte, so sollte er dafür angesehen und gerichtet werden. Es half nichts, daß er seine Unschuld beteuerte, er ward mit keinem besseren Bescheid entlassen. In seiner Unruhe und Angst ging er hinab auf den Hof und bedachte, wie er sich aus seiner Not helfen könne. Da saßen die Enten an einem fließenden Wasser friedlich nebeneinander und ruhten, sie putzten sich mit ihren Schnäbeln glatt und hielten ein vertrauliches Gespräch. Der Diener blieb stehen und hörte ihnen zu. Sie erzählten sich, wo sie heute morgen all herumgewackelt wären und was für gutes Futter sie gefunden hätten. Da sagte eine verdrießlich: „Mir liegt etwas schwer im Magen, ich habe einen Ring, der unter der Königin Fenster lag, in der Hast mit hinuntergeschluckt." Da packte sie der Diener gleich beim Kragen, trug sie in die Küche und sprach zum Koch: „Schlachte doch diese ab, sie ist wohlgenährt." - „Ja," sagte der Koch und wog sie in der Hand; „die hat keine Mühe gescheut sich zu mästen und schon lange darauf gewartet, gebraten zu werden." Er schnitt ihr den Hals ab, und als sie ausgenommen ward, fand sich der Ring der Königin in ihrem Magen. Der Diener konnte nun leicht vor dem Könige seine Unschuld beweisen, und da dieser sein Unrecht wieder gutmachen wollte, erlaubte er ihm, sich eine Gnade auszubitten und versprach ihm die größte Ehrenstelle, die er sich an seinem Hofe wünschte.

Ein Ring symbolisiert Bindung und Anhaftung. Eine Ente ist ein Wasservogel und symbolisiert die gedankliche und emotionale Aktivitäten unseres Geistes. Das versehentliche Verschlucken des Ringes symbolisiert, dass die unachtsame und unkontrollierte Tätigkeit unseres Geistes uns in die Anhaftung an diese Welt führt. Das Belauschen der Ente durch den hellhörigen Diener führt dazu, dass er die Ente schlachten lassen und den Ring wiedergewinnen kann. Das heißt, die Nutzung der Hellsichtigkeit zur Beobachtung dieser Tätigkeit führt zur Möglichkeit, die Aktivität unseres Geistes unter Kontrolle zu bringen, um uns durch diese Selbstkontrolle aus unserer Anhaftung und Bindung an die materielle Welt zu befreien.

Der Diener schlug alles aus und bat nur um ein Pferd und Reisegeld. Denn er hatte Lust, die Welt zu sehen und eine Weile darin herumzuziehen.

Wenn wir mit unseren uns mitgegebenen Fähigkeit also Gutes tun, zum Lohn für dieses Gute Möglichkeiten an die Hand bekommen und den weisen Beschluss fassen, unser Leben zum spirituellen Lernen und Wachsen zu nutzen, bekommen wir auch alles Nötige, um diesen Weg auch beschreiten zu können. Eine Reise zu Pferde symbolisiert hier, dass wir uns auf den Weg der spirituellen Transformation machen.

Als seine Bitte erfüllt war, machte er sich auf den Weg und kam eines Tages an einem Teich vorbei, wo er drei Fische bemerkte, die sich im Rohr gefangen hatten und nach Wasser schnappten. Obgleich man sagt, die Fische wären stumm, so vernahm er doch ihre Klage, daß sie so elend umkommen müßten. Weil er ein mitleidiges Herz hatte, so stieg er vom Pferde ab und setzte die drei Gefangenen wieder ins Wasser. Sie zappelten vor Freude, steckten die Köpfe heraus und riefen ihm zu: „Wir wollen dir's gedenken und dir's vergelten, daß du uns errettet hast!"

Auf unserem Weg haben wir dann die Aufgabe, die uns mitgegebenen Möglichkeit und auch unsere Hellsichtigkeit weise und mitfühlend zu nutzen. Wasser symbolisiert wie gehabt Dualität und das Leben im Wasser steht für unser Leben in der Dualität. Die Fische symbolisieren entsprechend die durch unser Leben in der Dualität erworbenen Ansichten und Konzepte in unserem Geist. Das Nutzen unserer Hellsichtigkeit zum Befreien der Fische symbolisiert das Nutzen unserer geistigen Fähigkeiten, die in unserem Leben in der Dualität erworbenen Ansichten und Konzepten ins Freie zu führen, uns davon zu befreien, um dadurch unserem wahren Wesen näher zu kommen.

Er ritt weiter, und nach einem Weilchen kam es ihm vor, als hörte er zu seinen Füßen in dem Sand eine Stimme. Er horchte und vernahm, wie ein Ameisenkönig klagte: „Wenn uns nur die Menschen mit den ungeschickten Tieren vom Leib blieben! Da tritt mir das dumme Pferd mit seinen schweren Hufen meine Leute ohne Barmherzigkeit nieder!" Er lenkte auf einen Seitenweg ein, und der Ameisenkönig rief ihm zu: „Wir wollen dir's gedenken und dir's vergelten!"

Eine Ameise symbolisiert die geringe Bedeutung unseres aus der Einheit getrennten individuellen Daseins als Mensch und damit die Vergänglichkeit unseres menschlichen Daseins und die Nichtigkeit unserer weltlich orientierten Handlungen. Das Lenken des Pferdes auf die Seite, um das Leben der Ameisen zu schonen, symbolisiert das Nutzen unserer Hellsichtigkeit zur Rücksichtnahme auf die zwar im Grunde nichtigen, jedoch persönlich als äußerst wichtig empfundenen Bedürfnisse unserer Mitmenschen. Es geht also um die Rücksichtnahme auf die Gefühle und Bedürfnisse unserer Mitmenschen, auch wenn diese uns banal erscheinen mögen.

Der Weg führte ihn in einen Wald, und da sah er einen Rabenvater und eine Rabenmutter, die standen bei ihrem Nest und warfen ihre Jungen heraus. „Fort mit euch, ihr Galgenschwengel!" riefen sie, „wir können euch nicht mehr satt machen, ihr seid groß genug und könnt euch selbst ernähren." Die armen Jungen lagen auf der Erde, flatterten und schlugen mit ihren Fittichen und schrien: „Wir hilflosen Kinder, wir sollen uns selbst ernähren und können noch nicht fliegen! Was bleibt uns übrig, als hier Hungers zu sterben!" Da stieg der gute Jüngling ab, tötete das Pferd mit seinem Degen und überließ es den jungen Raben zum Futter. Die kamen herbeigehüpft, sättigten sich und riefen: „Wir wollen dir's gedenken und dir's vergelten!"

Raben symbolisieren unsere Kommunikation mit der spirituellen Welt. Das Verstoßen der Rabenjungen durch ihre Eltern symbolisiert die spirituellen Prüfungen, denen wir in unserem Leben ausgesetzt sind und für die wir uns noch nicht reif und erwachsen genug fühlen, als würde Gott uns mit den Prüfungen in unserem Leben überfordern. Die Prüfungen in unserem Leben sind jedoch dazu da, unsere Verbindung zu Gott zu verstärken und durch spirituelle Übungen wie zum Beispiel Meditation und Gebet eine enge Bindung an das Göttliche zu entwickeln.

Das Pferd gilt als edles Tier und symbolisiert selbstlosen Dienst und unseren spirituellen Körper, also das innerste Wesen des Menschseins. Das Opfern des Pferdes symbolisiert unsere vollkommene Hingabe an den göttlichen Willen, alles, was uns im Leben widerfährt, als göttlichen Willen anzunehmen und ohne Hader oder Vorwurf gegenüber Gott damit umzugehen. Dass das Fleisch des Pferdes die jungen Raben füttert, symbolisiert also, dass es unsere Übung in Hingabe an den göttlichen Willen ist, die unsere Verbindung zu Gott fest und zuverlässig macht.

Er mußte jetzt seine Beine gebrauchen, und als er lange Wege gegangen war, kam er in eine große Stadt. Da war großer Lärm und Gedränge in den Straßen und kam einer zu Pferde und machte bekannt: Die Königstochter suche einen Gemahl, wer sich aber um sie bewerben wolle, der müsse eine schwere Aufgabe vollbringen, und könne er es nicht glücklich ausführen, so habe er sein Leben verwirkt. Viele hatten es schon versucht, aber vergeblich ihr Leben daran gesetzt. Der Jüngling, als er die Königstochter sah, ward von ihrer großen Schönheit so verblendet, daß er alle Gefahr vergaß, vor den König trat und sich als Freier meldete.

Die Königstochter und ihre große Schönheit symbolisieren die große Schönheit bedingungsloser Liebe. Alle spirituellen Bemühungen und Übungen haben am Ende das Ziel, uns zur bedingungslosen Liebe zu erwecken. Dies ist jedoch nur möglich, wenn wir die spirituellen Prüfungen unseres Lebens alle bestehen.

Alsbald ward er hinaus ans Meer geführt und vor seinen Augen ein goldener Ring hineingeworfen. Dann hieß ihn der König diesen Ring aus dem Meeresgrund wieder hervorzuholen, und fügte hinzu: „Wenn du ohne ihn wieder in die Höhe kommst, so wirst du immer aufs neue hinabgestürzt, bis du in den Wellen umkommst." Alle bedauerten den schönen Jüngling und ließen ihn dann einsam am Meer zurück. Er stand am Ufer und überlegte, was er wohl tun sollte. Da sah er auf einmal drei Fische daherschwimmen, und es waren keine andern als jene, welchen er das Leben gerettet hatte. Der mittelste hielt eine Muschel im Munde, die er an den Strand zu den Füßen des Jünglings hinlegte, und als dieser sie aufhob und öffnete, so lag der Goldring darin. Voll Freude brachte er ihn dem Könige und erwartete, daß er ihm den verheißenen Lohn gewähren würde.

Das Werfen des Ringes in das Meer symbolisiert unsere Anhaftung an die Dualität. Dass die Fische den Ring an Land bringen symbolisiert, dass ein Leben in dieser Welt uns nicht mehr verschluckt und wir in dieser Welt daher nicht mehr verloren gehen können, wenn wir uns ganz von unseren Konzepten aus der Dualität befreit haben. Wenn wir uns von unseren Konzepten aus der Dualität befreit haben, sind wir auch frei von unserer Bindung und Anhaftung an die materielle Welt.

Die stolze Königstochter aber, als sie vernahm, daß er ihr nicht ebenbürtig war, verschmähte ihn und verlangte, er sollte zuvor eine zweite Aufgabe lösen. Sie ging hinab in den Garten und streute selbst zehn Säcke voll Hirse ins Gras. „Die muß Er morgen, eh die Sonne hervorkommt, aufgelesen haben," sprach sie, „und es darf kein Körnchen fehlen." Der Jüngling setzte sich in den Garten und dachte nach, wie es möglich wäre, die Aufgabe zu lösen; aber er konnte nichts ersinnen, saß da ganz traurig und erwartete bei Anbruch des Morgens, zum Tode geführt zu werden. Als aber die ersten Sonnenstrahlen in den Garten fielen, so sah er die zehn Säcke alle wohlgefüllt nebeneinander stehen, und kein Körnchen fehlte darin. Der Ameisenkönig war mit seinen tausend und tausend Ameisen in der Nacht angekommen, und die dankbaren Tiere hatten die Hirse mit großer Emsigkeit gelesen und in die Säcke gesammelt.

Hirse heißt von der ursprünglichen Wortbedeutung einfach Nahrung und symbolisiert die Versorgung unserer Bedürfnisse in dieser Welt. Das Verstreuen der Hirse symbolisiert, dass die Erfüllung unserer individuellen irdischen Bedürfnisse ein schier endloses Verfangen ist, da diese Bedürfnisse niemals enden (bzw. erst im Tod). Das Verlangen der Prinzessin, alle Körner einzusammeln, symbolisiert also, dass es uns am Ende gelingen muss, die volle Kontrolle über unsere irdischen Bedürfnisse zu gewinnen. Das Ameisenvolk, dass die Hirse rechtzeitig einsammelt, symbolisiert, dass es vor allem ein Leben im Mitgefühl für die Bedürfnisse anderer Menschen und in der Rücksichtnahme auf deren Bedürfnisse ist, das uns hilft, die volle Kontrolle über unsere eigenen Bedürfnisse zu gewinnen, um ganz auf unser wahres Selbst ausgerichtet zu sein. Letztendlich symbolisiert das Verstreuen der Hirse ein Leben in Selbstaufopferung im Dienst an anderen Menschen.

Die Königstochter kam selbst in den Garten herab und sah mit Verwunderung, daß der Jüngling vollbracht hatte, was ihm aufgegeben war. Aber sie konnte ihr stolzes Herz noch nicht bezwingen und sprach: „Hat er auch die beiden Aufgaben gelöst, so soll er doch nicht eher mein Gemahl werden, bis er mir einen Apfel vom Baume des Lebens gebracht hat." Der Jüngling wußte nicht, wo der Baum des

Lebens stand. Er machte sich auf und wollte immer zugehen, solange ihn seine Beine trügen, aber er hatte keine Hoffnung, ihn zu finden. Als er schon durch drei Königreiche gewandert war und abends in einen Wald kam, setzte er sich unter einen Baum und wollte schlafen. Da hörte er in den Ästen ein Geräusch und ein goldener Apfel fiel in seine Hand. Zugleich flogen drei Raben zu ihm herab, setzten sich auf seine Knie und sagten: „Wir sind die drei jungen Raben, die du vom Hungertod errettet hast. Als wir groß geworden waren und hörten, daß du den goldenen Apfel suchtest, so sind wir über das Meer geflogen bis ans Ende der Welt, wo der Baum des Lebens steht, und haben dir den Apfel geholt."

Ein Apfel vom Baum des Lebens symbolisiert sich in Vollkommenheit entfaltendes Leben durch die Erfahrung der Einheit mit allem Leben, wenn wir die Wahrnehmung der Dualität hinter uns gelassen haben. Einen Apfel vom Baum des Lebens zu gewinnen, symbolisiert, die Einheit zu erfahren. Das Durchkreuzen der drei Königreiche symbolisiert die völlige Reinigung unserer drei Seinskörper, dem spirituellen Körper, dem mentalen Körper und dem Energiekörper von aller Negativität. Nur ein völlig reiner Geist, der in kindlicher Unschuld ruht, kann diese Erfahrung machen. Dass am Ende die Raben diesen Apfel vom Ende der Welt holen und dem Jüngling geben, symbolisiert, dass wir unser Leben in Vollkommenheit entfalten können, wenn die Welt der Dualität, also die Welt, wie wir sie kennen, endet und unser Bewusstsein fest in unserer Verbindung mit dem Göttlichen und in der Einheit verankert ist.

Voll Freude machte sich der Jüngling auf den Heimweg und brachte der schönen Königstochter den goldenen Apfel, der nun keine Ausrede mehr übrig blieb. Sie teilten den Apfel des Lebens und aßen ihn zusammen. Da ward ihr Herz mit Liebe zu ihm erfüllt, und sie erreichten in ungestörtem Glück ein hohes Alter.

Dass die Königstochter so wählerisch ist, symbolisiert, dass das spirituelle Ziel des Lebens nicht leicht zu erreichen ist. Erst wenn wir unsere Konzepte für unser Leben in der Dualität loslassen, erst wenn wir ein Leben im Mitgefühl mit unseren Mitmenschen und ihren Bedürfnissen führen und diesen Bedürfnisse selbstlos dienen, erst wenn sich unser Leben durch Hingabe an den göttlichen Willen in Vollkommenheit entfaltet, erst dann sind die notwendigen Voraussetzungen erfüllt, ganz zu einem Sein und Bewusstsein bedingungsloser Liebe zu erwachen und in dieser und aus dieser bedingungslosen Liebe heraus zu leben.

Das Märchen von der weißen Schlange zeigt uns, dass wir unsere hellsichtigen, hellfühligen und esoterischen Fähigkeiten nicht nur zur Förderung unserer eigenen Interessen einsetzen, sondern sie stets in den Dienst an unseren Mitmenschen stellen und für unser spirituelles Wachstum nutzen sollten. Erst dadurch, dass sie uns helfen, das Ziel des menschlichen Lebens zu erreichen, werden sie fruchtbar. Weisheit wird nur durch unseren selbstlosen Dienst am nächsten fruchtbar. Entsprechend dürfte klar sein, wie schädliche jene Einflüsse in der Welt für uns sind, die uns in Versuchung führen, hellsichtige Fähigkeit aus eigennützigen Motivation heraus entwickeln zu wollen, um uns zum Beispiel als etwas Besonderes, eine besonders wichtige Person fühlen oder sogar viel Geld für ein angenehmes Leben mit unseren Fähigkeiten verdienen zu können.

Auch all die weltlichen Einflüsse, die nur unser Ego vergrößern und uns von Gott, unserem wahren Selbst, der bedingungslosen Liebe in unserem Herzen trennen können, sind schädlich für uns und sollten gemieden werden, wenn wir eine gerechte Welt erschaffen wollen, in der alle Menschen glücklich sein können.

Wenn wir die Wahl haben, ist es sogar besser für unseren spirituellen Weg, auf besondere außersinnliche, intuitive, hellfühlige und hellsichtige Fähigkeiten zu verzichten, um uns nicht in Versuchung zu führen und wir stattdessen ganz auf unseren spirituellen Weg konzentriert bleiben.

Märchen zum neunten Bereich: Bewusstsein

Wenn wir auf die Tabellen 1 bis 5 in Kapitel 1.4 schauen, sehen wir, dass wir im Bereich unseres Bewusstseins das Bedürfnis haben, uns unschuldig zu fühlen. Durch die Aktivität unseres Egos, durch die wir uns von unserer Quelle, unserem wahren Sein, von Gott trennen, erfahren wir Leid, für das wir uns unterbewusst schuldig fühlen. Wenn diese unterbewussten Gefühle zu stark werden und aktiviert sind, verarbeitet unser Ego sie zu Rechtfertigung, Beleidigtsein, Ärger, Vorwürfe, Wut und/oder Hass. Bereits mit dem Beleidigtsein beginnt die Projektion, weil wir anderen signalisieren, dass sie schuld an unserem Elend sind, nicht wir. Alle diese Emotionen haben die Eigenschaft, unsere ihnen zugrundeliegenden Schuldgefühle in der Rückwirkung zu verstärken, so dass sie einen Teufelskreis darstellen. Anderen Schuld zu geben, verstärkt unsere eigene Schuld und unsere eigenen Schuldgefühle, auch dann, wenn andere unsere Schuldprojektion auf sich nehmen und ihre vermeintliche Schuld an uns abtragen. Unsere Selbstheilungskräfte für das Durchbrechen und Auflösen dieses Teufelskreises unserer Schuldgefühle sind Vergebung uns Selbstvergebung. Tatsächlich ist dies der zentrale Teufelskreis für die Probleme in unserem Leben. Beginnen wir also mit dem ersten Märchen zum Thema der Schuldprojektion.

4.8 Rotkäppchen – Wiederherstellung kindlicher Unschuld durch Auflösung der Schuldgefühle

Rotkäppchen	kindliche Unschuld
Großmutter	Bewusstsein
Der böse Wolf	Schuldprojektion
Jäger	Unterscheidungsvermögen

Wenn wir so unschuldig werden wie kleine Kinder, erreichen wir das Himmelreich in uns. Rotkäppchen ist das Märchen, das sich symbolisch mit diesem Thema beschäftigt. Das Erreichen des Zustands kindlicher Unschuld ist einerseits das Ziel des menschlichen Lebens und andererseits daher auch ein Indikator für die Lösung unserer individuellen und gesellschaftlichen Probleme.

Es sind Schuldgefühle, die die Probleme in der Welt erzeugen. Durch Schuldgefühle lassen Menschen unfassbaren Missbrauch mit sich geschehen, ohne sich wirklich dagegen zu wehren. Durch Schuldprojektion bekämpfen Menschen jene ihrer Mitmenschen, die anders denken, anders glauben oder eine andere Zugehörigkeit haben als böse und als Ursache des Übels. Bei uns Deutschen ist zum Beispiel sichtbar, dass wir uns nicht ohne Gegenwehr verunglimpfen und ausbeuten lassen, weil wir dumm sind, sondern weil wir Schuldgefühle aufgrund des Zweiten Weltkriegs und der Beschwörung unserer unverzeihlichen Schuld seither haben.

Schuldgefühle spalten die Menschheit also in Beutetiere und Raubtiere, je nachdem, wie Menschen ihre unterbewussten Schuldgefühle verarbeiten. Es sind die ungelösten Schuldgefühle der Beutetiere, die die Raubtiere ermächtigen, ihren Missbrauch zu begehen. Können sie ihre Schuldgefühle durch Selbstvergebung auflösen, entziehen sie den Raubtieren ihre Kooperation für deren Schuldprojektion.

Dann sind die Beutetiere frei und die Raubtiere haben die Wahl, ob sie ebenfalls an ihren Schuldgefühlen arbeiten bis sie sie auflösen können und dadurch dann auch frei sind, oder ob sie letztlich in die Selbstzerstörung gehen, weil sie keine Opfer mehr finden, die bereit sind, eine bloß imaginäre Schuld abzutragen. Das ist dann ihre Wahl. Können wir unsere Schuldgefühle auflösen, dann enden also die unterbewussten Programme, durch die wir unser globales Theater aus Opfern und Tätern, Beutetieren und Raubtieren, also unser Leid selbst erzeugen, und sind frei. Kein Mensch, der sich wie ein Opfer oder Beutetier behandeln lässt, braucht die Erlaubnis der Raubtiere, sich von seinen Schuldgefühlen zu befreien.

Niemand braucht eine Erlaubnis dafür, sich durch Vergebung und Selbstvergebung selbst zu befreien. Schauen wir uns also an, was das Märchen vom Rotkäppchen zum Thema Unschuld und Freiheit von Schuld zu sagen hat.

Es war einmal ein kleines süßes Mädchen, das hatte jedermann lieb, der sie nur ansah, am allerliebsten aber ihre Großmutter, die wusste gar nicht, was sie alles dem Kinde geben sollte. Einmal schenkte sie ihm ein Käppchen von rotem Samt, und weil ihm das so wohl stand, und es nichts anders mehr tragen wollte, hieß es nur das Rotkäppchen.

Das kleine Mädchen mit der roten Kappe symbolisiert die kindliche Unschuld, die wir brauchen, um das Himmelreich in uns zu erlangen. Die Farbe rot symbolisiert hier einen Überschuss an Kräften und Energie. Und das Käppchen des Mädchens symbolisiert die Eindämmung und Begrenzung, quasi die Kappung von Kraft und Energie.

Wir haben in der Figur des Rotkäppchens also zwei scheinbar gegensätzliche Dinge: Zum einen das Mädchen selbst, das kindliche Unschuld symbolisiert und zum anderen eine hohes Maß an Selbstkontrolle, das von dem roten Käppchen symbolisiert wird.

Eine Großmutter symbolisiert den grundlegenden Bereich oder das übergeordnete Prinzip, zu dem die Figur gehört. Die Unschuld gehört zum neunten Bereich des menschlichen Geistes, also zu unserem innersten Bewusstsein, dessen natürlicher Zustand die kindliche Unschuld ist.

Dass es die Großmutter ist, die dem Mädchen die rote Kappe schenkt, symbolisiert also, dass wir zur Wiederherstellung, Bewahrung und zum Schutz unserer kindlichen Unschuld eines hohen Maßes an Selbstkontrolle bedürfen. Schauen wir uns im Weiteren also an, warum dies kein Widerspruch, sondern eine Notwendigkeit ist.

Eines Tages sprach seine Mutter zu ihm: „Komm, Rotkäppchen, da hast du ein Stück Kuchen und eine Flasche Wein, bring das der Großmutter hinaus; sie ist krank und schwach und wird sich daran laben. Mach dich auf, bevor es heiß wird, und wenn du hinauskommst, so geh hübsch sittsam und lauf nicht vom Wege ab, sonst fällst du und zerbrichst das Glas, und die Großmutter hat nichts. Und wenn du in ihre Stube kommst, so vergiss nicht guten Morgen zu sagen und guck nicht erst in allen Ecken herum!"

Mutter und Tochter symbolisieren dieselbe Qualität, nur symbolisiert die Mutter die reife Qualität und kann daher Anweisungen geben, wie wir unsere kindliche Unschuld bewahren können. Der Kuchen symbolisiert Energie, die Versorgung mit Energie und die Freisetzung von Energie.

Wein ist die Veredelung von Trauben und symbolisiert einen verfeinerten, auf das spirituelle Ziel ausgerichteten Willen.

Die Mitgabe dieser beiden symbolisiert also die Ausrichtung, die uns verfügbare Energie für das Erreichen unseres spirituellen Ziels einzusetzen. Wenn wir dies tun, wächst sowohl unsere Kraft als auch unsere Fokussierung, die wir für das Erreichen des Ziels brauchen.

Die Ermahnungen der Mutter symbolisieren die Notwendigkeit, uns diszipliniert an die Regeln spiritueller Gebote und Verbote zu halten, damit uns unsere zielgerichtete Ausrichtung auch erhalten bleibt (damit der Krug mit dem Wein nicht zerbricht). Unter anderem gehören Freundlichkeit und Rücksichtnahme auf die Rechte und Bedürfnisse anderer dazu.

„Ich will schon alles richtig machen," sagte Rotkäppchen zur Mutter, und gab ihr die Hand darauf. Die Großmutter aber wohnte draußen im Wald, eine halbe Stunde vom Dorf. Wie nun Rotkäppchen in den Wald kam, begegnete ihm der Wolf. Rotkäppchen aber wusste nicht, was das für ein böses Tier war, und fürchtete sich nicht vor ihm. „Guten Tag, Rotkäppchen!" sprach er. „Schönen Dank, Wolf!" - „Wo hinaus so früh, Rotkäppchen?" - „Zur Großmutter." - „Was trägst du unter der Schürze?" - „Kuchen und Wein. Gestern haben wir gebacken, da soll sich die kranke und schwache Großmutter etwas zugut tun und sich damit stärken." - „Rotkäppchen, wo wohnt deine Großmutter?" - „Noch eine gute Viertelstunde weiter im Wald, unter den drei großen Eichbäumen, da steht ihr Haus, unten sind die Nusshecken, das wirst du ja wissen," sagte Rotkäppchen.

Der Wolf symbolisiert unsere Neigung zur Schuldprojektion, durch die wir andere Menschen aufgrund unserer unterbewussten projizierten Schuldgefühle wie ein Raubtier angreifen. Was der kindlichen Unschuld zunächst fehlt, ist die Unterscheidungsfähigkeit, die eigene Neigung zur Schuldprojektion und die daraus entstehenden negativen Gedanken und Emotionen als zerstörerisch und gefährlich zu erkennen. Ein kleines Kind lässt die Negativität, die von seinem eigenen Ego kommt, genauso raus wie alles andere, weil es in dem Vertrauen lebt, dass alles, was aus seinem eigenen Sein und Bewusstsein kommt, richtig und in Ordnung ist. Ein Kind weiß nicht, dass es sich seine eigene Unschuld zerstört, wenn es auf den aus seiner Schuldprojektion kommenden negativen Gedanken und Emotionen beharrt. Die Arglosigkeit gegenüber der eigenen Neigung zur Schuldprojektion und dem eigenen Negativen bringt also eine große Gefahr für unsere kindliche Unschuld mit sich.

Ein Kind, das noch über keine Lebenserfahrung verfügt und noch keine spirituelle Weisheit aus Lebenserfahrung gesammelt hat, hat kaum eine

Möglichkeit, sich seine Unschuld auf Dauer zu bewahren. Der Bereich des innersten Bewusstseins gehört zu unserem spirituellen Körper, der mit unserem physischen Tod nicht stirbt und den wir in unser nächstes Leben mit hinübernehmen. Das heißt, wenn wir in unserem Leben die kindliche Unschuld nicht vollkommen erreichen, nehmen wir die Art und Weise sowie die Stärke unserer Neigung zur Schuldprojektion mit in unser nächstes Leben. Wir bringen unser Ego und die mit unserem Ego verbundene Neigung zur Schuldprojektion also aus einem früheren Leben in dieses Leben mit. Wenn dieses Ego im Zuge unserer Kindheit aktiv wird, brauchen Kinder eine angemessene Erziehung zu ethischen und spirituellen Werten, um den Umgang mit dem eigenen Ego zu lernen. Wenn diese Erziehung nicht stattfindet, wenn das Kind stattdessen materialistische Werte vermittelt bekommt, wenn die Erziehung nicht mit der notwendigen Liebe verbunden ist oder wenn die Neigung zur Schuldprojektion, die ein Kind in dieses Leben mitgebracht hat, schlichtweg zu stark ist, hat es keine Chance, sich seine kindliche Unschuld zu bewahren und wird im Zuge seiner Kindheit in einem der Stärke seines mitgebrachten Egos und der Qualität seiner Erziehung entsprechenden Maße eigennützig, berechnend und egoistisch werden. Auch sehr liebevolle Eltern können ein Kind haben, das ein großes Ego mitgebracht hat, und sollten sich keine Vorwürfe machen, wenn sie ihr Kind liebevoll und nach bestem Wissen und Gewissen erziehen.

Der Wolf dachte bei sich: Das junge, zarte Ding, das ist ein fetter Bissen, der wird noch besser schmecken als die Alte. Du musst es listig anfangen, damit du beide schnappst. Da ging er ein Weilchen neben Rotkäppchen her, dann sprach er: „Rotkäppchen, sieh einmal die schönen Blumen, die ringsumher stehen. Warum guckst du dich nicht um? Ich glaube, du hörst gar nicht, wie die Vöglein so lieblich singen? Du gehst ja für dich hin, als wenn du zur Schule gingst, und ist so lustig haussen in dem Wald."

Dass Rotkäppchen den Vorschlägen des Wolfs folgt und die Mahnungen der Mutter vergisst, symbolisiert die Neigung unseres Geistes, uns die negativen, egozentrierten Impulse aus unserer Schuldprojektion schönzureden und zu rechtfertigen, damit wir ihnen nachgeben können. Unsere Schuldgefühle, die von unserem Ego in die Projektion gelenkt werden, sind unser zentrales von unserem Ego erzeugtes Problem. Dieses Problem besteht in dem Bereich, um den sich dieses Märchen dreht, den Bereich unseres innersten Bewusstseins. Es sind unsere Schuldgefühle und die Verarbeitung unserer Schuldgefühle durch unser Ego, die unser spirituelles Bewusstsein verdunkeln. Durch Schuldprojektion sind wir die Guten und andere die Bösen. Durch Schuldprojektion führen wir einen Kampf gegen das Böse in der Welt, indem wir es in anderen Menschen bekämpfen. Durch Schuldprojektion bekämpfen wir also andere Menschen und ihre Vorstellungen als wären sie das Böse. Durch Schuldprojektion verwandeln wir den Frieden in unserem eigenen Bewusstsein in Krieg und tragen den Krieg, der in uns selbst tobt, in die Welt hinaus. Die Wahrheit ist: Indem ich andere behandle als wären sie das Böse, mache ich mich selbst zum Bösen. Und nur indem ich andere als gut behandle, mache ich mich selbst zum Guten. Diese Wahrheit wird durch die Schuldprojektion verdreht. Und durch diese Verdrehung zerstören wir unsere Unschuld und zerstören wir das Gute in der Welt. Der Wolf symbolisiert also diese unsere Neigung zur Schuldprojektion.

Rotkäppchen schlug die Augen auf, und als es sah, wie die Sonnenstrahlen durch die Bäume hin und her tanzten und alles voll schöner Blumen stand, dachte es: Wenn ich der Großmutter einen frischen Strauß mitbringe, der wird ihr auch Freude machen; es ist so früh am Tag, dass ich doch zu rechter Zeit ankomme, lief vom Wege ab in den Wald hinein und suchte Blumen. Und wenn es eine gebrochen hatte, meinte es, weiter hinaus stände eine schönere, und lief danach und geriet immer tiefer in den Wald hinein.

Dies symbolisiert, dass der menschliche Geist die Neigung hat, den Verlockungen seiner Schuldprojektion unmerklich nachzugeben und nachzugehen, so dass wir unser spirituelles Ziel leicht ohne es zu merken aus den Augen verlieren, auch wenn wir uns nichts weiter dabei denken oder sogar glauben, Gutes zu tun.

Der Wolf aber ging geradewegs nach dem Haus der Großmutter und klopfte an die Türe. „Wer ist draußen?" - „Rotkäppchen, das bringt Kuchen und Wein, mach auf!" - „Drück nur auf die Klinke!" rief die Großmutter, „ich bin zu schwach und kann nicht aufstehen." Der Wolf drückte auf die Klinke, die Türe sprang auf und er ging, ohne ein Wort zu sprechen, gerade zum Bett der Großmutter und verschluckte sie. Dann tat er ihre Kleider an, setzte ihre Haube auf, legte sich in ihr Bett und zog die Vorhänge vor.

Dass der Wolf die Stelle der Großmutter einnimmt, symbolisiert, dass unser Bewusstsein durch die Verlockungen unserer Schuldprojektion, denen wir ohne es selbst zu merken nachgegeben haben, leicht ganz eingenommen und damit quasi verschluckt wird. Wir sind dann ohne es zu merken im Griff unserer Neigung zur Schuldprojektion und sehen uns in allen Konflikten leicht als die Guten und die anderen als die Bösen, die uns nur Übles wollen.

Rotkäppchen aber, war nach den Blumen herumgelaufen, und als es so viel zusammen hatte, dass es keine mehr tragen konnte, fiel ihm die Großmutter wieder ein, und es machte sich auf den Weg zu ihr. Es wunderte sich, dass die Tür aufstand, und wie es in die Stube trat, so kam es ihm so seltsam darin vor, dass es dachte: Ei, du mein Gott, wie ängstlich wird mir's heute zumut, und bin sonst so gerne bei der Großmutter! Es rief: „Guten Morgen," bekam aber keine Antwort.

Wenn wir ohne es selbst gemerkt zu haben, in den Griff unserer Schuldprojektion gekommen sind, haben wir uns selbst von unseren verursachenden Schuldgefühlen abgeschnitten, die im Unbewussten stärker werden. Diese Abtrennung von uns selbst können wir nur noch an der Veränderung unserer Selbstwahrnehmung bemerken. Es fühlt sich seltsam an, wenn wir nicht im Einklang mit uns selbst sind. Die stärker gewordenen Schuldgefühle im Unterbewusstsein verlangen unterbewusst eine Selbstbestrafung für unsere Schuld, die eine Angst auslöst, dass uns Schlimmes widerfährt. Diese Angst, ein Unwohlsein mit uns selbst und das Gefühl, keine Antwort aus unserem eigenen Selbst zu bekommen, wenn wir uns nach innen wenden, sind ebenfalls Indikatoren, dass unsere Schuldprojektion die Führung übernommen hat und wir in unserer Schuldprojektion gefangen sind.

Darauf ging es zum Bett und zog die Vorhänge zurück. Da lag die Großmutter und hatte die Haube tief ins Gesicht gesetzt und sah so wunderlich aus. „Ei, Großmutter, was hast du für große Ohren!" - „Dass ich dich besser hören kann!" – „Ei, Großmutter, was hast du für große Augen!" - „Dass ich dich besser sehen kann!" – „Ei, Großmutter, was hast du für große Hände!" - „Dass ich dich besser packen kann!" - „Aber, Großmutter, was hast du für ein entsetzlich großes Maul!" - „Dass ich dich besser fressen kann!" Kaum hatte der Wolf das gesagt, so tat er einen Satz aus dem Bette und verschlang das arme Rotkäppchen.

Wenn wir in unserer Schuldprojektion gefangen sind, verändern sich alle Bereiche unserer Wahrnehmung, verstärken sich unsere unterbewussten Schuldgefühle, die nach Selbstbestrafung verlangen, und zeigen uns eine hässliche Welt, die uns Angst macht. Wenn wir uns in der Angst verlieren, die die Welt uns macht, verlieren wir das Bewusstsein, dass wir uns diese Angst selbst erzeugt haben, indem wir in die Projektion unserer Schuldgefühle gegangen sind. Wenn wir in dieser Sicht der Welt bleiben, wird unsere kindliche Unschuld gänzlich davon verschlungen.

Wie der Wolf seinen Appetit gestillt hatte, legte er sich wieder ins Bett, schlief ein und fing an, überlaut zu schnarchen. Der Jäger ging eben an dem Haus vorbei und dachte: Wie die alte Frau schnarcht! Du musst doch sehen, ob ihr etwas fehlt. Da trat er in die Stube, und wie er vor das Bette kam, so sah er, dass der

Wolf darin lag. „Finde ich dich hier, du alter Sünder," sagte er, „ich habe dich lange gesucht."

Ein Jäger symbolisiert unser Unterscheidungsvermögen, das in der Lage ist, das Ewige vom Vergänglichen und damit auch das, was unserem spirituellen Wachstum dient, von dem, was nur unserer Neigung zur Schuldprojektion und damit unserem Ego dient, zu unterscheiden. Wenn wir unser Ego so in den Blick bekommen, dass wir nicht mehr ohne es selbst mitzubekommen in seinem Griff sind, können wir etwas daran ändern.

Nun wollte er seine Büchse anlegen, da fiel ihm ein, der Wolf könnte die Großmutter gefressen haben und sie wäre noch zu retten, schoss nicht, sondern nahm eine Schere und fing an, dem schlafenden Wolf den Bauch aufzuschneiden. Wie er ein paar Schnitte getan hatte, da sah er das rote Käppchen leuchten, und noch ein paar Schnitte, da sprang das Mädchen heraus und rief: „Ach, wie war ich erschrocken, wie war's so dunkel in dem Wolf seinem Leib!" Und dann kam die alte Großmutter auch noch lebendig heraus und konnte kaum atmen.

Es ist jedoch nicht so einfach, uns von unserer Neigung zur Schuldprojektion zu befreien. Die Befreiung muss auf eine Weise geschehen, dass unsere kindliche Unschuld keinen Schaden nimmt. Wenn wir grob, lieblos und ablehnend gegen uns Selbst sind, können wir unsere kindliche Unschuld nicht wiederherstellen. Ohne Achtsamkeit und Liebe für uns selbst geht es nicht. Wir müssen also vorsichtig sein und den Fokus auf die Befreiung und Bewahrung unserer Unschuld (Rotkäppchen) und die Bewahrung der Reinheit unseres Bewusstseins (die Großmutter) legen, damit diese Erblühen können. Wir brauchen also eine Ausrichtung auf die Stärkung und Bewahrung des Guten in uns, indem wir das Gute in uns und in anderen sehen und ihm dienen, keinen Kampf gegen das Böse, weil der Kampf gegen das Böse unsere Neigung zur Schuldprojektion und damit wieder unser Ego verstärkt.

Rotkäppchen aber holte geschwind große Steine, damit füllten sie dem Wolf den Leib, und wie er aufwachte, wollte er fortspringen, aber die Steine waren so schwer, dass er gleich niedersank und sich totfiel.

Steine symbolisieren das zeitlos Gültige, die ewigen spirituellen Wahrheiten und Werte. Wenn wir unserer Neigung zur Schuldprojektion in uns systematisch mit den ewigen spirituellen Wahrheiten und Werten begegnen, vor allem, dass wir dem Guten in uns nur dienen können, indem wir das Gute in anderen sehen und ihm dienen, wenn wir unsere Neigung zur Schuldprojektion also sozusagen mit der Disziplin füttern, dem Guten in anderen zu dienen, dann kann sie sich auf Dauer nicht halten und endet.

Da waren alle drei vergnügt. Der Jäger zog dem Wolf den Pelz ab und ging damit heim, die Großmutter aß den Kuchen und trank den Wein, den Rotkäppchen gebracht hatte, und erholte sich wieder; Rotkäppchen aber dachte: Du willst dein Lebtag nicht wieder allein vom Wege ab in den Wald laufen, wenn dir's die Mutter verboten hat.

Mit der Befreiung von unserer Neigung zur Schuldprojektion erblüht unsere kindliche Unschuld in der Reinheit unseres Bewusstseins. Wir wissen dann aus Erfahrung, dass es besser ist, uns an die spirituellen Regeln zur Wahrung unserer Unschuld zu halten.

Es wird auch erzählt, dass einmal, als Rotkäppchen der alten Großmutter wieder Gebackenes brachte, ein anderer Wolf es angesprochen und vom Wege habe ableiten wollen. Rotkäppchen aber hütete sich und ging geradefort seines Wegs und sagte der Großmutter, dass es dem Wolf begegnet wäre, der ihm guten Tag gewünscht, aber so bös aus den Augen geguckt hätte: „Wenn's nicht auf offener Straße gewesen wäre, er hätte mich gefressen." - „Komm," sagte die Großmutter, „wir wollen die Türe verschließen, dass er nicht hereinkann." Bald danach klopfte der Wolf an und rief: „Mach auf, Großmutter, ich bin das Rotkäppchen, ich bring dir Gebackenes." Sie schwiegen aber und machten die Türe nicht auf. Da schlich der Graukopf etlichemal um das Haus, sprang endlich aufs Dach und wollte warten, bis Rotkäppchen abends nach Hause ginge, dann wollte er ihm nachschleichen und wollt's in der Dunkelheit fressen. Aber die Großmutter merkte, was er im Sinne hatte. Nun stand vor dem Haus ein großer Steintrog, Da sprach sie zu dem Kind: „Nimm den Eimer, Rotkäppchen, gestern hab ich Würste gekocht, da trag das Wasser, worin sie gekocht sind, in den Trog!" Rotkäppchen trug so lange, bis der große, große Trog ganz voll war. Da stieg der Geruch von den Würsten dem Wolf in die Nase. Er schnupperte und guckte hinab, endlich machte er den Hals so lang, dass er sich nicht mehr halten konnte, und anfing zu rutschen; so rutschte er vom Dach herab, gerade in den großen Trog hinein und ertrank. Rotkäppchen aber ging fröhlich nach Haus, und von nun an tat ihm niemand mehr etwas zuleide.

Dieser Zusatz des Märchens symbolisiert den Unterschied zwischen dem Zustand unserer kindlichen Unschuld, bevor wir diese Lektion gelernt und uns im Zustand kindlicher Unschuld verankert haben, und dem Zustand kindlicher Unschuld, den wir als Erwachsene durch ein auf das spirituelle Ziel ausgerichtetes Leben erreichen können. Wenn wir als Erwachsene diesen Zustand kindlicher Unschuld erreichen können, besteht der Unterschied auch gegenüber unserer Kindheit darin, dass wir diesen Zustand dann bewusst erreicht haben. Wenn wir ihn bewusst erreichen, wissen wir aus Erfahrung, durch welche Taten und Verhaltensweisen wir von unserem Weg abkommen und uns in Schuld und Schuldprojektion verstricken, durch die wir uns unserem Ego ausliefern. Durch dieses innere Wissen können wir die Projektionen unseres eigenen Egos bewusst und gezielt ins Leere laufen lassen, so dass sie auch wieder enden und so dass wir uns unsere Unschuld bewusst bewahren.

Der Bereich des „Bewusstseins" betrifft die innerste der neun Schalen, aus denen der menschliche Geist besteht. Die innerste Schale hängt eng mit der äußersten zusammen, unserer Versorgung. Ein Klima kollektiver Schuldprojektion spaltet die Menschen in jene, die Schuld zuweisen können, und jene, denen Schuld aufgebürdet wird. In einer von Schuldprojektion durchdrungen Menschheit sind die „offiziellen Bösen" häufig die tatsächlichen Opfer und die „offiziellen Guten" häufig die tatsächlichen Täter. Wenn die Massenmedien, die Multimilliardären gehören und die Interessen von Multimilliardären vertreten, zum Beispiel die ganze Menschheit als böse erklären, weil wir die Umwelt zerstören, und sich selbst so als die guten Anwälte der Umwelt präsentieren, dann ist hier offensichtlich etwas sehr verdreht und auf den Kopf gestellt. Dem entspricht gemäß der projizierenden, verdrehenden Natur unseres Geldsystems auch, dass Schulden uns global spalten in nichtstuende Milliardäre, die gigantische Zinsen für ihre Forderungen kassieren, und in hart arbeitende Menschen, die diese Zinsen zahlen müssen. Da der größte Teil der Menschheit zu den Zinszahlern gehört, erzeugt unser Schuldsystem einen gigantischen Mangel und Armut in der Welt. Mit dem Thema Mangel und Materialismus beginnen die Märchen im 2. Kapitel. Die übergeordneten Märchen im 5. Kapitel enden mit dem Märchen vom Teufel mit den drei goldenen Haaren. In dem Märchen wird es erneut um die Schuldprojektion gehen. Da die Schuldprojektion den Mangel erzeugt, beginnt und endet am Ende alles mit dem Thema der Schuldprojektion. Eine vollkommene Rücknahme der Schuldprojektion kann zur Auflösung unseres Egos führen.

Im Herrn der Ringe symbolisiert der „Eine Ring" die Schuldprojektion und unser Schuldgeld. Die Vernichtung des „Einen Ringes" symbolisiert die Rücknahme der Schuldprojektion (und das Ende unseres Schuldgeldsystems). Dass die Vernichtung des „Einen Ringes" in direkter Folge zu Saurons Ende führt, zeigt genau das: Die vollkommene Rücknahme der Schuldprojektion führt zur Auflösung unseres Egos. Die ganzen Mühen zur Vernichtung des „Einen Ringes" symbolisieren unsere Mühen um die Rücknahme der Schuldprojektion, damit wir uns darauf fokussieren, uns selbst zu wandeln, und nicht versuchen, andere Menschen zu verändern. Kaum etwas ist ein stärkerer Beitrag für den Frieden in unserem Geist und den Frieden in der Welt, als wenn wir an unserer Neigung zur Schuldprojektion arbeiten bis es uns schließlich gelingt, unseren Geist wieder im Zustand kindlicher Unschuld zu verankern. In diesem Zustand herrschen Glück und Frieden. Und wenn genug Menschen in diesen Zustand kommen können, ist der Frieden in der Welt garantiert. Jeder, der auf diese Weise an sich arbeitet und in den Zustand kindlicher Unschuld findet, leistet damit einen unermesslichen Beitrag für den Frieden in der Gesellschaft und in der Welt.

4.9 Der Teufel und seine Grossmutter – Lösung unserer Schuldgefühle und Ängste durch Selbstvergebung

Böser König	Schuldprojektion
Geringer Sold	Mangelgefühle
Krieg des bösen Königs	Konflikte durch Schuldprojektion
Feuriger Drache	Angst vor einer Bestrafung für Schuld
Teufel	Schuldprojektion und Wut
Des Teufels Großmutter	Bewusstsein
Unterschrift im Buch des Teufels	Selbstauslieferung an die Konzepte der Schuldprojektion

In diesem Märchen ist verschlüsselt, dass wir die Aggressionen, Ängste und Probleme in unserem Leben durch die Auflösung unserer Schuldgefühle auflösen können. Zu diesem Zweck geht es vor allem darum, die Projektion unserer Schuldgefühle zurückzunehmen und die volle Verantwortung für die Selbstvergebung unserer Schuldgefühle und die Lösung unserer Probleme zu übernehmen.

Es war ein großer Krieg, und der König hatte viele Soldaten, gab ihnen aber wenig Sold, so daß sie nicht davon leben konnten.

In diesem Märchen symbolisiert der König, der ein böser König ist, welcher Krieg gegen andere führt, das Prinzip der Schuldprojektion auf andere. Und der Krieg in diesem Märchen symbolisiert die aus unseren Schuldprojektionen entstehenden Konflikte. Unsere Schuldgefühle auf andere Menschen zu projizieren, ist gleichbedeutend damit, sie anzugreifen und Krieg gegen sie zu führen.

Schuldprojektionen können unsere grundlegenden Schuldgefühle nicht lösen und verstärken sie eher noch. Und diese verstärkten Schuldgefühle verlangen dann auch verstärkt nach einer unterbewussten Selbstbestrafung. Das Abbüßen der unterbewusst notwendigen Selbstbestrafung führt zu Mangelgefühlen, im Leben nicht genug für uns zu haben. Diese Mangelgefühle werden von dem geringen Sold symbolisiert, den der König bezahlt. Bei sehr starken Mangelgefühlen entsteht das Gefühl, nicht genug zum Leben zu haben.

Da thaten sich drei zusammen und wollten ausreißen. Einer sprach zum andern „wenn wir erwischt werden, so hängt man uns an den Galgenbaum: wie wollen wirs machen?" Sprach der andere „seht dort das große Kornfeld, wenn wir uns da verstecken, so findet uns kein Mensch: das Heer darf nicht hinein und muß morgen weiter ziehen." Sie krochen in das Korn, aber das Heer zog nicht weiter, sondern blieb rund herum liegen.

Der Wunsch der drei Soldaten, vor dem Krieg zu fliehen, symbolisiert die von Schuldgefühlen unterbewusst erzeugt Angst vor einer Bestrafung für die vermeintliche Schuld. Ihr Verstecken im Kornfeld symbolisiert den Versuch, uns vor einer Bestrafung für unsere unterbewussten Schuldgefühle zu verstecken.

Sie saßen zwei Tage und zwei Nächte im Korn und hatten so großen Hunger daß sie beinah gestorben wären: giengen sie aber heraus, so war ihnen der Tod gewis. Da sprachen sie „was hilft uns unser Ausreißen, wir müssen hier elendig sterben." Indem kam ein feuriger Drache durch die Luft geflogen, der senkte sich zu ihnen herab und fragte sie warum sie sich da versteckt hätten. Sie antworteten „wir sind drei Soldaten, und sind ausgerissen weil unser Sold gering war: nun müssen wir hier Hungers sterben, wenn wir liegen bleiben, oder wir müssen am Galgen baumeln, wenn wir heraus gehen." - „Wollt ihr mir sieben Jahre dienen," sagte der Drache, „so will ich euch mitten durchs Heer führen, daß euch niemand erwischen soll?" - „Wir haben keine Wahl und müssens annehmen" antworteten sie. Da packte sie der Drache in seine Klauen, führte sie durch die Luft über das Heer hinweg und setzte sie weit davon wieder auf die Erde; der Drache war aber niemand als der Teufel.

Der Umstand, dass das Heer nicht abzieht, symbolisiert nun, dass wir uns vor unseren unterbewussten Schuldgefühlen nicht verstecken können, weil sie immer bei uns sind, solange sie nicht durch Selbstvergebung aufgelöst werden. Der Drache symbolisiert die Angst, die wir vor einer Bestrafung für unsere Schuld haben.

Der Vertrag mit dem Drachen, ihm sieben Jahre lang für die Errettung der Soldaten zu dienen, symbolisiert die Bereitschaft, der Angst nachzugeben und den Geboten der Angst zu folgen, indem wir die Flucht nach vorne ergreifen und andere Menschen in Angst zu versetzen, um unsere eigene Angst unter Kontrolle zu halten und so der drohenden Strafe zu entkommen. Dass der Drache niemand anders ist als der Teufel, symbolisiert nun, dass das eigentliche Problem nicht in der Angst besteht, sondern in der Projektion der darunterliegenden Schuldgefühle, die nach einer unterbewussten Selbstbestrafung verlangen und dadurch erst die Angst auslösen. Durch die Schuldprojektion, dass andere die Bösen sind, rechtfertigen wir unseren Angriff auf andere, steigern dadurch aber auch nur unsere Angst, für unsere Schuld bestraft zu werden, weil die Projektion unsere Schuldgefühle nicht auflöst, sondern tendenziell eher verstärkt.

Er gab ihnen ein kleines Peitschchen und sprach „peitscht und knallt ihr damit, so wird so viel Geld vor euch herum springen als ihr verlangt: ihr könnt dann wie große Herrn leben, Pferde halten und in Wagen fahren: nach Verlauf der sieben Jahre aber seid ihr mein eigen." Dann hielt er ihnen ein Buch vor, in das mußten sie sich alle drei unterschreiben. „Doch will ich euch," sprach er, „erst noch ein Räthsel aufgeben, könnt ihr das rathen, sollt ihr frei sein und aus meiner Gewalt entlassen."

Durch Schuldprojektion geben wir anderen die Schuld für unsere unterbewussten Schuldgefühle. Wenn wir damit Erfolg haben und anderen Schuld aufbürden können, so wirkt diese Schuldprojektion wie Peitschenhiebe, die jene, die Schuld abtragen müssen, in Sklaven verwandelt. Das erfolgreiche Aufbürden von Schuld, wie es ja zum Beispiel durch schuldzinspflichtige Kredite ständig millionenfach in der Welt geschieht, bringt den Rubel zum Rollen, so dass viel Geld damit verdient wird.

Die sieben Jahre symbolisieren, dass die Gewohnheit der Schuldprojektion und des Verdienens von Geld mit der Schuld anderer irgendwann an den Punkt kommt, in den Konzepten der Schuld festzuhängen und uns daher auch von den eigenen Schuldgefühlen nicht mehr befreien zu können, da wir den Glauben, die Schuldprojektion wäre zu seinem Vorteil, durch die Gewohnheit zu einem Teil unseres Wesens gemacht haben. Wir haben unser Menschsein also an die Konzepte der Schuldprojektion ausgeliefert und verraten. Diese Selbstauslieferung an die Konzepte der Schuld wird von den Unterschriften im Buch des Teufels symbolisiert. Schuldprojektion und Schuldgeld spalten die ganze Menschheit jene, die Schuld abtragen, und jene, die Schuldzinsen kassieren. Seine Seele dem Teufel verkaufen heißt buchstäblich, uns an die Konzepte der Schuldprojektion zu verkaufen, um auf der profitierenden Seite zu landen. Dadurch verlieren wir dann uns selbst, werden zu einem Sklaven der Schuldprojektion und zu einer

Plage für die Menschheit. Die Rätsel des Drachen / Teufels symbolisieren, dass es zwar sehr schwirig ist, den Konzepten der Schuld und der von den Schuldgefühlen ausgelösten Ängsten vor einer Bestrafung zu entkommen, jedoch nicht völlig unmöglich. Und wenn es uns gelingt, uns von den Konzepten der Schuld zu befreien, befreien wir uns damit auch von der unterbewussten Angst vor einer Bestrafung für unsere Schuld.

Da flog der Drache von ihnen weg, und sie reisten fort mit ihren Peitschchen, hatten Geld die Fülle, ließen sich Herrenkleider machen und zogen in der Welt herum. Wo sie waren, lebten sie in Freuden und Herrlichkeit, fuhren mit Pferden und Wagen, aßen und tranken, thaten aber nichts Böses. Die Zeit verstrich ihnen schnell, und als es mit den sieben Jahren zu Ende gieng, ward zweien gewaltig angst und bang, der dritte aber nahms auf die leichte Schulter und sprach „Brüder, fürchtet nichts, ich bin nicht auf den Kopf gefallen, ich errathe das Räthsel." Sie giengen hinaus aufs Feld, saßen da und die zwei machten betrübte Gesichter. Da kam eine alte Frau daher, die fragte warum sie so traurig wären. „Ach, was liegt euch daran, ihr könnt uns doch nicht helfen." - „Wer weiß," antwortete sie, „vertraut mir nur euern Kummer." Da erzählten sie ihr sie wären des Teufels Diener gewesen, fast sieben Jahre lang, der hätte ihnen Geld wie Heu geschafft, sie hätten sich ihm aber verschrieben, und wären ihm verfallen, wenn sie nach den sieben Jahren nicht ein Räthsel auflösen könnten. Die Alte sprach, „soll euch geholfen werden, so muß einer von euch in den Wald gehen, da wird er an eine eingestürzte Felsenwand kommen, die aussieht wie ein Häuschen, in das muß er eintreten, dann wird er Hilfe finden." Die zwei traurigen dachten „das wird uns doch nicht retten," und blieben sitzen, der dritte aber, der lustige, machte sich auf und gieng so weit in den Wald, bis er die Felsenhütte fand. In dem Häuschen aber saß eine steinalte Frau, die war des Teufels Großmutter, und fragte ihn woher er käme und was er hier wollte. Er erzählte ihr alles, was geschehen war, und weil er ihr wohl gefiel, hatte sie Erbarmen und sagte sie wollte ihm helfen.

Die Großmutter des Teufels symbolisiert die innerste Schale unseres Bewusstseins, in der unsere Schuldgefühle und Schuldprojektionen angesiedelt sind und aus der sie stammen. Es ist das Erbarmen mit den Problemen anderer, das uns in die Vergebung der Schuld und in die Bereitschaft zu helfen führt.

Sie hob einen großen Stein auf, der über einem Keller lag, und sagte „da verstecke dich, du kannst alles hören was hier gesprochen wird, sitz nur still und rege dich nicht: wann der Drache kommt, will ich ihn wegen der Räthsel befragen: mir sagt er alles; und dann achte auf das was er antwortet." Um zwölf Uhr Nachts kam der Drache angeflogen und verlangte sein Essen. Die Großmutter deckte den

Tisch und trug Trank und Speise auf, daß er vergnügt war, und sie aßen und tranken zusammen. Da fragte sie ihn im Gespräch wies den Tag ergangen wäre, und wie viel Seelen er kriegt hätte. "Es wollte mir heute nicht recht glücken," antwortete er, "aber ich habe drei Soldaten gepackt, die sind mir sicher." - "Ja, drei Soldaten," sagte sie, "die haben etwas an sich, die können dir noch entkommen." Sprach der Teufel höhnisch "die sind mein, denen gebe ich noch ein Räthsel auf, das sie nimmermehr rathen können." - "Was ist das für ein Räthsel?" fragte sie. "Das will ich dir sagen: in der großen Nordsee liegt eine todte Meerkatze, das soll ihr Braten sein: und von einem Wallfisch die Rippe, das soll ihr silberner Löffel sein: und ein alter hohler Pferdefuß, das soll ihr Weinglas sein." Als der Teufel zu Bett gegangen war, hob die alte Großmutter den Stein auf und ließ den Soldaten heraus. "Hast du auch alles wohl in Acht genommen?" - "Ja," sprach er, "ich weiß genug und will mir schon helfen." Darauf mußte er auf einem andern Weg durchs Fenster heimlich und in aller Eile zu seinen Gesellen zurück gehen. Er erzählte ihnen, wie der Teufel von der alten Großmutter wäre überlistet worden und wie er die Auflösung des Räthsels von ihm vernommen hätte. Da waren sie alle fröhlich und guter Dinge, nahmen die Peitsche und schlugen sich so viel Geld daß es auf der Erde herum sprang. Als die sieben Jahre völlig herum waren, kam der Teufel mit dem Buche, zeigte die Unterschriften und sprach "ich will euch mit in die Hölle nehmen, da sollt ihr eine Mahlzeit haben: könnt ihr mir rathen, was ihr für einen Braten werdet zu essen kriegen, so sollt ihr frei und los sein und dürft auch das Peitschchen behalten." Da fieng der erste Soldat an "in der großen Nordsee liegt eine todte Meerkatze, das wird wohl der Braten sein." Der Teufel ärgerte sich, machte "hm! hm! hm!" und fragte den zweiten "was soll aber euer Löffel sein?" - "Von einem Wallfisch die Rippe, das soll unser silberner Löffel sein." Der Teufel schnitt ein Gesicht, knurrte wieder dreimal "hm! hm! hm!" und sprach zum dritten "wißt ihr auch was euer Weinglas sein soll?" - "Ein alter Pferdefuß, das soll unser Weinglas sein." Da flog der Teufel mit einem lauten Schrei fort und hatte keine Gewalt mehr über sie: aber die drei behielten das Peitschchen, schlugen Geld hervor, so viel sie wollten, und lebten vergnügt bis an ihr Ende.

Die tote Meerkatze in der großen Nordsee symbolisiert die Kontrolle über unseren Geist. Eine Meerkatze ist ein Affe. Die große Nordsee symbolisiert die Dualität in Raum und Zeit. Ein Affe symbolisiert die Rastlosigkeit des menschlichen Verstands. Eine tote Meerkatze in der großen Nordsee symbolisiert also das Ende der Rastlosigkeit unseres Verstand im Hin und Her unseres Lebens in der Dualität. Die Rippe des Walfischs als Löffel symbolisiert die Geisteshaltung, nur das Gute in anderen zu sehen und somit nur die guten Eigenschaften anderer Menschen in uns aufzunehmen. Ein Fisch lebt im Wasser, das Dualität symbolisiert. Ein Walfisch symbolisiert die uns völlig einnehmenden Konzepte in der Dualität. Nur eine Rippe oder Seite des Walfisch als Löffel zu nehmen bedeutet also, nur an die Einheit von allem Sein zu denken, also unser Bewusstsein nur mit der Einheit zu füttern, um der Dualität zu entkommen. Und das bedeutet, nur das Gute, Wahre und Schöne in anderen Menschen zu sehen und zu würdigen.

Ein Pferdefuß als Weinglas symbolisiert die Haltung, alle Probleme und Nachteile, die in unserem Leben auftauchen, in eine Gelegenheit umzuwandeln, daran zu wachsen und Fortschritte zu machen. Wein symbolisiert unseren Willen. Ein Pferdefuß als Weinglas symbolisiert die Fähigkeit, mit fokussiertem Willen alle Probleme und Nachteile im Leben in einen Fortschritt umzuwandeln.

Die Probleme in unserem Leben haben die Eigenschaft, unsere Schuldgefühle zu aktivieren. Diese Schuldgefühle neigen einerseits dazu, eine unterbewusste Angst vor einer Strafe für die vermeintliche Schuld zu entwickeln, und andererseits dazu, dass wir mit ihnen in die Projektion gehen und anderen unsere eigenen Schuldgefühle aufbürden, auf dass sie sie an uns abtragen sollen. Das mag zu unserem Vorteil sein, liefert uns aber den Konzepten der Schuld aus.

Mit einem fokussierten Geist und zielgerichteten Willen können wir unseren Schuldgefühlen auf den Grund gehen und sie durch Vergebung und Selbstvergebung auflösen. Dies löst auch unsere Ängste auf, weil diese nur aus einer unterbewussten Erwartung einer Strafe für unsere vermeintliche Schuld stammen. Wenn wir auf diese Weise in die kindliche Unschuld zurückfinden, können wir alle auftretenden Probleme und Ängste mit Zuversicht und Enthusiasmus lösen, daraus lernen und weitergehen. Probleme und Ängste werden zu Möglichkeiten umgewandelt, uns selbst zu erkennen und uns weiterzuentwickeln.

Die Rücknahme unserer Schuldprojektion und Auflösung unserer Schuldgefühle eignet sich nicht nur für die Auflösung unserer Ängste und Probleme. Sie ist auch geeignet, uns aus dem Kreislauf leidvoller Wiedergeburten zu befreien und ein goldenes Zeitalter einzuläuten. Diese Dinge sind im Märchen „Der Teufel mit den drei goldenen Haaren" verschlüsselt (Kapitel 5.8).

Kapitel 5: Übergeordnete Märchen

Einleitung

Nachdem wir nun über drei Kapitel hinweg mehrere Märchen jeweils zu den einzelnen Bereichen unseres Energiekörpers, Mentalkörpers und spirituellen Körpers durchgegangen sind, schließend wir die Märcheninterpretationen mit diesem 5. Kapitel mit einer Sammlung von Märchen mit übergeordneten Themen ab. Es geht um drei Märchen jeweils zu einer der drei Strategien unseres Egos bei der Problemverarbeitung und um drei Märchen jeweils zu einer der drei Haltungen, die unser Ego zu den Problemen im jeweiligen Körper annimmt.

Dazu gibt es noch zwei übergeordnete Märchen mit Alleinstellungsmerkmalen: Ein Märchen über die Beendigung des Kreislaufs leidvoller Wiedergeburten und ein Märchen mit einer Schöpfungsgeschichte. Es gibt also nicht nur in den sehr alten überlieferten religiösen Schriften eine Schöpfungsgeschichte, sondern auch in den Märchen. Wir beginnen das 5. Kapitel mit dieser Schöpfungsgeschichte.

5.1 Schneewittchen – Angriff auf unseren Geist und Rettung durch spirituelles Erwachen

Königin	göttliche Mutter, Urseele
Welt in weiß	reine Glückseligkeit
Verletzung der Königin	auftretendes Ego
Drei Blutstropfen	Schöpfung der geistigen Welt
Schneewittchen	unser spiritueller Körper
Weiß, Schwarz, Rot	reines Glück, Bewusstsein, Sein
Böse Königin, Stiefmutter	Ego
Jäger im Dienst der Königin	Unterscheidung im Dienst des Egos
Sieben Berge	energetischer Aspekt der Chakren
Sieben Zwerge	Bewusstseinsaspekt der Chakren
Königssohn	Integrität
Schneewittchen im Sarg	schlafendes spirituelles Bewusstsein
Tanz der bösen Königin in glühenden Schuhen	Erschöpfung unseres Karmas und Auflösen unseres Egos
Abschnüren der Luft	Selbstentfremdung durch Technisierung
Vergifteter Kamm	Gottesferne durch religiöse Lehren
Vergifteter Apfel	Abstumpfung durch Materialismus

Wir gehen zunächst die allgemeine Bedeutung der Symbolik des Märchens für unser Bewusstsein durch und stellen am Ende auf dieser Grundlage Betrachtungen zu den Geschehnissen unserer Zeit an. Und zwar ist die alles entscheidende Phase des Märchens im übertragenen Sinne in unserer Welt bereits eingetreten und wird auch in den nächsten Jahren noch anhalten. Das Märchen vom Schneewittchen und den sieben Zwergen beginnt mit einer Darstellung unserer geistigen Schöpfungsgeschichte.

Es war einmal mitten im Winter, und die Schneeflocken fielen wie Federn vom Himmel herab, da saß eine Königin an einem Fenster, das einen Rahmen von schwarzem Ebenholz hatte, und nähte. Und wie sie so nähte und nach dem Schnee ausblickte, stach sie sich mit der Nadel in den Finger, und es fielen drei Tropfen Blut in den Schnee. Und weil das Rothe im weißen Schnee so schön aussah, dachte sie bei sich ‚hätt ich ein Kind so weiß wie Schnee, so roth wie Blut, und so schwarz wie das Holz an dem Rahmen.' Bald darauf bekam sie ein Töchterlein, das war so weiß wie Schnee, so roth wie Blut, und so schwarzhaarig wie Ebenholz, und ward darum das Schneewittchen (Schneeweißchen) genannt. Und wie das Kind geboren war, starb die Königin.

Eine ganz in Schnee eingehüllt Welt, eine Welt in weiß, symbolisiert hier die Welt reiner Glückseligkeit am Anfang der Schöpfung. Schneewittchens Mutter symbolisiert die göttliche Mutter, die Schöpferin des Universums, die reines Sein, Bewusstsein und Glückseligkeit ist und die uns, ihre Kinder, ihrem Wesen gemäß geschaffen hat. Dass sich Schneewittchens Mutter in den Finger sticht, weist darauf hin, dass der Wunsch der göttlichen Mutter durch das Problem ausgelöst war, dass manche Seelen ein Ego entwickelten. Unsere Seele verletzt sich dadurch, dass wir ein Ego, ein aus der Einheit, von der göttlichen Mutter getrenntes Sein, erschaffen. In der Antwort auf das auftretende Ego entwickelte unsere Seele einen Geistkörper, der aus reinem Sein-Bewusstsein-Glückseligkeit besteht. Diese drei werden von den drei Tropfen Blut symbolisiert. Dieser von der Seele geschaffene Geist wird charakterisiert durch die Farben weiß, schwarz (in einer anderen Version steht „schwarzäugig") und rot. Weiß symbolisiert die Reinheit unseres Glücks und unserer Freude, schwarz die Unergründlichkeit unseres Bewusstseins und rot die Liebe, die unser Sein erfüllt.

Das Bild von Bluttropfen, die aus der Verletzung der Seele entstehen, bildet den Umstand, dass unser Geist nur aufgrund unseres Egos geschaffen wurde, passend ab. Der Tod von Schneewittchens Mutter symbolisiert, dass die Seele durch das Auftreten unseres Egos in den Hintergrund tritt, bzw. dass die Verbindung unseres Geistes zu unserer Seele und zu unserer göttlichen Mutter durch die Aktivität des Egos verloren geht. Schneewittchen symbolisiert unseren so geschaffenen Geist. Dieser Geist wurde einerseits geschaffen, um unser Ego wieder auflösen zu können, und ist nun allerdings den Angriffen unseres Egos ausgesetzt.

Über ein Jahr nahm sich der König eine andere Gemahlin. Es war eine schöne Frau, aber sie war stolz und übermüthig, und konnte nicht leiden, daß sie an Schönheit von jemand sollte übertroffen werden. Sie hatte einen wunderbaren Spiegel, wenn sie vor den trat und sich darin beschaute, sprach sie
   ‚Spieglein, Spieglein an der Wand,
   wer ist die schönste im ganzen Land?'
so antwortete der Spiegel
‚Frau Königin, ihr seid die schönste im Land.'
Da war sie zufrieden, denn sie wußte, daß der Spiegel die Wahrheit sagte.

Die böse Königin (gleichzeitig Schneewittchens böse Stiefmutter) steht für unser Ego. Das Ego wirkt sich auf alle drei unserer Seinskörper aus. Außer unserem Geistego treten bald also auch Trieb- und Mentalego hinzu, so dass das Ego auf allen Seinsebenen präsent ist. „Stolz und übermüthig" weist auf das Mentalego, die „Missgunst" auf das Triebego hin. Unser Ego ist ständig bemüht, die Regungen unserer Seele abzutöten und als alleinige und allein bewundernswerte Wirklichkeit zurückzubleiben. Wir können aus unseren Egobemühungen heraus eine gewisse Schönheit erschaffen. Diese Schönheit erreicht aber niemals auch nur annähernd die Schönheit des Göttlichen und die Schönheit dessen, was unser Geist durch unsere Anbindung an das Göttliche und unsere Inspiration aus dem Göttlichen erschaffen kann.

Da unser Ego damit einerseits immer gegen die Wahrheit anarbeitet, braucht es andererseits ständige Bestätigung für seine Umdefinition der Wahrheit. Eine ehrliche Selbstprüfung (der Blick in den Spiegel) wird uns aber immer auf die fehlende Schönheit unseres Egos hinweisen und erkennen lassen, welches Handeln wirklich anerkennenswert wäre. Solange Schneewittchen jedoch klein ist, unsere geistigen Selbstheilungskräfte nicht stark ausgebildet sind, hat unser Ego alles in seinem Griff.

Schneewittchen aber wuchs heran, und wurde immer schöner, und als es sieben Jahr alt war, war es so schön, wie der klare Tag, und schöner als die Königin selbst. Als diese einmal ihren Spiegel fragte
   ‚Spieglein, Spieglein an der Wand,
   wer ist die schönste im ganzen Land?'
so antwortete er

‚Frau Königin, ihr seid die schönste hier,
aber Schneewittchen ist tausendmal schöner als ihr.'

Da erschrak die Königin, und ward gelb und grün vor Neid. Von Stund an, wenn sie Schneewittchen erblickte, kehrte sich ihr das Herz im Leibe herum, so haßte sie das Mädchen. Und der Neid und Hochmuth wuchsen wie ein Unkraut in ihrem Herzen immer höher, daß sie Tag und Nacht keine Ruhe mehr hatte. Da rief sie einen Jäger und sprach ‚bring das Kind hinaus in den Wald, ich wills nicht mehr vor meinen Augen sehen. Du sollst es tödten, und mir Lunge und Leber zum Wahrzeichen mitbringen.' Der Jäger gehorchte und führte es hinaus, und als er den Hirschfänger gezogen hatte und Schneewittchens unschuldiges Herz durchbohren wollte, fing es an zu weinen und sprach ‚ach, lieber Jäger, laß mir mein Leben; ich will in den wilden Wald laufen und nimmermehr wieder heim kommen.' Und weil es so schön war, hatte der Jäger Mitleiden und sprach „so lauf hin, du armes Kind.' ‚Die wilden Thiere werden dich bald gefressen haben' dachte er, und doch wars ihm als wär ein Stein von seinem Herzen gewälzt, weil er es nicht zu tödten brauchte. Und als gerade ein junger Frischling daher gesprungen kam, stach er ihn ab, nahm Lunge und Leber heraus, und brachte sie als Wahrzeichen der Königin mit. Der Koch mußte sie in Salz kochen, und das boshafte Weib aß sie auf und meinte sie hätte Schneewittchens Lunge und Leber gegessen.

Wenn unsere Selbstheilungskräfte jedoch stärker werden, geht es unserem Ego so an den Kragen, dass es nun alles tut, um unseren Geist in Negativität zu versetzen, unsere Selbstheilungskräfte lahm zu legen und sich so seine Herrschaft über unser Bewusstsein zu sichern. Ein Jäger im Dienst der bösen Königin symbolisiert den Einsatz unseres Unterscheidungsvermögens für die falsche Sache, also für den Schutz anstatt die Auflösung unseres Egos. Dabei kann ein Rest an Gewissenhaftigkeit verhindern, dass wir unser innerstes Wesen ganz und gar auslöschen, so dass unser Ego nicht ganz und gar seinen Willen bekommt.

Weitere Passagen des Märchens kürzen wir ab. Schneewittchen irrt nun (ähnlich wie Hänsel und Gretel) allein durch den Wald, bis es zur Behausung der sieben Zwerge kommt, dort etwas von jedem Tellerchen ist und aus jedem Becherchen trinkt und sich in ein Bett legt.

Außer unseren Selbstheilungskräften hat Gott unserem im Ego gefangenen Geist auch Chakren mitgegeben, die wir uns zur Selbstreinigung und für den besseren Gebrauch unserer Selbstheilungskräfte zu Nutze machen können. Dabei können wir in unterschiedlichen Situationen unterschiedliche Chakren oder Kombinationen von Chakren einsetzen.

Schließlich kommen die Zwerge heim. Sie wundern sich, wer von ihrem Tellerchen gegessen und aus ihrem Becherchen getrunken hat und entdecken Schneewittchen schlafend in einem Bett. Weil es so schön ist, erlauben sie ihm, bei ihnen zu wohnen. Am nächsten Tag gehen die Zwerge erneut zur Arbeit und warnen Schneewittchen eindringlich, gegenüber der bösen Königin vorsichtig zu sein. Die Königin erfährt in der Folge drei Mal von ihrem Spiegel, dass Schneewittchen hinter den sieben Bergen, bei den sieben Zwergen noch lebt und 1000-mal schöner ist als sie. Dadurch erfährt sie, dass weder ihr Jäger noch ihre beiden darauf folgenden ersten Mordanschläge auf Schneewittchen Erfolg haben.

Die Aussage des Spiegels der bösen Königin „Schneewittchen hinter den 7 Bergen bei den 7 Zwergen ist noch viel schöner als ihr" bezieht sich auf die Chakren. Die 7 Berge und 7 Zwerge stehen für die sieben Chakren. Die 7 Berge meinen die aus den Chakren hervorströmende Energie, die sich wie Berge von der Aura abheben. Die 7 Zwerge verweisen darauf, dass die Chakren eigene separate Wahrnehmungs-, Seins- und Bewusstseinszentren sind, verkleinerte Versionen unseres eigenen Sein-Bewusstseins, also Zwergversionen von uns selbst. Die Sein-Bewusstseins-Ebene unserer Chakren liegt innerhalb der energetischen Ebene der Chakren - also hinter den sieben Bergen - und ist spirituell. Schneewittchen symbolisiert unseren spirituellen Körper. Daher ist Schneewittchen hinter den 7 Bergen (hinter der energetischen Ebene der Chakren) und bei den sieben Zwergen (eins mit der spirituellen Ebene der Chakren).

Die Qualität dieser Zentren bezieht sich von unten nach oben auf:
- unsere Verbindung zum Irdischen
- unsere Lebenskraft
- unsere Willenskraft
- die Liebe in unserem Herzen
- die aus unserer Seele kommende Musik und Anbetung des Göttlichen
- die Weisheit und Unterscheidungskraft
- die direkte Verbindung zum Göttlichen

Das Essen von den Tellern und Trinken aus den Bechern der Zwerge symbolisiert, dass wir auf unserem spirituellen Weg die Fähigkeiten und Möglichkeiten unserer Chakren aktivieren, nutzen und entwickeln sollten, weil sie uns auf dem Weg helfen. Dass Schneewittchen in einem Bett der Zwerge schläft, symbolisiert, unser Bewusstsein von den Chakren verändern zu lassen. Das betrifft vor allem die Liebe im Herzen, die Musik und Anbetung des Göttlichen in unserer Seele, die Weisheit, sowie die Verbindung zum Göttlichen, also die oberen vier Chakren. Unser Bewusstsein von den Qualitäten dieser Chakren verändern zu lassen, bringt uns Gott, unserem wahren Selbst, näher. Unser Ego ist sich sämtlicher Kräfte bewusst, über die wir zu seiner Auflösung verfügen, und ist immer darauf bedacht, alle unsere Selbstheilungskräfte auszuschalten, um uns in seinen Griff zu bekommen. Bis zu einem bestimmten Punkt können wir die von unserem Ego erzeugte Negativität mit Hilfe unserer Chakren wieder auflösen. Aber wenn wir die Machenschaften unseres Egos nicht gründlich genug durchschauen und zu arglos sind, kriegt es uns am Ende.

Der dritte Mordanschlag auf Schneewittchen während ihrer Zeit bei den 7 Zwergen gelingt schließlich, so dass es den Zwergen nicht mehr möglich ist, Schneewittchen wieder zum Leben zu erwecken. Da sie jedoch immer noch schön aussieht, legen sie sie in einen gläsernen Sarg, wo sie lange unverändert liegt. Die böse Königin erfährt nun, dass sie wirklich die Schönste ist.

Unsere Chakren können uns helfen, uns von der Negativität unseres Egos zu reinigen und uns nach innen unserem wahren Selbst zuzuwenden, aber wenn wir gegenüber den Machenschaften unseres Egos zu unaufmerksam und zu arglos sind, können uns die Chakren auch nicht mehr helfen und wir verlieren auch den Blick für die Hässlichkeit unseres eigenen Egos und erkennen es nicht.

Es geschah aber, daß ein Königssohn in den Wald gerieth und zu dem Zwergenhaus kam, da zu übernachten. Er sah auf dem Berg den Sarg, und das schöne Schneewittchen darin, und las, was mit goldenen Buchstaben darauf geschrieben war. Da sprach er zu den Zwergen ‚laßt mir den Sarg, ich will euch geben, was ihr dafür haben wollt.' Aber die Zwerge antworteten ‚wir geben ihn nicht um alles Gold in der Welt.' Da sprach er ‚so schenkt mir ihn, denn ich kann nicht leben ohne Schneewittchen zu sehen, ich will es ehren und hochachten wie mein Liebstes.' Wie er so sprach, empfanden die guten Zwerglein Mitleiden mit ihm und gaben ihm den Sarg. Der Königssohn ließ ihn nun von seinem Dienern auf den Schultern forttragen. Da geschah es, daß sie über einen Strauch stolperten, und von dem Schüttern fuhr der giftige Apfelgrütz, den Schneewittchen abgebissen hatte, aus dem Hals. Und nicht lange so öffnete es die Augen, hob den Deckel vom Sarg in die Höhe, und richtete sich auf, und war wieder lebendig. ‚Ach Gott, wo bin ich?' rief es. Der Königssohn sagte voll Freude ‚du bist bei mir,' und erzählte was sich zugetragen hatte und sprach ‚ich habe dich lieber als alles auf der Welt; komm mit mir in meines Vaters Schloß, du sollst meine Gemahlin werden.' Da war ihm Schneewittchen gut und ging mit ihm, und ihre Hochzeit ward mit großer Pracht und Herrlichkeit angeordnet.

Der Königssohn, der Schneewittchen rettet, steht dann für ein rechtschaffenes Leben im Einklang mit den göttlichen Gesetzen, durch das wir uns nach und nach wieder dem Einfluss unseres Ego entziehen und unsere Seelenkräfte wiederbeleben können. Das Auftreten des Königssohns symbolisiert also das Einnehmen einer achtsamen Haltung zur Wiederherstellung und Wahrung unserer Integrität.

Zu dem Fest wurde aber auch Schneewittchens gottlose Stiefmutter eingeladen. Wie sie sich nun mit schönen Kleidern angethan hatte, trat sie vor den Spiegel und sprach
  ‚Spieglein, Spieglein an der Wand,
  wer ist die schönste im ganzen Land?'
  Der Spiegel antwortete
  ‚Frau Königin, ihr seid die schönste hier,
  aber die junge Königin ist tausendmal schöner als ihr.'
Da stieß das böse Weib einen Fluch aus, und ward ihr so angst, so angst, daß sie sich nicht zu lassen wußte. Sie wollte zuerst gar nicht auf die Hochzeit kommen: doch ließ es ihr keine Ruhe, sie mußte fort und die junge Königin sehen. Und wie sie hineintrat, erkannte sie Schneewittchen, und vor Angst und Schrecken stand sie da und konnte sich nicht regen. Aber es waren schon eiserne Pantoffeln über Kohlenfeuer gestellt und wurden mit Zangen herein getragen und vor sie hingestellt. Da mußte sie in die rothglühenden Schuhe treten und so lange tanzen, bis sie todt zur Erde fiel.

Durch unser auf das Ziel der Befreiung vom Ego ausgerichtetes spirituelles Leben lernen wir, unser Ego im Blick zu behalten und die Funktion unserer Egotendenzen immer besser zu durchschauen, so dass es uns am Ende gelingen kann, unser Ego aufzulösen. Wenn wir es schaffen, ein so rechtschaffenes, selbstloses und liebevolles Leben zu führen, dass wir kein neues Karma mehr anhäufen, wird sich unser Karma mit der Zeit erschöpfen, so dass wir am Ende von unserem Ego befreit werden. Unser Karma kann sich nur erschöpfen, wenn wir lernen, wirklich selbstlos zu handeln, denn jegliche Handlung aus Ego, jedes Handeln, mit dem wir einem der Egoimpulse auf Kosten anderer nachgeben, schafft neues Karma. Was im Märchen nur einen Satz lang ist, dass die böse Königin in glühenden Schuhen tanzt, bis sie tot umfällt, kann im wahren Leben mehrere Lebzeiten umfassen, in denen wir geboren werden, sterben, wieder geboren werden usw., bis wir gelernt haben, bedingungslos zu lieben und zu dienen und die unangenehmen Ereignisse in unserem Leben mit Akzeptanz zu verarbeiten. Es ist also immer besser, den spirituellen Weg früher als später zu beschreiten und das Ziel der Befreiung vom Ego entschlossen anzusteuern. Akzeptanz heißt dabei nicht, jegliche Schlechtbehandlung klaglos hinzunehmen, sondern uns gegenüber Gott und dem Leben nicht über das zu beschweren, was uns widerfährt, es als Herausforderung zu akzeptieren und zu lernen, in richtiger Weise mit Misserfolgen und Rückschlägen in unserem Leben und mit dem Ego und den Macken unserer Mitmenschen umzugehen und nach bestem Wissen und Gewissen lösungsorientiert für unsere Bedürfnisse, Rechte und Ziele einzustehen. Richtig handeln heißt also, so zu handeln, dass wir uns wohl gutes neues, jedoch kein schlechtes neues Karma schaffen.

Die Karma-Naturgesetze sind prinzipiell (allerdings nicht zeitlich) mit der Schwerkraft zu vergleichen. Wir können vielleicht sagen „ich glaube nicht an die Schwerkraft" und auf einen hohen Turm steigen und über den Rand treten, weil wir nicht an Schwerkraft glauben. Die Schwerkraft wird uns dann sofort, ohne Verzögerung lehren, dass es doch besser ist, an sie zu glauben. Mit den Karma-Naturgesetzen ist es genauso, dass alles, was wir anderen antun, mit Sicherheit mit gleicher Münze auf uns zurückkommen wird. Denn unser Geistkörper lebt ja von Leben zu Leben immer weiter, so dass wir sehr wohl auch noch die karmische Rückwirkung aus sehr viel früheren Leben erfahren können. Der Unterschied zur Schwerkraft besteht nur im Zeitfaktor, weil die Karmarückwirkung meist zeitversetzt, möglicherweise über ganze Lebzeiten hinweg zeitversetzt ist, so dass wir nicht erkennen können, dass wir die meisten unangenehmen Erfahrungen in unserem Leben selbst erzeugt haben. Dennoch ist es besser, die Naturgesetze zu akzeptieren, auch wenn wir Zweifel haben. Selbst wenn wir uns nicht sicher sind, ob es Karma gibt, ist die Konsequenz aus dem Karmagesetz doch nur, zu lernen, andere so gut zu behandeln wie uns selbst, so dass wir uns kein schlechtes neues Karma erzeugen und das gute, selbstlose Handeln anschließend geduldig und mit langem Atem fortsetzen, bis sich unser altes Karma erschöpft hat, bis die „böse Königin" endlich tot umfällt, und wir endlich erlöst und wieder ganz wir selbst sind. Und auch wenn sich herausstellen sollte, dass es kein Karma gibt, tun wir nichts Falsches, wenn wir lernen, so selbstlos (Triebebene), rechtschaffen (Mentalebene) und liebevoll (Geistebene) zu leben, dass sich unser Ego auflöst.

Ich habe beim Reden über alte Märchen häufig den Kommentar gehört, wie brutal die Menschen damals, als die Märchen zuerst entstanden, doch waren. Eine Frau, die Fehler gemacht hat, in glühenden Schuhen tanzen zu lassen, bis sie tot umfällt. Wie brutal. Nein, die Menschen waren damals nicht brutal und Märchen sind nicht brutal, wenn man die Symbolik versteht. Die Menschen wussten damals, dass die Figuren nur symbolischen Charakter haben und ganz damals (wenn man weit genug zurückgeht) wussten sie auch genau, welche Geschichte hier eigentlich erzählt wird. Und das Tanzen der bösen Königin in glühenden Schuhen bis zum Tod ist ein sehr passendes Bild für das Wirken unseres Karmas. Karma ist für unser Ego äußerst unangenehm und wir müssen lernen, auf die unangenehmen Erfahrungen in unserem Leben selbstlos zu antworten und das Karma muss sich erschöpfen können, bis sich unser Ego auflöst.

Das Gute, das Märchen wie z.B. Hänsel & Gretel und Schneewittchen erst recht haben, sobald wir wissen, was sie bedeuten, besteht in der emotionalen Intensität und Dichte der Bilder. Die Bedrohlichkeit einer bösen Stiefmutter, bösen Hexe und bösen Königin lässt uns fühlen, wie gefährlich und giftig unser Ego für unseren Geist ist und wie existentiell und lebenswichtig es in Wahrheit für unseren Geist ist, dass wir uns von unserem Ego befreien. Und die Ahnungslosigkeit und Arglosigkeit von Hänsel & Gretel und von Schneewittchen – die man als Kind beim Zuhören oder beim Zuschauen einer Aufführung fast anschreien möchte, dass sie aufpassen sollen – lassen uns spüren, wie viel zu ahnungslos und arglos wir gegenüber unserem eigenen Ego sein können.

Damit kommen wir zu der konkreteren Bedeutung des Märchens für die Geschehnisse unserer Zeit. Unser kollektives Ego erzeugt in der Außenwelt Eliten, die uns zu beherrschen versuchen. Eine Gesellschaft, die aus Erleuchteten besteht, könnte niemals von irgendwelchen Eliten beherrscht werden. Unsere Eliten sind also eine Kreation unseres kollektiven Bewusstseins. In dem Sinne sind Egosymbole auch immer Symbole für rücksichtslose Eliten. Wir können die Strategien der bösen Königin zu versuchen, Schneewittchen durch Luftabschnüren, durch einen vergifteten Kamm im Haar und mit einem vergifteten Apfel zu töten, auf unsere Hochfinanz anwenden. Dadurch lassen sich entsprechende Strategien ableiten, die sie verfolgt, um die Entwicklung unseres Bewusstseins kollektiv so zu steuern, dass sie am Ende sogar mit unserer Zustimmung eine Weltdiktatur errichten kann, die ihnen die Totalherrschaft gibt und uns in recht- und besitzlose Sklaven verwandelt. Schauen wir uns diese drei Strategien gemäß der Symbolik im Schneewittchen also näher an. Wir schließen Betrachtungen für unsere Umgang mit der Hochfinanz daran an.

Zuerst versucht die böse Königin, Schneewittchen durch Luftabschnüren zu töten.

Unser Atem symbolisiert Rhythmus und Einklang. Das erste, was unsere Hochfinanz also versucht, um Macht über uns zu gewinnen, besteht im Stören unseres Lebensrhythmus' und Einklangs mit der Natur, indem sie uns durch die technische, industrielle und wirtschaftliche Entwicklung und schließlich auch Digitalisierung in eine immer künstlichere und unnatürlichere Lebensweise steuert. Indem sie unseren natürlichen Rhythmus stört, beeinträchtigt sie auch massiv unseren Einklang mit unserem wahren Selbst. Wenn wir diesen Einklang verlieren – Schneewittchens Ohnmacht durch Luftabschnürung – kann dies für die Möglichkeit unserer spirituellen Anbindung tödlich enden. Wir können uns durch bewusste Ausrichtung auf unser inneres – unsere Chakren, die Zwerge – jedoch wieder in Einklang bringen. Es ist also trotz der bösen Absicht der Hochfinanz dahinter gut möglich zu lernen, so mit dem technischen Fortschritt zu leben, dass wir im Einklang bleiben und uns auf die Verwirklichung unseres wahren Selbst ausrichten.

Danach versucht die böse Königin, Schneewittchen mit einem vergifteten Kamm zu töten.

Haare symbolisieren das, was über uns hinausgeht, also unsere spirituelle Aktivität, durch die wir uns immer wieder unserem wahren Selbst nähern und darauf ausrichten können. Ein Kamm ist ein Werkzeug, um unsere Haare in Ordnung zu bringen. Er symbolisiert somit ein System, mit dem wir systematisch und geordnet die erforderlichen spirituellen Übungen ausführen können, um uns unserem wahren Selbst zu nähren und mit Gott zu verbinden. Ein vergifteter Kamm symbolisiert also, die spirituellen Systeme für unsere Ausrichtung auf Gott, unser wahres Selbst, so zu vergiften, dass wir durch diese Systeme selbst unsere Verbindung zu Gott nicht stärken, sondern sie erst recht verlieren. Somit symbolisiert ein vergifteter Kamm die Religionen und Ideologien, die die Hochfinanz entweder selbst geschaffen oder unterwandert hat, um unsere Bemühungen, uns systematisch mit unserem wahren Selbst zu verbinden, so zu vergiften, dass wir diese Verbindung erst recht verlieren. Der vergiftete Kamm symbolisiert also die Religionen und Ideologien, deren Vergiftung uns in die Gottesferne, also zur Ferne von unserem eigenen wahren Selbst und zur Spaltung führt, so dass Menschen sich aufgrund unterschiedlicher religiöser Glaubensvorstellungen oder ideologischer Überzeugungen gegenseitig bekämpfen. Gerade durch die Religionen bleiben sie Gott, ihrem eigenen wahren Selbst, fern und werden durch das Dogma, den einzig wahren Glauben oder die einzig richtige Sichtweise der Welt zu haben, oder sogar durch einen Glauben, ein auserwähltes Volk zu sein, leicht gegeneinander ausspielbar und beherrschbar.

Auch die Ideologie des Marxismus' und unser rot-grüner Mainstream sind ein solch vergifteter Kamm, unter anderem weil sie unsere Individualität und unsere natürliche sexuelle, familiäre und nationale Identität angreifen und dem Dogma opfern wollen, dass die Welt nur gerettet werden kann, wenn wir in eine Gleichheit gezwungen werden, die alles Individuelle und unsere sexuellen, familiären und nationalen Unterschiede als böse bekämpft und durch Gleichmachung und Vermischung auslöschen will.

Während der Marxismus nur giftig ist, ist es innerhalb der Religionen immer noch möglich, uns auf die wahren Werte auszurichten und diese so über unsere Glaubensvorstellungen zu stellen, dass wir die Verbindung zu unserem wahren Selbst und damit auch zum wahren Selbst unserer Mitmenschen wahren und stärken können, wie wir im Märchen von den zwölf Jägern gesehen haben. Es ist also trotz der kirchlichen Glaubenslehren möglich, zu einem wahren Christen zu werden. Auch diese Ausrichtung wird von den sieben Zwergen symbolisiert, die Schneewittchen wiederbeleben können, da wir uns ungeachtet unserer Religion und ihrer bösen Verdrehungen über unsere Chakren vor allem in der Meditation mit unserem wahren Selbst verbinden und die Liebe und spirituelle Ausrichtung in uns stärken können. Religionen können also den ihnen von der Hochfinanz verliehenen Zweck, uns von Gott zu entfernen, verfehlen, wenn wir richtig damit umgehen und uns von den Glaubensvorstellungen nicht davon abhalten lassen, uns auf Gott in unserem Herzen, unser wahres Selbst auszurichten. Es ist also zum Beispiel nicht erforderlich, das Christentum fallenzulassen, und stattdessen sehr in Ordnung und hilfreich, als Christ zu leben, wenn wir die christlichen Werte leben und diese Werte über unsere Glaubensvorstellungen stellen.

Zu schlechter Letzt versucht die böse Königin, Schneewittchen mit einem vergifteten Apfel zu töten. Und diesmal scheint es ihr zu gelingen.

Der vergiftete Apfel symbolisiert also eine Unterwerfungsstrategie der Hochfinanz, die für unser wahres Selbst noch viel gefährlicher und tödlicher ist als die naturferne Technisierung und Digitalisierung unseres Lebens und die Gottesferne unserer Religionen und Ideologien.

Ein Apfel symbolisiert die Vergänglichkeit des Lebens. Über die lebensfeindliche Technisierung und gottesfernen Religionen und Ideologien hinaus, versucht die Hochfinanz also zusätzlich, uns die vergänglichen Freuden des Lebens schmackhaft zu machen, wobei sie diese so vergiftet, dass die Möglichkeiten der spirituellen Anbindung im kollektiven Bewusstsein so zerstört werden, dass eine Wiederbelebung aussichtslos erscheint. Diese tödliche Strategie entfaltete die Hochfinanz vor allem seit den 1960er Jahren durch die Popkultur (Sex, Drugs, Rock'n'Roll), durch einen kinder-, männer- und familienfeindlichen Feminismus, der die Frauen in den Aufbau und die Pflege eines weiblichen Egos verlockte, das die Frauen, die dieser Verlockung erlegen sind, für Männer eher unverträglich und ungenießbar gemacht hat, und der Männer in eine geistige Selbstkastrierung lockte, sowie durch einen insgesamt hemmungslosen Materialismus, der die Menschen einerseits verlockte, ganz in weltlichen Vergnügungen zu versinken, und sie andererseits in die Gier nach Geld und Vermögen steuerte. In besonderer Weise scheinen dabei Hollywood-Filme und Popmusik mit übelsten negativen Bildern, Klängen, Symbolen und Botschaften vollgestopft zu sein.

Wenn das Leben der Menschen nur noch aus Partys, Ferien, Hobbies, Konsum, Mode und allen Arten materieller und weltlicher Leidenschaften einerseits und Geld, Vermögen, Profiten, Anlagen, Macht, Status etc. andererseits besteht und sie keine echten Werte mehr hochhalten, sind sie nachhaltig von ihrem wahren Selbst und ihrer Verbindung zu Gott abgeschnitten. Diesen totalvergifteten Zustand zu heilen und eine spirituelle Neigung wiederzubeleben, scheint bei der in materialistischer Dumpfheit versunkenen Masse schier aussichtslos. Die meisten Menschen unserer Zeit sind durch diese Taktik der Hochfinanz wie tot, vollkommen reduziert auf ihre materialistischen Neigungen, ihre ideologischen Kampfideale, ihr einprogrammiertes Verhalten, ihr betreutes Denken und ihr tierisches Verlangen. Das ist das wie tote Schneewittchen im Glassarg, das vielleicht passendste Symbol für die spirituelle Totheit unserer Zeit, die unsere Hochfinanz seit den 1960er Jahren mit großem Erfolg herbeigeführt hat.

Diese Totheit scheint schier aussichtslos. Man schaut auf die dumpfe Masse und ihre Verlorenheit in völlig wertlosen materiellen und weltlichen Ablenkungen und fragt sich, was man da noch machen kann.

Gleichzeitig steuert uns die Hochfinanz in eine zunehmende Digitalisierung, die unser Leben völlig gläsern macht, wie Schneewittchens Sarg. Die Digitalisierung verwandelt uns langsam aber sicher in tote Hüllen, die nur noch Programme und Befehle ausführen und sich von Maschinen steuern lassen.

In einer älteren Version des Schneewittchens wird sie erst längere Zeit herumgetragen, bevor es dann zum Stolpern und Sturz kommt, als würde der tote Zustand des Schneewittchens noch gefeiert werden. Man könnte also sagen, dass die Digitalisierung auch noch so etwas wie eine Zelebrierung unserer spirituellen Totheit ist, die feierlich genutzt wird, uns langsam in Maschinen zu verwandeln. Wie soll es unter solchen Umständen noch möglich sein, unser wahres Selbst wiederzubeleben und wieder Raum für die wahren Werte der Menschlichkeit zu schaffen?

Die Antwort im Schneewittchen lautet, dass wir, wie wir schon in Märchen wie Hänsel und Gretel, Froschkönig und Blaubart gesehen haben, eine Renaissance ethischer Werte brauchen, die hier vom Königssohn symbolisiert wird, der sich des toten Schneewittchens annimmt. Was es von uns braucht, sind unsere Mühen um eine menschlichere Welt, in der die wahren Werte wieder zu der Geltung kommen, dass wir ihnen wieder den ersten Platz einräumen, anstatt den materialistischen und weltlichen Inhalten unseres Lebens.

Wenn diese Bemühungen da sind, kann das Leben selbst uns helfen und durch Stöße, die dem dumpfen kollektiven Bewusstsein durch kollektive Schicksalsschläge versetzt werden, die Menschen vom Gift der weltlichen Vergnügungen und materialistischen Neigungen befreien. Schicksalsschläge, die den geordneten Lauf unseres materialistisch-mechanisch tot durchgetakteten Lebens ins Rucken bringen. Schicksalsschläge, die uns unsere materiellen Annehmlichkeit entziehen und eine Hinwendung zu den einfachen Dingen des Lebens erzwingen. Schicksalsschläge, wie sie 2020 in Form der globalen Coronakrise begonnen haben. Daran sollten wir uns in der gesamten kommenden Drangsal erinnern, dass es primär darum geht, dass im kollektiven Bewusstsein „Schneewittchen von ihrem vergifteten Apfelgrütz befreit wird".

Dem in ersten Linie dienen all die Probleme, die wir bereits haben und die in diesen schweren Zeiten noch auf uns zukommen. Was das Leben in den nächsten Jahren machen wird, ist nicht das Werk eines sadistischen Gottes, sondern das Werk eines liebenden Gottes, der uns von dem tödlichen Gift befreien will, dass wir kollektiv geschluckt haben. Daran sollten wir unbedingt denken, wenn unser Leben in den nächsten Jahren immer schwieriger wird. Während auf der einen Seite eine rücksichtslose verborgene Elite versuchen mag, uns in die totale Versklavung zu steuern, so dienen die dabei auftretenden harten Schicksalsschläge von einer höheren Perspektive aus gesehen nur zur Befreiung von dem Gift, das unserem wahren Selbst seit vielen Jahrzehnten im Hals steckengeblieben ist und von dem wir dringend befreit werden müssen.

Ich frage mich immer wieder, ob es richtig ist, überhaupt über die Eliten und die Hochfinanz zu sprechen. Durch das Sprechen darüber, kreieren wir sie auch immer wieder mit und geben ihnen Macht. Durch das bloße Sprechen über die Eliten geben wir einem Weltbild unseren Glauben, in dem eine allmächtige Elite über uns thront, gegen die wir fast nicht machen können. Das Bild einer allmächtigen Elite zu kreieren, kann also leicht Gefühle der Angst, Hilflosigkeit, Hoffnungslosigkeit, Wut und Resignation erzeugen, die wiederum dann nur den Zielen der Eliten dienen. Der einzige Grund, warum ich daher überhaupt von der Hochfinanz spreche, besteht darin, dass ich auf unsere Verantwortung aufmerksam machen will, auf die Welt hinzuwirken, die wir gerne sehen möchten, in der wir gerne leben möchten.

Egoistische Eliten sind nur ein Spiegel unseres kollektiven Bewusstseins. Wir können einen Schmutzfleck in unserem Gesicht nicht entfernen, indem wir versuchen, ihn in unserem Spiegel wegzumachen. Genauso wenig können wir die Welt verbessern, indem wir gegen unsere Eliten kämpfen.

Wir können nicht den Versuchungen des Teufels nachgeben und anschließend dem Teufel alle Schuld für die Hölle geben, in der wir dann landen. Wenn die Eliten versuchen, uns über Technisierung und Digitalisierung in die Lebensferne zu steuern, so dass wir unseren Einklang mit der Natur verlieren, dann liegt es an uns, ein möglichst natürliches und harmonisches Leben mit Rücksicht auf die Natur und im Einklang mit der Natur auch im Einklang mit unserer eigenen wahren Natur anzustreben.

Wenn die Eliten versuchen, uns durch toxische Religionen oder Ideologien zu vergiften, liegt es an uns, uns auf die wahren Werte der Menschlichkeit zu besinnen, diese hochzuhalten und dafür einzutreten. Es liegt an uns, uns für den Schutz unserer Familien und die Bewahrung und Wiederbelebung unserer nationalen Kultur und Traditionen einzusetzen.

Und wenn die Eliten versuchen, uns so materialistisch zu machen, dass unsere Identifizierung mit unserer physischen Existenz so stark ist, dass wir um der Erweiterung und Verewigung unserer physischen Existenz willen einer Digitalisierung zustimmen, die unser wahres Selbst opfert, dann liegt es an uns, unsere Werte hochzuhalten und wiederzubeleben und für unser wahres Selbst einzutreten.

Wenn wir unserer Verantwortung gerecht werden und für einen natürlich Lebensrhythmus im Einklang mit der Natur sorgen, wenn wir uns von dem in den Religionen und Ideologien enthaltenen Gift befreien und die wahren Werte der Menschlichkeit wiederbeleben und hochhalten und wenn wir uns vom Materialismus abwenden und uns darum bemühen, unser wahres Wesen zum Vorschein zu bringen und ein Leben in Mitgefühl, Anteilnahme und Versöhnlichkeit zu leben, dann werden alle Strategien der Hochfinanz allein aufgrund einer solchen kollektiven spirituellen Wiedererweckung scheitern und wir werden frei sein.

Wenn ich also noch von der Hochfinanz und den Eliten spreche, werde ich das nur noch in dem Kontext tun, auf unsere eigene Verantwortung hinzuweisen, die wir für die Welt haben. Wenn wir unserer Verantwortung nachkommen, spielen die Eliten keine Rolle mehr. Wir sollten uns von ihnen also nicht ablenken lassen, unseren Fokus auf das zu legen, was wir selbst tun können, weil dies das einzige ist, was wirklich zählt.

Wenn wir von der engen Einschnürung, vom vergifteten Kamm und vom vergifteten Apfel frei sind, wovon uns zu befreien allein an uns liegt, dann bleibt der bösen Königin nichts anderes mehr übrig, als in ihren glühenden Pantoffeln zu tanzen, bis sie tot umfällt. Wenn wir unserer Verantwortung nachkommen, werden die Eliten nur, wie jeder Mensch, ihrem eigenen Karma gegenüberstehen, bis sie dieses abgegolten haben.

Andererseits, wenn wir gegen die Eliten kämpfen, können sie die volle Energie unseres Kampfes in die Spaltung der Gesellschaft lenken. Sie stellen jene, die gegen sie kämpfen, als Feinde des Volkes hin, so dass jene, die mit der bestehenden Ordnung identifiziert sind, gegen jene kämpfen, die die Eliten angreifen. Durch einen Kampf gegen die Eliten machen wir sie selbst zum lachenden Dritten, weil sie es nicht selbst sind, gegen die dann gekämpft wird. Sie bleiben der lachende Dritte, bzw. wenn niedere Eliten wie unsere Bundesregierung beseitigt werden, macht die Hochfinanz so lange weiter, wie Menschen kämpfen, die sie gegeneinander lenken kann.

Wenn wir jedoch nicht gegen die Eliten und unsere Regierung kämpfen, sondern uns um die genannten Punkte zu unserer Befreiung kümmern, tragen wir dadurch zur Harmonie und Einheit in der Gesellschaft bei. Und wenn die Eliten die Gesellschaft nicht mehr spalten können, werden sie auch ihre Macht verlieren, weil dann niemand mehr auf sie hört, es sei denn, sie handeln tatsächlich im Interesse der Allgemeinheit. Und wenn sie das tun, können sie auch bestehen bleiben.

Handelt die Hochfinanz also gegen die Interessen der Allgemeinheit, wird unser Hinwirken auf die Harmonie und Einheit in der Gesellschaft dazu führen, dass sie damit nicht mehr durchkommt, weil wir kollektiv nicht mehr auf sie hören. Und handelt sie im Interesse der Allgemeinheit, dann stört sie niemanden mehr.

Der Wandel der Welt hängt also immer vom Volk ab, von uns, niemals von den Eliten. Deren Verhalten spiegelt uns nur wider, ob wir uns kollektiv gegeneinander ausspielen lassen oder nicht. Wenn wir uns nicht mehr ausspielen lassen und stattdessen unserer Verantwortung nachkommen und an den auftretenden gesellschaftlichen Problemen zusammenarbeiten, dann spielt es auch keine Rolle mehr, was sie Eliten machen, weil sie unser Verhalten dann nicht mehr ändern können.

Wenn wir unsere wahre Macht also erkennen und unserer Verantwortung nachkommen, dann ist das alles, was es braucht. Wir sollten uns nicht durch einen Kampf gegen die Regierung, gegen die Eliten selbst entmachten, aus der Hypnose unserer Machtlosigkeit aufwachen, unserer Verantwortung nachkommen und uns für eine bessere Welt einsetzen, bis sie sich wandelt. Der Versuch der Eliten, uns daran zu hindern, wird dann nur unsere Zielstrebigkeit und Entschlossenheit, auf eine menschliche Welt hinzuwirken, verstärken und uns so am Ende nur dienlich sein. Wenn wir unsere wahre Macht erkennen, sehen wir auch, dass unser positiver kollektiver Fokus allein bestimmt, ob die Eliten einer besseren Welt dienen oder nicht. Wenn uns die Transformation unseres Bewusstseins kollektiv gelingt, wird sich auch die Welt wandeln.

Es ist zu befürchten, wenn die Ereignisse eintreten, die unsere liebgewonnen Vergnügungen und Spielzeuge rauben, von denen wir uns abhängig gemacht haben, dass wir dann kämpfen werden, die Spielzeuge behalten zu dürfen. Und dass manche bereit sein werden, ihre Freiheit, ihre Rechte und damit ihre Seele zu verkaufen, um ihre Spielzeuge behalten zu dürfen. Ja, es sieht danach aus, dass die Abhängigkeit von Spielzeugen in den letzten 70 Jahren extra geschaffen wurde, um die Neigung zu schaffen, dass Menschen bereit sind, ihre Seele für solche Spielzeuge zu verkaufen.

Es wird also immer zwei Dinge geben: 1) Das Unwichtige, das wir plötzlich nicht mehr haben. 2) Das Wichtige, das sie uns wirklich dafür wegnehmen wollen und das wir Gefahr laufen, uns wegnehmen zu lassen, damit wir das Unwichtige behalten dürfen.

Es wird in Zukunft noch mehr um das Wichtige gehen, das wir uns nicht wegnehmen lassen dürfen. Besser also, wir üben uns so bald wie möglich darin, auf unwichtige Dinge zu verzichten, damit wir Klarheit, Willen und Kraft aufbringen, uns für das Wichtige einzusetzen und es zu bewahren.

Entsprechend bestimmt unser spirituelles Wachstum, wie holprig und schwierig unsere Zukunft wird. Wenn wir schneller aufwachen, uns auf das Wesentliche besinnen und uns für eine menschlichere Welt und das Wohl unserer Mitmenschen einsetzen, dann wird der Apfelgrütz in Schneewittchens Hals kleiner und die kommenden Schicksalsstöße müssen nicht mehr so stark sein. Sie werden nur so stark sein, wie sie sein müssen, um den giftigen Apfelgrütz aus unserem Hals zu entfernen.

Wir können also die Perspektive einnehmen, in den kommenden Problemen nur die bösen Absichten unserer Eliten zu sehen. Oder wir können die Perspektive einnehmen, dass die Probleme dazu dienen, uns von all dem Gift zu befreien, dass wir unserem kollektiven Geist viele Jahrzehnte lang haben verpassen lassen. Wenn wir uns in beide Sichtweisen reindenken, werden wir feststellen, dass die zweite Sichtweise viel kraftvoller ist und Leben spendet. Versuchen wir uns also immer wieder zu erinnern, dass es nur darum geht, dass der Apfelgrütz aus Schneewittchens Hals entfernt wird und unsere Gesellschaft aus ihrer Totheit wieder zum Leben erweckt wird. Wenn das passiert, spielen die Eliten keine Rolle mehr, weil sie sowieso nichts anderes tun können, als dem Willen der Mehrheit zu entsprechen. Sie können nur herrschen, wenn und solange der Sinn dieser Mehrheit verwirrt ist. Wenn wir zur Besinnung kommen und unseren Sinn kollektiv wandeln, läuft ihre Herrschaft entsprechend aus.

Die Säule eines Thermometers wird sich nicht mit Gewalt nach unten bewegen lassen, solange das Wetter heiß bleibt. Wenn es abkühlt, sinkt sie von alleine nach unten. Sie ist also nur ein Indikator für die Umwelttemperatur. Genauso ist die Macht der Hochfinanz nur ein Indikator für unser kollektives Bewusstsein und lässt sich nicht mit Gewalt beseitigen, solange sich unser Bewusstsein nicht wandelt, und muss nicht mehr extra beseitigt werden, sobald sich unser Bewusstsein wandelt und wir unserer Verantwortung gerecht werden.

Märchen zu den drei Egostrategien

Wenn wir auf die Tabellen 3 und 4 in Kapitel 1.4 schauen, sehen wir, dass die Überschriften der drei Spalten Isolation, Kompensation und Projektion lauten. Dies sind grundlegende Egostrategien, mit denen unser Ego die Egoprobleme in den drei Feldern der jeweiligen Spalte im Sinne unseres Egos zu lösen versucht.

Die Probleme unserer Mangelgefühle, Minderwertigkeitsgefühle und Sinnlosigkeitsgefühle verarbeitet unser Ego gemäß der Egostrategie der Isolation. Es neigt zu einer verstärkten Egozentrierung. Die Probleme unserer Unzufriedenheit, Machtlosigkeitsgefühle und Angst tendieren zu einer Lösung gemäß der Egostrategie der Kompensation und unsere

Benachteiligungsgefühle, Zwangsgefühle und Schuldgefühle versucht unser Ego automatisch durch Projektion loszuwerden: Wir rechtfertigen ein Verhalten, durch das wir andere benachteiligen und/oder bekämpfen durch die Behauptung, dass wir die Benachteiligten sind. Wir zwingen oder belügen andere, weil sie angeblich uns zwingen oder belügen. Und wir müssen zeigen, dass andere schuld und böse sind, und dass wir Recht haben und die Guten sind, um uns selbst nicht so schuldig zu fühlen.

Unsere leitenden Selbstheilkräfte für diese drei Egostrategien sind Selbstlosigkeit, gesunder Menschenverstand und Unterscheidungsvermögen. Zu jeder der drei Egostrategien und ihren zugehörigen leitenden Selbstheilkräften gibt es ein deutsches Volksmärchen, die wir im Folgenden der Reihe nach durchgehen.

Im Herrn der Ringe werden diese drei leitenden Selbstheilkräfte von Prinzessin Éowyn, Frodo und Gandalf symbolisiert, welche auch die größten und wichtigsten Beiträge zum finalen Sieg über Sauron leisten. Diesen drei Figuren entsprechen in den thematisch zugehörigen Märchen Aschenputtel, ein Kaufmann und ein Bär, der ein verwunschener Königssohn ist und von einem Adler unterstützt wird. Nachdem der Adler den Zwerg packen wollte, kann auch der Bär ihn finden. Auch in Tolkiens Welt wird Gandalf wiederholt von Adlern unterstützt, die eine leidenschaftslose Sicht auf das Ganze symbolisieren, die uns hilft, das benötigte Unterscheidungsvermögen aufzubringen.

5.2 Aschenputtel – Überwindung der Eigennutzisolation durch Selbstlosigkeit

Vater	Gemüt
Tod der Mutter	Verlust unserer Anbindung an die Quelle in uns
Stiefmutter	Isolationsstrategie unseres Egos, nichts zu geben
Stiefschwester 1	Geltungsdrang
Stiefschwester 2	Materialismus
Aschenputtel	Selbstlosigkeit
Vögel des Himmels	Unterscheidungsvermögen
Arbeit in der Asche	selbstloser Dienst, Karma Yoga
Auslesen der Linsen	Bemühen um Innenschau und Selbsterkenntnis, Jnana Yoga
Gang zum Grab der Mutter	Beten und Singen zu Gott, Bhakti Yoga
Königssohn	Pflichtbewusstsein

Brautsuche	Frage, was unsere wahre Pflicht als Mensch ist
Kleiner Schuh	Demut und Bescheidenheit
Blut im Schuh	Energieverlust bei vorgetäuschter Demut

Das Märchen vom Aschenputtel zeigt auf wunderschöne Weise die verschiedenen spirituellen Disziplinen, mit deren Hilfe wir uns aus der von unserem Ego bewirkten Isolation bei der Verarbeitung von Mangelgefühlen, Minderwertigkeitsgefühlen und Sinnlosigkeitsgefühlen befreien und zu selbstloser Liebe erwachen können.

Bevor wir das Märchen im Einzelnen durchgehen, stellen wir beginnend fest, dass Aschenputtel ein Symbol für die Selbstlosigkeit ist, für den selbstlosen Dienst an unseren Nächsten und für die selbstlose und bedingungslose Liebe. Aschenputtel ist eigentlich eine Prinzessin. Das heißt, die Selbstlosigkeit ist eigentlich ein sehr hoher spiritueller Wert. Sie wird von ihrer Stieffamilie jedoch nur verspottet. Das heißt, selbstloses Handeln ist aus der Sicht unseres berechnenden Egos eher Dummheit und verdient es daher, verspottet zu werden. Im Märchen von Aschenputtel ist nun verschlüsselt, wie wir uns von den Kräften unseres Egos so reinigen können, dass wir wieder zu unserem wahren Wesen selbstloser Liebe erwachen.

Einem reichen Manne wurde seine Frau krank. Als sie fühlte, daß ihr Ende herankam, rief sie ihr einziges Töchterlein zu sich ans Bett, gebot ihm, fromm und gut zu bleiben, damit der liebe Gott ihm immer beisteht. Sie wolle vom Himmel auf es herabblicken, und um es sein. Darauf starb sie. Das Mädchen ging jeden Tag zum Grab der Mutter, weinte und blieb fromm und gut. Nach dem Winter nahm sich der Mann eine andere Frau.

Der Tod der Mutter symbolisiert hier den Verlust unseres Versorgungsgefühl, Selbstwertgefühls und Glücks im Leben. Wir leben in Mangelgefühlen, Minderwertigkeitsgefühlen und Sinnlosigkeitsgefühlen, wenn wir die Verbindung zu unserer Quelle in uns, zu Gott verlieren. Die Aufforderung der Mutter, „fromm und gut" zu bleiben, ist die Aufforderung, den Glauben an das Gute, an Gott, zu bewahren und anderen Menschen Gutes zu tun, weil wir an das Gute in ihnen glauben. Der Glaube an Gott ist gleichbedeutend mit dem Glauben an das Gute in uns und in anderen Menschen. Gott wird uns immer beschützen, wenn unser Handeln von Integrität gekennzeichnet ist.

Der Vater steht hier für unser Gemüt, das widerspiegelt, was in unserem Geist oder unserem Ego vor sich geht, je nachdem welche Kraft dominiert. Der Reichtum des Vaters symbolisiert das Vorhandensein starker seelischer Selbstheilungskräfte trotz des Verlustes der Verbindung zu Gott. Und eine selbstlose Einstellung zum Leben, die von Aschenputtel symbolisiert wird, ist eine sehr starke Selbstheilungskraft. Aschenputtel ist der eigentliche Grund dafür, dass „der Vater reich ist".

Die Frau hatte zwei Töchter mit ins Haus gebracht, die schön und weiß von Angesicht waren, aber garstig und schwarz von Herzen. Da hatte Aschenputtel eine schlimme Zeit. Sie degradierten ihre Stiefschwester zur Küchenmagd, nahmen ihr ihre schönen Kleider weg, zogen ihr einen grauen alten Kittel an, gaben ihr hölzerne Schuhe und verspotteten sie als stolze Prinzessin.

Sie musste von Morgen bis Abend schwer in der Küche arbeiten, früh aufstehn, Wasser tragen, Feuer anmachen, kochen und waschen. Obendrein taten ihr die Schwestern alles ersinnliche Herzeleid an, verspotteten es und schütteten ihm die Erbsen und Linsen in die Asche, so daß es sitzen und sie wieder auslesen mußte. Abends, wenn es sich müde gearbeitet hatte, kam es in kein Bett, sondern mußte sich neben den Herd in die Asche legen. Und weil es darum immer staubig und schmutzig aussah, nannten sie sie Aschenputtel.

Wenn unsere Verbindung zu Gott verloren geht, treten die Kräfte des Egos stärker in den Vordergrund und wir verlieren unsere Verbindung zu Gott noch weiter, wenn unser Ego stärker wird. Wir sind dann mehr mit unserem Ego verheiratet als mit Gott, unserem wahren Selbst, symbolisiert davon, dass der Vater sich eine neue Frau nahm, die schon zwei garstige Kinder hatte. Aschenputtels Stiefmutter symbolisiert die Isolationsstrategie unseres Egos, nichts von uns zu geben, alles für uns zu behalten und alles auf uns zu beziehen. Wofür die beiden garstigen Töchter der Stiefmutter stehen, sehen wir im nächsten Absatz des Märchens. Aschenputtels neue Rolle als geringgeschätzte Dienerin und im Schmutz symbolisiert die Einstellung unseres Egos gegenüber selbstlosem Handeln und selbstloser Liebe. Die berechnenden Isolationsstrategien des menschlichen Egos sind immer bereit, die Selbstlosigkeit und Gutmütigkeit der Mitmenschen für die eigenen Zwecke auszunutzen und sie dann dafür zu verspotten, dass sie sich ausnutzen lassen. Aschenputtels klagloser Dienst in der Asche symbolisiert eine erste spirituelle Disziplin, die uns auf dem spirituellen Weg hilft: Das selbstlose Dienen (auf Sanskrit: Karma Yoga).

Es trug sich zu, daß der Vater einmal in die Messe ziehen wollte, da fragte er die beiden Stieftöchter was er ihnen mitbringen sollte? ‚Schöne Kleider' sagte die eine, ‚Perlen und Edelsteine' die zweite. ‚Aber du, Aschenputtel,' sprach er, ‚was willst du haben?' ‚Vater, das erste Reis, das euch auf eurem Heimweg an den Hut stößt, das brecht für mich ab.'

Er kaufte nun für die beiden Stiefschwestern schöne Kleider, Perlen und Edelsteine, und auf dem Rückweg, als er durch einen grünen Busch ritt, streifte ihn ein Haselreis und stieß ihm den Hut ab. Da brach er das Reis ab und nahm es mit. Als er nach Haus kam, gab er den Stieftöchtern was sie sich gewünscht hatten, und dem Aschenputtel gab er das Reis von dem Haselbusch.

Aschenputtel dankte ihm, gieng zu ihrer Mutter Grab und pflanzte das Reis darauf, und weinte so sehr, daß die Thränen darauf niederfielen und es begossen. Es wuchs aber, und ward ein schöner Baum. Aschenputtel gieng alle Tage dreimal darunter, weinte und betete, und allemal kam ein weißes Vöglein auf den Baum, und wenn es einen Wunsch aussprach, so warf ihm das Vöglein herab was es sich gewünscht hatte.

Hier nun zeigt sich, was die beiden garstigen Stiefschwestern Aschenputtels symbolisieren. Als Töchter der Stiefmutter symbolisieren sie zwei der drei Teufelskreise in der Spalte der Isolationsstrategie (Tabelle 4). Von den neun geht es in diesem Märchen also um die in der Isolationsspalte, welche sich am ehesten durch das Entwickeln von Selbstlosigkeit auflösen lassen. Die erste Stiefschwester wünscht sich schöne Kleider. Dies symbolisiert also unseren Drang nach Geltung, Anerkennung und Wichtigkeit, um vor anderen Menschen so gut wie möglich dazustehen. Der Geltungsdrang kommt aus unseren Minderwertigkeitsgefühlen. Die erste Schwester symbolisiert also den Teufelskreis der Minderwertigkeitgefühle, die das menschliche Ego zu Geltungsdrang, Geringschätzung anderer, Hochmut, Spott und Arroganz kompensiert.

Die zweite Stiefschwester wünscht sich Perlen und Edelsteine. Dies symbolisiert unser Verlangen nach Geld und materiellem Besitz. Das Verlangen nach Reichtümern kommt aus unseren Mangelgefühlen. Die zweite Schwester symbolisiert also den Teufelskreis der Mangelgefühle, die das menschliche Ego zu Geiz und dem Materialismus verarbeitet, nur haben und nichts geben zu wollen. Beide Stiefschwestern neigen zudem zum Zynismus gegenüber Aschenputtel und verkörpern somit auch den dritten Teufelskreis der Spalte.

Aschenputtel verlangt ein Haselreis. Die Hasel ist ein uraltes Symbol für Unsterblichkeit und Glück. Das Pflanzen des Reises auf der Mutter Grab symbolisiert unsere Ausrichtung auf Gott, unser Bestreben, unser Glück und Heil in Gott zu suchen und das Bewusstsein der Unsterblichkeit unserer Seele zu verwirklichen. Das Begießen des Reises mit ihren Tränen symbolisiert das Weinen um Gott, die Sehnsucht, Gott, unser wahres Selbst, dessen Nähe wir verloren haben, wieder nahe zu sein. Dies ist die zweite spirituelle Disziplin, die im Aschenputtel verschlüsselt ist, die hingebungsvolle Hinwendung zu Gott (Sanskrit: Bhakti Yoga).

Das Heranwachsen des Baumes sym0bolisiert das große Glück, das wir erfahren, wenn wir unser Heil in Gott suchen, und die Unsterblichkeit, die wir schließlich erreichen können. Dass Aschenputtel dreimal am Tag unter dem Baum betet und weint, symbolisiert die Disziplin in den regelmäßigen spirituellen Übungen. Der weiße Vogel, der ihre Wünsche erfüllt, symbolisiert die dadurch erlangte große Nähe zu Gott, der uns nun unsere Herzenswünsche erfüllt.

Der König veranstaltete ein dreitägiges Fest, zu dem alle schönen Jungfrauen im Lande eingeladen wurden, damit sich sein Sohn eine Braut aussuchen möchte. Die zwei Stiefschwestern als sie hörten daß sie auch dabei erscheinen sollten, waren guter Dinge, riefen Aschenputtel, und forderten sie auf, sie schön zu machen.

Aschenputtel gehorchte, weinte aber, weil es auch gern zum Tanz mitgegangen wäre, und bat die Stiefmutter sie möchte es ihm erlauben. Die Stiefmutter schüttet zweimal hintereinander Linsen in die Asche, die Aschenputtel mit Hilfe der Vögel rechtzeitig ausliest, darf aber dennoch nicht mit.

Der König im Märchen symbolisiert in der Regel das herrschende Selbstheilprinzip für das spezielle Thema, um das es in diesem Märchen geht. Wenn - wie in diesem Falle - mehr als ein Thema vorgegeben ist oder das Thema allgemeinerer Natur ist, symbolisiert der König zumeist die Rechtschaffenheit, Gewissenhaftigkeit oder Integrität, also das Leitprinzip für das richtige Handeln im Leben. Denn übergeordnet geht es in jedem Märchen um die Frage des richtigen Handelns im Leben, um die Frage wie wir unser Leben richtig leben.

Ein Königssohn symbolisiert meist einen Aspekt des Leitprinzips oder eine weiterführende Ausprägung desselben. In diesem Fall sucht der Königssohn nach seiner rechten Braut. Es geht also um den Aspekt, herauszufinden, mit welchem Handeln, welcher Lebenseinstellung, welchem Prinzip wir uns in unserem Leben verheiraten sollten. Der Königssohn versucht also herauszufinden, wozu er sich in seinem Leben verpflichten will. Somit symbolisiert er unser Pflichtbewusstsein. Es geht also um die Frage: Was ist die wichtigste Pflicht im Leben eines Menschen?

Das Drängen der beiden Stiefschwestern zum Ball heißt: Unser Ego möchte gerne, dass wir unseren Materialismus und Geltungsdrang auch zu unserer Pflicht im Leben machen. Es möchte also, dass wir es als unsere Pflicht ansehen, Vermögen aufzubauen und soviel gesellschaftliches Ansehen und eine so hohe gesellschaftliche Position wie möglich zu erringen.

Dass auch Aschenputtel gerne auf den Ball gehen würde, symbolisiert das Drängen der Liebe in uns, der Welt selbstlos zu dienen. Solange wir jedoch von Materialismus und Geltungsdrang beherrscht werden, hat die Selbstlosigkeit in uns quasi keine Chance. Dass Aschenputtel nur als Dienerin akzeptiert wird, bedeutet, dass unser Materialismus und Geltungsdrang sich gerne den Anschein geben möchte, es ginge uns dabei ja auch selbstlos um das Wohl anderer. Eine vorgebliche Selbstlosigkeit muss unserem Egoismus und Ansehen in der Welt dienen und ist keineswegs echt, solange wir uns von unserem Ego beherrschen lassen.

Asche symbolisiert die Reinigung unseres Geistes von eigennützigen Emotionen durch die Erinnerung an unsere Sterblichkeit und die Vergänglichkeit aller irdischen Errungenschaften. Die klaglose Arbeit in der Asche symbolisiert wie schon erwähnt selbstloses Dienen. Dass die böse Stiefmutter und die bösen Stiefschwestern Aschenputtel Linsen in die Asche schütten, die es dann sortieren muss, symbolisiert, dass unser Isolationsego unseren selbstlosen Bemühungen um das Wohl anderer in unserem Leben immer wieder einen Strich durch die Rechnung macht, keine echte Selbstlosigkeit zum Zug kommen lässt und wir solches Ego immer wieder auslesen und uns davon reinigen müssen.

Die Hilfe, die Aschenputtel von den Weißen Vögeln bekommt, symbolisiert nun das Entwickeln eines guten Unterscheidungsvermögens. Die guten ins Töpfchen und die schlechten ins Kröpfchen bedeutet, dass wir durch Innenschau und Selbstprüfung unser Handeln und unsere Motivation hinter unserem Handeln immer wieder prüfen und uns und unser Verhalten bewusst ändern, wenn wir egoistische Motive, Emotionen oder ein Handeln auf Kosten anderer in uns erkennen. Dies ist die dritte Art spiritueller Disziplin, die im Aschenputtel verschlüsselt ist: Innenschau, Selbstprüfung und Erwerb spiritueller Weisheit (Sanskrit: Jnana Yoga).

Durch diese Arbeit stärken und reinigen wir die Kraft unserer Selbstlosigkeit. Dass Aschenputtel dies wiederholt tun muss, um sich schließlich dem Griff ihrer Stiefschwestern entziehen zu können, symbolisiert, dass wir diese Selbstprüfung und Selbstreinigung immer wieder vornehmen müssen, um am Ende echte Selbstlosigkeit entwickeln zu können. Echtes spirituelles Wissen, das wir auch in eine konkrete, tatsächlich selbstlose Lebenshaltung umsetzen können, gewinnen wir letztlich also durch selbstloses Dienen (Karma Yoga), durch unsere hingebungsvolle Hinwendung zu Gott (Bhakti Yoga) und durch gründliche Selbstprüfung und ehrliche Innenschau (Jnana Yoga).

Aschenputtel bekommt nun ein Kleid vom Haselbaum ihrer Mutter Grab und fährt zum Ball, wo der Prinz nur mit ihr tanzt. Mit jedem Male werden ihre Kleider schöner. Und jedesmal, bevor sie ihre Identität preisgibt, entflieht sie vom Fest und kommt unerkannt wieder an ihren Platz in der Asche.

Selbstloses Dienen, ehrliche Selbstprüfung und unsere Anbetung Gottes zusammen machen unser Erleben von Glück und spirituelles Bewusstsein stärker und schöner. Je stärker unser spirituelles Bewusstsein wird, desto mehr nähern wir uns der (An)Erkenntnis an, dass die selbstlose Liebe auch unsere Pflicht im Leben ist. Solange unser Ego aber noch stark ist und unsere egoistischen Ansinnen uns verlocken, entgleitet uns eine echte selbstlose Liebe auch wieder (die Flucht des Aschenputtels).

Vor dem 3. Ball lässt der Königssohn die Schlosstreppe mit Pech bestreichen. Als Aschenputtel dann wieder flieht, bleibt ihr kleiner, zierlicher goldener linker Schuh auf der Schlosstreppe stecken. Der Königssohn weiß und beschließt, dass nur jene Frau die richtige Braut sein kann und wird, der dieser Schuh gut passt.

Die Kleinheit und Zierlichkeit des goldenen Schuhs symbolisiert nun die sicherste Hilfe, die wir haben, um die Echtheit in der Selbstlosigkeit unseres Handelns zu prüfen. Denn „zierlich und klein" stehen hier synonym für demütig und bescheiden. Dass der Schuh für den dritten Ball golden geworden ist, symbolisiert die Eignung der Qualitäten von Demut und Bescheidenheit für das Aufleuchten unseres wahren Wesens, der ewigen selbstlosen Liebe in uns. Auch dass es sich um den linken Schuh handelt, ist von Bedeutung: So wie Gold für Bewusstsein und Silber für unser Sein steht, symbolisiert „rechts" rechtes Handeln „links" unsere Emotionen. Daher steht „rechts" für richtiges und überlegtes Denken und Handeln und „links" für die Täuschung, die leicht entsteht, wenn wir uns primär von unseren Emotionen leiten lassen. Rechts steht auch für unseren Fokus auf unseren Geist (Innenwelt) und links für unseren Fokus auf die äußere Welt, die Welt der Täuschungen und Illusionen. Es geht beim kleinen, linken Schuh also um Bescheidenheit in der äußeren Welt, gegenüber Dingen wie materiellen Besitz und gesellschaftliches Ansehen, deren Anstreben von den bösen Stiefschwestern symbolisiert wird.

Am nächsten Morgen kommt der Königssohn mit dem goldenen Schuh zum Vater und sagt diesem, dass nur jene seine Braut werden kann, der dieser Schuh passt. Die beiden Schwestern freuten sich, denn sie hatten schöne Füße. Die Älteste hieb sich die Zehe ab, um in den Schuh zu passen und wird vom Prinzen aufs Pferd genommen. Die weißen Vögel weisen den Prinzen aber auf das Blut im Schuh hin, so dass er umkehrt.

Die Freude der Schwestern über ihre schönen Füße weist auf gewisse Ähnlichkeiten hin, die Geltungsdrang und Materialismus mit dem Wert der Bescheidenheit haben. Denn auch wenn wir ein großes Verlangen nach Status und Vermögen haben, werden wir selbst für die großen Leistungen, die wir in unserem Leben erbringen, von anderen vor allen Dingen gerne als demütig und bescheiden angesehen und täuschen diese Eigenschaften gerne vor. Das Blut im Schuh der ältesten Schwester symbolisiert, wie wir die Ungereimtheit vorgetäuschter Bescheidenheit in uns erkennen können: Blut symbolisiert Energie. Durch unseren Geltungsdrang verlieren wir Energie. Durch Geltungsdrang entfalten wir keine Kraft und können durch Selbstprüfung (die Weißen Vögel) erkennen, dass dieser nicht selbstlos, sondern von dem Ego getrieben ist, unsere Minderwertigkeitsgefühle durch äußerliche Mittel und/oder auf Kosten anderer auszugleichen.

Die zweite Schwester hieb sich ein Stück von der Ferse ab, um in den Schuh zu passen. Auch sie wird vom Prinzen aufs Pferd genommen und dann auch von den weißen Vögeln verraten, so dass der Prinz umkehrt.

Erneut symbolisiert das Blut im Schuh die spürbare Ungereimtheit nur scheinbarer Bescheidenheit. Unsere Mangelgefühle und unser Materialismus können ebenfalls zu einem bescheiden aussehenden Verhalten führen. Aus Materialismus sind wir in der Lage, diszipliniert zu arbeiten und zu sparen, um Rücklagen zu bilden und Vermögen aufzubauen oder um andere weltliche Ziele zu erreichen. Diese Selbstdisziplin und Selbstzurücknahme kann ebenfalls eine große Ähnlichkeit mit der Bescheidenheit haben.

Materialistische Motive engen uns innerlich aber immer ein, so dass unsere innere Seelenkraft nicht zur Entfaltung kommt und wir also Energie verlieren (das Blut im Schuh). Wenn wir diesen Energieverlust in uns wahrnehmen, können wir auch Ichbezogenheit und Geiz in einem solchen inneren Streben erkennen. Auch unsere materialistischen Impulse können wir also am damit verbundenen Energieverlust und an ihrem Mangel an echter Bescheidenheit erkennen (der kleine Schuh passt nicht wirklich).

Der Prinz brachte auch diese falsche Braut wieder nach Hause und fragt, ob nicht noch eine Tochter da sei. Der Vater sagt, dass es nur noch ein schmutziges Aschenputtel seiner verstorbenen Frau gibt. Dieses will der Prinz aber sehen. Aschenputtel wäscht sich, geht zum Königssohn und zieht den goldenen Schuh an, der wie angegossen passt. Als sie den Königssohn ansieht, erkennt er sie wieder und sagt: „Das ist die rechte Braut."

An der natürlich und richtig klingenden Bescheidenheit echter Selbstlosigkeit und an der inneren Kraft, die wir damit entfalten, lässt sie sich erkennen. Wenn unsere Selbstlosigkeit echt ist, verlieren wir keine Energie durch sie. Wenn wir uns in der Schönheit selbstloser Liebe selbst wiedererkennen, dann können wir uns auch mit ihr verheiraten und sie auch als unsere höchste Pflicht im Leben als Menschen annehmen.

Die Stiefmutter und die beiden Schwestern erschraken und wurden bleich vor Ärger: er aber nahm Aschenputtel aufs Pferd und ritt mit ihm fort. … Die zwei weißen Himmelsvögel am Haselbäumchen bestätigen nun die rechte Braut und setzen sich rechts und links auf Aschenputtels Schultern. Die beiden Stiefschwestern wollen sich bei Aschenputtels Hochzeit einschmeicheln. Die Weißen Vögel hacken ihnen jedoch ihre Augen aus.

Wenn wir die selbstlose Liebe als höchste Pflicht in unserem Leben erkennen und annehmen, können wir egoistische, geltungsheischende und materialistische Impulse in unserem Bewusstsein sofort durchschauen, wenn sie sich in unser Bewusstsein einschleichen. Wenn wir sie in uns klar durchschauen, verlieren sie durch unsere derartige Unterscheidung und Selbsterkenntnis ihr Augenlicht, dass heißt wir schauen dann nur noch mit den Augen selbstloser Liebe auf andere und auf die Welt. Auch unsere (religiösen oder ideologischen) Glaubensbekenntnisse, durch die wir der Welt ein bestimmtes Bild von uns geben, sind unwichtig. Wichtig ist nur, wer wir in unserem Herzen und unserem Wesen sind und wie rein und selbstlos unsere Liebe ist. Und natürlich ist alles, was dem Vermögen, der Sicherung, Annehmlichkeit, dem Ansehen etc. unserer Persönlichkeit in dieser Welt gilt, von sekundärer Natur und hält uns nur davon ab, unser wahres Selbst zu erkennen, wenn wir solche Dinge dem Willen unseres Egos gemäß zu unserer Pflicht, also zur Hauptsache in unserem Leben machen. Das Aschenputtel zeigt die höchste Bestimmung des menschlichen Lebens auf, das Erwachen zur selbstlosen Liebe und wie wir schon jetzt und jederzeit auf dieses Erwachen hinarbeiten können.

Jeder Mensch, der eine bewusste Haltung für eine menschliche Welt einnimmt und zur selbstlosen Liebe erwacht, der lernt, selbstlos zu teilen, selbstlos zu dienen und in Demut zu leben, trägt damit zum Frieden in der Welt bei und leistet einen Beitrag für das Erwachen einer neuen, von gegenseitiger Fürsorge geprägten Gesellschaft, in der sich die Probleme in einem Geist der Mitmenschlichkeit lösen lassen. Karma Yoga (selbstloses Dienen), Jnana Yoga (Innenschau und Beschäftigung mit spirituellen Lehren) und Bhakti Yoga (ein hingebungsvolles Beten und Singen zu Gott im Herzen) sind als regelmäßige spirituelle Übungen alle geeignet, uns auf dem Weg zur bedingungslosen Liebe voranzubringen.

5.3 Der König vom goldenen Berg – Beendigung der Kompensation

Kaufmann	gesunder oder (im Negativen) berechnender Menschenverstand
Verlust der Schiffsladungen	Verlust an Zufriedenheit, Möglichkeit und Geborgenheit
Schwarzes Männchen	Egostrategie der Kompensation
Verkauf des Sohnes	Verlust unseres gesunden Menschenverstands durch Kompensation
Verwünschtes Schloss	Zustand der Unzufriedenheit, Machtlosigkeit und Angst
Schlange, verwünschte Jungfrau	Hilflosigkeit gegenüber der Negativität
Schöne Königstochter	Zufriedenheit, Bewusstsein von Möglichkeit und Geborgenheit
Wünschring	Erfüllung unserer Wünsche
Drei Riesen	Unzufriedenheit, Machtlosigkeit, Angst
Köpfender Degen	Verzicht auf unser Verlangen für den Sieg über die Unzufriedenheit
Unsichtbarmachender Mantel	vollkommene Geborgenheit durch bedingungslose Liebe
Teleportierende Stiefel	Erfindung eines Bewusstseins von Möglichkeit

Nach dem Märchen über die Lösung der Egostrategie für die Probleme in der 1. Spalte der Tabellen 3 und 4, die Isolation, geht es in diesem Märchen um die Lösung der Egostrategie für die Probleme in der 2. Spalte, die aus einer Kompensation besteht. Anders als die Isolation in der 1. Spalte geht diese Strategie in die Ausdehnung.

Schauen wir auf Tabelle 1, dann besteht die zweite Spalte der Neunheit aus dem Themen Austausch (2. Bereich), Macht (5. Bereich) und Sein (8. Bereich). In diesem übergeordneten Märchen geht es um die Themen in dieser Spalte.

In Tabelle 5 sehen wird, dass die leitende Selbstheilkraft für die Auflösung der Egostrategie der mittleren Spalte unser gesunder Menschenverstand ist. Diesen brauchen wir, um in unserem Leben Dankbarkeit (2. Bereich), das Bewusstsein von Möglichkeit (5. Bereich) und Mitgefühl und Liebe (8. Bereich) aufzubringen. Im Märchen des Königs vom goldenen Berg wird unser gesunder Menschenverstand von einem Kaufmann symbolisiert.

Ein Kaufmann, der hatte zwei Kinder, einen Buben und ein Mädchen, die waren beide noch klein und konnten noch nicht laufen. Es gingen aber zwei reichbeladene Schiffe von ihm auf dem Meer, und sein ganzes Vermögen war darin, und wie er meinte, dadurch viel Geld zu gewinnen, kam die Nachricht, sie wären versunken. Da war er nun statt eines reichen Mannes ein armer Mann und hatte nichts mehr übrig als einen Acker vor der Stadt. Um sich sein Unglück ein wenig aus den Gedanken zu schlagen, ging er hinaus auf den Acker, und wie er da so auf und ab ging, stand auf einmal ein kleines schwarzes Männchen neben ihm und fragte, warum er so traurig wäre und was er sich so sehr zu Herzen nähme. Da sprach der Kaufmann: „Wenn du mir helfen könntest, wollt ich es dir wohl sagen." - „Wer weiß," antwortete das schwarze Männchen, „vielleicht helf ich dir." Da erzählte der Kaufmann, daß ihm sein ganzer Reichtum auf dem Meere zugrunde gegangen wäre, und hätte er nichts mehr übrig als diesen Acker. „Bekümmere dich nicht," sagte das Männchen, „wenn du mir versprichst, das, was dir zu Haus am ersten widers Bein stößt, in zwölf Jahren hierher auf den Platz zu bringen, sollst du Geld haben, soviel du willst." Der Kaufmann dachte: Was kann das anders sein als mein Hund? Aber an seinen kleinen Jungen dachte er nicht und sagte ja, gab dem schwarzen Mann Handschrift und Siegel darüber und ging nach Haus.

Der Kaufmann symbolisiert also den gesunden Menschenverstand, den wir brauchen, um in unserem Leben Zufriedenheit, ein Bewusstsein von Möglichkeit und Geborgenheit, Vertrauen und Liebe zu erfahren.

Der Wohlstand des Kaufmanns symbolisiert das Vorhandensein dieser Qualitäten. Die Investition seines ganzen Vermögens in die Schiffsladungen auf dem Meer symbolisiert ein Verlangen nach mehr Vermögen, Macht und Sicherheit zur Kompensation aufkommender Unzufriedenheit, Machtlosigkeit und Angst. Der Verlust der Schiffsladungen symbolisiert den Verlust der genannten Qualitäten aufgrund der aufkommenden Negativität. Das schwarze Männchen symbolisiert nun die Egostrategie der Kompensation, die unseren Verlust in die Außenwelt verlagert, in der wir versuchen, den Verlust an Zufriedenheit, Möglichkeit und Sicherheit durch Anhäufung dessen, was wir eigentlich in unserem Geist, also im Inneren brauchen, in der Außenwelt zu kompensieren.

Das Angebot des schwarzen Männchens symbolisiert nun, dass wir durch unsere Wahl kompensatorischen Verhaltens ohne es selbst zu merken unser eigenes wahres Sein verkaufen, wenn wir versuchen, uns unser Bedürfnis nach Zufriedenheit, Möglichkeit und Geborgenheit durch Kompensation im Außen zu erfüllen.

Als er nach Haus kam, da freute sich sein kleiner Junge so sehr darüber, daß er sich an den Bänken hielt, zu ihm herbeiwackelte und ihn an den Beinen festpackte. Da erschrak der Vater, denn es fiel ihm sein Versprechen ein, und er wußte nun, was er verschrieben hatte. Weil er aber immer noch kein Geld in seinen Kisten und Kasten fand, dachte er, es wäre nur ein Spaß von dem Männchen gewesen. Einen Monat nachher ging er auf den Boden und wollte altes Zinn zusammensuchen und verkaufen, da sah er einen großen Haufen Geld liegen. Nun war er wieder guter Dinge, kaufte ein, ward ein größerer Kaufmann als vorher und ließ Gott einen guten Mann sein. Unterdessen ward der Junge groß und dabei klug und gescheit. Je näher aber die zwölf Jahre herbeikamen, je sorgenvoller ward der Kaufmann, so daß man ihm die Angst im Gesichte sehen konnte.

Der Ablauf von 12 Jahren symbolisiert das Ende eines Zyklus', an dem Dinge zur Reife kommen. Während wir feststellen, dass durch Kompensation unsere weltlichen Wünsche erfüllt werden, bemerken wir irgendwann auch, dass unser Materialismus und unsere Verhaftung an weltlichen Erfolg uns unser wahres Sein kostet. Der Sohn symbolisiert das Lernen unseres gesunden Menschenverstand, wahre Geborgenheit, wahre Zufriedenheit und das Bewusstsein von Möglichkeit im Leben zu erfahren. Dieses Lernen unseres gesunden Menschenverstands opfern wir auf Dauer, wenn wir uns der Egostrategie der Kompensation verschreiben, weil diese immer mehr und mehr fordert und will.

Da fragte ihn der Sohn einmal, was ihm fehlte. Der Vater wollte es nicht sagen, aber jener hielt so lange an, bis er ihm endlich sagte, er hätte ihn, ohne zu wissen, was er verspräche, einem schwarzen Männchen zugesagt und vieles Geld dafür bekommen. Er hätte seine Handschrift mit Siegel darüber gegeben, und nun müßte er ihn, wenn zwölf Jahre herum wären, ausliefern. Da sprach der Sohn: „O Vater, laßt Euch nicht bang sein, das soll schon gut werden, der Schwarze hat keine Macht über mich."

Die Beichte des Vaters an den Sohn symbolisiert, dass wir uns das Eingeständnis machen, dass wir durch unser kompensatorisches Verhalten falschen Werten hinterhergelaufen sind, dass wir uns das Leid und die Entfremdung von uns selbst, die wir in unserem Leben empfinden, selbst erzeugt haben, und nun bereit sind, uns auf die wahren Werte zu besinnen, um unser wahres Sein zurückzugewinnen. Dieses Selbsteingeständnis gibt uns Kraft und Zuversicht, während wir den Konsequenzen unseres Handelns in die Augen schauen müssen. Die Zuversicht des Jungen symbolisiert die Zuversicht, an den wahren Werten festhalten zu können, während wir die Folgen unseres eigenen Handelns bewältigen müssen.

Der Sohn ließ sich von dem Geistlichen segnen, und als die Stunde kam, gingen sie zusammen hinaus auf den Acker, und der Sohn machte einen Kreis und stellte sich mit seinem Vater hinein. Da kam das schwarze Männchen und sprach zu dem Alten: „Hast du mitgebracht, was du mir versprochen hast?" Er schwieg still, aber der Sohn fragte: „Was willst du hier?" Da sagte das schwarze Männchen: „Ich habe mit deinem Vater zu sprechen und nicht mit dir." Der Sohn antwortete: „Du hast meinen Vater betrogen und verführt, gib die Handschrift heraus!" - „Nein," sagte das schwarze Männchen, „mein Recht geb ich nicht auf." Da redeten sie noch lange miteinander, endlich wurden sie einig, der Sohn, weil er dem Erbfeind und nicht mehr seinem Vater zugehörte, sollte sich in ein Schiffchen setzen, das auf einem hinabwärts fließenden Wasser stände, und der Vater sollte es mit seinem eigenen Fuß fortstoßen, und dann sollte der Sohn dem Wasser überlassen bleiben.

Der Beschluss, ein Leben gemäß den wahren Werten der Menschlichkeit zu führen, kann unsere verdichteten Gewohnheiten und unser Karma nicht auflösen, sorgt jedoch dafür, dass die ursprüngliche Versuchung der Kompensation keinen steuernden Einfluss mehr auf uns hat. Durch die Läuterung haben wir die Chance auf Transformation, sind jedoch noch nicht vor unserer Neigung zur Kompensation und auch nicht vor unserem Karma geschützt. Dass der Vater den Sohn dem Strom des Wasser überlassen muss, symbolisiert also, dass wir an der Auflösung unserer kompensatorischen Neigungen arbeiten und unser selbstgeschaffenes Karma und Schicksal annehmen müssen.

Da nahm er Abschied von seinem Vater, setzte sich in ein Schiffchen, und der Vater mußte es mit seinem eigenen Fuß fortstoßen. Das Schiffchen schlug um, so daß der unterste Teil oben war, die Decke aber im Wasser; und der Vater glaubte, sein Sohn wäre verloren, ging heim und trauerte um ihn.

Der Glaube des Vaters, seinen Sohn verloren zu haben und seine Trauer symbolisieren das Gefühl, aufgrund der selbstgeschaffenen Schwierigkeiten in unserem Leben nicht mehr unser wahres Sein leben zu können.

Das Schiffchen aber versank nicht, sondern floß ruhig fort, und der Jüngling saß sicher darin, und so floß es lange, bis es endlich an einem unbekannten Ufer festsitzen blieb. Da stieg er ans Land, sah ein schönes Schloß vor sich liegen und ging darauf los. Wie er aber hineintrat, war es verwünscht. Er ging durch alle Zimmer, aber sie waren leer, bis er in die letzte Kammer kam, da lag eine Schlange darin und ringelte sich. Die Schlange aber war eine verwünschte Jungfrau, die freute sich, wie sie ihn sah, und sprach zu ihm: „Kommst du, mein Erlöser? Auf dich habe ich schon zwölf Jahre gewartet; dies Reich ist verwünscht, und du mußt es erlösen." - "Wie kann ich das?" fragte er. „Heute nacht kommen zwölf schwarze Männer, die mit Ketten behangen sind, die werden dich fragen, was du hier machst, da schweig aber still und gib ihnen keine Antwort, und laß sie mit dir machen, was sie wollen. Sie werden dich quälen, schlagen und stechen, laß alles geschehen, nur rede nicht; um zwölf Uhr müssen sie wieder fort. Und in der zweiten Nacht werden wieder zwölf andere kommen, in der dritten vierundzwanzig, die werden dir den Kopf abhauen; aber um zwölf Uhr ist ihre Macht vorbei, und wenn du dann ausgehalten und kein Wörtchen gesprochen hast, so bin ich erlöst. Ich komme zu dir, und habe in einer Flasche das Wasser des Lebens, damit bestreiche ich dich, und dann bist du wieder lebendig und gesund wie zuvor." Da sprach er: „Gerne will ich dich erlösen." Es geschah nun alles so, wie sie gesagt hatte. Die schwarzen Männer konnten ihm kein Wort abzwingen, und in der dritten Nacht ward die Schlange zu einer schönen Königstochter, die kam mit dem Wasser des Lebens und machte ihn wieder lebendig. Und dann fiel sie ihm um den Hals und küßte ihn, und war Jubel und Freude im ganzen Schloß. Da wurde ihre Hochzeit gehalten, und er war König vom goldenen Berge.

Dieser Glaube, nicht mehr unser wahres Sein leben zu können, wird nun in der Geschichte des Sohnes weiter ausgeführt. Das verwünschte Schloss symbolisiert den Zustand der Unzufriedenheit, Machtlosigkeit und Angst. Die Schlange, die eine verwünschte Jungfrau ist, symbolisiert den Zustand der Hilflosigkeit gegenüber der Wandlung unseres Geistes.

Die Prüfungen durch die zwölf und später durch die 24 schwarzen Männer symbolisiert eine Haltung der Akzeptanz gegenüber den Schwierigkeit des Lebens, diese tapfer und ohne zu klagen anzugehen und unser Bestes zu tun, um etwas Gutes und Schönes im Dienst an unseren Mitmenschen aus unserem Leben zu machen.

Die Zahl 24 und das Köpfen durch die schwarzen Männer symbolisiert, dass uns unser besonders schwieriges Karma häufig gegen Ende unseres Weges zuteilwird. Gelingt es, diese Haltung der Akzeptanz und Hingabe einzunehmen, erschöpft sich unser Karma, das uns auch astrologisch über die Sternenkonstellation zum Zeitpunkt unserer Geburt ausgeteilt wird.

Die Verwandlung der verwünschten Schlange in eine schöne Königstochter symbolisiert die dadurch erzielte Erfüllung unserer Bedürfnisse, die wir durch Kompensation nicht mehr erfüllen konnten: Zufriedenheit, ein Bewusstsein von Möglichkeit und Geborgenheit.

Also lebten sie vergnügt zusammen, und die Königin gebar einen schönen Knaben. Acht Jahre waren schon herum, da fiel ihm sein Vater ein und sein Herz ward bewegt, und er wünschte ihn einmal heimzusuchen. Die Königin wollte ihn aber nicht fortlassen und sagte: „Ich weiß schon, daß es mein Unglück ist," er ließ ihr aber keine Ruhe, bis sie einwilligte. Beim Abschied gab sie ihm noch einen Wünschring und sprach: „Nimm diesen Ring und steck ihn an deinen Finger, so wirst du alsbald dahin versetzt, wo du dich hinwünschest, nur mußt du mir versprechen, daß du ihn nicht gebrauchst, mich von hier weg zu deinem Vater zu wünschen."

Die Haltung der Akzeptanz des Lebens und der Hingabe an das Leben beschert Glück und Gedeihen. Die Zeit von acht Jahren symbolisiert eine Phase der Vervollkommnung. Der Besuch beim Vater symbolisiert die Klärung von Vergangenem, alte Gewohnheiten endgültig loszulassen und altes Karma zum Abschluss zu bringen.

Es geht bei den folgenden Prüfungen also darum, ganz im Hier und Jetzt anzukommen, um Vollkommenheit zu erlangen. Der Wünschring symbolisiert, dass wir sehr auf das achtgeben müssen, was wir uns wünschen, weil wir in einem Bewusstsein von Möglichkeit auch leicht bekommen, was wir uns wünschen. Das Verbot, die Königin zu seinem Vater zu wünschen, symbolisiert, dass wir nicht Zeit und Energie investieren dürfen, Zufriedenheit, Möglichkeit und Geborgenheit aus der Vergangenheit zu beziehen, weil die Vergangenheit in Wirklichkeit tot ist und wir Zufriedenheit, Möglichkeit und Geborgenheit im Hier und Jetzt dadurch zerstören. Nichts und niemand kann die Vergangenheit verändern. Auch die Idee von Zeitreisen ist eine gefährliche Illusion.

Er versprach ihr das, steckte den Ring an seinen Finger und wünschte sich heim vor die Stadt, wo sein Vater lebte. Im Augenblick befand er sich auch dort und wollte in die Stadt. Wie er aber vors Tor kam, wollten ihn die Schildwachen nicht einlassen, weil er seltsame und doch so reiche und prächtige Kleider anhatte. Da ging er auf einen Berg, wo ein Schäfer hütete, tauschte mit diesem die Kleider, zog den alten Schäferrock an und ging also ungestört in die Stadt ein. Als er zu seinem Vater kam, gab er sich zu erkennen, der aber glaubte nimmermehr, daß es sein Sohn wäre, und sagte, er hätte zwar einen Sohn gehabt, der wäre aber längst tot; doch weil er sähe, daß er ein armer dürftiger Schäfer wäre, so wollte er ihm einen Teller voll zu essen geben. Da sprach der Schäfer zu seinen Eltern: „Ich bin wahrhaftig euer Sohn, wißt ihr kein Mal an meinem Leibe, woran ihr mich erkennen könnt?" - „Ja," sagte die Mutter, „unser Sohn hatte eine Himbeere unter dem rechten Arm." Er streifte das Hemd zurück, da sahen sie die Himbeere unter seinem rechten Arm und zweifelten nicht mehr, daß es ihr Sohn wäre.

Unser vergangenes Selbst ist nicht mehr unser heutiges Selbst. Es ist jedoch wichtig, das Vergangene als das würdigen, was es war. Das

Wiedererkennen durch die Eltern symbolisiert, dass wir ganz zu uns kommen, indem wir annehmen, was gewesen ist.

Darauf erzählte er ihnen, er wäre König vom goldenen Berge, und eine Königstochter wäre seine Gemahlin, und sie hätten einen schönen Sohn von sieben Jahren. Da sprach der Vater: „Nun und nimmermehr ist das wahr! Das ist mir ein schöner König, der in einem zerlumpten Schäferrock hergeht!" Da ward der Sohn zornig und drehte, ohne an sein Versprechen zu denken, den Ring herum und wünschte beide, seine Gemahlin und sein Kind, zu sich. In dem Augenblick waren sie auch da, aber die Königin, die klagte und weinte und sagte, er hätte sein Wort gebrochen und sie unglücklich gemacht. Er sagte: „Ich habe es unachtsam getan und nicht mit bösem Willen," und redete ihr zu; sie stellte sich auch, als gäbe sie nach, aber sie hatte Böses im Sinn.

Wenn wir nun doch dem Wunsch nachgeben, unsere Vergangenheit zu verändern, bringen wir unsere innere Harmonie aus dem Gleichgewicht und erzeugen uns selbst unnötiges Leid, bzw. verschwenden wir unsere Zeit mit einer Nichtigkeit. Dadurch verlieren wir unsere Zufriedenheit, unser Bewusstsein von Möglichkeit und unsere Geborgenheit.

Da führte er sie hinaus vor die Stadt auf den Acker und zeigte ihr das Wasser, wo das Schiffchen war abgestoßen worden, und sprach dann: „Ich bin müde, setze dich nieder, ich will ein wenig auf deinem Schoß schlafen." Da legte er seinen Kopf auf ihren Schoß, und sie lauste ihn ein wenig, bis er einschlief. Als er eingeschlafen war, zog sie erst den Ring von seinem Finger, dann zog sie den Fuß unter ihm weg und ließ nur den Toffel zurück; hierauf nahm sie ihr Kind in den Arm und wünschte sich wieder in ihr Königreich.

Als er aufwachte, lag er da ganz verlassen, und seine Gemahlin und das Kind waren fort und der Ring vom Finger auch, nur der Toffel stand noch da zum Wahrzeichen.

Die Flucht von Königin und Sohn symbolisiert nun den Verlust unserer Zufriedenheit, unseres Bewusstseins von Möglichkeit und unserer Geborgenheit, unseres Vertrauens und unserer Liebe durch den Versuch, unsere Vergangenheit zu ändern. Die weiteren Prüfungen zeigen nun also, wie wir diese wiedererlangen.

Nach Haus zu deinen Eltern kannst du nicht wieder gehen, dachte er, die würden sagen, du wärst ein Hexenmeister, du willst aufpacken und gehen, bis du in dein Königreich kommst.

Die Anerkenntnis, dass wir unsere Vergangenheit nicht ändern können, schafft nun die Voraussetzung dafür, unser wahres Sein wiederherstellen und wieder ganz ins Hier und Jetzt kommen zu können.

Also ging er fort und kam endlich zu einem Berg, vor dem drei Riesen standen und miteinander stritten, weil sie nicht wußten, wie sie ihres Vaters Erbe teilen sollten. Als sie ihn vorbeigehen sahen, riefen sie ihn an und sagten, kleine Menschen hätten klugen Sinn, er sollte ihnen die Erbschaft verteilen. Die Erbschaft aber bestand aus einem Degen, wenn einer den in die Hand nahm und sprach: „Köpf alle runter, nur meiner nicht!" so lagen alle Köpfe auf der Erde; zweitens aus einem Mantel, wer den anzog, war unsichtbar; drittens aus einem Paar Stiefel, wenn man die angezogen hatte und sich wohin wünschte, so war man im Augenblick dort. Er sagte: „Gebt mir die drei Stücke, damit ich probieren könnte, ob sie noch in gutem Stande sind!" Da gaben sie ihm den Mantel, und als er ihn umgehängt hatte, war er unsichtbar und war in eine Fliege verwandelt. Dann nahm er wieder seine Gestalt an und sprach: „Der Mantel ist gut, nun gebt mir das Schwert!" Sie sagten: „Nein, das geben wir nicht! Wenn du sagtest: Köpf alle runter, nur meiner nicht, so wären unsere Köpfe alle herab und du allein hättest den deinigen noch." Doch gaben sie es ihm unter der Bedingung, daß er's an einem Baum probieren sollte. Das tat er, und das Schwert zerschnitt den Stamm eines Baumes wie einen Strohhalm. Nun wollt er noch die Stiefel haben, sie sprachen aber: „Nein, die geben wir nicht weg, wenn du sie angezogen hättest und wünschtest dich oben auf den Berg, so stünden wir da unten und hätten nichts!" - „Nein," sprach er, „das will ich nicht tun." Da gaben sie ihm auch die Stiefel. Wie er nun alle drei Stücke hatte, so dachte er an nichts als an seine Frau und sein Kind und sprach so vor sich hin: „Ach, wäre ich auf dem goldenen Berg," und alsbald verschwand er vor den Augen der Riesen, und war also ihr Erbe geteilt.

Die Begegnung mit den drei Riesen symbolisiert nun die erneute Konfrontation mit der Negativität der Unzufriedenheit, Machtlosigkeit und Angst, die durch die Trennung von unserem wahren Sein einen viel zu großen, sozusagen riesigen Raum in unserem Geist einnehmen.

Der Degen, der alle Köpfe außer dem eigenen abschlägt, symbolisiert die Fähigkeit, auf alle Wünsche zu verzichten, um so vollkommene Zufriedenheit zu erlangen. Der Mantel, der uns unsichtbar macht, symbolisiert ein Gefühl vollkommener Sicherheit und Geborgenheit, dass uns nichts in unserem Leben widerfahren kann, wofür wir Angst haben müssten, indem wir zu jener bedingungslosen Liebe werden, die unser getrenntes Sein auflöst und damit quasi unsichtbar macht.

Die Stiefel, die uns überall hinbringen, wo wir hinmöchten, symbolisieren nun das Bewusstsein von Möglichkeit, dass alles, was uns in unserem Leben berührt, inspiriert und begeistert, auch möglich ist und Wirklichkeit werden kann.

Der Erwerb dieser drei Gegenstände von den Riesen symbolisiert also die finale Überwindung unserer Neigung zur Kompensation durch Verzicht, das Erfinden eines Bewusstseins von Möglichkeit und bedingungslose Liebe, so dass die Egostrategie, unsere Probleme durch Kompensation zu lösen, endet.

Der goldene Berg symbolisiert ein spirituell erhöhtes Bewusstsein. Durch Verzicht, das Erfinden eines Bewusstseins von Möglichkeit und bedingungslose Liebe wird es leicht, dieses Bewusstsein wieder zu erreichen.

Als er nah beim Schloß war, hörte er Freudengeschrei, Geigen und Flöten, und die Leute sagten ihm, seine Gemahlin feiere ihre Hochzeit mit einem andern. Da ward er zornig und sprach: „Die Falsche, sie hat mich betrogen und mich verlassen, als ich eingeschlafen war."

Die Stiefel bringen den König zum Schloss. Das heißt, durch das Bewusstsein von Möglichkeit können wir uns unserem wahren Sein wiederannähern.

Die Hochzeit der Königin mit einem anderen symbolisiert die falschen Werte, Möglichkeiten und Sicherheiten, die wir uns durch die Wiederkehr von Unzufriedenheit, ein Gefühl von Machtlosigkeit und Angst kompensatorisch aufbauen. Der Zorn des Königs symbolisiert unseren Ärger über uns selbst, falschen kompensatorischen Werten aufgesessen zu sein.

Da hing er seinen Mantel um und ging unsichtbar ins Schloß hinein. Als er in den Saal eintrat, war da eine große Tafel mit köstlichen Speisen besetzt, und die Gäste aßen und tranken und scherzten. Sie aber saß in der Mitte, in prächtigen Kleidern auf einem königlichen Sessel und hatte die Krone auf dem Haupt. Er stellte sich hinter sie und niemand sah ihn. Wenn sie ihr ein Stück Fleisch auf den Teller legten, nahm er es weg und aß es; und wenn sie ihr ein Glas Wein einschenkten, nahm er's weg und trank's aus; sie gaben ihr immer, und sie hatte doch immer nichts, denn Teller und Glas verschwand augenblicklich. Da ward sie bestürzt und schämte sie sich, stand auf und ging in ihre Kammer und weinte, er aber ging hinter ihr her. Da sprach sie: „Ist denn der Teufel über mir, oder kam mein Erlöser nie?" Da schlug er ihr ins Angesicht und sagte: „Kam dein Erlöser nie? Er ist über dir, du Betrügerin! Habe ich das an dir verdient?"

Der Einsatz des Mantels, der unsichtbar macht, symbolisiert nun die Umschaltung auf bedingungslose Liebe im Angesicht unserer Schwäche, wenn wir erneut kompensatorischem Verhalten aufgesessen sind. Die Wegnahme der Dinge, die die Königin zu sich nehmen will, symbolisiert, unsere Neigung zur Kompensation nun in bedingungsloser Liebe und Selbstannahme systematisch zu unterbinden. Die Scham der Königin symbolisiert, dass wir uns über unseren Rückfall in die Kompensation schämen, wenn wir ihn erkennen.

Die Frage, ob die Unterbindung der Nahrungsaufnahme vom Teufel oder vom Erlöser kommt, symbolisiert, die final von uns zu treffende Wahl, ob wir uns für die Kompensation oder für die bedingungslose Liebe entscheiden.

Da machte er sich sichtbar, ging in den Saal und rief: „Die Hochzeit ist aus, der wahre König ist gekommen!" Die Könige, Fürsten und Räte, die da versammelt waren, höhnten und verlachten ihn. Er gab aber kurze Worte und sprach: „Wollt ihr hinaus oder nicht?" Da wollen sie ihn fangen und drangen auf ihn ein, aber er zog sein Schwert und sprach: „Köpf alle runter, nur meiner nicht!" Da rollten alle Köpfe zur Erde, und er war allein der Herr und war wieder König vom goldenen Berge.

Wenn wir nun final all den falschen, kompensatorischen Werten, Möglichkeiten und Sicherheiten gegenübertreten, für die wir uns aufgrund unserer kompensatorischen Wahl entschieden hatten, können wir deren Macht über uns durch rigorosen Verzicht auf diese Kompensation endgültig beenden. Durch das Erfinden von Möglichkeit, bedingungslose Liebe und Verzicht auf unsere Wünsche und Erwartungen an andere können wir unser wahres Sein frei entfalten und ein Leben in Zufriedenheit, im Bewusstsein von Möglichkeit und in Geborgenheit führen.

Der Verzicht auf eine Kompensation gelingt also, wenn wir unsere alten kompensatorischen Gewohnheiten in Gewohnheiten ändern, die für unsere Transformation und unser spirituelles Wachstums förderlich sind, wenn wir unsere Probleme annehmen, anschauen und bewusst die Selbstheilungskräfte aktivieren, durch deren Entfaltung wir die Probleme in unserem Geist lösen.

5.4 Schneeweisschen und Rosenrot – Rücknahme der Projektion

Mutter	Mitgefühl
Schneeweißchen	Barmherzigkeit
Rosenrot	Liebe
Bär, verwunschener Königssohn	Ego-Wirklichkeit in anderen sehen, nicht die Ego-Wirklichkeit in uns selbst
Böser Zwerg	Projektion
Langer Bart des Zwerges	alte Gewohnheit der Projektion
Adler	Weitsicht & Unterscheidungsvermögen
Königssohn, erlöster Bär	Aufrichtigkeit, Selbstehrlichkeit

Im Märchen von Schneeweißchen und Rosenrot geht es um die Rücknahme unserer Projektion in Bezug auf die Egoprobleme in der 3. Spalte der Tabellen 3 und 4.

Durch die Projektion von Benachteiligungsgefühlen, Zwangsgefühlen und Schuldgefühlen fokussieren wir uns darauf, die Ego-Wirklichkeit bei anderen, aber nicht mehr bei uns selbst zu sehen. Wir nutzen die Projektion, um recht zu behalten, versetzen uns in Wahrheit dadurch aber selbst in Unrecht, weil die Projektion das Recht anderer angreift. Die Projektion trennt uns also von unserem eigenen wahren Selbst und damit auch von anderen ab, isoliert uns und macht uns zu Einzelgängern.

Der Bär symbolisiert, dass wir diese Wirklichkeit einer projizierenden, egoistischen Haltung nur in anderen sehen und durch unsere Blindheit gegenüber unserer eigenen Projektion zu Einzelgängern werden.

Für dieses selbstverschuldete Einzelgängerdasein brauchen wir Liebe und Barmherzigkeit, die von den beiden Schwestern symbolisiert werden.

Durch die Erfahrung von Liebe und Barmherzigkeit weicht unser durch die Projektion kalt gewordenes Herz auf, so dass wir bereit werden, uns auf die spirituelle Suche zu begeben, unsere Wahrheitsliebe nach innen auf unseren eigenen Geist zu lenken, unsere eigene Projektion zu erkennen und durch Selbstehrlichkeit zurückzunehmen. Dadurch können wir unser Einzelgängerdasein erlösen und uns wieder in Selbstehrlichkeit und Selbstvergebung verankern.

Der Zwerg symbolisiert unsere Projektion. Dass der Bär am Ende den Zwerg tötet, symbolisiert die Wiederherstellung unserer Selbstehrlichkeit und Selbstvergebung durch die Rücknahme unserer Projektion.

In diesem Märchen ist also verschlüsselt, dass wir Selbstehrlichkeit und Selbstvergebung brauchen, um die Projektion unserer Benachteiligungsgefühle, Zwangsgefühle und Schuldgefühle zurücknehmen zu können. Die Schätze unseres inneren Einklangs von Selbstehrlichkeit und Barmherzigkeit (mit den Fehlern anderer) werden von der Projektion von Benachteiligungsgefühlen, Zwangsgefühlen und Schuldgefühlen zerstört. Es geht hier also um die schwierige Aufgabe der Rücknahme unserer Projektion.

Eine arme Witwe, die lebte einsam in einem Hüttchen, und vor dem Hüttchen war ein Garten, darin standen zwei Rosenbäumchen, davon trug das eine weiße, das andere rote Rosen; und sie hatte zwei Kinder, die glichen den beiden Rosenbäumchen, und das eine hieß Schneeweißchen, das andere Rosenrot. Sie waren aber so fromm und gut, so arbeitsam und unverdrossen, als je zwei Kinder auf der Welt gewesen sind: Schneeweißchen war nur stiller und sanfter als Rosenrot.

Rosenrot sprang lieber in den Wiesen und Feldern umher, suchte Blumen und fing Sommervögel; Schneeweißchen aber saß daheim bei der Mutter, half ihr im Hauswesen oder las ihr vor, wenn nichts zu tun war. Die beiden Kinder hatten einander so lieb, daß sie sich immer an den Händen faßten, sooft sie zusammen ausgingen; und wenn Schneeweißchen sagte: „Wir wollen uns nicht verlassen," so antwortete Rosenrot: „Solange wir leben, nicht," und die Mutter setzte hinzu: „Was das eine hat, soll's mit dem andern teilen." Oft liefen sie im Walde allein umher und sammelten rote Beeren, aber kein Tier tat ihnen etwas zuleid, sondern sie kamen vertraulich herbei: das Häschen fraß ein Kohlblatt aus ihren Händen, das Reh graste an ihrer Seite, der Hirsch sprang ganz lustig vorbei, und die Vögel blieben auf den Ästen sitzen und sangen, was sie nur wußten. Kein Unfall traf sie - wenn sie sich im Walde verspätet hatten und die Nacht sie überfiel, so legten sie sich nebeneinander auf das Moos und schliefen, bis der Morgen kam, und die Mutter wußte das und hatte ihretwegen keine Sorge. Einmal, als sie im Walde übernachtet hatten und das Morgenrot sie aufweckte, da sahen sie ein schönes Kind in einem weißen, glänzenden Kleidchen neben ihrem Lager sitzen. Es stand auf und blickte sie ganz freundlich an, sprach aber nichts und ging in den Wald hinein. Und als sie sich umsahen, so hatten sie ganz nahe bei einem Abgrunde geschlafen und wären gewiß hineingefallen, wenn sie in der Dunkelheit noch ein paar Schritte weitergegangen wären. Die Mutter aber sagte ihnen, das müßte der Engel gewesen sein, der gute Kinder bewache.

Schneeweißchen und Rosenrot hielten das Hüttchen der Mutter so reinlich, daß es eine Freude war hineinzuschauen. Im Sommer besorgte Rosenrot das Haus und stellte der Mutter jeden Morgen, ehe sie aufwachte, einen Blumenstrauß vors Bett, darin war von jedem Bäumchen eine Rose. Im Winter zündete Schneeweißchen das Feuer an und hing den Kessel an den Feuerhaken, und der Kessel war von Messing, glänzte aber wie Gold, so rein war er gescheuert. Abends, wenn die Flocken fielen, sagte die Mutter: „Geh, Schneeweißchen, und schieb den Riegel vor;" und dann setzten sie sich an den Herd, und die Mutter nahm die Brille und las aus einem großen Buche vor und die beiden Mädchen hörten zu, saßen und spannen; neben ihnen lag ein Lämmchen auf dem Boden, und hinter ihnen auf einer Stange saß ein weißes Täubchen und hatte seinen Kopf unter den Flügel gesteckt.

Die Anfangspassage der Geschichte von Schneeweißchen und Rosenrot symbolisiert die Schönheit und Kraft von Liebe (Rosenrot) und Barmherzigkeit (Schneeweißchen). Beide Kräfte zusammen können unseren Geist rein und frei von aller Negativität halten und verbreiten so nicht nur Schönheit, sondern bieten auch höchsten Schutz vor Negativität.

Die Mutter der beiden symbolisiert jenes Mitgefühl, das sowohl Barmherzigkeit als auch Liebe hervorbringen kann. Lämmchen und Täubchen symbolisieren den Frieden (Lamm) und das Glück (Taube), die dadurch herrschen.

Eines Abends, als sie so vertraulich beisammensaßen, klopfte jemand an die Türe, als wollte er eingelassen sein. Die Mutter sprach: „Geschwind, Rosenrot, mach auf, es wird ein Wanderer sein, der Obdach sucht." Rosenrot ging und schob den Riegel weg und dachte, es wäre ein armer Mann, aber der war es nicht, es war ein Bär, der seinen dicken schwarzen Kopf zur Türe hereinstreckte. Rosenrot schrie laut und sprang zurück: das Lämmchen blökte, das Täubchen flatterte auf, und Schneeweißchen versteckte sich hinter der Mutter Bett. Der Bär aber fing an zu sprechen und sagte: „Fürchtet euch nicht, ich tue euch nichts zuleid, ich bin halb erfroren und will mich nur ein wenig bei euch wärmen." - „Du armer Bär," sprach die Mutter, „leg dich ans Feuer und gib nur acht, daß dir dein Pelz nicht brennt." Dann rief sie: „Schneeweißchen, Rosenrot, kommt hervor, der Bär tut euch nichts, er meint's ehrlich." Da kamen sie beide heran, und nach und nach näherten sich auch das Lämmchen und Täubchen und hatten keine Furcht vor ihm. Der Bär sprach: „Ihr Kinder, klopft mir den Schnee ein wenig aus dem Pelzwerk," und sie holten den Besen und kehrten dem Bär das Fell rein; er aber streckte sich ans Feuer und brummte ganz vergnügt und behaglich. Nicht lange, so wurden sie ganz vertraut und trieben Mutwillen mit dem unbeholfenen Gast. Sie zausten ihm das Fell mit den Händen, setzten ihre Füßchen auf seinen Rücken und walgerten ihn hin und her, oder sie nahmen eine Haselrute und schlugen auf ihn los, und wenn er brummte, so lachten sie. Der Bär ließ sich's aber gerne gefallen, nur wenn sie's gar zu arg machten, rief er: „Laßt mich am Leben, ihr Kinder.

Schneeweißchen, Rosenrot,
schlägst dir den Freier tot."

Als Schlafenszeit war und die andern zu Bett gingen, sagte die Mutter zu dem Bär: „Du kannst in Gottes Namen da am Herde liegenbleiben, so bist du vor der Kälte und dem bösen Wetter geschützt." Sobald der Tag graute, ließen ihn die beiden Kinder hinaus, und er trabte über den Schnee in den Wald hinein. Von nun an kam der Bär jeden Abend zu der bestimmten Stunde, legte sich an den Herd und erlaubte den Kindern, Kurzweil mit ihm zu treiben, soviel sie wollten; und sie waren so gewöhnt an ihn, daß die Türe nicht eher zugeriegelt ward, als bis der schwarze Gesell angelangt war.

Der Bär ist als Tier ein Einzelgänger. Der Zustand des Bären, so sehr zu frieren, dass er Zuflucht bei den dreien sucht, symbolisiert eine

Vereinsamung, die wir uns durch die Projektion von Benachteiligungsgefühlen, Zwangsgefühlen und Schuldgefühlen selbst geschaffen haben, weil wir alle Menschen vergraulen, die wir durch unsere Projektion angreifen.

Dass der Bär Zuflucht bei der Frau und ihren Töchtern sucht, symbolisiert den Umstand, dass wir in einem solchen Zustand Mitgefühl, Liebe und Barmherzigkeit brauchen, um als Unterstützung für die Möglichkeit der Rücknahme unsere Projektion unser durch die Projektion kalt gewordenes Herz aufzuwärmen.

Der Bär selbst symbolisiert eine Haltung des Wahrheitsstrebens in allen Konflikten, das bei allen das bei ihnen wirkende Ego sieht, nur nicht bei uns selbst. Das macht uns den Fehlern und Schwächen anderer Menschen gegenüber brummig wie ein Bär, ohne unsere eigenen Fehler und Schwächen zu sehen.

Es ist die Verbindung mit den obigen weiblichen Qualitäten, die unsere für die Rücknahme unserer Projektion erforderliche Selbstehrlichkeit und Selbstvergebung wiederbeleben kann.

Als das Frühjahr herangekommen und draußen alles grün war, sagte der Bär eines Morgens zu Schneeweißchen: „Nun muß ich fort und darf den ganzen Sommer nicht wiederkommen." - „Wo gehst du denn hin, lieber Bär?" fragte Schneeweißchen. „Ich muß in den Wald und meine Schätze vor den bösen Zwergen hüten: im Winter, wenn die Erde hartgefroren ist, müssen sie wohl unten bleiben und können sich nicht durcharbeiten, aber jetzt, wenn die Sonne die Erde aufgetaut und erwärmt hat, da brechen sie durch, steigen herauf, suchen und stehlen; was einmal in ihren Händen ist und in ihren Höhlen liegt, das kommt so leicht nicht wieder an des Tages Licht."

Die Zwerge symbolisieren in diesem Märchen unsere Neigung zur Projektion von Benachteiligungsgefühlen, Zwangsgefühlen und Schuldgefühlen. Der Winter symbolisiert eine Phase der Inaktivität, in der die Neigung zur Projektion in der Tiefe verborgen ist und zu ruhen scheint.

Der Sommer symbolisiert die Phase der Aktivität, in der die Neigung zur Projektion stärker wird, uns den inneren und äußeren Frieden raubt und zu zwischenmenschlichen Konflikten führt. In dieser Phase ist eine Wiedererweckung unserer Selbstehrlichkeit und Selbstvergebung besonders von Nöten. Wenn einmal zwischenmenschliche Konflikte auftreten, Menschen in die Projektion gehen und sich gegenseitig mit Worten angreifen, wird es sehr schwer für uns, aufrichtig und selbstehrlich zu sein.

Wenn wir nur den Egoismus in anderen sehen wollen, sind wir wie ein schroffer Bär.

Schneeweißchen war ganz traurig über den Abschied, und als es ihm die Türe aufriegelte und der Bär sich hinausdrängte, blieb er an dem Türhaken hängen, und ein Stück seiner Haut riß auf, und da war es Schneeweißchen, als hätte es Gold durchschimmern gesehen; aber es war seiner Sache nicht gewiß. Der Bär lief eilig fort und war bald hinter den Bäumen verschwunden.

Während sich dieses Märchen über alle drei unserer Seinskörper hinweg auf unsere Neigung zur Projektion bezieht, kann unser Wahrheitsstreben zu einer sehr spirituellen Kraft werden, wenn wir sie auf unsere eigene Neigung zur Projektion lenken und zu Selbstehrlichkeit und Selbstvergebung wandeln. Durch das Entwickeln von Barmherzigkeit wird dieser Wandel unterstützt. Das heißt, unter der rauhen Oberfläche, den Egoismus nur bei anderen zu suchen, verbirgt sich das Gold der Selbstehrlichkeit und Selbstvergebung.

Nach einiger Zeit schickte die Mutter die Kinder in den Wald, Reisig zu sammeln. Da fanden sie draußen einen großen Baum, der lag gefällt auf dem Boden, und an dem Stamme sprang zwischen dem Gras etwas auf und ab, sie konnten aber nicht unterscheiden, was es war. Als sie näher kamen, sahen sie einen Zwerg mit einem alten, verwelkten Gesicht und einem ellenlangen, schneeweißen Bart. Das Ende des Bartes war in eine Spalte des Baums eingeklemmt, und der Kleine sprang hin und her wie ein Hündchen an einem Seil und wußte nicht, wie er sich helfen sollte. Er glotzte die Mädchen mit seinen roten feurigen Augen an und schrie. „Was steht ihr da! Könnt ihr nicht herbeigehen und mir Beistand leisten?" - „Was hast du angefangen, kleines Männchen?" fragte Rosenrot. „Dumme, neugierige Gans," antwortete der Zwerg, „den Baum habe ich mir spalten wollen, um kleines Holz in der Küche zu haben; bei den dicken Klötzen verbrennt gleich das bißchen Speise, das unsereiner braucht, der nicht so viel hinunterschlingt als ihr grobes, gieriges Volk. Ich hatte den Keil schon glücklich hineingetrieben, und es wäre alles nach Wunsch gegangen, aber das verwünschte Holz war zu glatt und sprang unversehens heraus, und der Baum fuhr so geschwind zusammen, daß ich meinen schönen weißen Bart nicht mehr herausziehen konnte; nun steckt er drin, und ich kann nicht fort. Da lachen die albernen glatten Milchgesichter! Pfui, was seid ihr garstig!" Die Kinder gaben sich alle Mühe, aber sie konnten den Bart nicht herausziehen, er steckte zu fest. „Ich will laufen und Leute herbeiholen," sagte Rosenrot. „Wahnsinnige Schafsköpfe," schnarrte der Zwerg, „wer wird gleich Leute herbeirufen, ihr seid mir schon um zwei zu viel; fällt euch nicht Besseres ein?" - „Sei nur nicht ungeduldig," sagte Schneeweißchen, „ich will schon Rat schaffen," holte sein Scherchen aus der Tasche und schnitt das Ende des Bartes ab. Sobald der Zwerg sich frei fühlte, griff er nach einem Sack, der zwischen den Wurzeln des Baums steckte und mit Gold gefüllt war, hob ihn heraus und brummte vor sich hin: „Ungehobeltes Volk, schneidet mir ein Stück von meinem stolzen Barte ab! Lohn's euch der Guckuck!" Damit schwang er seinen Sack auf den Rücken und ging fort, ohne die Kinder nur noch einmal anzusehen.

Wie in Spalte 3 von Tabelle 3 in 1.4 zu sehen, betrifft unsere Projektion die Bereiche unserer Benachteiligungsgefühle (Energiekörper), Zwangsgefühle (Mentalkörper) und Schuldgefühle (spiritueller Körper), die wir auf andere projizieren.

Durch die Projektion unserer Benachteiligungsgefühle werden wir feindselig gegen andere gestimmt (die Feindseligkeit des Zwergs). Durch die Projektion unserer Zwangsgefühle fühlen wir uns von anderen gezwungen und antworten mit Zwangsausübung oder Verdrehung der Tatsachen (der Zwerg definiert die erhaltene Hilfe als Belästigung). Durch die Projektion unserer Schuldgefühle sehen wir andere als schuldig und machen ihnen Vorwürfe (der Zwerg macht den Mädchen schlimme Vorwürfe).

Wenn unsere Neigung zur Projektion tief in unserem Geist verankert ist, ist selbst eine mitfühlende und barmherzige Haltung den projizierten Gefühlen gegenüber häufig nicht in der Lage, sie aufzulösen. Selbst wenn wir Menschen, die sich benachteiligt, gezwungen und als Opfer fühlen, aus einer Notlage helfen, werden sie immer noch eher feindselig, wahrheitsverdrehend und vorwurfsvoll sein, wenn sie sich trotz der erhaltenen Hilfe immer noch benachteiligt, gezwungen und als Opfer fühlen.

Der lange graue Bart des Zwergs, der ihn wiederholt in Verlegenheit bringt, symbolisiert, dass die Projektion zu einer alten Gewohnheit geworden ist, die leicht Probleme nach sich ziehen kann. Wenn Mitgefühl und Vergebung uns drängen, von dieser alten Gewohnheit abzulassen, um unsere Probleme lösen zu können, neigen die Benachteiligungsgefühle, Zwangsgefühle und Schuldgefühle immer noch zum Ausrasten, wenn wir unsere so lieb gewonnene Projektion zurücknehmen und auf die durch die Projektion erlangte Macht verzichten sollen. Der Sack Gold des Zwerges symbolisiert die inneren Schätze, die uns durch eine feindselige, verdrehende und unversöhnliche Haltung vorenthalten bleiben.

Einige Zeit danach wollten Schneeweißchen und Rosenrot ein Gericht Fische angeln. Als sie nahe bei dem Bach waren, sahen sie, daß etwas wie eine große Heuschrecke nach dem Wasser zuhüpfte, als wollte es hineinspringen. Sie liefen heran und erkannten den Zwerg. „Wo willst du hin?" sagte Rosenrot, „du willst doch nicht ins Wasser?" - „Solch ein Narr bin ich nicht," schrie der Zwerg, „seht ihr nicht, der verwünschte Fisch will mich hineinziehen?" Der Kleine hatte dagesessen und geangelt, und unglücklicherweise hatte der Wind seinen Bart mit der Angelschnur verflochten; als gleich darauf ein großer Fisch anbiß, fehlten dem schwachen Geschöpf die Kräfte, ihn herauszuziehen: der Fisch behielt die Oberhand und riß den Zwerg zu sich hin. Zwar hielt er sich an allen Halmen und Binsen, aber das half nicht viel, er mußte den Bewegungen des Fisches folgen und war in beständiger Gefahr, ins Wasser gezogen zu werden. Die Mädchen kamen zu rechter Zeit, hielten ihn fest und versuchten, den Bart von der Schnur loszumachen, aber vergebens, Bart und Schnur waren fest ineinander verwirrt. Es blieb nichts übrig, als das Scherchen hervorzuholen und den Bart abzuschneiden, wobei ein kleiner Teil desselben verlorenging. Als der Zwerg das sah, schrie er sie an: „Ist das Manier, ihr Lorche, einem das Gesicht zu schänden? Nicht genug, daß ihr mir den Bart unten abgestutzt habt, jetzt schneidet ihr mir den besten Teil davon ab: ich darf mich vor den Meinigen gar nicht sehen lassen. Daß ihr laufen müßtet und die Schuhsohlen verloren hättet!" Dann holte er einen Sack Perlen, der im Schilfe lag, und ohne ein Wort weiter zu sagen, schleppte er ihn fort und verschwand hinter einem Stein.

Fische im Wasser symbolisieren unsere Konzepte und Ansichten in der Dualität. Wenn unser gewohnheitsmäßiges Festhalten an solchen Konzepten droht, uns in negativen Emotionen zu ertränken, die von unserer Projektion erzeugt werden, braucht es wieder Mitgefühl und Barmherzigkeit, um uns aus solchen Emotionen herauszuholen.

Wenn wir dazu erkennen müssen, wie sehr wir unsere Probleme durch unsere Projektion selbst schaffen und konsequenterweise noch mehr von unseren Gewohnheiten zur Projektion aufgeben müssen, werden unsere Benachteiligungsgefühle, Zwangsgefühle und Schuldgefühle und in der Konsequenz unsere Feindseligkeit, Verdrehungen und Wutgefühle von unserem Unwillen, die Projektion zurückzunehmen noch weiter verstärkt werden. Der Sack Perlen des Zwergs symbolisiert die Weisheit, die uns durch eine projektionsbedingt so negative Haltung verloren geht.

Es trug sich zu, daß bald hernach die Mutter die beiden Mädchen nach der Stadt schickte, Zwirn, Nadeln, Schnüre und Bänder einzukaufen. Der Weg führte sie über eine Heide, auf der hier und da mächtige Felsenstücke zerstreut lagen. Da sahen sie einen großen Vogel in der Luft schweben, der langsam über ihnen kreiste, sich immer tiefer herabsenkte und endlich nicht weit bei einem Felsen niederstieß. Gleich darauf hörten sie einen durchdringenden, jämmerlichen Schrei. Sie liefen herzu und sahen mit Schrecken, daß der Adler ihren alten Bekannten, den Zwerg, gepackt hatte und ihn forttragen wollte. Die mitleidigen Kinder hielten gleich das Männchen fest und zerrten sich so lange mit dem Adler herum, bis er seine Beute fahrenließ. Als der Zwerg sich von dem ersten Schrecken erholt hatte, schrie er mit einer kreischenden Stimme: „Konntet ihr nicht säuberlicher mit mir umgehen? Gerissen habt ihr an meinem dünnen Röckchen, daß es überall zerfetzt und durchlöchert ist, unbeholfenes und läppisches Gesindel, das ihr seid!" Dann nahm er einen Sack mit Edelsteinen und schlüpfte wieder unter den Felsen in seine Höhle.

Der Adler symbolisiert Weitsicht und Unterscheidungsvermögen. Wenn wir die Projektion unserer Benachteiligungsgefühle, Zwangsgefühle und Schuldgefühle unterscheiden und die Absicht verfolgen, sie aufzulösen, gehen wir leicht in ein Opferbewusstsein, als wollte man uns an den Kragen. Eine Haltung aus Mitgefühl und Barmherzigkeit allein kann sich einer artikulierten Opferhaltung gegenüber dann immer noch leicht erbarmen und sie in Schutz nehmen, anstatt sie zu eliminieren, weil sie die Egoprojektion in der Opferhaltung nicht erkennen. Es ist richtig, sich des Leids anderer Menschen zu erbarmen. Es ist falsch, mit dem Ego anderer Menschen Mitgefühl zu haben.

Die Mädchen waren an seinen Undank schon gewöhnt, setzten ihren Weg fort und verrichteten ihr Geschäft in der Stadt. Als sie beim Heimweg wieder auf die Heide kamen, überraschten sie den Zwerg, der auf einem reinlichen Plätzchen seinen Sack mit Edelsteinen ausgeschüttet und nicht gedacht hatte, daß so spät noch jemand daherkommen würde. Die Abendsonne schien über die glänzenden Steine, sie schimmerten und leuchteten so prächtig in allen Farben, daß die Kinder stehenblieben und sie betrachteten. „Was steht ihr da und habt Maulaffen feil!" schrie der Zwerg, und sein aschgraues Gesicht ward zinnoberrot vor Zorn. Er wollte mit seinen Scheltworten fortfahren, als sich ein lautes Brummen hören ließ und ein schwarzer Bär aus dem Walde herbeitrabte. Erschrocken sprang der Zwerg auf, aber er konnte nicht mehr zu seinem Schlupfwinkel gelangen, der Bär war schon in seiner Nähe. Da rief er in Herzensangst: „Lieber Herr Bär, verschont mich, ich will Euch alle meine Schätze geben, sehet, die schönen Edelsteine, die da liegen. Schenkt mir das Leben, was habt Ihr an mir kleinen, schmächtigen Kerl? Ihr spürt mich nicht zwischen den Zähnen; da, die beiden gottlosen Mädchen packt, das sind für Euch zarte Bissen, fett wie junge Wachteln, die freßt in Gottes Namen." Der Bär kümmerte sich um seine Worte nicht, gab dem boshaften Geschöpf einen einzigen Schlag mit der Tatze, und es regte sich nicht mehr.

Liebe und Barmherzigkeit gegenüber einer Feindseligkeit, Wahrheitsverdrehung und Opferhaltung, die durch Projektion von starken Benachteiligungsgefühlen, Zwangsgefühlen und Schuldgefühlen entstanden sind, sind häufig nicht genug, um die Projektion zurücknehmen zu können. Mit nichts übt unser Ego mehr Macht über andere aus als durch Projektion. Mit nichts lässt sich das Benachteiligen, Zwingen und Verurteilen anderer besser rechtfertigen als durch Projektion.

Wenn Liebe und Barmherzigkeit die Projektion nicht zurücknehmen können, bedarf es einer rigoroseren Kraft, um sie dennoch zurückzunehmen. Es braucht ihr Erkennen in uns selbst, ihre klare Benennung und schließlich ihre rigorose Unterbindung in uns selbst.

Es braucht eine Haltung, die solche Egospielchen, uns selbst als Opfer und andere als Täter hinzustellen, nicht mehr durchgehen lässt, es braucht rigorose Selbstehrlichkeit. Wenn unsere Projektion unsere Integrität zerstört, brauchen wir rigorose Selbstehrlichkeit als Grundvoraussetzung, um unsere Integrität wiederherstellen zu können.

Können wir die Projektion anderer zurücknehmen? Nein. Wir können nur unsere eigene Projektion zurücknehmen. Können wir anderen helfen, ihre Projektion zurückzunehmen? Nur sehr bedingt, indem wir uns rigoros um unsere eigenen Integrität kümmern und von uns selbst sprechend lösungsorientiert kommunizieren.

Wie sollten wir kommunizieren, wenn Probleme durch die Projektion anderer erzeugt werden?

Eine lösungsorientierte Kommunikation sollte sich stets von Liebe und Barmherzigkeit leiten lassen. Wenn das Ego anderer Menschen jedoch auf Privilegien beharrt, die ein Status als Opfer mit sich bringt, kann eine Lösung nur noch erfolgen, wenn die andere Seite in die Selbstehrlichkeit geht.

Wie gehen wir damit um, wenn andere sich durch ihre Projektion Privilegien als benachteiligte Minderheit erworben haben und bewahren wollen?

Für diesen Umgang ist es wichtig, dass die Mehrheit immer wieder darauf achtet, ihre Integrität zu wahren oder wiederherzustellen, so dass sie kein Bedürfnis hat, mit Verfehlungen in die Projektion zu gehen. Nur wenn die Mehrheit in der Integrität ist, kann sie die unberechtigten Forderungen einer projizierenden Minderheit ins Leere laufen lassen.

Wenn eine Minderheit es einmal geschafft hat, sich einen Opferstatus zu erwerben, über den sie herrscht, weil sie die Mehrheit durch deren Neigung zur Projektion ihrer Verfehlungen in Schuldgefühlen halten, spalten und gegeneinander lenken kann, kann uns nur eine kollektive Rücknahme unserer Projektion und ethische Renaissance aus einer solchen Fremdherrschaft befreien.

Zu einer lösungsorientierten Kommunikation kann das schonungslose Aussprechen der Wahrheit, dass sich Menschen durch einen Opferstatus und das beständige Lamentieren ihrer Benachteiligung und Diskriminierung Privilegien sichern, nur dann gehören, wenn diese Menschen eine Bereitschaft zeigen, ihre Projektion einzugestehen und zurückzunehmen.

Tun sie dies nicht, besteht eine lösungsorientierte Haltung nur noch daraus zu kommunizieren, wie wir uns mit dem Verhalten der anderen fühlen und ansonsten bei unseren eigenen Bemühungen bleiben, unsere Projektion zurückzunehmen, bis eine kritische Masse von Menschen erreicht ist, die das Bewusstseinsfeld einer entsprechenden ethischen Renaissance aufbauen, in der eine ausreichend starke allgemeine Bereitschaft herrscht, die eigene Projektion zurückzunehmen.

Die Mädchen waren fortgesprungen, aber der Bär rief ihnen nach: „Schneeweißchen und Rosenrot, fürchtet euch nicht, wartet, ich will mit euch gehen." Da erkannten sie seine Stimme und blieben stehen, und als der Bär bei ihnen war, fiel plötzlich die Bärenhaut ab, und er stand da als ein schöner Mann und war ganz in Gold gekleidet. „Ich bin eines Königs Sohn," sprach er, „und war von dem gottlosen Zwerg, der mir meine Schätze gestohlen hatte, verwünscht, als ein wilder Bär in dem Walde zu laufen, bis ich durch seinen Tod erlöst würde. Jetzt hat er seine wohlverdiente Strafe empfangen."

Der Bär ist ein verwunschener Königssohn und gehört mit dem Zwerg zusammen. Wenn der Zwerg stirbt, endet die Verwunschenheit des Bären und er wird wieder zum Königssohn. Der Königssohn symbolisiert also die Selbstehrlichkeit und Selbstvergebung, mit der wir unsere Projektion zurücknehmen können.

Wenn es uns schließlich gelingt, unsere Projektion durch Selbstehrlichkeit und Selbstvergebung zurückzunehmen, befreit dies auch unser Herz.

Und nur wer bereit ist, auf Privilegien zu verzichten, die sich auf einen durch Projektion erzeugten Benachteiligungs- und Opferstatus gründen, kann an dem Frieden und der Harmonie teilhaben, die dadurch entstehen.

Schneeweißchen ward mit ihm vermählt und Rosenrot mit seinem Bruder, und sie teilten die großen Schätze miteinander, die der Zwerg in seiner Höhle zusammengetragen hatte. Die alte Mutter lebte noch lange Jahre ruhig und glücklich bei ihren Kindern. Die zwei Rosenbäumchen aber nahm sie mit, und sie standen vor ihrem Fenster und trugen jedes Jahr die schönsten Rosen, weiß und rot.

Der Bruder des Königssohns symbolisiert in dem Kontext vermutlich jene Lösungsorientiertheit, die wir vor allem für die Rücknahme der Projektion unserer Benachteiligungsgefühle brauchen.

Wenn unser Projektionsego aufgelöst ist, verbinden sich unsere Selbstehrlichkeit leicht mit unserer Barmherzigkeit mit anderen und unsere Lösungsorientiertheit leicht mit unserer Liebe. Wenn sich diese Qualitäten in uns verbinden, haben auch die Machtspiele auf der Grundlage eines ideologisch oder religiös untermauerten Projektionsegos keine Chance mehr.

Der Aufbau und Einsatz eines Projektionsegos spielt eine sehr große Rolle auch in der Politik. Wenn die Herrschenden dieser Welt einen Opfer- und Benachteiligungsstatus etablieren können, dessen Infragestellung als Missachtung und Hass gedeutet wird, ist die Welt auf den Kopf gestellt und die Mächtigen herrschen als vermeintliche Opfer, die rigoros geschützt werden müssen.

Wir brauchen im kollektiven Bewusstsein Liebe, Mitgefühl und Barmherzigkeit mit dem Leid anderer, um aus diesem Geist heraus eine bessere Welt schaffen zu können.

Wir brauchen jedoch auch die Verbindung dieser Qualitäten mit einer Selbstehrlichkeit und Selbstvergebung, die es schafft, die Verdrehung in uns selbst wieder gerade zu rücken, die zu den Verdrehungen in der Welt führt, wenn fast alle in der Projektion sind.

Wenn die Herrschenden nicht bereit sind, auf ihre Privilegien als unsere Opfer zu verzichten, sollten wir einerseits die wirklichen Verhältnisse auf Erden wahrnehmen, erkennen, wie sehr die Mächtigen alles verdrehen, und andererseits jene Selbstehrlichkeit entwickeln, die wir brauchen werden, um kollektiv jene Rücknahme unserer eigenen Projektion und jene ethische Renaissance zu bewirken, die dann die Verhältnisse auf Erden in die richtige Ordnung rücken kann.

Voraussetzung für die Möglichkeit der kollektiven ethischen Renaissance ist die Arbeit an uns selbst und an unserer eigenen Neigung zur Projektion. Solange wir kollektiv mit großer Mehrheit versuchen, durch Projektion Macht und Einfluss zu gewinnen, kreieren wir das globale Bewusstseinsfeld mit, das dem Projektionsego alle Macht gibt.

Und dieses globale Projektionsego, das von der ganzen Menschheit erzeugt wird, wird die Mächtigen an der Macht halten. Wenn wir die Machtspiele auf Erden beenden wollen, brauchen wir eine stete Wachsamkeit gegenüber unserem eigenen Geist, zu diesem kollektiven Projektionsfeld nicht durch unsere eigene Projektion beizutragen.

Wenn unsere Selbstehrlichkeit in die Projektion geht, projizieren auch wir unsere Negativität auf andere. Die oberste Priorität muss bleiben, dass wir persönlich Verantwortung für eine bessere Welt übernehmen.

Erst in der zweiten Priorität können wir uns darum kümmern, die Projektion der Mächtigen dieses Planeten zumindest soweit zu bremsen, dass sie uns nicht mehr daran hindern können, dass wir Verantwortung für eine bessere Welt übernehmen und dafür tätig werden.

Wenn wir die Mächtigen bloßstellen, ohne selbst konstruktive Verantwortung für funktionierende Lösungen und Projekte zu übernehmen, bleiben wir selbst in der Schuldprojektion hängen und werden zu einem Teil des Problems anstatt zu einem Teil der Lösung. Dann werden die projizierenden Mächtigen höchstens in einer Revolution durch andere projizierende Mächtige abgelöst.

Unsere eigene Übernahme von Verantwortung für funktionierende Lösungen und Projekte muss also immer oberste Priorität haben. Werden wir daran durch die Projektion der Mächtigen gehindert, müssen wir schauen, ob und wie wir konstruktiv damit umgehen können.

Ein Aspekt der Symbolik ist, dass zuerst ein Adler den Zwerg findet, bevor schließlich auch der Bär ihn findet. Ein Adler symbolisiert eine leidenschaftslose Sicht auf die Dinge und Unterscheidungsvermögen. Diese helfen uns, unsere eigene Projektionsneigung zu erkennen. Ein weiterer Aspekt der Symbolik ist, dass der Bär viel stärker ist als der Zwerg und der Zwerg sofort tot ist, als der Bär ihn erwischt. Die Selbstehrlichkeit ist also viel stärker als die Projektion, welche immer eine Lüge ist, sobald sie uns unleugbar offensichtlich wird.

Natürlich sollte es eigentlich stets gestattet sein, die Wahrheit über die Projektionen anderer auch zu kommunizieren. Dies ist aber nur in einem Kontext konstruktiv, in dem Menschen sich vorher darauf geeinigt haben, sich gegenseitig die Wahrheit zu sagen und jeweils an ihren eigenen Fehlern zu arbeiten. Ohne eine solche Einigung wird das Aussprechen solcher Wahrheiten nur zu Fronten und Konflikten führen, die beiden Seiten schaden, weil sich beide Seiten immer mehr in ihren Projektionsfronten verbarrikadieren. „Nein, es ist eigentlich dein Fehler."

Wenn Menschen sich von unseren Worten angegriffen fühlen, werden sie dazu neigen, uns anzugreifen. Wenn wir angegriffen werden, werden wir dazu neigen, uns zu rechtfertigen. Hierdurch können nur Projektionsfronten entstehen, mit denen wir uns selbst und anderen schaden.

Wenn beide Seite die negative Wirklichkeit im anderen sehen, können auch beide Seiten diese ansprechen, ohne dass sich dadurch eine Lösung ergibt, weil beide Seiten die Wirklichkeit eben nur im anderen sehen, nicht in sich selbst.

Zur Konkretisierung der obigen Ausführungen über die Projektion der Mächtigen unserer Welt: Es gibt eine Minderheit von Menschen auf dieser Erde, die seit Jahrtausenden eine Tradition pflegen, in der die Kunst der Projektion perfektioniert und sogar zu einer heiligen Religion erhoben ist.

Wenn die Projektion den menschlichen Geist ganz übernimmt und unseren Verstand steuert, besteht die einzige Aussicht auf eine bessere Welt aus Sicht der Projektion darin, den Rest der Menschheit entweder zu unterwerfen oder auszulöschen. Da sie selbst eine sehr kleine Minderheit sind, können sie dies nur schaffen, indem sie sich der Neigung der Menschen bedienen, sich dazu verleiten zu lassen, unrechte Dinge zu tun (egoausweitend) und dann in die Projektion zu gehen und anderen die eigene Sicht einer rechten Ordnung aufzuzwingen (egobekämpfend).

So haben sie es geschafft, sich an die Spitze der Ideologien und Religionen zu setzen, die jeweils auf ihre Weise einen (egobekämpfenden) Kampf gegen das Böse in der Welt führen. So gehört zu den Ideologien und Religionen dazu, diese Menschen nicht kritisieren zu dürfen. Jede noch so berechtigte Kritik wird sofort als Hass ausgelegt und als böse verurteilt.

So können sie an der Spitze der Ideologien und Religionen die jeweiligen Projektionen so steuern, dass sie die Konflikte und Kriege in der Welt nach ihrem Willen aufflammen lassen oder beruhigen können.

So können die Initiatoren der Kriege einerseits im Verborgenen bleiben und andererseits auch immer nachweislich als die Friedensbringer auftreten. Die Verursacher des Übels treten immer nur als die Guten und Gerechten auf, die die Welt retten.

Alles, was sie brauchen, um ihr Spiel bis zur totalen Diktatur, zur Eine-Welt-Regierung und Eine-Welt-Religion fortzusetzen, ist unsere Kooperation in der Form, dass wir unsererseits Dinge tun, die nicht in Ordnung sind (der egoausweitenden Versuchung erliegen), und dann in der Projektion bleiben und für unsere eigenen vergangenen Verfehlungen nach Schuldigen suchen, nach dem Bösen in anderen (der egobekämpfenden Versuchung erliegen).

Ein historisches Beispiel: Als diese Leute während des Ersten Weltkriegs die Kontrolle über einen bestimmten Teil des Nahen Ostens gewinnen wollten, brauchten sie die Kooperation des türkischen Sultans, der damals weite Teile des Nahen Ostens kontrollierte.

Sie wussten, dass der Sultan gerne die Armenier in seinem Reich loswerden wollte. Also verleiteten sie ihn dazu, einen Völkermord an den Armeniern zu begehen. Anschließend setzten sie ihn unter Druck, dass sie bei den christlichen Herrschern in Europa Stimmung gegen ihn machen würden, dass er einen Völkermord an Christen begangen hat, falls er nicht kooperiert.

Sollte er kooperieren, würden sie dafür sorgen, dass die Massenmedien in Europa ihn in ein wunderbares und respektables Licht rückten.

Hätte der Sultan nicht kooperiert und stattdessen zu seiner Verteidigung gegenüber den europäischen Herrschern gesagt, wer ihm das alles in den Kopf gesetzt hat, hätte man ihm korrekterweise geantwortet, dass er es ja trotzdem nicht hätte tun müssen.

Wenn wir den Einflüsterungen des Teufels folgen, können wir die Verantwortung für unsere eigenen Taten nicht dem Teufel geben.

Der einzige Weg, sie zu stoppen, wird darin bestehen, unsere eigene Integrität wiederherzustellen und die wahren menschlichen Werte hochzuhalten, an die wir selbst uns dann auch streng halten. Wenn wir versuchen, diese Leute zu stoppen, können und werden alle unsere Verfehlungen gegen uns verwendet werden, wie vor Gericht. Dabei spielt keine Rolle, wenn ihre Verfehlungen millionenfach größer sind als unsere. Wir brauchen eine ethische Renaissance und die Rücknahme aller unserer eigenen Projektionen. Wir brauchen Vergebung und Selbstvergebung und die Übernahme von Verantwortung für funktionierende Lösungen und Projekte von der Basis aus, in den Bereichen, in denen wir auch etwas tun können.

Wenn wir diese Minderheit bloßstellen und anklagen, können sie dies zu ihrem Vorteil nutzen, Fronten, Konflikte und Krieg zu erzeugen. Sie machen dies sogar schon sehr lange. Daher ist es besser, wir schauen nicht auf sie, sondern arbeiten an der Rücknahme unserer eigenen Projektion.

Sie wissen sogar, dass das Böse, das sie tun, es uns leicht macht, in die Projektion zu gehen und sie anzuklagen. Sie wissen aber auch, dass unsere Projektion unterbewusste Schuldgefühle in uns erzeugt, die aktiviert werden und uns zum Schweigen bringen, sobald sie uns unsere Projektion vorwerfen. Und schon haben sie uns. Dabei spielt wie gesagt keine Rolle, wenn ihr Unrecht millionenfach größer ist.

Durch unsere Projektion geben wir dem Prinzip der Projektion seine Berechtigung und damit auch dem, was die Mächtigen mit uns machen.

Ja, diese Minderheit hat sich einen akribisch aufgebauten Opferstatus erworben, über den sie große Macht ausübt, um das Böse in der Welt zu kontrollieren. Sie haben es geschafft, es als unberechtigten Hass hinzustellen, sie zu kritisieren. Sie haben es geschafft, die Infragestellung ihres Opferstatus, über den sie ihre Macht ausüben, strafbar zu machen.

Sie haben dafür gesorgt, dass die meisten Menschen sich noch weniger trauen, in der Öffentlichkeit ihren Namen im Zusammenhang mit der Ausübung ihrer Macht zu nennen, als die Harry Potter Welt den Namen Voldemort oder als die Mittelerde-Völker den Namen Sauron.

Nur ändert dies nichts daran, dass unser Beitrag zur Macht dieser Leute in unserer eigenen Neigung zur Projektion besteht und es für die Entmachtung dieser Leute von primärer Bedeutung ist, akribisch auf unsere eigene Integrität zu achten und unsere eigene Projektion zurückzunehmen.

Es ist für die Arbeit an der Auflösung unserer eigenen Projektion nicht hilfreich, es ihnen nachzumachen und deren Projektion akribisch nachzuweisen. Es hilft uns nicht weiter, selbst wenn wir nachweisen können, wer genau hinter der Versklavung der Menschheit steckt.

Egal wie viel schlimmer die Neigung zur Projektion bei anderen Menschen also sein mag. Der Weg für die Schaffung einer besseren Welt besteht darin, unsere eigene Neigung zur Projektion aufzulösen, während wir unser Bestes tun, uns vor den Angriffen durch die Projektion der Mächtigen zu schützen.

Wenn das genug Menschen machen, können wir entspannt an einer harmonischeren Welt arbeiten, neigen nicht mehr dazu, auf die projizierenden Angriffe der Mächtigen unsererseits mit Projektion zu reagieren, und können die Projektion auf uns so irgendwann ins Leere laufen lassen.

Wenn sich die übrige Welt von ihrer eigenen Neigung zur Projektion befreit und auf die Projektionen anderer kaum noch eingeht, wird die Macht der Mitglieder dieser Organisation in dem Maße schwinden, in dem wir kollektiv unsere Projektion zurücknehmen. Ohne die Macht, die wir ihnen durch unsere Projektion ungewollt abtreten, wird ihnen vermutlich langweilig werden, mit ihren Projektionen fortzufahren. Dann werden sie mangels Mitspielern wohl damit aufhören oder wie ein Geisteskranker ohne Mitspieler weiterspielen.

Die Völker der Erde haben mit dem herrschenden Projektionsklima eine so schwere Zeit, dass es niemandem weiterhilft herauszustellen, wer über seine Projektion am meisten Macht über andere ausübt. Das Bestreben, dies auszudiskutieren und klarzustellen, wird nur die Projektionsneigung aller Beteiligten und damit Fronten verhärten und die Konflikte verschlimmern.

Wir können nur durch die Rücknahme unserer eigenen Projektion positiv zum Weltfrieden beitragen. Was nicht heißt, dass wir keine schwere Zeit haben und kein so dickes Fell wie das eines Bären brauchen, wenn uns

Tag ein, Tag aus von den Herrschenden eingeredet wird, wir wären Rassisten, Antisemiten, Fremdenfeinde, Verschwörungstheoretiker, Rechte und Nazis, wenn und weil wir die offizielle Agenda von Politik und Massenmedien in Frage stellen, welche uns durch ihre Beschimpfungen in ihrer Projektion zeigen, was sie selbst sind.

Der Fehler ist dann, uns unsere Zeit stehlen zu lassen, indem wir beweisen wollen, dass wir all das nicht sind. Wer sich verteidigt, klagt sich an. Vergeben wir uns unsere Schuldgefühle und lassen wir sie reden.

Fokussieren wir uns besser immer auf das, was wir selbst zu dem beitragen können, was wir in der Welt sehen wollen.

Im Herrn der Ringe wird die Projektion unserer Zwangsgefühle übrigens vom Angriff der Heere Mordors auf Gondor und die Projektion unserer Schuldgefühle vom „Einen Ring" symbolisiert. Dass sich Mittelerde erst zum Guten wandelt, nachdem zuerst die Schlacht auf den Pelennorfeldern gewonnen und anschließend der Eine Ring vernichtet wurde, symbolisiert, dass sich unsere Welt erst zum Guten wandeln wird, wenn uns zunächst eine kollektive ethische Renaissance mit einer Wiederherstellung unserer Integrität und abschließend durch Vergebung und Selbstvergebung auch die Rücknahme unserer Schuldprojektion gelingt, die auch zum Ende unseres Schuldgeldsystems führen wird.

Märchen zu den drei Egohaltungen

Wenn wir auf die Tabellen 3 und 4 in Kapitel 1.4 schauen, sehen wir, dass die Überschriften der drei Zeilen der Neunheit Raub, Unterdrückung und Zerstörung lauten. Dies sind grundlegende Egohaltungen in unserem jeweiligen Körper.

Zu den Problemen unserer Mangelgefühle, Unzufriedenheit und Benachteiligungsgefühle in unserem Energiekörper nimmt unser Ego leicht die Haltung des Raubs oder Energieraubs an. Es holt sich, fordert oder erkämpft sich zur Lösung dieser Probleme das, was uns fehlt, von anderen. Zu den Problemen unserer Minderwertigkeitsgefühle, Machtlosigkeitsgefühle und Zwangsgefühle tendiert unser Ego zu der Haltung, uns über andere zu stellen und andere zu dominieren oder sogar zu unterdrücken, um diese Probleme dadurch zu lösen. Wir werten uns auf, dominieren andere und drücken ihnen unsere Sicht der Dinge auf. Zu den Problemen unserer Sinnlosigkeitsgefühle, Angst und Schuldgefühle nimmt unser Ego eine Haltung der Zerstörung oder Selbstzerstörung an, um diese Probleme zu lösen: Wenn wir uns unserer Resignation ergeben und uns und/

oder die Menschheit für verloren erklären, zerstören wir uns selbst und/ oder zerstören wir durch Zynismus die Inspiration und Hoffnung anderer Menschen. Wenn wir Angst haben, zerstören wir entweder die Sicherheit und Geborgenheit anderer, indem wir ihnen Angst machen oder sie kontrollieren, oder wir zerstören unsere eigene Sicherheit und Geborgenheit, indem wir uns in uns selbst zurückziehen und nicht für uns selbst da sind und einstehen: Fight or Flight. Wenn wir uns schuldig fühlen, gehen wir entweder in die Projektion und bekämpfen und zerstören andere als schuldig oder böse, oder wir gehen in die Selbstablehnung und lassen uns ausbeuten und/oder missbrauchen, um die Schuld zu sühnen. „Ich habe es ja eigentlich nicht anders verdient."

5.5 Der Wolf und die sieben jungen Geisslein – Über den Umgang mit Energieräubern

Geiß	Achtsamer Umgang mit unserer Energie
Sieben Geißlein	Energie unserer Chakren
Böser Wolf	feindseliger Energieraub
Rauhe Wolfsstimme	böse Reden der Energieräuber
Kreidestimme des Wolfs	vorgetäuschte, schöne Reden der Energieräuber
Schwarze Wolfspfote	böse Taten der Energieräuber
Weiße Teigpfote des Wolfs	vorgetäuschte, gute Taten der Energieräuber
Wackersteine	ewige, unveränderliche Wahrheiten

Im Märchen vom Wolf und den sieben jungen Geißlein lernen wir, wie schwer es sein kann, die Verdrehungen und Täuschungen von Energieräubern zu durchschauen, um nicht mehr auf sie reinzufallen, da sie sowohl ihre Worte als auch ihre Taten verstellen können, um nicht als die Räuber wahrgenommen zu werden, die sie sind. Man kann sie zwar an ihren Früchten erkennen, aber nicht wirklich an ihren Taten. Ein großes Problem, das gerade in unserer Zeit droht, die einheimischen Nationalvölker und die Menschheit zu zerstören.

Es war einmal eine alte Geiß, die hatte sieben junge Geißlein, und hatte sie lieb, wie eine Mutter ihre Kinder lieb hat. Eines Tages wollte sie in den Wald gehen und Futter holen, da rief sie alle sieben herbei und sprach: „Liebe Kinder, ich will hinaus in den Wald, seid auf eurer Hut vor dem Wolf, wenn er hereinkommt, so frißt er euch mit Haut und Haar. Der Bösewicht verstellt sich oft, aber an seiner rauhen Stimme und an seinen schwarzen Füßen werdet ihr ihn gleich erkennen." Die Geißlein sagten: „Liebe Mutter, wir wollen uns schon in acht nehmen, Ihr könnt ohne Sorge fortgehen." Da meckerte die Alte und machte sich getrost auf den Weg.

Die Geiß ist ein Symbol für den achtsamen Umgang mit unserer Energie. Es sind auf dieser Ebene die Gefühle der Fülle, Zufriedenheit und Lösungsorientiertheit bei Konflikten, die unser inneres Gleichgewicht anzeigen. Das Bedürfnis, uns in unserem Leben gut versorgt zu fühlen, kann nun eine Angriffsfläche für Negativität, für Mangelgefühle, Unzufriedenheit und Benachteiligungsgefühle schaffen.

Durch Mangelgefühle entwickeln wir den Geiz und Materialismus, anderen nichts von uns zu geben, durch Unzufriedenheit entwickeln wir die Wünsche, Ansprüche und Erwartungen, von anderen haben zu wollen, und durch Benachteiligungsgefühle entwickeln wir leicht eine Missgunst und Feinseligkeit, die uns zu Energieräubern machen kann.

Gerade die Benachteiligungsgefühle gegenüber anderen führen leicht zu einem feindlichen Konkurrenzverhalten. So ist es in besonderem Maße diese feindselige Haltung, die unser inneres Gleichgewicht im Energiekörper gefährdet und uns zu Räubern und Energieräubern oder für Räuber anfällig machen kann. Diese Feindseligkeit wird vom Wolf symbolisiert.

Die sieben Geißlein symbolisieren hier die energetische Ebene unserer Chakren, über die wir uns mit Energie versorgen, bzw. die Gesamtheit unseres Energiekörpers. Die sieben steht für Ganzheit. Jedes Chakra ist eine eigene Energiequelle für uns. Wir können die Energien unserer Chakren nutzen, um uns selbst mit Energie zu versorgen, Negativität von außen und Energieraub abzuwehren und uns unser inneres Gleichgewicht zu wahren.

Diese Fähigkeit unserer Chakren wird in besonderer Weise vom Teufelskreis unserer Benachteiligungsgefühle, also Neid, Missgunst und Feindseligkeit, bedroht, durch die sie quasi verschluckt werden können. Wenn wir uns aufgrund einer negativen, nach außen und auf andere ausgerichteten Haltung selbst nicht mehr mit Energie aus unserem Inneren versorgen, werden wir leicht zu Energieräubern und Parasiten. Daher braucht es ein achtsames Bewusstsein, nicht selbst zu Räubern (Tiger oder Wolf) oder zu Opfern von Räubern (also zu Rehen) zu werden (wie in Brüderchen und Schwesterchen).

Es dauerte nicht lange, da klopfte jemand an die Haustür und rief: „Macht auf, ihr lieben Kinder, eure Mutter ist da und hat jedem von euch etwas mitgebracht!" Aber die Geißlein hörten an der rauhen Stimme, daß es der Wolf war.

"Wir machen nicht auf," riefen sie, *"du bist unsere Mutter nicht, die hat eine feine und liebliche Stimme, aber deine Stimme aber ist rau; du bist der Wolf."*

Wenn unser Geist von Feindseligkeit erfasst wird, so kann diese uns nur verschlucken, wenn wir glauben, sie wäre unsere Mutter, die uns versorgen muss, das heißt, wenn wir glauben, dass wir nur genug Energie für unser Leben bekommen können, wenn wir sie von anderen rauben. Wir können an der Rauhheit dieser Anspruchshaltung jedoch erkennen, dass das Gefühl, unser Energie von anderen rauben zu müssen, eine Täuschung ist und wir ihr besser nicht nachgeben.

Andersherum können wir an der Rauheit im Ausdruck anderer Menschen erkennen, dass sie Energie rauben wollen.

Da ging der Wolf fort zu einem Krämer und kaufte sich ein großes Stück Kreide; er aß es auf und machte damit seine Stimme fein. Dann kam er zurück, klopfte an die Haustür und rief: "Macht auf, ihr lieben Kinder, eure Mutter ist da und hat jedem von euch etwas mitgebracht!" Aber der Wolf hatte seine schwarze Pfote in das Fenster gelegt, das sahen die Kinder und riefen: "Wir machen nicht auf, unsere Mutter hat keinen schwarzen Fuß, wie du; du bist der Wolf!"

Nun haben wir innerlich die Neigung, an unserer Feindseligkeit festhalten zu wollen und uns selbst einreden zu wollen, es wäre doch zu unserem Vorteil, ihr nachzugeben und uns von anderen zu holen, was wir brauchen.

Vielleicht schaffen wir es sogar, der Feindseligkeit eine nach Frieden klingende Bedeutung zu geben und uns selbst weiszumachen, wir bräuchten unsere Feindseligkeit, um Frieden schaffen zu können. Andersherum sollten wir also eigentlich an den Taten von Menschen erkennen können, ob sie uns wirklich Gutes tun oder uns eigentlich berauben wollen.

Da lief der Wolf zu einem Bäcker und sprach: "Ich habe mich an den Fuß gestoßen, streich mir Teig darüber." Als ihm der Bäcker die Pfote bestrichen hatte, so lief er zum Müller und sprach: "Streu mir weißes Mehl auf meine Pfote." Der Müller dachte: Der Wolf will einen betrügen, und weigerte sich; aber der Wolf sprach: "Wenn du es nicht tust, fresse ich dich!" Da fürchtete sich der Müller und machte ihm die Pfote weiß. Ja, so sind die Menschen.

Daher sind egoistische Ziele danach bestrebt, nicht nur ihre feindseligen Absichten, sondern auch ihr feindseliges Handeln als eine Frieden schaffende Maßnahme zu verkaufen.

Es ist diese verdrehte geistige Logik unseres Egos, die Orwell durch sein Krieg ist Frieden formuliert hat. Die Mächtigen verkaufen uns ihren feindseligen, menschenverachtenden und zerstörerischen Feldzug gegen die Menschheit als ein Streben danach, durch eine Eine-Welt-Regierung und Eine-Welt-Religion weltweiten Frieden und Einheit garantieren zu können. Wer das durchschaut und versucht, seine Mitmenschen zu warnen, wird wie der Bäcker im Märchen bedroht und in der Öffentlichkeit als Verschwörungstheoretiker oder Schlimmeres verunglimpft. Und wer aus Angst kooperiert oder die bösen Pläne geschehen lässt, macht sich mitschuldig. Die Feststellung, dass die Menschen so sind, verweist auf die Neigung, aus Angst mit den bösen Plänen zu kooperieren oder sie geschehen zu lassen, wie wir gerade in unserer Zeit wieder leidvoll erfahren.

Nun ging der Bösewicht zum dritten Mal zu der Haustür, klopfte an und sprach: „Macht auf, Kinder, euer liebes Mütterchen ist heimgekommen und hat jedem von euch etwas aus dem Walde mitgebracht!" Die Geißlein riefen: „Zeig uns zuerst deine Pfote, damit wir wissen, daß du unser liebes Mütterchen bist." Da legte der Wolf die Pfote ins Fenster, und als sie sahen, daß sie weiß war, so glaubten sie, es wäre alles wahr, was er sagte, und machten die Türe auf. Wer aber hereinkam, war der Wolf. Die Geißlein erschraken und wollten sich verstecken. Das eine sprang unter den Tisch, das zweite ins Bett, das dritte in den Ofen, das vierte in die Küche, das fünfte in den Schrank, das sechste unter die Waschschüssel, das siebente in den Kasten der Wanduhr. Aber der Wolf fand sie alle und machte nicht langes Federlesen: eins nach dem andern schluckte er in seinen Rachen; nur das jüngste in dem Uhrkasten fand er nicht. Als der Wolf seine Lust gebüßt hatte, trollte er sich fort, legte sich draußen auf der grünen Wiese unter einen Baum und fing an zu schlafen.

Wenn wir uns in unserer Wahrnehmung nun nicht nur über die wahre Bedeutung formulierter Absichten, sondern sogar über die wahre Bedeutung vorgenommener feindseliger Handlungen hinwegtäuschen lassen, wird unser Geist – und wenn dies kollektiv geschieht – auch unsere Realität von dieser Feindseligkeit geprägt. Dann leben wir in einem Alptraum, der uns, sobald er zur Gewohnheit geworden ist, konditioniert, den vor unserer Nase ablaufenden Krieg, der von Regierung und Massenmedien permanent zu Frieden schaffenden Maßnahmen erklärt wird, als ein Streben nach einer besseren Welt zu sehen und jene, die versuchen, uns darauf aufmerksam zu machen, als böse Störenfriede zu verurteilen, die Schuld an der Verschlimmerung der Zustände sind.

Dies ist im großen Stil möglich, indem die Mächtigen uns erfolgreich weismachen, dass alles besser wird, wenn Menschen bestimmter Gruppen oder bestimmter religiöser oder ideologischer Ansichten als Feinde zu betrachten sind. Wenn die Gesellschaft und Menschheit so in Gruppierungen unterteilt ist, werden wir gegeneinander ausgespielt und beherrscht.

Wenn wir also nicht erkennen, dass Feindseligkeit gegen bestimmte Menschen unseren inneren Frieden und unser Gleichgewicht zerstört, können Menschen eine feindselige Macht über uns ausüben, von der wir nicht erkennen, dass unser eigenes feindseliges Denken diese Fremdbestimmung auslöst, zum Beispiel durch unsere Bereitschaft, andere als Nazis oder Verschwörungstheoretiker zu sehen und zu verurteilen. Denn im Außen treten diese Menschen nicht offen, sondern nur im Verborgenen als Unterstützer und Finanzierer aller Parteien auf, die sich bekämpfen und können so alle beherrschen. Jeder, der einen Kampf gegen das Böse in der Welt führt, das er in anderen Gruppierungen, Völkern, Religionen oder Ideologien sieht, wird finanziert. Da sie die Finanzier und Unterstützer sind, werden die Wölfe von allen als Freude wahrgenommen und gegen Kritik verteidigt.

Nicht lange danach kam die alte Geiß aus dem Walde wieder heim. Ach, was mußte sie da erblicken! Die Haustür stand sperrweit auf, Tisch, Stühle und Bänke waren umgeworfen, die Waschschüssel lag in Scherben, Decke und Kissen waren aus dem Bett gezogen. Sie suchte ihre Kinder, aber nirgends waren sie zu finden. Sie rief sie nacheinander bei Namen, aber niemand antwortete. Endlich, als sie das jüngste rief, da rief eine feine Stimme: „Liebe Mutter, ich stecke im Uhrkasten." Sie holte es heraus, und es erzählte ihr, daß der Wolf gekommen wäre und die anderen alle gefressen hätte. Da könnt ihr denken, wie sie über ihre armen Kinder geweint hat!

Die Rückkehr der Geiß symbolisiert ein innerliches Zur-Besinnung-Kommen. Die Zahl sechs symbolisiert Karma und eine karmisch bedingte Verhaftung an die Vergangenheit. Der Verlust von sechsen ihrer Geißlein symbolisiert also, dass unsere Feindseligkeit schlechtes Karma schafft und dafür sorgt, dass wir in Rachegedanken wegen Vergangenem festhängen.

Endlich ging sie in ihrem Jammer hinaus, und das jüngste Geißlein lief mit. Als sie auf die Wiese kam, so lag da der Wolf an dem Baum und schnarchte, daß die Äste zitterten. Sie betrachtete ihn von allen Seiten und sah, daß in seinem angefüllten Bauch sich etwas regte und zappelte. Ach, Gott, dachte sie, sollten meine armen Kinder, die er zum Nachtmahl hinuntergewürgt hat, noch am Leben sein? Da mußte das Geißlein nach Hause laufen und Schere, Nadel und Zwirn holen. Dann schnitt sie dem Ungetüm den Wanst auf, und kaum hatte sie einen Schnitt getan, so streckte schon ein Geißlein den Kopf heraus, und als sie weiter schnitt, so sprangen nacheinander alle sechse heraus, und waren noch alle am Leben, und hatten nicht einmal Schaden erlitten, denn das Ungetüm hatte sie in der Gier ganz hinuntergeschluckt. Das war eine Freude! Da herzten sie ihre liebe Mutter, und hüpften wie ein Schneider, der Hochzeit hält.

Durch unsere innere Besinnung können wir jedoch auch wieder in den Frieden zurückfinden. Wenn wir unseren Anteil an der Dunkelheit und Feindseligkeit in der Welt erkennen, eine lösungsorientierte, gewaltfreie Haltung annehmen und inneren Frieden finden, können wir unser inneres Gleichgewicht wiederherstellen, gemeinsam an der Lösung der Probleme arbeiten und auch wieder Freude und Glück erleben.

Die Alte aber sagte: „Jetzt geht und sucht Wackersteine, damit wollen wir dem gottlosen Tier den Bauch füllen, solange es noch im Schlafe liegt." Da schleppten die sieben Geißerchen in aller Eile die Steine herbei und steckten sie ihm in den Bauch, so viel als sie hineinbringen konnten. Dann nähte ihn die Alte in aller Geschwindigkeit wieder zu, daß er nichts merkte und sich nicht einmal regte.

Als der Wolf endlich ausgeschlafen hatte, machte er sich auf die Beine, und weil ihm die Steine im Magen so großen Durst erregten, so wollte er zu einem Brunnen gehen und trinken. Als er aber anfing zu gehen und sich hin und her zu bewegen, so stießen die Steine in seinem Bauch aneinander und rappelten. Da rief er:

„Was rumpelt und pumpelt
In meinem Bauch herum?
Ich meinte, es wären sechs Geißelein,
Doch sind's lauter Wackerstein."

Und als er an den Brunnen kam und sich über das Wasser bückte und trinken wollte, da zogen ihn die schweren Steine hinein, und er mußte jämmerlich ersaufen. Als die sieben Geißlein das sahen, kamen sie eilig herbeigelaufen und riefen laut: „Der Wolf ist tot! Der Wolf ist tot!" und tanzten mit ihrer Mutter vor Freude um den Brunnen herum.

Wenn wir unseren inneren Frieden wiedergefunden haben, können wir uns überlegen, was wir mit unserer Neigung zur Feindseligkeit anstellen sollen. Steine stehen für das unveränderlich Gültige.

Das Füllen des Bauches des Wolfs mit Steinen symbolisiert also, unseren Geist mit den ewig gültigen, spirituellen Wahrheit zu nähren, die uns stets an die Einheit mahnen, dass in Wahrheit niemand von uns getrennt ist und wir uns immer selbst schaden, wenn wir anderen Schaden zufügen.

Wenn wir von diesen Wahrheiten erfüllt sind, verdurstet unsere Feindseligkeit schließlich durch einen Mangel an Energiezufuhr. Sie ertrinkt dann gewissermaßen in der freundlichen und liebevollen Haltung, die wir nach und nach entwickeln. Wenn unser Geist ganz von den offenen und versteckten feindseligen Gedanken und Gefühlen befreit ist, so ist dies eine große innere Befreiung, die uns auch in Feststimmung versetzen kann.

Einerseits erzählen uns die Märchen immer von unserer inneren Welt, unserem Bewusstsein. Andererseits gilt auch ein ‚Wie Innen so Außen', so dass uns in der Außenwelt auch immer begegnet, was in unserem Geist ist. Wir haben im letzten Märchen gesehen, dass die Mächtigen über ihre Projektion nur herrschen können, wenn die Beherrschten ebenfalls in die Projektion gehen, sich gegenseitig bekämpfen und sich dadurch der Herrschaft durch die Mächtigen ausliefern. Es gibt zwar jene Eliten, die versuchen, die ganze Menschheit zu beherrschen. Sie sind dabei jedoch abhängig davon, uns in jene Feindseligkeit zu versetzen, die dafür sorgt, dass wir uns kollektiv gegenseitig bekämpfen. Am Ende ist es also unsere eigene kollektive Neigung, sehen zu wollen, dass feindselig gegen die vermeintlich Schuldigen vorgegangen wird, durch die wir uns gegenseitig unseren Frieden und unsere Möglichkeit der Selbstbestimmung rauben. Das orwellsche Krieg ist Frieden, Sklaverei ist Freiheit und Unwissenheit ist Stärke kann von den Mächtigen nur umgesetzt werden, weil wir in unserem Denken Entsprechungen haben, durch die wir nicht anders sind als die Mächtigen. Aufgrund eines entsprechend egoistischer werdenden und sich dadurch immer mehr aufspaltenden und gegenseitig bekämpfenden kollektiven Bewusstseins ist etwa seit den 1960er Jahren eine Situation entstanden, in der unsere Welt immer mehr und mehr von einem Wolf mit Kreidestimme und Teigpfote zerstört wird, so dass wir entweder in einer globalen Diktatur, Eine-Welt-Regierung (Sklaverei ist Freiheit), oder in unserer Selbstzerstörung (Krieg ist Frieden) enden werden. Während es wichtig ist, dass wir wie im letzten Märchen gesehen nicht in die Projektion gehen und stets auf echten Frieden in unserem eigenen Bewusstsein achten, sollten wir auch die Räuber in unserer Welt als das erkennen, was sie sind, um nicht mehr mit ihnen zu kooperieren: Feinde der Menschheit, die sich als unsere Wohltäter ausgeben.

Als in den späten 1970ern in den Fernsehnachrichten immer wieder von neunen Milliardenkrediten berichtet wurde, die Weltbank und IWF als Entwicklungshilfe an Länder der Dritten Welt vergaben, war ich als Jugendlicher erstaunt über so viel Entwicklungshilfe, die geleistet wird. Obwohl ich mich gewundert habe, dass in der Dritten Welt gleichzeitig eine rapide grassierende Massenverelendung stattfand, habe ich die beiden Dinge nicht miteinander in Verbindung gebracht. Erst Jahre später wurde mir klar, dass die Massenverelendung nicht trotz der vielen Entwicklungshilfe, sondern wegen der vielen Entwicklungshilfe stattfand. Der Begriff „Entwicklungshilfe" war nur eine Wolfspfote im weißen Teig für eine Strategie systematischer Ausbeutung dieser Erde. Das Problem der kapitalistischen Ausbeutung wird inzwischen auch weitläufig verstanden.

Schon weniger verstanden wird, dass Multimilliardäre, die zum Beispiel Stiftungen schaffen, um die ganze Menschheit kostenlos durchzuimpfen, keine Freunde der Menschheit, sondern das Gegenteil sind. Die großen Impfkampagnen in Afrika und Indien und längst nicht nur die haben gezeigt, wie viel Schaden Impfungen anrichten. Mittlerweile gibt es fast zahllose Bücher und Webseiten über die großen Schäden, die von Impfungen angerichtet werden.

Aber auch das wird noch eher verstanden als das Engagement eines Multimilliardärs wie George Soros für angeblich wohltätige Projekte, in die er Milliarden investiert. Die Linken und Grünen scheinen wirklich zu glauben, dass er das mit guten Absichten tut. Die Open Society Foundation und die davon unterstützten Projekte sind aber nichts als Massenvernichtungswaffen zur Zerstörung gewachsener Nationen und Völker zur Schaffung einer Eine-Welt-Regierung. Wie es aussieht, wird die böse Wolf-Natur linker und grüner Stiftungen nicht durchschaut, weil der dahinter liegende böse Wolf als Wohltäter gesehen wird. Und dieser zweite große böse Wolf mit Kreidestimme und weißer Teigpfote - außer dem Kapitalismus - ist der Marxismus und Kulturmarxismus.

Während es genug Menschen gibt, die verstehen, dass der Kapitalismus die Menschheit in Raubtiere und Beutetiere aufspaltet und durch seine sich automatisch immer mehr verschlimmernde Vermögensumverteilung von unten nach oben die ganze Menschheit den Raubtieren ausliefert, wird weit weniger verstanden, dass Marxismus und Kulturmarxismus nur ein Werkzeug derselben Raubtiere sind. Vermutlich wirkt hier auch das Hoffen auf einen Erlöser, dass der Marxismus die Menschheit vom Kapitalismus erlösen muss und es nicht wahr sein kann, dass er grundsätzlich nicht funktioniert, weil es sonst keine Hoffnung mehr gäbe, der egoistischen und bösen Natur des Menschen Herr zu werden. Es ist also auch eine Rapunzel in der Wüstenei, die die Anhaftung an den Marxismus bewirkt.

Der Marxismus hat seine große Gefährlichkeit durch weltweit grob gerechnet 100-200 Millionen Todesopfer eigentlich längst unter Beweis gestellt. Also muss es etwas so Massives sein wie das Hoffen auf einen Erlöser, dass das linke und grüne Denken immer noch hoch und für heilig gehalten wird. Als wären die Massenmorde vor allem in der Sowjetunion und China nur aus Versehen passiert und hätten sie keine größere Bedeutung. Nach dem Motto: Kann ja nicht alles gleich auf Anhieb funktionieren.

Wo gehobelt wird, fallen halt Späne. Der Hauptfehler im marxistischen Denken, der von den Linken und Grünen überhaupt nicht gesehen und verstanden wird, besteht in seiner egobekämpfenden Natur. Das Egobekämpfende sieht den Menschen als grundsätzlich böse, so dass die Welt nur dadurch gerettet werden kann, dass eine rigorose gerechte Ordnung geschaffen wird, die allen aufgezwungen wird, weil die egoistische Natur des Menschen eine andere Lösung nicht zulässt. Schließlich hat der egoausweitende Kapitalismus längst bewiesen, dass der Mensch von Grund auf böse und nicht durch freiwilliges Handeln zu retten ist. Menschen, die sich dann gegen diese gerechte und die Menschheit rettende Ordnung zur Wehr setzen und die gerechte Ordnung dadurch bedrohen, müssen als Feinde des Friedens und der Gerechtigkeit aus dem Weg geräumt und zur Not auch eliminiert werden. Das ist das Egobekämpfende, der Glaube an das unrettbar Böse und Egoistische im Menschen, das nur durch eine zur Not gewaltsame Unterdrückung beherrscht werden kann, die unbedingt heilig gehalten und rigoros durchgesetzt werden muss.

Menschen unterschiedlichen Geschlechts, Menschen unterschiedlicher Völker und unterschiedlicher traditioneller Kulturen haben unterschiedliche Bedürfnisse. Es sind nicht diese unterschiedlichen Bedürfnisse, die die Konflikte in der Welt bewirken. Es ist die durch Egoismus und falsche Werte bedingte Abwesenheit von Mitgefühl und Verständnis für Menschen mit anderen Bedürfnissen, die die Konflikte in der Welt bewirkt. Wenn wir also auf eine bessere Welt hinwirken wollen, brauchen wir das Entwickeln von Mitgefühl und Verständnis für jene, die anders sind und andere Bedürfnisse haben.

Der Marxismus erklärt jedoch, dass es die unterschiedlichen Bedürfnisse sind, die die Konflikte in der Welt verursachen, und diese daher mit aller Gewalt angeglichen werden müssen. Die unterschiedlichen Bedürfnisse der Geschlechter müssen angeglichen werden (Transgenderismus) und die unterschiedlichen Kulturen und Nationalvölker müssen ausgelöscht und dadurch angeglichen werden. Wenn wir diesen Ansatz akzeptieren, unterdrücken wir bereitwillig jegliches Bedürfnis nach der Bewahrung der eigenen geschlechtlichen, kulturellen und nationalen Identität. Wir definieren dieses Bedürfnis als böse, weil es die Lösung verhindert, die Konflikte in der Welt durch Gleichmachung zu beseitigen. Es gibt also keine Liebe, kein Mitgefühl und keine Gnade gegenüber dem Bedürfnis, die eigene gewachsene kulturelle und nationale Identität zu bewahren. Diese Identität ist das erklärte Böse. Das marxistische Dogma sagt, dass es unmöglich ist, die eigene Kultur und Nation zu lieben und hochzuhalten, ohne dadurch auf Dauer in Krieg mit anderen zu kommen.

Andererseits ist es so, dass sich gerade die Geschichte der Völker durch ein Bemühen unserer jeweiligen Vorfahren auszeichnet, ihren Kindern und Nachfahren eine bessere Welt zu hinterlassen. All diese volksspezifischen jahrhundertelangen (eigentlich jahrtausendelangen) Mühen um kulturellen und sozialen Fortschritt und Weiterentwicklung haben auch den jeweiligen einzigartigen Volkscharakter gebildet. Wir sind zu einem großen Teil das Gute, das die Mühen unserer Vorfahren hervorgebracht hat. Für das Gute, das wir durch unsere Geburt mitbekommen haben und das wir als völlig selbstverständlich nehmen, weil es uns immer zur Verfügung stand, sind wir den vielen Generationen unserer Vorfahren zum Dank verpflichtet. Und unseren Nachfahren gegenüber sind wir verpflichtet, die Tradition fortzusetzen, das Gute, das wir mitbekommen haben, zu bewahren und das, was daran noch verbessert werden kann, für unsere Nachfahren weiter zu verbessern. Dabei ist eine besserwisserische Haltung gegenüber unseren Vorfahren, die alles anders machen will, ein Akt grober Selbstzerstörung. Wenn wir unsere Volksidentität auflösen, beenden wir damit auch die Weiterführung der besonderen kulturellen Errungenschaften unserer Vorfahren, die unseren speziellen Volkscharakter geformt haben. Wir verlieren unsere Kultur und unsere kulturelle Nahrung, die einen Großteil unseres Menschseins nährt und ausmacht.

Es gibt die Überlieferung, dass die alten Ägypter Versuche mit Kindern unternommen haben sollen, ihnen keine Zuwendung zu geben und nicht mit ihnen zu reden, um festzustellen, was die Ursprache ist. Natürlich wurde aus den Kindern nichts. Ob die Überlieferung nun stimmt oder nicht, es wäre kein anderes Ergebnis zu erwarten. Die marxistische Logik entspricht aber ungefähr dem. Wenn wir die kulturelle und nationale Identität auslöschen, wird die Möglichkeit des universellen Menschseins zum Vorschein kommen, die alle Menschen dieser Erde so gleich macht, dass es keine Konflikte mehr gibt. Wie sollen wir denn Menschlichkeit entwickeln, wenn wir die Traditionen auslöschen, die eine menschliche Kultur geschaffen haben? Erst das von unseren Vorfahren geschaffene Menschliche auslöschen und dann tritt das unverfälschte Urmenschliche von allein zum Vorschein? - Bzw. da der Mensch ja von Natur egoistisch und böse ist, erst alles individuell Menschliche auslöschen und dann das menschliche Verhalten in den Menschen einprogrammieren wie in eine Maschine, die wenigstens nicht böse ist? Eine Kultur, in die wir hineingeboren werden, zeichnet sich nicht in erster Linie durch die Konflikte mit anderen Völkern, sondern in erster Linie durch die kulturellen Werte aus, die uns von unserer Kultur mitgegeben werden. Menschliche Werte verankern sich im Wesen des Menschen nur, wenn sie den Heranwachsenden als Kultur vermittelt werden. Die Vermittlung der Kultur bestimmt in hohem Maße, ob ein Kind zu einem reifen und verantwortungsbewussten Menschen heranwächst, oder ob es einerseits zu einem Egoisten und andererseits, zur Kontrolle seines Egoismus, zu einem Befehlsempfänger und Untertanen erzogen wird. Nach dem Motto, da du ja ein Egoist (egoausweitend) bist, müssen wir dich (egobekämpfend) zum Wohlverhalten zwingen. Die egoausweitende-bekämpfende Dialektik hatten wir schon in Hänsel und Gretel. Es ist gerade die Bewahrung, Pflege und Reinigung unserer kulturellen und nationalen Identität, die uns vor der egoausweitenden-bekämpfenden Dialektik retten kann. Reinigung meint dabei immer die Reinigung von Ego und die Wiederbelebung von Werten.

Das Heranwachsen zu einem reifen und verantwortungsbewussten Menschen erfordert, dass ein Kind sowohl lernt, seine eigene Einzigartigkeit zu entfalten, als auch die eigenen Qualitäten und Fähigkeiten in den Dienst der Gemeinschaft zu stellen. Eine solche Erziehung erfordert sehr viel Liebe für das Kind und seine Einzigartigkeit. Eine hohe Förderung der Individualität bei gleichzeitiger Erziehung zu einer gemeinschaftsdienlichen Haltung ist also nur durch sehr viel Liebe möglich. Ein solch hohes Maß an Liebe kann einem Kind nur in einer intakten Familie vermittelt werden, in der es die ersten Jahre seines Lebens ununterbrochen verbringen kann. Nur wenn wir uns geliebt fühlen, kann die Pflanze des Wunsches wachsen, anderen Menschen Gutes zu tun. Und nur wenn wir von Kind auf viel Liebe bekommen, wird diese Pflanze wachsen. Nur durch die Liebe, die wir erfahren, können wir uns selbst annehmen. Nur durch Selbstannahme kann sich unser eigenes, individuelles Wesen entfalten. Nur durch die Entfaltung des individuellen Wesens der Mitglieder einer Gesellschaft in Liebe kann sich ein liebevoller Volkscharakter entwickeln. Und nur durch die Bewahrung und Beschützung der Einzigartigkeit eines Volkes und seines Charakters durch die Verhinderung einer Massenvermischung kann der Rahmen bewahrt bleiben, der diese Kultur der Weitergabe kultureller Werte in Liebe möglich macht.

Wenn wir unsere Vorfahren verurteilen, weil sie getäuscht wurden und Fehler gemacht haben, sehen wir ihre Liebe nicht mehr und schneiden uns damit auch von unseren kulturellen Wurzeln ab, die die Liebe unserer

Vorfahren lebendig halten, zu uns weiterführen und uns nähren. Und nur wenn wir in die Achtung und Dankbarkeit für unsere Vorfahren und in die Selbstvergebung der Schuldgefühle finden, die sie uns hinterlassen haben, können wir den Strom der Liebe weiterführen, der von unseren Vorfahren kommt. Wenn wir uns von unseren Wurzeln kappen, schneiden wir uns und unsere Nachfahren von der Fähigkeit eines Seins in Dankbarkeit und Liebe ab und werden wurzellos. Wer sind wir, dass wir von unseren Vorfahren verlangen dürften, perfekt gewesen sein zu müssen? Sind wir etwa perfekt? Dieses Verlangen führt zur Undankbarkeit und Missachtung all des Guten, das sie uns hinterlassen haben. Und dieses Gute nicht in Dankbarkeit und Achtung weiterzuführen, macht uns hochmütig, arrogant und hässlich und löscht unsere Möglichkeit, Gutes in die Welt zu tragen. Was für ein Akt der Selbstzerstörung, unsere Vorfahren und unsere Kultur nicht zu achten, nicht hochzuhalten und dadurch wegzuwerfen.

Wir brauchen also intakte Familien und einigermaßen intakte indigene Völker. Die sich auf intakte Familien aufbauende Ausbildungsstruktur muss die Grundordnung der Gesellschaft aus Zellen intakter Familien bewahren und beschützen und auch weiterhin Werte vermitteln, die diese Struktur bewahrt und beschützen. Es ist die Aufeinanderfolge zahlloser Generationen von Menschen, die in erster Linie ihre Liebe, ihre Werte und kulturellen Errungenschaften weitergeben, die eine nationale Kultur ausbildet und ausmacht. Soziales Verhalten beginnt mit Liebe und kann nur durch Liebe weiterbestehen.

Der Fokus liegt auf den Werten und auf der Vermittlung der Werte an die heranwachsende Generation, nicht auf Gehorsam und Unterwerfung gegenüber den Chefs der Gruppe, die allen permanent Egoismus unterstellen und dadurch in die Beweisnot bringen, das Gegenteil zu beweisen und sie so in die Gleichheit zwingen.

Ein Volk, das durch gemeinsame Vorfahren und gemeinsame Traditionen verbunden ist, minimiert die Konflikte, die durch Anderssein entstehen. Völker, die in gegenseitiger Akzeptanz jeweils die eigenen Vorfahren ehren, die Kultur der Vorfahren weiterführen und die eigenen Traditionen pflegen dürfen, minimieren so auch die internationalen Konflikte. In der Wirklichkeit ist es also die Bewahrung der Volksidentitäten, die die Konflikte in der Welt minimiert und die Zerstörung der Volksidentitäten durch den Kulturmarxismus und die Massenmigration, die die Konflikte so zunehmen lassen kann, dass eine aufgezwungen Ordnung von oben nötig werden kann. Die Linken und Grünen sollten sich also bitte fragen, welche

Absichten wirklich hinter dem Kulturmarxismus und der MultiKulti-Vermischung der Völker stecken. Durch die Völkervermischung entsteht ein Maß an Konflikten, das dann tatsächlich eine marxistische Diktatur nötig machen kann, um Mord und Totschlag zu verhindern. So beweist der Marxismus durch die Konflikte, die er vorher über einen sehr langen Zeitraum sukzessive selbst geschaffen hat, dass er Recht hat. Eine hervorragende Beweisführung. Erst alles kaputt machen und das dann als ausreichenden Beweis nehmen, dass Menschen nicht aus ihrer kulturellen Tradition heraus gut sein können.

Entsprechend arbeitet der Kulturmarxismus seit den 1960er Jahren in der westlichen Welt daran, genau diese Kultur der Vermittlung von Werten durch Liebe, die in den Familien beginnt und von Generation zu Generation durch die Familien weitergeführt wird, systematisch zu unterbinden und zu zerstören und den Fokus auf eine links-grüne Indoktrination des gewünschten sozialen Verhaltens zu legen. Sie haben vor allem die Familien geschwächt und wollen sie ganz abschaffen. Dies bewirkt, dass das soziale Verhalten unserer Kinder zunehmend programmiert und kein spontanes Entfalten eines Menschen mehr ist, der sich die ihm vermittelten menschlichen Werte durch die ihm geschenkte Liebe auf natürliche Weise zu eigen macht. Wann erkennen die Grünen und Linken, dass all die schönen Worte ihrer Ideologie nur die Kreidestimme eines bösen Wolfs und all die Taten in Richtung einer kulturellen Angleichung und biologischen Vermischung der Völker nur Teig um die Pfote eines bösen Wolfs sind? Wann erkennen sie Kulturmarxismus und Massenmigration als die Massenvernichtungswaffen, die sie sind? Spätestens wenn Westeuropa keine klaren einheimischen Mehrheiten mehr hat und nur noch aus Mischvolk und Minderheiten besteht, wird das chinesische Modell auf uns übertragen werden, inklusive Totalüberwachung und Wegsperren aller Protestler. Vielleicht wird die marxistische Eine-Welt-Regierung in einem gewissen Sinne ein Garant für den Frieden sein, aber nur für die, die sie am Leben lässt. Liebe Linken und Grünen: Ihr werdet nur als nützliche Idioten für die Zerstörung der Nationalstaaten und Nationalvölker und ihrer traditionellen Kultur missbraucht, um eine marxistische Weltdiktatur zu errichten. Wenn ihr irgendwelche Ansprüche stellt oder mit irgendetwas nicht einverstanden seid und dagegen protestiert, wenn diese gerechte Eine-Welt-Regierung steht, werdet ihr die ersten sein, die weggesperrt oder eliminiert werden. Und auch wenn ihr keine Ansprüche stellt: Wenn dieser marxistische Geist vor allem auch aufgrund der Massenmigration in

Europa siegreich bleibt, werden dennoch auch die Aktivisten, die sich ein Leben lang für linke und grüne Ziele stark gemacht haben, der Diktatur unterworfen. Ihr selbst habt also den konkretesten Schutz zerstört, den die Menschheit vor einer globalen Diktatur hat, nämlich die untereinander solidarischen Nationalstaaten und Nationalvölker. Wenn ihr den Wolf hereinlasst, so dass er die nationalen Völker zerstört, werdet ihr genauso gefressen wie der Rest.

Wie nützlich für den Wolf, dass ihr nicht an Gott glaubt. Denn natürlich ist es am Ende unser Einklang mit der göttlichen Ordnung, die uns beschützt. Und die göttliche Ordnung kann uns nur beschützen, wenn wir uns auch an die Regeln halten, von denen alles Leben abhängig ist und beschützt wird. Die Geburt in eine Nation ist ein Geschenk, weil wir den reichen kulturellen Schatz dieser Nation als Vorschuss mit in unser Leben bekommen. Die Undankbarkeit gegenüber unserer nationalen Kultur und ihre Ablehnung, die sie dann mangels Pflege zerstört, ist auch eine massive Undankbarkeit gegenüber Gott und dem Leben, das uns dieses Geschenk mitgegeben hat.

Alle Mühen, die unsere Vorfahren in den meisten Fällen auch in dem Bewusstsein, dem Guten in der Welt zu dienen, aufgebracht haben, um für uns eine hohe Kultur zu schaffen und eine bessere Welt zu hinterlassen, in die wir hineingeboren werden konnten, werden zerstört. Das ist ein Akt der Selbstzerstörung, den man nur als Völker-Selbstmord bezeichnen kann. Wenn wir Gottes Geschenke zerstören und die von unseren Vorfahren für uns aufgebrachten Mühen missachten und verschwenden, sind wir in einem extrem Missklang und zerstören unseren Schutz. Daher verlieren wir unseren Schutz, wenn wir unsere nationale Kultur nicht mehr pflegen, oder sie sogar zerstören oder auslöschen lassen.

Wie gesagt sind nicht nur die Linken und Grünen nützliche Idioten der Mächtigen. Der stärkste „böse Wolf" auf unserem Planeten kontrolliert beide Seiten der egoausweitenden-bekämpfenden Dialektik, den Kapitalismus und den Kommunismus. Er agiert also mit zwei Wolfspfoten mit weißem Teig und kontrolliert daher auch – wie man gerade an der Coronakrise deutlich sehen kann – alle Regierungen dieser Erde. Alle, die sich mit irgendwelchen heilsbringenden Ideologien oder Parteien oder Erlöserpersonen identifizieren, sind für sie nur nützliche Idioten, weil sie alle ihre Aufmerksamkeit und Energie in Dinge stecken, mit denen sie unwissentlich die Agenda der Mächtigen voranbringen. Diese Freiheitskämpfer und Aktivisten bringen unwissentlich die globale Diktatur voran.

Was ist es also wirklich, das den Eliten ihre Macht gibt? Wenn man eine Gruppe von Menschen beobachtet, die von einer einzelnen Person dominiert oder möglicherweise sogar terrorisiert wird, dann sieht man, dass es die Ängste und Schuldgefühle der Gruppenmitglieder sind, von denen sich dieser eine Mächtige ernährt. Wenn die Gefahr besteht, dass sie sich gegen den Mächtigen zusammentun, muss dieser nur die in der Gruppe vorhandene Neigung zu Differenzen und Meinungsverschiedenheiten ausloten, die Wortführer der unterschiedlichen Gruppen getrennt zu sich zitieren, ihnen getrennt seine volle Unterstützung zusagen und auf diese Weise die entstehenden Splittergruppen mit voller Kraft gegeneinander lenken. Solange dieses Spiel nicht durchschaut wird und die Bereitschaft bestehen bleibt, andere Gruppierungen und ihre Ansichten als das Problem zu bekämpfen, wird niemand etwas gegen seine Macht tun können. Global ist dies nicht anders. Die wahre Quelle der Macht der Mächtigen sind unsere Ängste, Schuldgefühle und durch Projektion und Wut immer weiter verstärkten Schuldgefühle, unsere Bereitschaft, gegen Andersdenkende zu kämpfen sowie die gesamte, von den anderen Ego-Teufelskreisen in uns erzeugte Negativität. Die Mächtigen ernähren sich regelrecht von unserer Negativität. Der einzige Weg, sie zu entmachten, besteht in der Transformation unseres eigenen Bewusstseins, vor allem von der Angst in Mut und Mitgefühl, von Schuldgefühlen, Wut und Hass in Vergebung und Selbstvergebung, und vom Gegeneinander in ein Miteinander, so dass wir gemeinsam Verantwortung für die benötigten Lösungen übernehmen. Das allein ist es, was ihnen ihre Nahrung und damit ihre Macht nehmen kann.

Der Begriff nützlicher Idioten kann allerdings auch auf die Mitglieder des globalen Tiefenstaats ausgedehnt werden. Sie helfen den obersten Chefs zur totalen Macht. Sie helfen, alle Menschenrechte auszuhebeln, durch die Menschen beschützt werden. Wenn die obersten Chefs nach dem Sieg beschließen, sie zu eliminieren, haben sie niemanden mehr, der sie beschützt. Und auch wenn sich die Menschheit befreit, werden die obersten Chefs zunächst den Tiefenstaat opfern, um selbst als die Guten weiterzumachen. Sie werden den ganzen Tiefenstaat ans Messer liefern, um ihr Spiel weiterzuspielen. Vielleicht wird den Mitgliedern im Tiefenstaat noch rechtzeitig klar, dass sie verlieren, wenn die Eine-Welt-Diktatur erfolgreich ist, und dass sie verlieren, wenn sie scheitert. Vielleicht können sie dann noch rechtzeitig die Seiten wechseln.

Tolkien hat dies durch die Aussage symbolisiert, dass „Sauron seine Macht nicht teilt, mit niemandem". Der ganze Tiefenstaat, alle, die den

Mächtigsten helfen, sind für sie nur nützliche Idioten, die sie eliminieren werden, sobald sie Ansprüche stellen.

Und losgelöst vom Geschehen bei den bösen Wölfen unseres Planeten weist das Märchen vom Wolf und den sieben jungen Geißlein uns darauf hin, dass der gesamte dramatische Zustand der Menschheit primär nicht die Schuld weniger Menschen, sondern primär unsere kollektive Schöpfung ist. Ohne die Gier im kollektiven Bewusstsein gäbe es keinen kapitalistischen Wolf. Ohne den Glauben im kollektiven Bewusstsein, dass die Wesensunterschiede der Menschen und Völker und dass der Wille der europäischen Nationalvölker, ihre Länder für sich zu behalten, die Ursachen für die Probleme auf der Welt sind und ohne den Wunsch, der ganzen Menschheit eine entsprechende gleichmachende Ordnung aufzuzwingen, gäbe es keinen marxistischen Wolf. Wenn wir dies ändern wollen, müssen wir es zuerst in unserem Geist ändern und dann – aus einem Geist heraus, der den Mächtigen dieser Erde keine Negativitätsnahrung mehr gibt – überlegen, wie wir gemeinsam eine gerechte Welt des Friedens schaffen und dabei die globalen Energieräuber stoppen können. Niemand im ganzen Universum hat die Macht, uns daran zu hindern, uns auf eine gerechte Welt des Friedens auszurichten, wenn wir uns so ausrichten wollen, und eine solche Haltung für Frieden und Freiheit bis zum Ziel zu bewahren.

5.6 Der Eisenhans – Überwindung von diktatorischem Zwang durch selbstlosen Einsatz

König & Königssohn	selbstloses Dienen
Reh erlegen wollen	Wunsch nach mehr Selbstbewusstsein und Selbstachtung
Eisenhans	Machtlosigkeit
Jäger	Unterscheidungsvermögen
Hund des Jägers	Achtsamkeit, Wachsamkeit
Klarer Brunnen des Eisenhans	klare Introspektion
Goldenes Haar des Königssohns	durch spirituelle Übungen erlangtes Bewusstsein
König	Integrität
Königstochter	Pflichtgefühl
Dienst als Küchenjunge	selbstloser Dienst
Gärtnerjunge des Königs	Entwickeln spirituell förderlicher Gewohnheiten

Krieg im Königreich	Verfall von Sitten und Anstand
Goldener Apfel	Nutzung unseres vergänglichen Lebens für spirituelle Übungen
Roter Ritter	Entwickeln von Liebe
Weißer Ritter	Entwickeln von Glück und Freude
Schwarzer Ritter	Entwickeln von Frieden und kindlicher Unschuld

Das Märchen vom Eisenhans zeigt uns anschaulich, wie wir die richtige, selbstlose Haltung entwickeln, die sogar eine Diktatur wieder beenden kann. Es geht dabei vor allem um die Herbeiführung des Gleichgewichts in den drei Bereichen unseres Mentalkörpers. Da das Märchen vom Eisenhans komplex ist, klären wir die Hauptsymbolik gleich vorab.

Der Eisenhans ist die Geschichte von drei Königen, die die Selbstheilungskräfte für die Probleme in den drei Bereichen unseres Mentalkörpers symbolisieren. Siehe die jeweils mittlere Zeile der Tabellen 3, 4 und 5.

Der Königssohn und seine Eltern stehen für die Selbstheilungskräfte für unseren Selbstwert, also Demut, Wertschätzung und selbstlosen Dienst an unseren Mitmenschen und am Gemeinwohl, um den Minderwertigkeitsgefühlen in der Gesellschaft gegenzusteuern (4. Bereich).

Der wilde Mann, Eisenhans, der ein verwunschener König ist, steht zunächst für Machtlosigkeit und das Machtstreben aus Machtlosigkeit heraus und am Ende für das Bewusstsein von Möglichkeit und Souveränität (5. Bereich). Der König, dem der Königssohn dient, steht für den Bereich des Gewissens, seine Tochter für das Pflichtgefühl, das unsere Integrität im Leben bewahrt (6. Bereich).

Es geht im Eisenhans also um den schwierigen Weg der Befreiung der drei Bereiche unseres Mentalkörpers von der Negativität, von Minderwertigkeitsgefühlen, Machtlosigkeitsgefühlen und Zwangsgefühlen, und entsprechend um das Entwickeln eines gesunden Selbstwertgefühls und Selbstbewusstseins, eines Bewusstseins von Möglichkeit und von Integrität. Am Ende geht es auch um das Erwachen aller drei Bereiche des spirituellen Körpers. Legen wir also los.

Es war einmal ein König, der hatte einen großen Wald bei seinem Schloß; darin lief Wild aller Art herum. Zu einer Zeit schickte er einen Jäger hinaus, der sollte ein Reh schießen, aber er kam nicht wieder. Der König schickte den folgenden Tag zwei andere Jäger hinaus, die sollten ihn aufsuchen; aber die blieben auch weg. Da ließ er am dritten Tag alle seine Jäger kommen und sprach: „Streift durch den ganzen Wald und laßt nicht ab, bis ihr sie alle drei gefunden habt!"

Aber auch von diesen kam keiner wieder heim, und von der Meute Hunde, die sie mitgenommen hatten, ließ sich keiner wieder sehen. Von der Zeit an wollte sich niemand mehr in den Wald wagen, und er lag da in tiefer Stille und Einsamkeit, und man sah nur zuweilen einen Adler oder Habicht darüber hinwegfliegen.

Das Bild, dass niemand wiederkehrt, der in den Wald geschickt wird, ähnelt sehr dem Bild, dass während Dornröschens hundertjährigem Schlaf alle Königssöhne in den Dornen umkommen, sowie dem Bild, dass Rapunzel lange Zeit erst in der Gefangenschaft der Hexe und anschließend auch noch in einer Wüstenei verbringen muss, während der Königssohn, von dem sie sich eine Befreiung erhofft hatte, blind durch die Gegend irrt. Alle drei Bilder symbolisieren eine Phase im Bewusstsein der Machtlosigkeit. Während die beiden anderen Märchen nur zum Thema unserer Macht gehören, geht es in diesem Märchen zusätzlich auch noch um die beiden anderen Bereiche unseres Mentalkörpers, Selbstwertgefühl und richtige Ordnung. Von den drei Königen dieses Märchens beginnt es mit einem, der ein Reh haben möchte. Ein Reh haben zu wollen, symbolisiert den Wunsch nach mehr Selbstbewusstsein. Man möchte die eigene scheue und zur Nachgiebigkeit neigende Seite in den Griff bekommen, um daraus auch mehr Selbstachtung zu ziehen. Damit symbolisiert dieses Königsreich den Bereich des Selbstwertgefühls. Von den Selbstheilungskräften für unser Selbstwertgefühl stehen König und Königin vermutlich für Qualitäten wie der Demut, der Wertschätzung und dem selbstlosen Dienst.

Unsere Selbstachtung leidet hier unter einem Problem eines benachbarten Bereichs, dem der Machtlosigkeit. Es geht zu Beginn darum, dass etwas möglich gemacht werden soll, das sich dann als unmöglich erweist, hier die Aufrechterhaltung unseres Selbstwertgefühls und unserer Selbstachtung. Die Versuche, es möglich zu machen, führen zu einem Gefühl der Machtlosigkeit, dass wir nichts tun können. Damit haben wir von den drei behandelten Bereichen bereits zwei der Themen und geistigen Probleme, um die es geht: Es geht hier also schon mal um den 4. & den 5. Funktionsbereich unseres Seins, also um unsere Gefühle der Minderwertigkeit und Machtlosigkeit.

Die Jäger symbolisieren unser Unterscheidungsvermögen, die Dinge erkennen zu können, die im Leben wirklich von wert und wichtig sind, und uns von schädlicher Negativität zu befreien. Der Hund eines Jägers symbolisiert die Wachsamkeit, auf alles aufmerksam zu werden, was unserem spirituellem Wachstum, hier der Entwicklung unserer Selbstachtung, schadet.

Das Wild meint hier die in Freiheit lebenden Tiere. Tiere symbolisieren unsere Emotionen und Wild die Emotionen eines Seins, das ohne die Verfälschung durch Konditionierung in einem Bewusstsein von Möglichkeit lebt. Wenn die Jäger nicht mehr zurückkommen und der König nicht mehr an sein Wild kommen kann, symbolisiert dies einen Zustand, in dem wir das Gefühl der Freiheit in unseren Emotionen verloren haben. Unser Selbstwertgefühl und unser Bewusstsein von Möglichkeit, es wiederherzustellen, liegen darnieder und haben eine bedrückende Auswirkung auf unsere Selbstachtung. Wir fühlen uns aufgrund der Machtlosigkeit nutzlos und minderwertig (der verlassene Wald des Königs).

In der Anfangspassage des Märchens ist eine Situation verschlüsselt, wie wir sie ähnlich in der Coronakrise haben: Menschen werden rigorosen Maßnahmen unterworfen, durch die sie sich machtlos fühlen. Gleichzeitig nagt das Gefühl der Machtlosigkeit an unserem Selbstwertgefühl, unserer Selbstachtung und wir dürfen nicht einmal unser Gesicht zeigen.

Dieser Zustand dauerte viele Jahre; da meldete sich ein fremder Jäger bei dem König, suchte eine Versorgung und erbot sich, in den gefährlichen Wald zu gehen. Der König aber wollte seine Einwilligung nicht geben und sprach: „Es ist nicht geheuer darin, ich fürchte, es geht dir nicht besser als den andern, und du kommst nicht wieder heraus." Der Jäger antwortete: „Herr, ich will's auf meine Gefahr wagen; von Furcht weiß ich nichts." Der Jäger begab sich also mit seinem Hund in den Wald. Es dauerte nicht lange, so geriet der Hund einem Wild auf die Fährte und wollte hinter ihm her; kaum aber war er ein paar Schritte gelaufen, so stand er vor einem tiefen Pfuhl, konnte nicht weiter, und ein nackter Arm streckte sich aus dem Wasser, packte ihn und zog ihn hinab. Als der Jäger das sah, ging er zurück und holte drei Männer, die mußten mit Eimern kommen und das Wasser ausschöpfen. Als sie auf den Grund sehen konnten so lag da ein wilder Mann, der braun am Leib war wie rostiges Eisen und dem die Haare über das Gesicht bis zu den Knien herabhingen. Sie banden ihn mit Stricken und führten ihn fort in das Schloß. Da war große Verwunderung über den wilden Mann; der König aber ließ ihn in einen eisernen Käfig auf seinen Hof setzen und verbot bei Todesstrafe, die Türe des Käfigs zu öffnen, und die Königin mußte den Schlüssel selbst in Verwahrung nehmen. Von nun an konnte ein jeder wieder mit Sicherheit in den Wald gehen.

Der erste Schritt zur Heilung unserer Selbstachtung aufgrund unserer Machtlosigkeit besteht darin, es überhaupt wieder zu versuchen, das Bewusstsein zu erschaffen, dass die Wiederherstellung unseres Selbstwertgefühls möglich ist. Wir brauchen also Mut und auch eine gewisse

Unerschrockenheit, die Lösung des Problems anzugehen. Der wilde Mann ist – wie wir am Ende des Märchens erfahren – einerseits ein verwunschener König, der für unser Gefühl der Machtlosigkeit steht, nichts an unserer Situation ändern zu können.

Der Teich, in dem der wilde Mann versteckt ist, symbolisiert die Emotionen, unter denen unser Gefühl der Machtlosigkeit verborgen ist. Es ist diese Verborgenheit unserer Machtlosigkeit, gar nicht mehr überhaupt wahrzunehmen, wie machtlos wir uns fühlen und wie resigniert wir sind, die all die Versuche, unser Bewusstsein der Möglichkeit, unser Selbstwertgefühl wiederherzustellen, hat scheitern lassen. Es ist ein schwieriges Unterfangen, unsere Machtlosigkeitsgefühle wieder in eine Bewusstsein von Möglichkeit umzuwandeln. Zuerst müssen wir dazu die selbstbeschränkenden Emotionen aus dem Weg räumen, unter denen unser Machtlosigkeitsgefühl verborgen ist. Dadurch können wir überhaupt erst in den Blick bekommen, wie machtlos wir uns fühlen. Das Wegsperren und Im-Blick-Behalten des wilden Mannes symbolisiert, dass nun in unser Bewusstsein gerückt ist, wie machtlos wir uns fühlen, auch wenn wir nicht wissen, wie wir unser Machtlosigkeitsgefühl auflösen sollen.

Der König hatte einen Sohn von acht Jahren, der spielte einmal auf dem Hof, und bei dem Spiel fiel ihm sein goldener Ball in den Käfig. Der Knabe lief hin und sprach: „Gib mir meinen Ball heraus!" - „Nicht eher," antwortete der Mann, „als bis du mir die Türe aufgemacht hast." - „Nein," sagte der Knabe, „das tue ich nicht, das hat der König verboten," und lief fort. Am andern Tag kam er wieder und forderte seinen Ball. Der wilde Mann sagte: „Öffne meine Türe!" Aber der Knabe wollte nicht. Am dritten Tag war der König auf Jagd geritten, da kam der Knabe nochmals und sagte: „Wenn ich auch wollte, ich kann die Türe nicht öffnen, ich habe den Schlüssel nicht." Da sprach der wilde Mann: „Er liegt unter dem Kopfkissen deiner Mutter, da kannst du ihn holen." Der Knabe, der seinen Ball wieder haben wollte, schlug alles Bedenken in den Wind und brachte den Schlüssel herbei. Die Türe ging schwer auf, und der Knabe klemmte sich den Finger. Als sie offen war, trat der wilde Mann heraus, gab ihm den goldenen Ball und eilte hinweg. Dem Knaben war angst geworden, er schrie und rief ihm nach: „Ach, wilder Mann, gehe nicht fort, sonst bekomme ich Schläge." Der wilde Mann kehrte um, hob ihn auf, setzte ihn auf seinen Nacken und ging mit schnellen Schritten in den Wald hinein. Als der König heimkam, bemerkte er den leeren Käfig und fragte die Königin, wie das zugegangen wäre. Sie wußte nichts davon, suchte den Schlüssel, aber er war weg. Sie rief den Knaben, aber niemand antwortete. Der König schickte Leute aus, die ihn auf dem Felde suchen sollten, aber sie fanden ihn nicht. Da konnte er leicht erraten, was geschehen war, und es herrschte große Trauer an dem königlichen Hof.

Der kleine Königssohn dient später dem wilden Mann und noch später einem anderen König. Er symbolisiert unsere noch unentwickelte Haltung zum selbstlosen Dienen. Das Spiel mit dem goldenen Ball symbolisiert das Spiel mit unserem wahren Wesen (wie beim Froschkönig). Wenn dieses in den Griff unseres Machtlosigkeitsgefühls kommt und wir versuchen, unser wahres Wesen zurückzugewinnen, nimmt diese Machtlosigkeit unsere Bereitschaft zum selbstlosen Dienen erst einmal in Beschlag. Dass der Junge mitwill, um nicht ausgeschimpft zu werden, symbolisiert eine Angst vor Strafe für unsere gefühlte Unfähigkeit und den Willen, unsere Machtlosigkeitsgefühle aufzulösen.

Die Freilassung des wilden Mannes symbolisiert den Beginn der Transformation unseres Machtlosigkeitsgefühls in ein Bewusstsein von Möglichkeit durch unsere bloße Absicht dazu. Das Bewusstsein, dem Wohl der Welt selbstlos dienen zu können und zu wollen, geht mit der Entwicklung unseres Bewusstseins von Möglichkeit einher. In einem Bewusstsein von Möglichkeit sind wir leichter bereit, dem Guten in der Welt selbstlos zu dienen. Und durch selbstlosen Dienst hilft Gott uns, unser Bewusstsein von Möglichkeit zu erwecken.

Der Eisenhans nimmt den Jungen mit. Dieser muss für den Eisenhans auf einen Brunnen achtgeben, der alles, was hineinfällt, in Gold verwandelt, dadurch aber verunreinigt wird. Der Junge muss daher achtgeben, dass nichts hineinfällt. Erst steckt er aber den Finger hinein, dann fällt ein Haar herein und zuletzt alle Haare. Alles wird dabei vergoldet, aber der Junge muss den Eisenhans verlassen. Da der Junge aber kein böses Herz hat, erlaubt der Eisenhans ihm, ihn in der Not zu Hilfe zu rufen. Er habe große Macht und Gold und Silber im Überfluss.

Die große Macht des Eisenhans zeigt noch einmal das Thema, um das es bei ihm geht: Macht, Souveränität und Möglichkeit. Gold und Silber im Überfluss symbolisieren einen reichen Geist und ein weites Gemüt, das in der Lage ist, das Leben in seiner Vielfalt zu umarmen, wenn wir in einem Bewusstsein von Möglichkeit leben. Dass der Junge auf den Brunnen des Eisenhans mit sehr klarem Wasser aufpasst, symbolisiert die Möglichkeit, unsere Selbstachtung und damit unsere Bereitschaft zu selbstlosem Dienst, durch eine Innenschau zu stärken, durch die uns unser Wert bewusst wird. Dass nichts hineinfallen darf, bedeutet, dass unser Selbstwertgefühl nicht zu Selbstüberschätzung führen darf, die unserem Selbstwertgefühl wieder schaden würde. Dass die Dinge, die hineinfallen, zu Gold werden, zeigt jedoch die Erhöhung unseres Bewusstseins durch die gewonnene Selbsterkenntnis unseres Werts.

Die Kombination vom „Jungen", der dem Bereich des Selbstwertgefühl angehört, „Eisenhans", der dem Bereich der Macht angehört und dem klaren Brunnen, der für unsere Selbsterkenntnis steht, bedeutet für die Praxis also die Möglichkeit, uns mit anderen vertrauten oder befreundeten Menschen zusammenzutun und uns gegenseitig Wertschätzung aussprechen. Wenn uns andere aufrichtig und wahrheitsgemäß sagen, was sie an uns schätzen, ermöglicht uns dies, uns unserer eigenen menschlichen Qualitäten bewusst zu werden und steigert so unsere Selbstachtung. Es kann eine Hilfe zur Orientierung bieten, über welche besonderen Qualitäten wir verfügen, die uns auch eine Richtung in Bezug auf das geben können, wie wir unsere besonderen Fähigkeiten und Qualitäten einsetzen können und wollen (der goldene Finger) und unser spirituelles Bewusstsein stärken können (die goldenen Haare des Jungen). Ich kann mich an Dinge, die mir über mich gesagt wurden, erinnern, die mir erst dadurch bewusst wurden, dass sie mir jemand gesagt hat. So schön und heilsam diese Form gegenseitig ausgesprochener Wertschätzung ist, so sind ihre Möglichkeiten doch begrenzt. Es besteht wie gesagt auch die Gefahr, dass wir uns auf unseren entdeckten Selbstwert etwas einbilden, weil wir das, was wir sehen, toll finden. Dass der Königssohn nicht in den Brunnen hineingreifen oder Dinge in den Brunnen hineinfallen lassen darf, symbolisiert auch, dass die Wiederherstellung unseres Selbstwertgefühls kein Selbstzweck sein darf und wir in einem anderen Bereich als unserem Selbstwert ins Handeln kommen müssen. Es gilt, das so gewonnene Selbstbewusstsein durch richtiges Handeln (das vom nächsten Königreich weiter unten symbolisiert wird) zu verankern.

Die Verwandlung der Dinge in Gold symbolisiert also auch, dass unser Gewahrwerden unserer eigenen Qualitäten und Fähigkeiten eine Richtung markiert (der goldene Finger), in der wir unser auf diese Weise verstärktes spirituelles Bewusstsein (die goldenen Haare) weiterentwickeln können.

Die Absicht, aus einem reinen Herzen heraus und mit selbstlosen Absichten unser Selbstwertgefühl und Selbstbewusstsein zu steigern, segnet dieses Bemühen, wenn wir ins praktische Handeln übergehen. Durch diesen Segen ist unsere Herangehensweise an unser Leben (der goldene Finger) und unsere Ausrichtung von einer Kraft, die uns unserem wahren Selbst näher bringt (lange goldene Haare symbolisieren das durch spirituelle Übungen erlangte Bewusstsein unseres wahren Selbst, wobei das selbstlose Dienen, für das der Königssohn steht, an sich bereits eine kraftvolle spirituelle Übung ist).

Da verließ der Königssohn den Wald und ging über gebahnte und ungebahnte Wege immerzu, bis er zuletzt in eine große Stadt kam. Er suchte da Arbeit, aber er konnte keine finden und hatte auch nichts erlernt, womit er sich hätte forthelfen können. Endlich ging er in das Schloß und fragte, ob sie ihn behalten wollten. Die Hofleute wußten nicht, wozu sie ihn brauchen sollten, aber sie hatten Wohlgefallen an ihm und hießen ihn bleiben. Zuletzt nahm ihn der Koch in Dienst und sagte, er könnte Holz und Wasser tragen und die Asche zusammenkehren. Einmal, als gerade kein anderer zur Hand war, hieß ihn der Koch die Speisen zur königlichen Tafel tragen, da er aber seine goldenen Haare nicht wollte sehen lassen, so behielt er sein Hütchen auf. Dem König war so etwas noch nicht vorgekommen, und er sprach: „Wenn du zur königlichen Tafel kommst, mußt du deinen Hut abziehen!" - „Ach Herr," antwortete er, „ich kann nicht, ich habe einen bösen Grind auf dem Kopf." Da ließ der König den Koch herbeirufen, schalt ihn und fragte, wie er einen solchen Jungen hätte in seinen Dienst nehmen können; er sollte ihn gleich fortjagen. Der Koch aber hatte Mitleiden mit ihm und vertauschte ihn mit dem Gärtnerjungen.

Der König aus einem anderen Königreich symbolisiert hier den nächsten Funktionsbereich des Mentalkörpers, den der richtigen Ordnung der Dinge, da der Küchenjunge sich an die Regeln halten muss. Das Dienen in der Küche des Königs symbolisiert unsere Ausrichtung, den richtigen Dingen selbstlos zu dienen. Asche symbolisiert die Reinigung unseres Geistes von eigennützigen Emotionen durch die Erinnerung an unsere Sterblichkeit und die Vergänglichkeit aller irdischen Errungenschaften. Das Dienen mit dem Verrichten niederer Arbeiten symbolisiert den selbstlosen Dienst, für den der junge Königssohn steht.

Der Junge hält sich nicht an die Regeln, damit sein goldenes Haar nicht auffällt. Das symbolisiert die Haltung, unser spirituelles Bewusstsein lieber nicht zur Schau zu stellen, um deswegen kein Ego zu entwickeln und demütig zu bleiben. Die Notwendigkeit, mehr Demut zu entwickeln, weist allerdings auch auf mangelndes Selbstbewusstsein hin, das erst noch entwickelt werden muss. Und daher bedarf es dann noch einer anderen Vorgehensweise, um das nötige Selbstbewusstsein auf dem Weg zu entwickeln, dass das Erreichen unseres spirituellen Ziels möglich ist.

Für ein starkes Selbstbewusstsein in einer Haltung selbstlosen Dienens brauchen wir auch eine starke Verankerung in Integrität, ein umfassendes Wissen, wie wir das Richtige tun.

Der Wechsel vom Küchenjungen zum Gärtnerjungen symbolisiert, dass das Entwickeln unseres Selbstbewusstseins das Entwickeln spirituell förderlicher Gewohnheiten erfordert (die Arbeit als Gartenjunge). Die spirituell förderlichen Gewohnheiten können unser Sein zum Erblühen bringen, so dass wir durch ein fest in richtigem Handeln verankertes Bewusstsein das nötige Selbstbewusstsein entwickeln.

Nun mußte der Junge im Garten pflanzen und begießen hacken und graben und Wind und böses Wetter über sich ergehen lassen. Einmal im Sommer, als er allein im Garten arbeitete, war der Tag so heiß, daß er sein Hütchen abnahm und die Luft ihn kühlen sollte. Wie die Sonne auf das Haar schien, glitzte und blitzte es, daß die Strahlen in das Schlafzimmer der Königstochter fielen und sie aufsprang, um zu sehen, was da wäre. Da erblickte sie den Jungen und rief ihn an: „Junge, bring mir einen Blumenstrauß!" Er setzte in aller Eile sein Hütchen auf, brach wilde Feldblumen ab und band sie zusammen. Als er damit die Treppe hinaufstieg, begegnete ihm der Gärtner und sprach: „Wie kannst du der Königstochter einen Strauß von schlechten Blumen bringen? Geschwind hole andere und suche die schönsten und seltensten aus!" – „Ach nein," antwortete der Junge, „die wilden riechen kräftiger und werden ihr besser gefallen." Als er in ihr Zimmer kam, sprach die Königstochter: „Nimm dein Hütchen ab, es ziemt sich nicht, daß du ihn vor mir aufbehältst." Er antwortete wieder: „Ich darf nicht, ich habe einen grindigen Kopf." Sie griff aber nach dem Hütchen und zog es ab, da rollten seine goldenen Haare auf die Schultern herab, daß es prächtig anzusehen war. Er wollte fortspringen, aber sie hielt ihn am Arm und gab ihm eine Handvoll Dukaten. Er ging damit fort, achtete aber des Goldes nicht, sondern er brachte es dem Gärtner und sprach: „Ich schenke es deinen Kindern, die können damit spielen." Den andern Tag rief ihm die Königstochter abermals zu, er sollte ihr einen Strauß Feldblumen bringen, und als er damit eintrat, grapschte sie gleich nach seinem Hütchen und wollte es ihm wegnehmen; aber er hielt es mit beiden Händen fest. Sie gab ihm wieder eine Handvoll Dukaten, aber er wollte sie nicht behalten und gab sie dem Gärtner zum Spielwerk für seine Kinder. Den dritten Tag ging's nicht anders: Sie konnte ihm sein Hütchen nicht wegnehmen, und er wollte ihr Gold nicht.

Der König, bei dem der Gärtnerjunge Dienste tut, symbolisiert unsere Integrität und Rechtschaffenheit im Leben. Die Tochter dieses Königs symbolisiert den Aspekt des Pflichtgefühls. Durch unsere Haltung selbstlosen Dienens erwacht langsam auch das Gefühl dafür, dass es auch unsere Pflicht ist, der Welt selbstlos zu dienen. Die Anziehung der Königstochter zum Jungen symbolisiert, dass unsere Sehnsucht nach der

Wiedergewinnung unseres wahren Selbst mit sich bringt, dass wir ein Pflichtgefühl entwickeln, der Welt selbstlos zu dienen.

Dass die Königstochter das Wesen des Jungen erkennt, symbolisiert, dass die Verbindung von Pflichtgefühl und selbstlosem Dienen uns unserer Selbsterkenntnis und Selbstverwirklichung näher bringt.

Dass der Junge das Gold der Königstochter ablehnt und sich lieber verborgen und klein halten will, bringt das langsame Verschmelzen der jeweiligen Qualität zum Ausdruck, die von den beiden symbolisiert wird, die sich so anbahnende Hochzeit: Die Königstochter empfindet es als ihre Pflicht, den Gärtnerjungen für seine Dienste zu beschenken. Und der Gärtnerjunge empfindet es als seine Pflicht, seine Dienst selbstlos zu leisten.

Nicht lange danach ward das Land mit Krieg überzogen. Der König sammelte sein Volk und wußte nicht, ob er dem Feind, der übermächtig war und ein großes Heer hatte, Widerstand leisten könnte. Da sagte der Gärtnerjunge: „Ich bin herangewachsen und will mit in den Krieg ziehen; gebt mir nur ein Pferd!" Die andern lachten und sprachen: „Wenn wir fort sind, so suche dir eins; wir wollen dir eins im Stall zurücklassen." Als sie ausgezogen waren, ging er in den Stall und zog das Pferd heraus; es war an einem Fuß lahm und hickelte hunkepuus, hunkepuus. Dennoch setzte er sich auf und ritt fort nach dem dunkeln Wald. Als er an den Rand desselben gekommen war, rief er dreimal ‚Eisenhans' so laut, daß es durch die Bäume schallte. Gleich darauf erschien der wilde Mann und sprach: „Was verlangst du?" – „Ich verlange ein starkes Roß, denn ich will in den Krieg ziehen." – „Das sollst du haben und noch mehr als du verlangst." Dann ging der wilde Mann in den Wald zurück, und es dauerte nicht lange, so kam ein Stallknecht aus dem Wald und führte ein Roß herbei, das schnaubte aus den Nüstern und war kaum zu bändigen. Und hinterher folgte eine Schar Kriegsvolk, ganz in Eisen gerüstet, und ihre Schwerter blitzten in der Sonne. Der Jüngling übergab dem Stallknecht sein dreibeiniges Pferd, bestieg das andere und ritt vor der Schar her. Als er sich dem Schlachtfeld näherte, war schon ein großer Teil von des Königs Leuten gefallen, und es fehlte nicht viel, so mußten die übrigen weichen. Da jagte der Jüngling mit seiner eisernen Schar heran, fuhr wie ein Wetter über die Feinde und schlug alles nieder, was sich ihm widersetzte. Sie wollten fliehen, aber der Jüngling saß ihnen auf dem Nacken und ließ nicht ab, bis kein Mann mehr übrig war. Statt aber zu dem König zurückzukehren, führte er seine Schar auf Umwegen wieder zu dem Wald und rief den Eisenhans heraus. „Was verlangst du?" fragte der wilde Mann. „Nimm dein Roß und deine Schar zurück und gib mir mein dreibeiniges Pferd wieder!" Es geschah alles, was er verlangte, und er ritt auf seinem dreibeinigen Pferd heim. Als der König wieder in sein Schloß kam, ging ihm seine Tochter entgegen und wünschte ihm Glück zu seinem Siege. „Ich bin es nicht, der den Sieg davongetragen hat," sprach er, „sondern ein fremder Ritter, der mir mit seiner Schar zu Hilfe kam." Die Tochter wollte wissen, wer der fremde Ritter wäre, aber der König wußte es nicht und sagte: „Er hat die Feinde verfolgt, und ich habe ihn nicht wiedergesehen." Sie erkundigte sich bei dem Gärtner nach dem Jungen; der lachte aber und sprach: „Eben ist er auf seinem dreibeinigen Pferde heimgekommen, und die andern haben gespottet und gerufen: ‚Da kommt unser Hunkepuus wieder an.' Sie fragten auch: ‚Hinter welcher Hecke hast du derweil gelegen und geschlafen?' Er sprach aber: ‚Ich habe das Beste getan, und ohne mich wäre es schlecht gegangen.' Da ward er noch mehr ausgelacht."

Der Krieg im Königsreich, das für die richtige Ordnung steht, symbolisiert einen Zerfall von Integrität und Anstand in den Menschen und die Ausübung von Zwang zur Wiederherstellung der Ordnung. Wenn eine solche Situation in der Gesellschaft eintritt, spüren wir, dass es erforderlich ist, unseren Mitmenschen selbstlos zu dienen, um dem Zerfall in der Gesellschaft entgegenzuwirken. Wenn wir diese selbstlos dienende Haltung dann tatsächlich aufbringen, ist unser Selbstbewusstsein noch nicht voll wiederhergestellt. Integrität und das Entwickeln förderlicher spiritueller Gewohnheiten ist eine nötige Voraussetzung für unsere Selbstachtung. Jedoch fehlt dann immer noch etwas.

Der König sprach zu seiner Tochter: „Ich will ein großes Fest ansagen lassen, das drei Tage währen soll, und du sollst einen goldenen Apfel werfen. Vielleicht kommt der Unbekannte herbei."

Das Fest des Königs symbolisiert die Schaffung eines Rahmens, in dem unser Selbstwertgefühl wiederhergestellt werden kann. Wir brauchen Projekte, von denen die Gesellschaft so inspiriert ist, dass alle durch ihren Beitrag an den Projekten zur Lösung der gesellschaftlichen Probleme in ihrer Selbstachtung wachsen können. Der goldene Apfel, den es dabei zu gewinnen gilt, symbolisiert unsere Haltung, unser vergängliches Leben für die spirituelle Suche und den selbstlosen Dienst an unseren Mitmenschen zu nutzen. Dass der Apfel den Unbekannten herbeilocken soll, symbolisiert, dass sich unser Selbstwertgefühl und Selbstbewusstsein auch daran zeigt, wie viel Energie wir bereit sind, in unsere spirituelle Ausrichtung, unsere spirituellen Übungen und einen selbstlosen Dienst zu investieren.

Als das Fest verkündigt war, ging der Jüngling hinaus zu dem Wald und rief den Eisenhans. „Was verlangst du?" fragte er. „Daß ich den goldenen Apfel der Königstochter fange." - „Es ist so gut, als hättest du ihn schon," sagte Eisenhans, "du sollst auch eine rote Rüstung dazu haben und auf einem stolzen Fuchs reiten." Als der Tag kam, sprengte der Jüngling heran, stellte sich unter die Ritter und ward von niemand erkannt. Die Königstochter trat hervor und warf den Rittern einen goldenen Apfel zu, aber keiner fing ihn als er allein; aber sobald er ihn hatte, jagte er davon. Am zweiten Tag hatte ihn Eisenhans als weißen Ritter ausgerüstet und ihm einen Schimmel gegeben. Abermals fing er allein den Apfel, verweilte aber keinen Augenblick, sondern jagte damit fort. Der König war bös und sprach: "Das ist nicht erlaubt, er muß vor mir erscheinen und seinen Namen nennen." Er gab den Befehl, wenn der Ritter, der den Apfel gefangen habe, sich wieder davonmachte, so sollte man ihm nachsetzen, und wenn er nicht gutwillig zurückkehrte, auf ihn hauen und stechen. Am dritten Tag erhielt er vom Eisenhans eine schwarze Rüstung und einen Rappen und fing auch wieder den Apfel. Als er aber damit fortjagte, verfolgten ihn die Leute des Königs, und einer kam ihm so nahe, daß er mit der Spitze des Schwertes ihm das Bein verwundete. Er entkam ihnen jedoch; aber sein Pferd sprang so gewaltig, daß der Helm ihm vom Kopf fiel, und sie konnten sehen, daß er goldene Haare hatte. Sie ritten zurück und meldeten dem König alles.

Ein Ritter symbolisiert das Einstehen für edle Qualitäten. Die Farben rot, weiß und schwarz – hatten wir in Schneewittchen schon – symbolisieren in Bezug auf unseren spirituellen Körper „Sein", also Liebe, „Glück" und „Bewusstsein". In allen drei Bereichen haben wir die Aufgabe, unser wahres Selbst zu finden, und für unsere edlen Qualitäten von Liebe & Mitgefühl, Glück & Freude sowie Geistesfrieden & kindliche Unschuld einzustehen, um in und mit unserem selbstlosen Dienst unser volles Selbstbewusstsein wiederherzustellen.

Das Fliehen des Jungen vom Turnierfeld symbolisiert Zurückhaltung in Demut, die wir brauchen, bevor unser Selbstbewusstsein voll erwacht, damit auch unsere Demut stärker werden kann. Das Offenbarwerden der goldenen Haare symbolisiert schließlich das spirituelle Bewusstsein, das sich nicht mehr verbergen lässt, wenn unser Selbstbewusstsein in unserem selbstlosen Dienst erstrahlt.

Am andern Tag fragte die Königstochter den Gärtner nach seinem Jungen. „Er arbeitet im Garten; der wunderliche Kauz ist auch bei dem Fest gewesen und erst gestern abend wiedergekommen; er hat auch meinen Kindern drei goldene Äpfel gezeigt, die er gewonnen hat." Der König ließ ihn vor sich fordern, und er erschien und hatte wieder sein Hütchen auf dem Kopf. Aber die Königstochter ging auf ihn zu und nahm es ihm ab, und da fielen seine goldenen Haare über die Schultern, und es war so schön, daß alle erstaunten. „Bist du der Ritter gewesen, der jeden Tag zu dem Fest gekommen ist, immer in einer andern Farbe, und der die drei goldenen Äpfel gefangen hat?" fragte der König. *„Ja,"* antwortete er, *„und da sind die Äpfel,"* holte sie aus seiner Tasche und reichte sie dem König. *„Wenn Ihr noch mehr Beweise verlangt, so könnt Ihr die Wunde sehen, die mir Eure Leute geschlagen haben, als sie mich verfolgten. Aber ich bin auch der Ritter, der Euch zum Sieg über die Feinde verholfen hat."* - *„Wenn du solche Taten verrichten kannst, so bist du kein Gärtnerjunge. Sage mir, wer ist dein Vater?"* - *„Mein Vater ist ein mächtiger König, und Goldes habe ich die Fülle und soviel ich nur verlange."* - *„Ich sehe wohl,"* sprach der König, *„ich bin dir Dank schuldig, kann ich dir etwas zu Gefallen tun?"* - *„Ja,"* antwortete er, *„das könnt Ihr wohl, gebt mir Eure Tochter zur Frau."* Da lachte die Jungfrau und sprach: *„Der macht keine Umstände! Aber ich habe schon an seinen goldenen Haaren gesehen, daß er kein Gärtnerjunge ist,"* ging dann hin und küßte ihn. Zu der Vermählung kam sein Vater und seine Mutter und waren in großer Freude, denn sie hatten schon alle Hoffnung aufgegeben, ihren lieben Sohn wiederzusehen. Und als sie an der Hochzeitstafel saßen, da schwieg auf einmal die Musik, die Türen gingen auf, und ein stolzer König trat herein mit großem Gefolge. Er ging auf den Jüngling zu, umarmte ihn und sprach: *„Ich bin der Eisenhans und war in einen wilden Mann verwünscht, aber du hast mich erlöst. Alle Schätze, die ich besitze, die sollen dein Eigentum sein."*

Das Offenbarwerden der wahren Natur des Jungen symbolisiert zum Schluss das volle Erwachen zu unserem Selbstbewusstsein und den hohen Wert eines selbstlosen Dienstes. Wenn unser Selbstbewusstsein voll erwacht, können Pflichtgefühl und selbstloser Dienst verschmelzen (die Hochzeit mit der Königstochter).

Wenn auch unser spiritueller Körper und unser Selbstbewusstsein voll erwacht, wird auch der wilde Mann wieder zurück in den Eisenhans verwandelt. Das heißt, die ursprüngliche Wildheit unseres wahren Seins wird befreit und erblüht in einem machtvollen Bewusstsein von Möglichkeit, egal welche Schwierigkeiten in unserem Leben auftreten (der Eisenhans).

Dass der Eisenhans dem Königssohn stets geholfen hat, den goldenen Apfel zu fangen, symbolisiert, dass wir durch ein Leben im selbstlosen Dienst auch die göttliche Gnade für uns gewinnen, die uns zur Seite stehen wird, um unsere Projekte im selbstlosen Dienst an der Gesellschaft und Menschheit mit dem Bewusstsein von Möglichkeit zu segnen. Was wir mit der richtigen Haltung im selbstlosen Dienst an der Gesellschaft tun, wird die volle Unterstützung der göttlichen Gnade genießen. Am Ende können unsere durch selbstloses Dienen wiederhergestellte Integrität und unser Selbstbewusstsein mit dieser göttlichen Gnade das Bewusstsein von Möglichkeit befreien. Dies ist eine etwas andere Art, das Bewusstsein von Möglichkeit wiederzuerschaffen als im Märchen vom Rapunzel dargestellt. Dort ging es um das Streben nach Integrität bis wir an den Punkt kommen, dass sich das Bewusstsein von Möglichkeit und unsere Integrität gegenseitig erlösen. Im Eisenhans ist es der selbstlose Dienst an der Gesellschaft, durch den wir zuerst die Integrität in der Gesellschaft und schließlich auch das kollektive Bewusstsein von Möglichkeit wiedererwecken. Das besondere hier ist also der Fokus auf Selbstlosigkeit.

Der auf allen Seiten vorhandene Reichtum - der Königssohn ist reich, der Eisenhans ist reich, die Eltern des Königssohns sind reich - symbolisiert den unermesslichen geistigen Reichtum, den wir erleben, wenn wir durch die Verschmelzung von Pflichtgefühl und selbstlosem Dienen zu vollem Selbstbewusstsein, zu voller Integrität und schließlich in Summe auch zu einem machtvollen Bewusstsein von Möglichkeit erblühen. Wenn wir als Gesellschaft zu diesem Bewusstsein erwachen, kann uns wahrlich nichts mehr daran hindern, den Himmel auf die Erde zu bringen.

In einer Zeit, in der die Macht des Volkes durch zentrale Institutionen und eine Gängelung staatlicher und internationaler Stellen immer mehr eingeschränkt wird, in der wir immer mehr entmachtet werden, ist das Erwachen eines Pflichtgefühls zum selbstlosen Dienen, eines Bewusstseins von Möglichkeit und die Wiederherstellung unserer Integrität von großer Bedeutung. Ein Regieren gegen den Willen des Volkes ist nur möglich, wenn das Selbstbewusstsein des Volkes darniederliegt wie der Wald, der alle Jäger verschluckt. Wenn wahres Selbstbewusstsein erwacht, arbeiten wir selbstlos an den gewünschten Lösungen zusammen, setzen Projekte in Gang, die die Probleme lösen, deren Lösung wir uns wünschen. Zentrale Stellen, die das Volk nur gängeln und unterdrücken wollen, werden angehalten, ihrer Selbstverpflichtung und Gesetzgebung gemäß dem Wohl der Allgemeinheit zu dienen. Wenn die Gemeinschaft zu einer Verschmelzung von Pflichtgefühl und selbstlosem Dienen erwacht, wir unsere Integrität wiederherstellen und schließlich zu einem machtvollen Bewusstsein von Möglichkeit erwachen, übt niemand mehr Macht über andere aus und niemand kann mehr von oben herab über ein solches Volk herrschen.

Die Farben rot, weiß und schwarz spielen auch in anderen deutschen Volksmärchen eine Rolle, zum Beispiel im Schneewittchen. Diese Farben symbolisieren unser Sein-Bewusstsein-Glück. Sie deuten also auf ein hohes spirituelles Bewusstsein unserer Vorfahren, was man auch leicht an der

Bedeutung der Märchen insgesamt sehen kann. Die deutschsprachigen Menschen Mitteleuropas sind wesensmäßig ein Kulturvolk der Dichter und Denker.

Es gibt in diesem Märchen auch viele Parallelen zur Symbolik des Herrn der Ringe. Die Hochzeit von Königstochter und Königssohn entspricht der Hochzeit von Faramir mit Éowyn am Ende von Band 3, die Verschmelzung von Pflichtgefühl und selbstlosem Dienst.

Der Kampf des Königssohns im Dienst des Königs entspricht dem Eingreifen Rohans in die Schlacht auf den Pelennorfeldern, also das Erwachen von Demut und Selbstlosigkeit, die bei der Wiederherstellung der stark bedrängten Integrität in der Gesellschaft helfen.

Noch konkreter entspricht er auch dem Sieg Éowyns über den König der Ringgeister, der unsere Befreiung vom globalen Tiefenstaat durch den selbstlosen Einsatz vieler Menschen symbolisiert.

Der Sieg mit dem Treffen der drei Könige entspricht dann auch dem Sieg der Heere des Westens über die Heere Mordors, nach dem sich dann auch die Heerführer des Westens treffen. Dies symbolisiert jeweils eine siegreiche Renaissance der menschlichen Werte und der Integrität, die durch das Erwachen von Demut und Selbstlosigkeit im Dienst an einer gerechten Welt möglich wird.

5.7 Die zwölf Brüder – Erwecken bedingungsloser Liebe in zwei Zyklen

12 Brüder	alle unsere Geistesaspekte
13. Kind	Ausbilden eines Egos
Schwester, 13. Kind	Transformieren von Ego zu bedingungsloser Liebe
Benjamin	rechtes Handeln
Verwünschtes Haus	durch unser Ego verändertes Sein
Raben, verwünschte Brüder	Deaktivierung unseres spirituellen Seins, Entrückung der geistigen Welt
König	Weisheit
Böse Königsmutter	Ego

Im Märchen von den zwölf Brüdern ist der beschwerliche Weg hin zu bedingungsloser Liebe verschlüsselt. Dem Entwickeln bedingungsloser Liebe geht das Auftreten eines Egos, eines Bewusstseins von Trennung voraus, das uns zu zerstören droht, wenn wir nicht auf den richtigen Weg kommen und durch spirituelle Disziplin bedingungslose Liebe entwickeln.

Wann immer wir feststellen, dass wir Neigungen nachgeben, durch die wir uns selbst behindern und zerstören, kann es hilfreich sein, uns den Gesamtkontext unseres Daseins als Menschen vor Augen zu führen und uns klar zu machen, dass es in unserem Leben am Ende allein darum geht, bedingungslose Liebe zu entwickeln.

Wir können die zerstörerischen Tendenzen unseres Egos als Aufgabe verstehen, uns damit anzunehmen und diese Tendenzen in bedingungsloser Liebe aufzulösen und in bedingungslose Liebe umzuwandeln, die am Ende allein übrigbleibt. Das Ziel bedingungsloser Liebe zu erreichen, ist Sinn und Zweck des menschlichen Lebens.

Es war einmal ein König und eine Königin, die lebten in Frieden miteinander und hatten zwölf Kinder, das waren aber lauter Buben. Nun sprach der König zu seiner Frau: „Wenn das dreizehnte Kind, das du zur Welt bringst, ein Mädchen ist, so sollen die zwölf Buben sterben, damit sein Reichtum groß wird und das Königreich ihm allein zufällt." Er ließ auch zwölf Särge machen, die waren schon mit Hobelspänen gefüllt, und in jedem lag das Totenkissen, und ließ sie in eine verschlossene Stube bringen, dann gab er der Königin den Schlüssel und gebot ihr, niemand etwas davon zu sagen.

Die zwölf Brüder symbolisieren die Gesamtheit der spirituellen Prinzipien, die unser Leben und unsere Entwicklung als Mensch in der physischen Welt regeln. In der Astrologie wären dies die zwölf Tierkreiszeichen. Sie ist auch eine Zahl der Zeitrechnung. Tag und Nacht haben jeweils zwölf Stunden, was auch symbolisiert, dass es im menschlichen Leben immer und immer wieder darum geht, uns aus der Dunkelheit unseres Egos herauszuarbeiten an das Licht unseres wahren Seins, der bedingungslosen Liebe. Die Zahl Dreizehn steht im Positiven für einen Neubeginn nach einem abgeschlossenen Zyklus, im Negativen jedoch für unsere eigenen Schöpfung jenseits des Göttlichen, also für unser Ego, das die Ursache von all unserem Unglück ist.

Wem die Bedeutung der Zahl Dreizehn nicht ganz klar ist, der kann an dieser Stelle noch einmal die Ausführungen zur Zahl Dreizehn auf Seite 28 nachlesen. Das Entwickeln von Ego bringt eine große Gefahr für den menschlichen Geist mit sich, den Weg zurück für eine sehr lange Zeit nicht mehr zu finden, die von Selbstzerstörung und Zerstörung geprägt ist, oder diesen Weg unter Umständen gar nicht mehr zu finden. Das bedeutet, dass das fundamentale wichtigste Lernen im menschlichen Leben darin besteht, uns selbst anzunehmen wie wir sind, damit wir über die Selbstablehnung nicht in die Selbstzerstörung gehen.

Man kann diese zweckbestimmte Entwicklung eines Egos mit der Perlenzucht vergleichen. Man bringt Perlenmuscheln in Bereiche, in denen die Wahrscheinlichkeit hoch ist, dass ein Sandkorn in die Muschel eindringt. Das Sandkorn kann die Muschel umbringen, da es ein großes Problem für die Muschel mit sich bringt. Und die Bewältigung dieses Problems bringt eine wunderschöne, kostbare Perle hervor. Tragischerweise besteht die Gefahr, dass die Muschel stirbt, was analog für unseren spirituellen Weg bedeutet, dass die reale Gefahr besteht, dass wir unseren Weg zurück in die Einheit nicht mehr finden, wenn wir uns nicht mehr von unserem Ego lösen und die von unserem Ego ausgehende Gefahr nicht mehr neutralisieren können. Solange wir uns mit unserem Ego identifizieren, bleibt die Gefahr bestehen, dass wir uns selbst und andere zerstören.

Für uns selbst wie auch für den Umgang mit unseren Mitmenschen bedeutet dies, dass unsere einzige Rettung darin bestehen kann, bedingungslose Liebe anderen und uns selbst gegenüber zu entwickeln. Nur diese kann uns aus der selbstgeschaffenen Dunkelheit erlösen und uns aus der Gefahr der Selbstzerstörung erretten.

Die Mutter aber saß nun den ganzen Tag und trauerte, so daß der kleinste Sohn, der immer bei ihr war, und den sie nach der Bibel Benjamin nannte, zu ihr sprach: „Liebe Mutter, warum bist du so traurig?" - „Liebstes Kind," antwortete sie, „ich darf dir's nicht sagen." Er ließ ihr aber keine Ruhe, bis sie ging und die Stube aufschloß und ihm die zwölf mit Hobelspänen schon gefüllten Totenladen zeigte. Darauf sprach sie: „Mein liebster Benjamin, diese Särge hat dein Vater für dich und deine elf Brüder machen lassen, denn wenn ich ein Mädchen zur Welt bringe, so sollt ihr allesamt getötet und darin begraben werden." Und als sie weinte, während sie das sprach, so tröstete sie der Sohn und sagte: „Weine nicht, liebe Mutter, wir wollen uns schon helfen und wollen fortgehen." Sie aber sprach: „Geh mit deinen elf Brüdern hinaus in den Wald, und einer setze sich immer auf den höchsten Baum, der zu finden ist, und halte Wacht und schaue nach dem Turm hier im Schloß. Gebär ich ein Söhnlein, so will ich eine weiße Fahne aufstecken, und dann dürft ihr wiederkommen; gebär ich ein Töchterlein, so will ich eine rote Fahne aufstecken, und dann flieht fort, so schnell ihr könnt, und der liebe Gott behüte euch. Alle Nacht will ich aufstehen und für euch beten, im Winter, daß ihr an einem Feuer euch wärmen könnt, im Sommer, daß ihr nicht in der Hitze schmachtet."

Die Liebe der Mutter, die versucht, das Leben ihrer Söhne zu retten, symbolisiert unsere Liebe zu unserem wahren Sein, zu Gott. In Verbindung mit dieser Liebe würden wir immer versuchen, unser wahres Sein zu bewahren oder wiederzuerwecken, wenn wir uns in Leid, Angst und Schuld verstricken. Die Gebete der Mutter symbolisieren auch die Gebete Gottes für seine Kinder, dass wir unsere selbstgewählte Prüfung bestehen und unseren Weg zurück in die Einheit des Göttlichen finden mögen. Ich weiß, dass diese Vorstellung für viele seltsam anmuten mag. Aber Gott ist sowohl unpersönlich als auch persönlich. Und der persönliche Gott, an den wir uns wenden können, betet auch wie eine Mutter für uns, seine Kinder.

Nachdem sie also ihre Söhne gesegnet hatte, gingen sie hinaus in den Wald. Einer hielt um den andern Wacht, saß auf der höchsten Eiche und schaute nach dem Turm. Als elf Tage herum waren und die Reihe an Benjamin kam, da sah er, wie eine Fahne aufgesteckt wurde. Es war aber nicht die weiße, sondern die rote Blutfahne, die verkündigte, daß sie alle sterben sollten. Wie die Brüder das hörten, wurden sie zornig und sprachen: „Sollten wir um eines Mädchens willen den Tod leiden! Wir schwören, daß wir uns rächen wollen. Wo wir ein Mädchen finden, soll sein Blut fließen."

Die Tochter ist das 13. Kind und symbolisiert damit also zunächst das Auftreten unseres Egos, durch das wir von unserem wahren Sein getrennt werden. Der Verlust unserer Verbindung zu unserem wahren Sein, zu Gott, löst Schuldgefühle aus, mit denen wir leicht in die Projektion gehen und andere für das Leid verantwortlich machen, das wir uns selbst geschaffen haben. Wir fühlen uns in unserem selbstgeschaffenen Leid leicht von Gott verraten und verkauft. Aus diesem Gefühl heraus machen wir uns selbst und anderen das Leben schwer. Das Versprechen, das Blut der Mädchen zu vergießen, symbolisiert diese Gewalt gegen uns selbst, gegen unser eigenes Sein, weil wir uns durch unsere selbstgeschaffene, selbstgewählte Trennung von Gott verraten fühlen.

Darauf gingen sie tiefer in den Wald hinein, und mitten drein, wo er am dunkelsten war, fanden sie ein kleines verwünschtes Häuschen, das leer stand. Da sprachen sie: „Hier wollen wir wohnen und du, Benjamin, du bist der Jüngste und Schwächste, du sollst daheim bleiben und haushalten, wir andern wollen ausgehen und Essen holen." Nun zogen sie in den Wald und schössen Hasen, wilde Rehe, Vögel und Täuberchen, und was zu essen stand, das brachten sie dem Benjamin, der mußte es ihnen zurecht machen, damit sie ihren Hunger stillen konnten. In dem Häuschen lebten sie zehn Jahre zusammen, und die Zeit ward ihnen nicht lang.

Das verwünschte Häuschen symbolisiert unser durch unser Ego verändertes Sein. Die 10 Jahre Leben im Wald symbolisieren einen Zeitraum der durch unser Ego bewirkten Trennung von unserem wahren Sein, der notwendig ist, um an den Punkt zu kommen, dass wir uns auf die spirituelle Suche machen. In der realen Welt kann dieser Zeitraum fast zahllose Lebzeiten, in den wir als Mensch geboren werden und wieder sterben, in Anspruch nehmen, bis wir uns endlich und am besten immer jetzt sofort tatsächlich auf die spirituelle Suche machen, unser wahres Sein zurückzugewinnen.

Wenn in unserem Leben die spirituelle Sehnsucht erwacht, zu unserem wahren Sein zurückzufinden, ist dies ein unschätzbarer Segen, auf den unsere Seele zahllose Leben gewartet hat. Das Leben im Ego, also im Bewusstsein der Trennung, ist beschwerlicher als eines in der Verbindung zu unserem wahren Selbst, kann aber zumindest eine Weile lang leidlich zugebracht werden.

Der Name Benjamin heißt „Sohn der rechten Hand" und verweist damit auf alles, was aus dem richtigen Handeln im Leben hervorgeht. Rechte Hand = richtiges Handeln. Um die Grundlage für die Möglichkeit zu schaffen, zu unserem wahren Sein zurückzukehren, ist es also erforderlich, dass wir im Bewusstsein leben, das Richtige im Leben zu tun und nach bestem Wissen und Gewissen zu handeln.

Dass Benjamin der jüngst Sohn ist, symbolisiert, dass das Entwickeln eines Bewusstseins von Rechtschaffenheit und Integrität die letzte notwendige Voraussetzung dafür schafft, sozusagen die finale Grundlage dafür legt, unseren Weg zurück zu unserem wahren Sein beschreiten und bis zum Ziel verfolgen zu können.

Das Benjamin der schwächste ist, symbolisiert, dass die Zeit bevor wir uns endlich auf die spirituelle Suche machen, durch ein herabgesetztes ethisches Bewusstsein gekennzeichnet ist und dies erst durch die spirituelle Suche wieder die nötige Kraft gewinnt, die wir für unseren spirituellen Weg brauchen.

Das Töchterchen, das ihre Mutter, die Königin, geboren hatte, war nun herangewachsen, war gut von Herzen und schön von Angesicht und hatte einen goldenen Stern auf der Stirne. Einmal, als große Wäsche war, sah es darunter zwölf Mannshemden und fragte seine Mutter: „Wem gehören diese zwölf Hemden, für den Vater sind sie doch viel zu klein?" Da antwortete sie mit schwerem Herzen: „Liebes Kind, die gehören deinen zwölf Brüdern." Sprach das Mädchen: „Wo sind meine zwölf Brüder? Ich habe noch niemals von ihnen gehört." Sie antwortete: „Das weiß Gott, wo sie sind. Sie irren in der Welt herum." Da nahm sie das Mädchen und schloß ihm das Zimmer auf und zeigte ihm die zwölf Särge mit den Hobelspänen und den Totenkissen. „Diese Särge," sprach sie, „waren für deine Brüder bestimmt, aber sie sind heimlich fortgegangen, eh du geboren warst," und erzählte ihm, wie sich alles zugetragen hatte. Da sagte das Mädchen: „Liebe Mutter, weine nicht, ich will gehen und meine Brüder suchen."

Die Trennung von unserem wahren Sein löst in der Tiefe unseres Herzens einen tiefen Kummer aus. In gewissem Sinne ist Gott um uns bekümmert, wenn wir uns in unserem menschlichen Leben verirren und unsere Verbindung zu Gott nicht wiederfinden. Die eine Freude, die wir Gott machen können, besteht darin, uns auf den Weg zu machen, spirituell zu erwachen und spirituell danach zu streben, ganz zu werden.

Das Mädchen, dessen Geburt zunächst das Auftreten eines Egos symbolisiert hat, steht nun für die wandelnde Kraft bedingungsloser Liebe, zu der wir erwachen müssen, um zu lernen, uns durch Ängste und Schuldgefühle und deren Projektion nicht selbst zu zerstören und die negativen Aktivitäten unseres Egos in Liebe, Frieden und Glück umzuwandeln.

Der Stern auf der Stirn des Mädchens symbolisiert ein geöffnetes und aktives Weisheitschakra, die Fähigkeit, aus allen Problemen des Lebens zu lernen, diese in bedingungsloser Liebe anzunehmen und zu lösen. Der Beschluss des Mädchens, ihre Brüder zu suchen, symbolisiert nun also den Beginn unserer spirituellen Suche, den Weg zurück zu unserem wahren Sein zu finden.

Nun nahm es die zwölf Hemden und ging fort und geradezu in den großen Wald hinein. Es ging den ganzen Tag und am Abend kam es zu dem verwünschten Häuschen. Da trat es hinein und fand einen jungen Knaben, der fragte: „Wo kommst du her und wo willst du hin?" und erstaunte, daß sie so schön war, königliche Kleider trug und einen Stern auf der Stirn hatte. Da antwortete sie: „Ich bin eine Königstochter und suche meine zwölf Brüder und will gehen, so weit der Himmel blau ist, bis ich sie finde." Sie zeigte ihm auch die zwölf Hemden, die ihnen gehörten. Da sah Benjamin, daß es seine Schwester war und sprach: „Ich bin Benjamin, dein jüngster Bruder." Und sie fing an zu weinen vor Freude, und Benjamin auch, und sie küßten und herzten einander vor großer Liebe.

Die Begegnung von Benjamin mit seiner Schwester symbolisiert unsere spirituellen Erfahrungen, die unsere erwachende spirituelle Liebe ins Fließen bringen und diese auch im richtigen Handeln verankern.

Hernach sprach er: „Liebe Schwester, es ist noch ein Vorbehalt da, wir hatten verabredet, daß ein jedes Mädchen, das uns begegnete, sterben sollte, weil wir um ein Mädchen unser Königreich verlassen mußten." Da sagte sie: „Ich will gerne sterben, wenn ich damit meine zwölf Brüder erlösen kann." - „Nein," antworte er, *„du sollst nicht sterben, setze dich unter diese Bütte, bis die elf Brüder kommen, dann will ich schon einig mit ihnen werden." Also tat sie; und wie es Nacht ward, kamen die anderen von der Jagd, und die Mahlzeit war bereit. Und als sie am Tische saßen und aßen, fragten sie: „Was gibt's Neues?" Sprach Benjamin: „Wißt ihr nichts?" - „Nein," antworteten sie. Sprach er weiter: „Ihr seid im Walde gewesen, und ich bin daheim geblieben, und weiß doch mehr als ihr." - „So erzähle uns," riefen sie. Antwortete er: „Versprecht ihr mir auch, daß das erste Mädchen, das uns begegnet, nicht soll getötet werden?" - „Ja," riefen sie alle, „das soll Gnade haben, erzähl uns nur!" Da sprach er: „Unsere Schwester ist da," und hub die Bütte auf, und die Königstochter kam hervor, in ihren königlichen Kleidern mit dem goldenen Stern auf der Stirne, und war so schön, zart und fein. Da freuten sich alle, fielen ihr um den Hals und küßten sie und hatten sie von Herzen lieb.*

Wenn unsere spirituelle Suche die Liebe ins Fließen bringt und Fortschritte zeitigt, verfliegt auch unser Groll auf Gott wegen unseres Gefühls, dass Gott uns im Stich gelassen hat.

Nun blieb sie bei Benjamin zu Haus und half ihm in der Arbeit. Die elfe zogen in den Wald, fingen Gewild, Rehe, Vögel und Täuberchen, damit sie zu essen hatten, und die Schwester und Benjamin sorgten, daß es zubereitet wurde. Sie suchte das Holz zum Kochen und die Kräuter zum Gemüs und stellte die Töpfe ans Feuer, also daß die Mahlzeit immer fertig war, wenn die elfe kamen. Sie hielt auch sonst Ordnung im Häuschen, und deckte die Bettlein hübsch weiß und rein, und die Brüder waren immer zufrieden und lebten in großer Einigkeit mit ihr.

Das spirituelle Leben ist glückbringend. Ein Leben in spirituellen Übungen und spiritueller Disziplin kann in großer Harmonie zugebracht werden und führt zu Zufriedenheit und Einigkeit in unserem Geist.

Auf eine Zeit hatten die beiden daheim eine schöne Kost zurechtgemacht, und wie sie nun alle beisammen waren, setzten sie sich, aßen und tranken und waren voller Freude. Es war aber ein kleines Gärtchen an dem verwünschten Häuschen, darin standen zwölf Lilienblumen, die man auch Studenten heißt. Nun wollte sie ihren Brüdern ein Vergnügen machen, brach die zwölf Blumen ab und dachte, jedem aufs Essen eine zu schenken. Wie sie aber die Blumen abgebrochen hatte, in demselben Augenblick waren die zwölf Brüder in zwölf Raben verwandelt und flogen über den Wald hin fort, und das Haus mit dem Garten war auch verschwunden. Da war nun das arme Mädchen allein in dem wilden Wald, und wie es sich umsah, so stand eine alte Frau neben ihm, die sprach: „Mein Kind, was hast du angefangen? Warum hast du die zwölf weißen Blumen nicht stehen lassen? Das waren deine Brüder, die sind nun auf immer in Raben verwandelt." Das Mädchen sprach weinend: „Ist denn kein Mittel, sie zu erlösen?" - „Nein," sagte die Alte, „es ist keins auf der ganzen Welt, als eins, das ist aber so schwer, daß du sie damit nicht befreien wirst, denn du mußt sieben Jahre stumm sein, darfst nicht sprechen und nicht lachen, und sprichst du ein einziges Wort, und es fehlt nur eine Stunde an den sieben Jahren, so ist alles umsonst, und deine Brüder werden von dem einen Wort getötet."

Die Lilie mit ihren anmutigen weißen Blütenblättern und gelben Stängeln symbolisiert die Ausrichtung unseres Willens (die gelben Stängel) auf das Erreichen der Glückseligkeit der Einheit mit Gott (die weißen Blüten). Die zwölf Lilien, die das Mädchen versehentlich pflückt, symbolisieren den Verlust unserer spirituellen Ausrichtung und unseres Glücks durch falsche Taten aus spiritueller Unwissenheit.

Die Verwandlung der Brüder in Raben symbolisiert die Deaktivierung unseres spirituellen Seins und die Entrückung der spirituellen Welt für uns, so dass es schwer wird, unser spirituelles Sein wiederzuerwecken.

Die sieben Jahre Stummheit symbolisieren, dass wir unser spirituelles Sein wiedererwecken und wiederbeleben können, indem wir unsere Lebenszeit ganz spirituellen Übungen und Verzichtübungen widmen und sozusagen jeden Tag der Woche an Gott denken. Und es ist wichtig, dass wir uns nicht von unserer Disziplin abbringen lassen.

Da sprach das Mädchen in seinem Herzen: „Ich weiß gewiß, daß ich meine Brüder erlöse," und ging und suchte einen hohen Baum, setzte sich darauf und spann, und sprach nicht und lachte nicht. Nun trug's sich zu, daß ein König in dem Walde jagte, der hatte einen großen Windhund, der lief zu dem Baum, wo das Mädchen drauf saß, sprang herum, schrie und bellte hinauf. Da kam der König herbei und sah die schöne Königstochter mit dem goldenen Stern auf der Stirne, und war so entzückt über ihre Schönheit, daß er ihr zurief, ob sie seine Gemahlin werden wollte. Sie gab keine Antwort, nickte aber ein wenig mit dem Kopf. Da stieg er selbst auf den Baum, trug sie herab, setzte sie auf sein Pferd und führte sie heim. Da ward die Hochzeit mit großer Pracht und Freude gefeiert; aber die Braut sprach nicht und lachte nicht. Als sie ein paar Jahre miteinander vergnügt gelebt hatten, fing die Mutter des Königs, die eine böse Frau war, an, die junge Königin zu verleumden und sprach zum König: „Es ist ein gemeines Bettelmädchen, das du dir mitgebracht hast, wer weiß, was für gottlose Streiche sie heimlich treibt. Wenn sie stumm ist und nicht sprechen kann, so könnte sie doch einmal lachen, aber wer nicht lacht, der hat ein böses Gewissen." Der König wollte zuerst nicht daran glauben, aber die Alte trieb es so lange und beschuldigte sie so viel böser Dinge, daß der König sich endlich überreden ließ und sie zum Tode verurteilte.

Die Hochzeit der Königstochter mit dem König symbolisiert die sich durch die spirituelle Disziplin herausbildende innere Verbindung von Weisheit und Liebe. Die böse Mutter des Königs symbolisiert unser Ego. Unser Ego mag unsere spirituelle Disziplin und die sich dadurch herausbildende Weisheit und Liebe jedoch nicht. Solange wir nicht am Ziel der spirituellen Suche angelangt sind, wird es versuchen, uns davon abzubringen.

Die Verleumdung der Königin durch die Königsmutter symbolisiert die vielen Prüfungen, die unser Leben uns durch die durch unser Ego auftretenden Probleme stellt, um am Ende wirklich bedingungslose Liebe zu entwickeln. Unser Ego wird bis zum Schluss, bis es sich auflöst, versuchen, unsere bedingungslose Liebe zu zerstören, um Konflikte zu bewirken, durch die es bestehen bleiben und herrschen kann.

Nun ward im Hof ein großes Feuer angezündet, darin sollte sie verbrannt werden. Und der König stand oben am Fenster und sah mit weinenden Augen zu, weil er sie noch immer so lieb hatte. Und als sie schon an den Pfahl festgebunden war und das Feuer an ihren Kleidern mit roten Zungen leckte, da war eben der letzte Augenblick von den sieben Jahren verflossen. Da ließ sich in der Luft ein Geschwirr hören, und zwölf Raben kamen hergezogen und senkten sich nieder. Und wie sie die Erde berührten, waren es ihre zwölf Brüder, die sie erlöst hatte. Sie rissen das Feuer auseinander, löschten die Flammen, machten ihre liebe Schwester frei, und küßten und herzten sie. Nun aber, da sie ihren Mund auftun und reden durfte, erzählte sie dem Könige, warum sie stumm gewesen wäre und niemals gelacht hätte. Der König freute sich, als er hörte, daß sie unschuldig war, und sie lebten nun alle zusammen in Einigkeit bis an ihren Tod. Die böse Stiefmutter ward vor Gericht gestellt und in ein Faß gesteckt, das mit siedendem Öl und giftigen Schlangen angefüllt war, und starb eines bösen Todes.

Wenn wir jedoch auf dem Weg bleiben bis das Ziel erreicht ist, erlösen wir uns selbst und befreien uns damit auch von den negativen Machenschaften unseres eigenen Egos, das sich am Ende auflösen und einer festen Verankerung in Glück, bedingungsloser Liebe und tiefer Weisheit in kindlicher Unschuld weichen kann.

Man sieht in diesem Märchen auch, dass der Weg zu bedingungsloser Liebe in zwei Wellen erfolgen kann, wobei diese Wellen jeweils viele, viele Lebzeiten als Mensch umfassen können. Zunächst entsteht das Ego und wir entwickeln uns bis zu einem bestimmten Punkt spiritueller Reife. An diesem Punkt kann - in irgendeinem Leben - erneut ein Fall ins Ego erfolgen. Der Weg zurück aus dem Ego in die Liebe, aus der Dunkelheit ans Licht, kann nun mit der Seelenerinnerung, den Weg zurück bereits einmal gefunden zu haben, mit einer größeren Disziplin verbunden werden, um die spirituelle Kraft stärker zu entwickeln und tiefer zu verankern, so dass wir dadurch am Ende tatsächlich in die bedingungslose Liebe kommen.

Diese Entwicklung in zwei Wellen ist auch in Tolkiens Silmarillion (inkl. Herr der Ringe) insgesamt enthalten. Zunächst gibt es nach der Verbannung der Elben aus Aman eine stete Abwärtsentwicklung bis hin zum Sturm der Valar. Dadurch gibt es eine Wiederherstellung und Numenor wird geschaffen, das ein hohes ethisches Bewusstsein symbolisiert. Aber auch von Numenor aus gibt es dann eine stete Abwärtsentwicklung bis in eine Zeit erneuter tiefster Finsternis, die durch Saurons Griff nach der totalen Herrschaft symbolisiert wird. Und erst mit der Überwindung all der Probleme, die durch Saurons Streben nach der totalen Macht auftreten, wird das finale Ziel erreicht. Da im Herrn der Ringe auch die Geschichte der Entwicklung des kollektiven Bewusstseins der Menschheit verschlüsselt ist (siehe „Die Ringvernichtung", Band 4 dieser Reihe), sieht es so aus, dass dieser Ablauf unserer spirituellen Höherentwicklung in zwei Wellen auch als Skript für die Entwicklung des menschlichen Bewusstseins hin zu bedingungsloser Liebe gedient hat und immer noch dient. Wir sind ja noch nicht am Ziel. Der Eine Ring ist in dieser Welt noch am Werk und Sauron noch an der Macht.

5.8 Der Teufel mit den drei Goldenen Haaren – Befreiung aus dem Rad der Wiedergeburt und Geburt eines goldenen Zeitalters

Glückskind	göttliche Gnade
Böser König	Ego
Königstochter	unser wahres Sein
Teufel	Schuldprojektion
Drei goldene Haare	Selbstheilungskräfte in den drei Bereichen unseres spirituellen Körpers
Teufels Großmutter	Bewusstsein
Ameise	Geringe Bedeutung eines nur weltlichen Daseins
Kröte im Wasser	Identifizierung mit der Dualität
Wein	Wille
Maus	schlechte Angewohnheit
Baum goldener Äpfel	Leben mit spirituellen Übungen
Fährmann	Ozean leidvoller Wiedergeburten durch Ego
Vier Eselsladungen voll Gold	Fähigkeit, ein hohe spirituelles Bewusstsein in die Welt zu bringen

Während im Märchen von den zwölf Brüdern der Fokus auf dem Entwickeln bedingungsloser Liebe liegt, geht es in diesem Märchen darum, dass die Befreiung von der Schuldprojektion das Potential in sich birgt, uns ganz aus der Notwendigkeit zu befreien, wegen unerlöster Schuldgefühle und unerlöstem Karma wiedergeboren werden zu müssen, um immer wieder neu daran zu arbeiten, in die Vergebung und Selbstvergebung zu finden, um unsere Schuldprojektion zurückzunehmen. In diesem Märchen ist auch die Geburt eines goldenen Zeitalters verschlüsselt, wie wir sehen werden.

Es war einmal eine arme Frau, die gebar ein Söhnlein, und weil es eine Glückshaut umhatte, als es zur Welt kam, so ward ihm geweissagt, es werde im vierzehnten Jahr die Tochter des Königs zur Frau haben. Es trug sich zu, daß der König bald darauf ins Dorf kam, und niemand wußte, daß es der König war, und als er die Leute fragte, was es Neues gäbe, so antworteten sie ‚es ist in diesen Tagen ein Kind mit einer Glückshaut geboren: was so einer unternimmt, das schlägt ihm zum Glück aus. Es ist ihm auch vorausgesagt, in seinem vierzehnten Jahre solle er die Tochter des Königs zur Frau haben.' Der König, der ein böses Herz hatte und über die Weissagung sich ärgerte, ging zu den Eltern, tat ganz freundlich und sagte ‚ihr armen Leute, überlaßt mir euer Kind, ich will es versorgen.' Anfangs weigerten sie sich, da aber der fremde Mann schweres Gold dafür bot und sie dachten ‚es ist ein Glückskind, es muß doch zu seinem Besten ausschlagen,' so willigten sie endlich ein und gaben ihm das Kind.

In diesem Märchen ist der König habgierig und egoistisch und symbolisiert daher das menschliche Ego, das uns zwingt, immer und immer wieder wiedergeboren zu werden, um einen Ausgleich für unser schlechtes Karma zu schaffen, das wir uns in früheren Leben geschaffen haben, um es aufzulösen. Seine Tochter, die Königstochter symbolisiert hier unser ewig lebendes Selbst. Unser Ego ist stets bestrebt, die volle Gewalt über unser Leben und daher auch über unser Selbst auszuüben und daher ein uns innewohnender, direkter Gegenspieler auf unserem Weg, unser wahres Selbst zu erkennen und zu verwirklichen. Unser Selbst gehört nicht unserem Ego, sondern wird von unserem Ego überlagert und verdrängt. Unser eigentliches Problem dabei ist, dass wir automatisch und instinktiv mehr mit unserem Ego identifiziert sind als mit unserem wahren Selbst. Daher brauchen wir das heilsame Wirken göttlicher Gnade, um uns von unserem Ego befreien und uns als das ewig lebende Selbst erkennen und verwirklichen zu können, das wir eigentlich sind. Das Glückskind symbolisiert diese göttliche Gnade, die in unser Leben tritt, um uns von unserem

Ego zu befreien. Das gesamte Märchen führt aus, wie die göttliche Gnade operiert, um uns, unser wahres Selbst, vom Ego zu befreien.

Während es unser Selbst nach Erlösung von unserem Ego verlangt, will unser Ego natürlich nicht gehen und unternimmt alles, um sich selbst und seine Kontrolle über unser Leben zu bewahren. Wenn die göttliche Gnade in unser Leben tritt und verheißt, unser Selbst zu befreien (die Verheißung der Hochzeit zwischen Glückskind und Königstochter), ist unser Ego alarmiert, weil es weiß, dass die Befreiung unseres Selbst das Ende unseres Egos bedeutet und umgekehrt bedeutet das Ende unseres Egos die Befreiung unseres Selbst. Daher widersetzt sich unser Ego der göttlichen Gnade von Anfang an und versucht, sie zu durchkreuzen. Das instinktive Bemühen unseres Egos, die Absichten der göttlichen Gnade zu durchkreuzen, manifestiert sich in den vielen Widerständen, die wir gegen die Menschen und Geschehnisse in unserem Leben verspüren, deren eigentlicher höherer Zweck es ist, uns zu unserer Befreiung zu führen, wenn wir lernen, in einer richtigen Haltung der Akzeptanz mit dem göttlichen Willen hinter den Geschehnissen in unserem Leben zu kooperieren. Diese Thematik hatten wir Märchen vom treuen Johannes.

Der König legte das Glückskind in eine Schachtel und ritt damit weiter, bis er zu einem tiefen Wasser kam: da warf er die Schachtel hinein und dachte ‚von dem unerwarteten Freier habe ich meine Tochter geholfen.'

Dass der König das Glückskind mit der Hoffnung aussetzt, es möge in den Strömungen untergehen, symbolisiert die Einstellung unseres Egos, mit der göttlichen Gnade nicht zu kooperieren, so dass sie nicht wirken kann. Während das Glückskind die göttliche Gnade symbolisiert, stehen die Haltung und die Handlungen des Glückskind für unsere Fähigkeit, uns dem göttlichen Willen hinzugeben und mit der göttlichen Gnade, die stets in unserem Leben wirkt, so zu kooperieren, dass Gott uns von unserem Ego befreien kann. Wenn wir erkennen, dass die Dinge, die uns in unserem Leben widerfahren, ein unmittelbarer Ausdruck des göttlichen Willens sind, bedeutet die Hingabe an Gott die Hingabe an das Leben.

Die Schachtel aber ging nicht unter, sondern schwamm wie ein Schiffchen, und es drang auch kein Tröpfchen Wasser hinein. So schwamm sie bis zwei Meilen von des Königs Hauptstadt, wo eine Mühle war, an dessen Wehr sie hängen blieb. Die Müllersleute nahmen das Glückskind bei sich auf und zogen es groß.

Es trug sich zu, daß der König einmal bei einem Gewitter in die Mühle trat und die Müllersleute fragte, ob der große Junge ihr Sohn wäre. ‚Nein,' antworteten sie, ‚es ist ein Findling, er ist vor vierzehn Jahren in einer Schachtel ans Wehr geschwommen.' Da merkte der König, daß es niemand anders als das Glückskind war, das er ins Wasser geworfen hatte, und sprach ‚ihr guten Leute, könnte der Junge nicht einen Brief an die Frau Königin bringen, ich will ihm zwei Goldstücke zum Lohn geben?' ‚Wie der Herr König gebietet,' antworteten die Leute, und hießen den Jungen sich bereit halten. Da schrieb der König einen Brief an die Königin, worin stand, ‚sobald der Knabe mit diesem Schreiben angelangt ist, soll er getötet und begraben werden, und das alles soll geschehen sein, ehe ich zurückkomme.' Der Knabe machte sich mit diesem Briefe auf den Weg, verirrte sich aber und kam abends in einen großen Wald. In der Dunkelheit sah er ein kleines Licht, ging darauf zu und gelangte zu einem Häuschen. Als er hineintrat, saß eine alte Frau beim Feuer ganz allein. ‚Du armer Junge,' sprach die Frau, ‚du bist in ein Räuberhaus geraten, und wenn sie heim kommen, so bringen sie dich um.' Dennoch übernachtet der Junge dort. Die Räuber regen sich erst über den Jungen auf, lesen dann seinen Brief, zerreißen ihn und schreiben einen neuen, dass der Junge sofort mit der Königstochter verheiratet werden solle.

Sie ließen ihn dann ruhig bis zum andern Morgen auf der Bank liegen, und als er aufgewacht war, gaben sie ihm den Brief und zeigten ihm den rechten Weg. Die Königin aber, als sie den Brief empfangen und gelesen hatte, tat, wie darin stand, hieß ein prächtiges Hochzeitsfest anstellen, und die Königstochter ward mit dem Glückskind vermählt; und da der Jüngling schön und freundlich war, so lebte sie vergnügt und zufrieden mit ihm. Was der König unternimmt, schlägt also fehl und das Glückskind erreicht sicher sein Ziel.

Wenn wir Hingabe an den göttlichen Willen in unserem Leben entwickeln, können wir in allen Lebensumständen heiter und zuversichtlich bleiben und uns furchtlos allen widrigen Situationen in dem Vertrauen stellen, dass Gott uns nur Prüfungen gibt, die wir auch bewältigen können, so dass wir sicher sein können, dass wir die Fähigkeit in uns haben, mit den Problemen klarzukommen. Diese Haltung zu entwickeln, ist die Voraussetzung, die göttliche Gnade in unserem Leben auch wirken zu lassen, wenn unser Ego uns Schwierigkeiten bereitet.

Wenn es uns gelingt, mit der göttlichen Gnade, die unser Leben führt, zu kooperieren, können wir unser Ego ins Leere laufen lassen, dessen bewusst, was es will, ohne es ihm zu geben. Auf diese Weise können wir uns auch gegen den Willen unseres Egos mit unserem wahren Selbst verheiraten (die Hochzeit mit der Königstochter).

Nach einiger Zeit kam der König wieder in sein Schloß und sah, daß die Weissagung erfüllt und das Glückskind mit seiner Tochter vermählt war. ‚Wie ist das zugegangen?' sprach er, ‚ich habe in meinem Brief einen ganz andern Befehl *erteilt.'* Da reichte ihm die Königin den Brief und sagte, er möchte selbst sehen, was darin stände. Der König las den Brief und merkte wohl, daß er mit einem andern war vertauscht worden. Er fragte den Jüngling, wie es mit dem anvertrauten Briefe zugegangen wäre, warum er einen andern dafür gebracht hätte. ‚Ich weiß von nichts,' antwortete er, ‚er muß mir in der Nacht vertauscht sein, als ich im Walde geschlafen habe.' Voll Zorn sprach der König ‚so leicht soll es dir nicht werden, wer meine Tochter haben will, der muß mir aus der Hölle drei goldene Haare von dem Haupte des Teufels holen; bringst du mir, was ich verlange, so sollst du meine Tochter behalten.' Damit hoffte der König ihn auf immer los zu werden. Das Glückskind aber antwortete ‚die goldenen Haare will ich wohl holen, ich fürchte mich vor dem Teufel nicht.' Darauf nahm er Abschied und begann seine Wanderschaft.*

Gold symbolisiert unser spirituelles Bewusstsein. Die drei goldenen Haare symbolisieren die drei Bereiche unseres spirituellen Körpers gemäß Tabelle 1: Sinn, Sein und Bewusstsein, da unser gesamter spiritueller Körper von unserer Schuldprojektion verdunkelt wird. Im Folgenden sind im Märchen dann die Prozesse verschlüsselt, die uns helfen, unseren spirituellen Körper so zu reinigen, dass wir das Ziel des menschlichen Lebens, die Rücknahme der Projektion und die Befreiung aus dem Kreislauf leidvoller Wiedergeburten, erreichen.

Der Teufel symbolisiert die Schuldprojektion, die zu Rechtfertigung, Vorwürfen und Wut führt. Wann immer dem Teufel im Märchen etwas nicht passt, wird er sehr „wütend".

Auf dem Weg zum Teufel wird das Glückskind mit drei Fragen konfrontiert, auf die es Antworten finden muss.

Es handelt sich hier um Dinge, die wir lösen müssen, damit wir richtig mit der göttlichen Gnade (dem göttlichen Willen) kooperieren können, damit sie in unserem Leben auch richtig wirken kann.

Der Wächter einer Stadt fragt das Glückskind, warum der Brunnen mit Wein versiegt ist, und jetzt nicht einmal mehr Wasser hervorbringt. Das Glückskind ist zuversichtlich, eine Antwort finden und bringen zu können.

Die Stadt mit dem Brunnen, in dem Wein fließt, repräsentiert den menschlichen Willen. Wein steht für den Willen. Diese Symbolik besagt, dass unser Wille, das Ziel des menschlichen Lebens zu erreichen, nicht vorhanden ist. Die Antwort darauf, warum das so ist, findet sich schließlich beim Teufel. Das heißt, wir finden diese Antwort, wenn wir Wut und Ärger in uns auflösen, tiefen Frieden mit uns selbst und unseren Mitmenschen finden und uns in diesem Frieden selbst erkennen.

Dann kommt das Glückskind in eine weitere Stadt, in der ein weiterer Wächter das Glückskind fragt, warum der Apfelbaum, der sonst immer goldene Äpfel getragen hat, keine Frucht mehr hervorbringt. Auch hier ist das Glückskind zuversichtlich, eine Antwort finden und bringen zu können.

Ein Apfel symbolisiert die Vergänglichkeit des Lebens in der Dualität (da ein Apfel eine rasch verfaulende und zerfallende Frucht ist). Die Farbe Gold symbolisiert unseren spirituellen Körper. Ein goldener Apfel symbolisiert die Nutzung unseres vergänglichen Lebens, um das spirituelle Ziel zu erreichen, was das weiseste ist, was wir mit unserem Leben tun können. Man kann einen goldenen Apfel damit auch als ein Symbol der Weisheit nehmen. Ein Baum selbst symbolisiert etwas, das Früchte hervorbringt. Es geht hier also um die Frage, warum wir mit unseren spirituellen Übungen keinen Fortschritt mehr erzielen können. Auch die Antwort auf diese Frage „weiß der Teufel". Wir werden sehen.

Schließlich kommt das Glückskind an einen Fluss, über den er von einem Fährmann gesetzt wird, der ihn fragt, wie er diesem ständigen Hin- und Herfahren entkommen kann. Auch hier ist das Glückskind zuversichtlich, eine Antwort finden und bringen zu können.

Ein Fluss hat zwei Ufer und symbolisiert wie jedes Wasser die Dualität. Der Fährmann, der immer von einem Ufer zum anderen setzen muss, symbolisiert unsere Gefangenschaft im Kreislauf leidvoller Wiedergeburten. Wir schaffen uns aufgrund unserer Identifikation mit unserem Ego, aufgrund selbstsüchtiger, egoistischer, berechnender, anderen Menschen schadender, aber auch aufgrund unbewusst eigennütziger Handlungen negatives Karma. Wenn wir unser in der Vergangenheit angesammeltes Karma in unserem jetzigen Leben nicht vollständig auflösen können, müssen wir neu geboren werden, um das Leid zu erfahren, durch das wir dieses Karma auflösen. Wir verstehen vielleicht nicht, warum das so ist, rebellieren gegen Gott und halten die Ordnung, die Gott geschaffen hat, für unsinnig und böse. Das heißt, anstatt die volle Verantwortung dafür zu übernehmen, dass wir nur das Leid erfahren, dass wir uns selbst geschaffen haben, werfen wir lieber Gott vor, eine unsinnige Schöpfung geschaffen zu haben, die idiotische Karmaregeln enthält. Wie wir dieses Gefangensein im Rad der Wiedergeburt beenden können, werden wir ebenfalls weiter unten sehen, da der Teufel die Antwort kennt.

Am Ende kommt das Glückskind in das Haus des Teufels und des Teufels Großmutter verspricht, ihm zu helfen. Sie verwandelt das Glückskind in eine Ameise und versteckt diese zwischen seinen Falten.

Die Ellermutter (Großmutter) des Teufels symbolisiert die Abstammung, Zugehörigkeit, also den Bereich, dem die „Schuldprojektion und Wut" zugehörig ist. Das ist der Bereich unseres spirituellen Bewusstseins, die innerste Schale unseres Geistes.

Unser spirituelles Bewusstsein zu befreien, ist tatsächlich die schwierigste Aufgabe in unserem Leben, genau die Aufgabe, die wir erfüllen müssen, damit unser Ego gehen kann. Es wird sonst nicht gehen. Das ist sozusagen die „indirekte Bedingung", die unser Ego stellt.

Der Schlüssel dafür, unser spirituelles Bewusstsein befreien und entwickeln zu können, ist der Sieg über die Wut und den Ärger in uns. Sieg heißt hier nicht nur, deren Kontrolle, sondern deren bewusste Auflösung (ohne Unterdrückung). Sieg heißt auch nicht, dass wir alles mit uns machen lassen sollten, ohne darüber wütend werden zu dürfen. Es bedeutet (wie schon Jesus sagte) die bewusste Entwicklung kindlicher Unschuld, in der wir auch dann verbleiben, wenn wir für das Richtige im Leben eintreten. Was so einfach klingen mag, ist ein schwieriges Unterfangen.

Eine Ameise symbolisiert die aufgrund der Vergänglichkeit unseres menschlichen Daseins geringe Bedeutung unseres aus der Einheit getrennten individuellen Daseins als Mensch und die Nichtigkeit unserer irdischen Handlungen. Wenn wir uns entsprechend im Leben klein machen, unser Ego zurücknehmen und unser Bewusstsein erforschen, können wir alles, was wir für unsere Heilung wissen müssen und brauchen, schon durch Selbstbeobachtung lernen. Ein echtes Uns-klein-machen, also echte Demut reagiert innerlich nicht auf die Wut anderer. Wenn wir echte Demut entwickeln, fragen wir uns bei jedem Vorwurf, der uns ereilt, ob etwas daran ist, ob wir etwas zu bereinigen oder wiedergutzumachen haben. Wenn wir etwas in uns finden können, von dem wir uns dadurch auch befreien können, können wir für die Wut unserer Mitmenschen sogar dankbar sein. Wenn wir nichts finden können, trifft uns die Wut auch nicht, so dass wir auch im Angesicht ungerechtfertigter Vorwürfe im Frieden und in der Vergebung bleiben können. Das ist der unbezahlbare Wert der Errungenschaft, echte Demut zu entwickeln.

Die Großmutter reißt dem Teufel nach und nach drei goldene Haare aus.

Die drei goldenen Haare stehen für die Selbstheilungskräfte in den drei Bereichen unseres spirituellen Körpers, die wir entwickeln, wenn wir in Demut das Ziel haben, sie zu entwickeln.

Während sie dies tut, erfahren wir auch die Antworten auf die 3 Fragen des Glückskinds: In einer Stadt ist ein Brunnen. Am Fuße des Brunnens ist eine

Kröte. Wenn die getötet wird, sprudelt der Wein wieder, der aufgrund der Kröte versiegt war. Zuvor gab der Brunnen nicht einmal mehr Wasser her.

Eine Kröte, die im Wasser lebt, symbolisiert, dass wir uns nur mit unseren Konzepten der Dualität beschäftigen und unser wahres Selbst und die wahre Bestimmung unseres Lebens völlig vergessen. Diese Versenkung in der Dualität muss beseitigt werden, damit der Wille, das Ziel des menschlichen Lebens zu erreichen, wieder sprudeln kann. Dass der Brunnen inzwischen nicht einmal mehr Wasser hergab, hat folgende Bedeutung: Wenn wir es vorziehen, die fragwürdigen, vergänglichen Freuden der Dualität zu genießen, können wir in dieser Zeit nicht die Freude genießen, die ein Leben in Ausrichtung auf unser wahres Selbst uns schenken könnte (es fließt kein Wein). Wenn wir aber viele Lebzeiten lang immer nur nach den vergänglichen Freuden der Dualität, der physischen Welt trachten, verlieren wir irgendwann den Genuss daran. Irgendwann haben wir von unserer Sucht nach vergänglichen Freuden genug und haben keine Freude mehr daran. (Der Brunnen gibt nicht einmal mehr Wasser her.) Erst in diesem Zustand sind wir bereit, nach dem zu suchen, worum es im Leben wirklich geht, unserem eigenen wahren Wesen, das unter unserer Verstrickung in vergängliche Freuden begraben war. Erst in diesem Zustand können wir zu der Erkenntnis kommen, dass wir „die Kröte töten müssen, die den Wein hat versiegen lassen". Es geht hier also um die Abwendung von unserer weltlichen Lebensausrichtung und die stete Ausrichtung unseres Willens auf das spirituelle Ziel.

An der Wurzel des Baumes nagt eine Maus. Wenn die getötet wird, wachsen die goldenen Äpfel wieder.

Die Maus symbolisiert schlechte Angewohnheiten, die langsam an unserem Charakter nagen, so dass wir, wenn wir nicht aufpassen, alle unsere guten Eigenschaften verlieren können und unser Leben verschwenden. Die Anweisung hier lautet also, unsere schlechten Angewohnheiten loszuwerden und durch gute Angewohnheiten zu ersetzen, wenn wir die Fähigkeit zurückgewinnen wollen, in unserem Leben mit anderen Menschen tief verbunden zu sein, Nähe und Einheit zu erleben und unser wahres Selbst zu verwirklichen. Es geht also ums das systematische Entwickeln spirituell förderlicher Gewohnheiten.

Der Fährmann muss die Stange, mit der er von Ufer zu Ufer fährt, einem anderen überlassen, muss sie aus der Hand legen.

Wir müssen den Kreislauf leidvoller Wiedergeburten verlassen. Anstatt für uns die Sterblichkeit zu wählen, indem wir uns immer wieder für unser falsches Selbst (unser Ego) entscheiden, durch das wir unwissend sterben und uns an ein Rad der Sterblichkeit in aufeinanderfolgenden Leben ketten, sollten wir die Sterblichkeit unserem Ego überlassen, das heißt, den Tod unseres Egos wählen, durch den wir unsterblich werden.

Das heißt, wir müssen die Sichtweise und Denkweise unseres Egos ganz verlassen, bis wir auf egoistische Handlungen und Projektionen unserer Mitmenschen mit Weisheit, Stärke, Liebe und Mitgefühl antworten können, so dass wir eine Hilfe sind, dass sie sich auch von Ego befreien können, weil wir nicht mehr in die Welt des Egos verstrickt werden, vor allem nicht mehr in Wut und Ärger. Dies ist ein sehr allmählicher Prozess, der Geduld und Beharrlichkeit erfordert und bei dem wir uns auch gegenseitig unterstützen sollten.

Das Glückskind verlässt den Teufel und macht sich auf den Heimweg.

Wenn wir uns unserer Wut und unseres Ärger ganz gewahr werden, können wir sie auch auflösen und finden die Lösung für alles andere ebenfalls.

Er verrät dem Fährmann, wie er das Hin- und Herfahren beenden kann, nachdem er sich hat übersetzen lassen.

Wir wissen nun, wie wichtig die Gewahrwerdung und Auflösung von Schuld und Wut ist, um uns von unserer Schuldprojektion und damit von unserem Ego und damit aus dem Kreislauf leidvoller Wiedergeburten befreien zu können.

Er verrät den Wächtern die Lösungen für ihre Probleme und bekommt jeweils zwei Eselladungen Gold.

Der Esel symbolisiert unsere Verkörperung in dieser Welt. Die Zahl vier bezieht sich auf die vier Körper unserer Seele. Die vier Eselladungen voll Gold symbolisieren ein hohes Bewusstsein in unserem Leben in der Welt, das unser wahrer Reichtum ist. Dieses hohe Bewusstsein gewinnen wir, indem es uns gelingt, unsere schlechten Angewohnheiten ganz zu überwinden und stattdessen spirituell förderliche Gewohnheiten zu entwickeln, und indem wir die Hingabe entwickeln, unseren Willen ganz auf das Erreichen des spirituellen Ziels auszurichten, unser wahres Selbst zu verwirklichen.

Das Glückskind kommt zurück zum König und zur Königstochter. Der König reagiert gierig auf den Anblick der vier Eselsladungen Gold und will wissen, wie er auch dazu kommen kann. Das Glückskind verweist ihn auf den Fährmann, der das Gold verheißt. Dadurch tritt der König an die Stelle des Fährmanns und muss endlos hin und her über das Wasser setzen.

Die Gier des Königs erinnert ein wenig an die Pechmarie in Frau Holle, die ebenfalls nach dem Golde trachtet.

Wenn unsere Persönlichkeit immer mehr aufblüht, weil wir unsere schlechten Angewohnheiten durch gute Angewohnheiten ersetzen können und weil wir die Eigenschaften unseres wahren Selbst immer mehr entwickeln, also Liebe, Mitgefühl, Geduld, Dankbarkeit, kindliche Unschuld und so weiter, so versucht unser Ego, dieses Aufblühen für seine Zwecke zu nutzen. Unser Ego will gute Eigenschaften also nur, um uns selbst größer zu machen und uns mit diesen tollen Eigenschaften zu schmücken, nicht um diesen Eigenschaften ganz Platz zu machen, indem unser Ego ganz weicht.

Es möchte zwar mehr von diesen Eigenschaften, aber nur in seinem Sinne, um vor anderen besser dazustehen und diese Eigenschaften egoistisch nutzen zu können. Wenn möglich, möchte es als Erleuchteter, Heiliger, Weiser oder sogar als Erlöser für andere oder sogar als Retter der Menschheit dastehen.

Bis wir das Ziel endgültig erreichen, haben wir die Wahl zwischen den Vorstellungen unseres Egos und dem Wunsch unseres wahren Selbst, zurück in die Einheit mit Gott zu finden. Wenn wir das Ego wählen, wählen wir die Bindung an leidvolle Wiedergeburten zur Abarbeitung des schlechten Karmas, das unser Ego uns schafft.

Glückskind und Königstochter können nun für alle Zeit vereint glücklich sein.

Unsere Bestimmung ist es jedoch, Gott zu wählen, unser wahres Selbst, und das Ziel des menschlichen Lebens zu erreichen, nicht mehr an den Zwang zu leidvollen Wiedergeburten gebunden zu sein und für alle Zeit in der Glückseligkeit, Liebe und kindlichen Unschuld unseres wahren Selbst zu erstrahlen.

In Tolkiens Herrn der Ringe werden die Schuldprojektion und die aus ihr entwickelten Systeme, Konzepte, Religionen und Ideologien vom „Einen Ring" symbolisiert. Auch hier symbolisiert die Vernichtung des Einen Ringes das Erreichen des spirituellen Ziels durch die Rücknahme unserer Schuldprojektion, weil mit dem Ende unserer Schuldprojektion auch unser Ego endet (Saurons Tod aufgrund der Vernichtung des Einen Ringes). Außerdem signalisiert die Vernichtung des Einen Ringes für unsere Zeit auch die langsam auf uns zukommende Geburt eines goldenen Zeitalters der Wahrheit.

Im Märchen vom Teufel mit den drei goldenen Haaren ist diese Geburt dadurch dargestellt, dass der König, der unser Ego symbolisiert, der

Vater der Königstochter ist, die für unser wahres Selbst steht. Unser wahres Selbst wird also aus der Dunkelheit unseres Egos heraus geboren. Die Kraft, die allein diese äußerst unwahrscheinliche Geburt bewirken kann, ist die göttliche Gnade, die vom Glückskind symbolisiert wird, das in das Leben der Königstochter tritt und sie von ihrem selbstsüchtigen Vater befreit. Man könnte sagen, dass uns die Möglichkeit eines goldenen Zeitalters garantiert ist. Nur die Wahl, ob wir mit der göttlichen Gnade kooperieren und uns ihr hingeben wollen, oder ob wir mit der von unserem Ego und Eigensinn bewirkten Sterblichkeit und dem Rad der Wiedergeburt mitgehen wollen, diese Wahl ist unsere, symbolisiert davon, dass die Königstochter das Glückskind wählt, und der König den Fährmann, den er dadurch, dass er unwissend in Bezug auf das wahre Ziel und die wahre Bestimmung des menschlichen Lebens ist, ersetzen muss.

Am Ende ist das ganze irdische Leben nur Gottes Spiel und es geht darum, dass wir die uns von Gott zugedachte Rolle mit Dankbarkeit, Demut, Geduld, Akzeptanz, einer vergebenden Haltung und Liebe mitspielen, um dem göttlichen Plan zu entsprechen, den Himmel in uns zu finden, damit er durch uns auch auf die Erde kommt.

Nachwort

Dieses Nachwort führt die Märchen zum Materialismus, zum Benachteiligungsego, das – wie die Schuldprojektion – Kampf- oder Fluchtverhalten, also Raubtier- oder Beutetierverhalten bewirkt, sowie zum Thema Zwang, Angst, Schuld und Schuldprojektion zusammen, um an dieser Stelle im Anschluss an das Märchen vom Teufel mit den drei goldenen Haaren noch einmal zusammenzufassen, worauf das, was in den nächsten Jahren auf uns zukommt, hinauslaufen wird. Wir beenden das Nachwort mit Gedanken zur Rolle, die wir in dieser Übergangszeit spielen können, wenn wir die entsprechende Verantwortung übernehmen.

Unser noch laufendes Dunkles Zeitalter ist vor allem ein Zeitalter der Schuld und der Schuldprojektion, also eines Kampfes gegen das Böse in anderen, durch den Opfer zu Tätern, Täter zu Opfern und böse Taten immer wieder zu etwas Gutem oder sogar Heiligem erklärt werden. Schuld ist also das definierende Element dieses Zeitalters. Aus Egoismus und Materialismus laden Menschen Schuld auf sich. Diese karmische Schuld wirkt in der Folge in gleichem Maß auf uns zurück. Fast alle Menschen werden in diese Welt geboren, um altes Karma durch gute Taten auszugleichen und sich von dem Zwang zu befreien, aufgrund der auf uns geladenen Schuld wiedergeboren werden, die alte Schuld abbauen und daher Leid erfahren zu müssen. Durch die zur Begleichung unseres karmischen Kontos auf uns zurückwirkende Schuld laden andere Menschen neue Schuld auf sich. Durch unser von uns selbst karmisch verursachtes Leid, das wir erfahren, werden unsere Schuldgefühle und Rachegedanken angeregt, weil wir nicht erkennen, inwiefern wir unser Leid selbst verursacht haben. All das erzeugt einen Kreislauf von Wiedergeburten, ein sogenanntes Rad des Karmas, das nur noch mit göttlicher Gnade zum Stillstand gebracht werden kann. Unsere Schuld und Schuldgefühle können nur durch Wiedergutmachung durch gute Taten, durch Selbstvergebung und Vergebung aufgelöst werden. Wenn unsere Schuldgefühle nicht aufgelöst werden, dann hat dies zwei Auswirkungen, erstens die Schuldabtragung und zweitens die Schuldprojektion, welche jeweils das Problem der Schuldgefühle lösen sollen. Beides fügt unserer karmischen Schuld, die Leid bewirkt, noch ein von uns selbst durch die Mechanismen der unterbewussten Schuldgefühle erzeugtes Leid hinzu. Bei beiden Auswirkungen werden wir von unseren meist nur unterbewusst wirkenden Schuldgefühlen getrieben und führen unterbewusst selbst Probleme herbei, die wie eine Bestrafung wirken, durch die wir vermeintliche Schuld oder Karma abbauen können. Gerade viele Deutsche jammern zwar über unser Schicksal, aber unser Unterbewusstsein will es so und kennt keinen anderen Weg der Befreiung von vermeintlicher Schuld als durch Leid. Das lässt sich ändern, wenn wir die Natur und Funktionsweise unseres Unterbewusstseins besser verstehen.

Um das noch einmal klar zu unterscheiden: Unsere schlechten Taten aus der Vergangenheit, die karmisch noch nicht aufgelöst sind, bewirken in unserem Leben ein dem Karma entsprechendes Leid. Daran lässt sich wenig ändern, außer durch gute Taten Einzahlungen auf unser Karmakonto zu machen.

Die Schuldgefühle in unserem Unterbewusstsein kommen aus unserer Vergangenheit. Das meiste davon haben wir von unseren Vorfahren übernommen. Deswegen sind Schuldgefühle auch ein sehr speziell deutsches Thema. Durch die Verarbeitung dieser Schuldgefühle erzeugen wir uns selbst und anderen Leid. Solchermaßen für uns selbst erzeugtes Leid ist eigentlich überflüssig, da karmisch nicht notwendig. Und solchermaßen anderen durch Schuldprojektion verursachtes Leid, schafft uns neues Karma. In beiden Fällen ist es also hochlohnend, an unseren Schuldgefühlen zu arbeiten und sie auf der kausalen Ebene - in unserem Unterbewusstsein - aufzulösen, was nicht ganz so einfach und dennoch notwendig ist.

Die Bereitschaft vieler Menschen, wie vor allem von uns Deutschen, unterbewusste Schuldgefühle abzutragen, erzeugt ein eher nicht karmisch bedingtes Vakuum, das Menschen ansaugt, die sich von diesen Schuldgefühlen ernähren. Allein an diesem Mechanismus kann man leicht erkennen, dass wir Deutschen in dieser Welt eher zu den Beutetieren gehören, nicht zu den Raubtieren. Die Räuber sind in der Regel Menschen, die massiv in die Projektion ihrer Schuldgefühle gehen, einen Kult pflegen, dass sie die benachteiligten Opfer sind, denen Unrecht widerfahren ist, und andere deren Schuldgefühle an sich abtragen lassen. Schuldgefühle spalten uns Menschen also in Beutetiere mit Täterstatus (als Schuldige) und Raubtiere mit Opferstatus (als unschuldig Benachteiligte). Die Beutetiere lassen zu, dass sich andere von ihren Schuldgefühlen ernähren. Und die Raubtiere ernähren sich von den Schuldgefühlen der Beutetiere. Die Beutetiere sind nur gefangen in Schuldgefühlen. Die Raubtiere sind nicht nur in ihren Schuldgefühlen gefangen, sondern auch in dem Glauben, von der Schuld ihrer Mitmenschen zu profitieren, da sie die Oberhand behalten. Sie nehmen für die in diesem Kampf erzielten materialistischen Vorteile in Kauf, dass ihr Geist in der Hölle ihrer Schuldgefühle gefangen bleibt. Sie dienen damit buchstäblich dem Teufel (der Schuldprojektion), damit dieser ihnen materialistische Vorteile verschafft. Teufelsanbetung ist wie schon gesagt der Dienst an der Schuld und Schuldprojektion, die das Leben aller Beteiligten zur Hölle macht, um sich auf die materialistisch profitierende Seite dieser Hölle zu begeben. Diese Illusion des Profitierens gründet sich also auf die Projektion der eigenen Schuldgefühle, unter denen sie jedoch trotz der materialistischen Vorteile mindestens genauso leiden wie die Beutetiere. Würden sie an ihren eigenen Schuldgefühlen arbeiten und sie auflösen, würden sie zwar ihr Leid beenden, könnten ihre Schuldgefühle dann jedoch nicht mehr projizieren und von der erfolgreichen Schuldprojektion profitieren. Durch den Glauben zu profitieren können sich die Raubtiere also viel schwerer von ihren Schuldgefühlen befreien als die Beutetiere. Dadurch muss die Erlösung der Menschheit letztlich von den Beutetieren ausgehen. Wenn die Beutetiere nicht mehr an eine unterbewusste Schuld glauben, die sie abtragen müssen, und die Raubtiere sie nicht mehr zu falschem Handeln verleiten und in Schuld verstricken können, enden die Beutezüge der Raubtiere. Keine Beutetiere mehr zu sein, ist vor allem für uns Deutsche ein großes Thema und wäre doch ein mehr als lohnendes Projekt, wie ich meinen würde. Wenn wir Beziehungen beobachten, in denen Menschen große Macht über andere ausüben, kann man erkennen, dass es vor allem anderen zwei Dinge sind, von denen sich die mächtigeren Egos ernähren, nämlich die Schuldgefühle und die Angst der anderen. Wenn man Angst in der Tiefe näher untersucht, stellt man fest, dass sie letztlich eine Auswirkung noch tiefer liegender unterbewusster Schuldgefühle ist. Wenn wir auf der tiefsten Ebene unseres Unterbewusstseins an unsere Schuld glauben, dann erwarten wir auch eine Bestrafung für diese Schuld. Und die Erwartung einer Bestrafung für unsere Schuld ist die tiefste unterbewusste Quelle unserer Angst. Wir hatten den Feuerdrachen, der diese Angst vor der Bestrafung unserer Schuld symbolisiert und der eigentlich der Teufel ist. Angst kommt aus der Schuld

Man kann die Macht, die Menschen über andere ausüben, also letztendlich auf Schuld und Schuldgefühle zurückführen. Schuldgefühle und unser Glaube an die Schuld ist die Quelle aller Macht, die Menschen über andere Menschen ausüben. Die Mächtigen – also die mächtigsten Raubtiere – dieser Erde ernähren sich regelrecht von den Schuldgefühlen der Masse der Beutetiere, auch im konkreten Sinne. Es sind auf der Bewusstseinsebene also diese Schuldgefühle, die die Menschheit spalten in Beutetiere, die immer mehr verarmen, weil sie Schuldgefühle abtragen, und in Raubtiere, die immer reicher und reicher werden, weil es ihnen gelungen ist, sich in eine Position zu versetzen, in der andere ihre Schuldgefühle an sie abtragen. Die Spaltung der Menschheit durch Schuldgefühle in Raubtiere und Beutetiere wird durch die Spaltung in Zinskassierer und Zinszahler in unserem Geldsystem abgebildet. Zinszahler sind die Beutetiere, also die Opfer. Und dennoch, trotz der Spaltung der Menschheit durch die Schuld gibt es eine unterbewusste Einigung darauf, dass wir alle an die Schuld glauben. Auch die Beutetiere halten an den Konzepten der Schuld fest, weil sie entweder glauben, sie könnten sich durch das Abtragen ihrer vermeintlichen Schuld Erleichterung verschaffen, oder weil sie glauben, es könnte ihnen vielleicht einmal gelingen, ihre Schuld durch Projektion loszuwerden und selbst von der Schuld der anderen zu profitieren. Diese unterbewusste Einigung auf die Konzepte der Schuld führt zu einem globalen Wirtschaftssystem, das auch von der Logik der Schuld und Angst gesteuert wird und durch die Schuldprojektion die Täter zu Opfern macht und die Opfer zu Tätern. Wenn die Eliten, die sich an der Ausbeutung des Planeten bereichern, uns über die Massenmedien einbläuen, wir wären Schuld an der globalen Umweltzerstörung, was anders als Projektion ist das aus deren Perspektive?

Das wahre Sein des Menschen ruht in kindlicher Unschuld. Wenn wir – wie schon Jesus gesagt hat – unsere kindliche Unschuld durch Wiedergutmachung im Falle echten begangenen Unrechts und durch Selbstvergebung und Vergebung im Falle illusionärer Schuldgefühle wiedergewinnen können, lösen sich auch unsere Schuldgefühle auf und wir können wieder in das Himmelreich in uns gelangen.

Nur wenn sich unsere unterbewussten Schuldgefühle auflösen, endet auch unser Glaube an die Schuld. Und mit dem Ende unseres kollektiven Glaubens an die Schuld wird sich dann auch die Spaltung in arm und reich und damit auch die Armut auf Erden beenden lassen und nicht vorher. Der Glaube an unsere Schuld ist zumeist unterbewusst. Dadurch ist auch der Glaube an die Befreiung von unserer Schuld dadurch, dass wir sie anderen aufbürden, unterbewusst. Wenn die Menschheit einen Kampf darum führt, wer schuld ist, wird sie allein dadurch schon gespalten in jene, die in diesem Kampf Recht bekommen, und in jene, die sich gezwungen sehen, anderen Recht zu geben. Der Kampf darum, wer Schuld abtragen muss und wer die Schuld anderer einfordern darf, spiegelt sich auf der materiellen Ebene also wider durch unsere Spaltung in Zinszahler und Zinskassierer. Die Zinswirtschaft ist nichts anderes als ein Krieg darum, wer wem tributpflichtig ist. Solange die Menschheit gespalten ist in jene, die eine Schuld abtragen, und jene, an die Schuld abgetragen wird, ist eine gerechte Welt nicht möglich. In einer gerechten Welt können alle Menschen zu ihrem Recht kommen. Menschen, die strukturell lebenslang eine Schuld abtragen müssen, können dadurch nicht zu ihrem Recht kommen.

Wir hatten in Hänsel und Gretel gesehen, dass Kapitalismus und Kommunismus das egoausweitende-bekämpfende Prinzip sind, mit dem die Menschheit ausgebeutet und entmachtet wird. Das Egoausweitende sagt, dass der Kapitalismus etwas Gutes ist, dass wir also keine Schuld auf uns laden, wenn wir Schuld einfordern. Es sagt also zuerst, dass es etwas nicht gibt, was es dann aber einfordert. Bzw. es sagt, dass etwas, was tatsächliche Schuld auf uns lädt, erlaubt und etwas, dass keine Schuld auf uns laden sollte, mit einer Schuld verbunden wird, und dass diese Verdrehung erlaubt ist und wir keine Schuld dadurch auf uns laden. Das Egoausweitende sagt letztlich, dass der, der die Macht hat, definiert, was Schuld ist und was nicht. Und das verdreht natürlich die Wahrheit. Bzw. es bestätigt auf der Ebene des Geld- und Wirtschaftssystems, dass Schuldprojektion gut ist und allein die Machtverhältnisse definieren, wer die Guten sind, die Schuld einfordern können, und wer die Schlechten sind, die Schuld abtragen müssen. Das Ganze ist jedoch ein Glaube, der uns nicht von der profitierenden Minderheit aufgedrückt wird, sondern den wir unterbewusst fast alle haben und der daher auch nur auf der Ebene des Unterbewusstseins, durch eine Arbeit zur Auflösung unserer unterbewussten Schuldgefühle korrigiert werden kann. Wir alle zusammen erschaffen die Realität, die die Mehrheit zu Opfern macht. Und da wir sie alle erzeugen, sind wir nicht die Opfer. Wir sind die Erschaffer. Wir sind Erschaffer einer schuldbasierten Realität, in der wir es als Opfer nicht auf die Seite der Profiteurer dieser gemeinsam erschaffenen Realität geschafft haben. Und daher können wir diese Realität auch durch Bewusstseinswandel und nur durch Bewusstseinswandel wandeln. Und dieser betrifft letztendlich unsere Beziehung zu materiellem Eigentum.

Durch unseren kollektiven Glauben an die Schuld arbeiten wir seit Jahrhunderten mit Zinsgeld, das durch fortlaufende und sich immer mehr beschleunigende Vermögensumverteilung von unten nach oben zuerst eine Hochfinanz schafft und diese dann immer reicher und mächtiger macht. Durch das Zinsgeld gewinnt die Hochfinanz das Eigentum an dieser und die Kontrolle über diese ganze Welt. Die einzige wirkliche Chance, die wir also haben, die Macht der Hochfinanz über uns zu beenden, besteht in der Transformation unserer Beziehung zu materiellem Eigentum. Wenn materielles Privateigentum uns kollektiv nicht mehr so wichtig ist, sowohl weil wir verstanden haben, dass unser kollektives Streben nach verzinstem Vermögen die ganze Menschheit versklavt, als auch weil wir uns vom unterbewussten Glauben an unsere Schuld befreien, dann können wir Boden und Ressourcen nutzen, ohne sie als ein Art von Eigentum zu betrachten, die wir nur gegen eine Schuldzahlung mit anderen teilen, so dass Privateigentum respektiert und geschützt und nicht benötigtes Privateigentum privat bleibt und gemeinschaftsdienlich genutzt wird.

Wir müssen mit dem Verstand und mit dem Herzen verstehen, dass alle Zinseinnahmen ein Aufzwingen von Schuld beinhalten und daher einen Raub darstellen und uns dann fragen, ob wir wirklich Raubtiere sein wollen, die sich von anderen Menschen ernähren. Wenn wir zwar Privatvermögen achten, jedoch nicht mehr nach einer Verzinsung unseres Vermögens streben, können wir jedem sein Eigentum lassen und gleichzeitig umverteilungsfrei wirtschaften. Wenn wir uns auf ein zinsfreies Wirtschaften einigen, endet die automatische Umverteilung über den Zins. Wenn wir den Glauben an die Schuld und an das Schlechte im Menschen beibehalten und versuchen, der Menschheit Gerechtigkeit aufzuzwingen, führt dies nur zu Sozialismus und Kommunismus, die wiederum nur den Mächtigsten dienen, die unsere Regierungen kontrollieren, die die sozialistische Gerechtigkeit erzwingen. Gerechtigkeit und Freiheit ist nur durch einen völligen Verzicht auf egobekämpfendes Denken, also auf Zwang und Gewalt, auch auf staatliche Gewalt, möglich. Gerechtigkeit und Freiheit ist also auch nur durch einen Verzicht auf Sozialismus und Kommunismus möglich. Und dieser Verzicht wird nur durch die Kultivierung des Glaubens möglich sein, dass das menschliche Wesen auf Unschuld gründet und der Mensch mehr zum Guten als zum Egoismus veranlagt ist.

Solange der Glaube an die Schuld und eine von Grund auf schlechte Natur des Menschen überwiegt, wird die Hochfinanz über das Zinsgeldsystem und die durch ihre Verschuldung kontrollierten Regierungen auch weiterhin immer noch mehr Vermögen an sich reißen. Sobald sich dieser Glaube jedoch wandelt und eine kritische Masse an Menschen glaubt, dass der Mensch von Natur aus zum Guten veranlagt ist, und für das Gute Verantwortung übernimmt, kann es am Ende des Dunklen Zeitalters sein, dass die Hochfinanz die ganze Erde ihr Eigentum nennt, ihr dies alles aber nichts mehr nutzt, falls und wenn wir aufgrund unseres Glaubens an das Gute im Menschen auch die Konzepte der Schuld verlassen und uns an der Basis immer mehr auf umverteilungsfreies Wirtschaften einigen können.

Wenn es uns in den Gemeinden nach dem Ende des Tiefenstaats gelingt, nicht nur zinsfrei fließendes Geld einzuführen, sondern auch eine Regelung, die die Verzinsung von Grund und Boden auf null führt, während ungenutzter Boden zinsfrei verfügbar gemacht wird, wird es der Hochfinanz, nichts mehr nützen, dass sie außer dem Geld auch das Sachvermögen der Erde besitzt.

Wir werden Grund und Boden dann nutzen können, ohne ihr einen Zins dafür abzuführen. Mit dem Ende ihrer Zinseinnahmen können sie keine Erfüllungsgehilfen mehr zahlen und ihre Macht endet. Selbst wenn die Hochfinanz dann in von uns geschaffene Systeme investiert, die zinsfrei funktionieren, wird sie keine Zinsen daraus generieren können. Solange sie durch einen solchen Einkauf keine Zinsen generieren kann, kann sie die Systeme auch nicht übernehmen oder korrumpieren. Sie darf alles behalten, was sie hat. Sowie sie keine Zinsen daraus generieren kann, wird ihr alles, was sie jahrhundertelang angehäuft hat, keine Möglichkeit der Ausbeutung oder Erpressung mehr bieten. Ausbeutung und Erpressung sind nur in einem Zinssystem möglich.

Solange wir also die Zinsfreiheit von zinsfrei fließenden Systemen einschließlich von Grund und Boden bewahren können, wird dies die leistungslosen Einnahmen der Hochfinanz auf null schrumpfen und ihre Macht wird schmelzen wie Schnee in der Sonne. Sie werden für jedes bisschen Geld genauso arbeiten müssen wie alle anderen Menschen. Dadurch werden sie resozialisiert. So hat sie am Ende des Dunklen Zeitalters alles und wird wegen unserer kollektiven Transformation ihre Macht über uns verlieren, sobald wir an den Punkt kommen, dass der Glaube an unsere Schuld und damit der Glaube an den Wert der Schuldprojektion und damit das Streben nach verzinstem Vermögen endet.

So hat die Hochfinanz am Ende alles und wegen unserer Transformation hat sie dennoch nichts und verliert alles und wir sind frei. Ihre Macht gründet sich sowieso auch heute schon nur auf unseren Glauben, dass wir grundsätzlich zinsbringendes Vermögen brauchen, um uns von Schuld befreien oder freihalten zu können. Ohne unser kollektives Streben nach Zinseinnahmen, könnten wir schon heute zinsfreie Systeme einführen, die die Einnahmen und damit die Macht der Hochfinanz auf null reduzieren würden und wir wären von hier auf jetzt frei. Was wir noch brauchen, ist das erforderliche Bewusstsein, um auch den Willen zu entwickeln und die Verantwortung zu übernehmen, wirklich frei zu sein. Die Drangsal der nächsten Jahrzehnte hat aus einer höheren Perspektive gesehen also den

Sinn und das Ziel, unsere Beziehung zur Materie so zu verwandeln, dass wir keine private Schuld mehr einfordern, wenn wir einander Geld oder Land zur Nutzung überlassen. Wenn wir uns von unseren Konzepten der Schuld befreien, brauchen wir keine Kontrolle über die Materie mehr, um andere für ihre Nutzung mehr als unsere Kosten zahlen zu lassen. Sobald sich diese Wandlung ausreichend vollzogen hat, wird die Hochfinanz ihre Macht verlieren und dahinschwinden und nicht vorher. So gesehen sind die Hochfinanz, ihr Superreichtum und ihre Macht nichts anderes als ein Indikator für die Transformation unseres kollektiven Bewusstseins.

Unsere Anhaftung an materiellen Besitz und seine Verzinsung wird sie an der Macht halten, bis diese Transformation abgeschlossen ist. In dieser Frage kann man nicht mogeln. Erst wenn wir uns kollektiv wirklich von unserer Anhaftung an materiellen Besitz befreit haben, wird die Hochfinanz und mit ihr das Dunkle Zeitalter der Schuld enden. Alle kommenden Prozesse dienen aus höherer Perspektive nur dem Ziel, dies zu erreichen, damit das goldene Zeitalter kommen kann. Wir haben genau die Welt, die wir brauchen, um die Bewusstseinsprozesse zu durchlaufen, die wir für unsere Befreiung durchlaufen müssen.

Könnten wir eine Lösung unserer kollektiven Probleme erzwingen, so könnten diese Probleme nicht mehr den Zweck erfüllen, dass wir die erforderlichen Lektionen daraus lernen. Zum Glück ist es also nicht möglich, Lösungen zu erzwingen. Da die Probleme also erst weichen werden, wenn die in den Problemen enthaltenen Lektionen in ausreichendem Maß gelernt wurden, ist die im Märchen vom treuen Johannes dargestellte Akzeptanz und Hingabe gegenüber den Prozessen des Lebens eine der Lektionen, die uns auch kollektiv am schnellsten und weitesten auf dem Weg zu unserer Befreiung voranbringen können. Wenn wir bei allen Problemen untersuchen, durch welche Geisteshaltung wir selbst dazu beitragen und welche Geisteshaltung es braucht, die Probleme zu lösen, dann können wir immer erst in unserem Geist die Voraussetzungen für die Möglichkeit der Lösung der Probleme schaffen. Das Leben setzt und keine „falschen" Probleme vor. Alle Probleme, denen wir gegenüberstehen, sind die genau richtigen, um die für eine freie und gerechte Welt erforderlichen Lektionen zu lernen.

Damit gehen wir zu der Frage über, was speziell wir Deutschen in diesem auslaufenden Dunklen Zeitalter tun können, damit ein goldenes Zeitalter kommen kann. Wir haben festgestellt, dass das dunkle Zeitalter durch Schuld und Schuldprojektion definiert ist. Die Schuldprojektion spaltet die Menschheit in Beutetiere und Raubtiere. Da die Raubtiere in dem Glauben leben, von der Schuldprojektion zu profitieren, haben sie kein Interesse, ihre grundlegenden Schuldgefühle aufzulösen. Sie nehmen die Hölle, in der ihr Geist lebt, in Kauf, um Herrschaft über die Materie zu erlangen. Sie wollen nicht auf ihre Profite an Geld und Macht verzichten. Also kann der Wandel nur von den Beutetieren ausgehen. Beutetiere sind jene, die meist unterbewusst an ihre eigene Schuld glauben und willig ihre Schuld abtragen, und auch Beschimpfungen, Schlechtbehandlungen und Vorwürfe hinnehmen, um auch dadurch ihre unterbewusst gefühlte, vermeintliche Schuld abzutragen. Wenn wir uns unser deutsches Volk ansehen, dann sieht man, dass wir mehr als alles andere ein Volk von Beutetieren sind, das sich viel zu viel gefallen lässt. Auch wenn wir bewusst sagen, dass wir mit der Schuld unserer Vorfahren nichts zu tun haben, sind wir dennoch kollektiv Opfer unserer Schuldgefühle, weil diese uns über unser Unterbewusstsein steuern. Wir - immer noch die weitaus meisten Deutschen - sind unterbewusst auf Schuld programmierte Beutetiere, die ihrem eigenen Schuldkomplex gegenüber hilf- und wehrlos sind.

Das heißt auf der anderen Seite für alle Seelen, die in dieses Volk hineingeboren werden, dass es eine oder vielleicht sogar die primäre Aufgabe in unserem Leben ist, Schuldgefühle aufzulösen, um frei zu werden. Kein Volk dieser Erde hat so viel zu gewinnen, wenn es sich auf der unterbewussten Ebene, auf die es wirklich ankommt, von seinen Schuldgefühlen befreit wie wir. Wir können davon ausgehen, dass die gesellschaftsweiten Probleme, unter denen wir leiden, nur zu einem Teil karmisch sind und zu einem großen Teil aus unterbewussten Programmen zur Sühnung unserer Schuld stammen. Unterbewusste Schuldgefühle verlangen nach einer Bestrafung. Unser Unterbewusstsein operiert in dem Glauben, die mannigfachen Probleme, mit denen wir uns rumschlagen müssen, zu brauchen, um uns durch das Abtragen vermeintlicher Schuld leichter zu fühlen oder in die vom Unterbewusstsein gewünschte Ordnung zurückzubringen.

Wenn wir uns also kollektiv nach innen wenden, unsere Schuldgefühle in den Blick bekommen und sie bewusst durch Vergebung und Selbstvergebung auflösen, dann stellen wir den Motor ab, der die bisher immer dramatischer werdenden Zustände in unserem Land antreibt. Dann finden wir Frieden in uns, dem auch ein Frieden in der Welt um uns herum folgen wird. Wir können zum Beispiel davon ausgehen, dass die Massenmigration, die unser Land überflutet, von den unterbewussten kollektiven Schuldgefühlen von uns Deutschen regelrecht angesaugt wurde. Dies bedeutet einerseits, dass sie sich wohl nur durch eine Auflösung unserer kollektiven Schuldgefühle aufhalten und zumindest teilweise wieder rückgängig machen lassen wird, wenn wir unsere Schuldgefühle rechtzeitig auflösen, und andererseits, dass die Arbeit an der Auflösung unserer unterbewussten Schuldgefühle der Königsweg zur Lösung unserer gesellschaftlichen Probleme und zur Rettung unseres Volkes und für die Möglichkeit der Wiederbelebung unserer geistigen Kultur ist. Die Arbeit an der Auflösung unserer Schuldgefühle ist alternativlos. Wenn wir unterbewusst unsere gesellschaftlichen Probleme durch schuldbedingte, unterbewusste Selbstbestrafungsprogramme ansaugen, sind alle Mühen zu einer bewussten Problemlösung, die nicht an den unterbewussten Programmen arbeitet, von vorne herein von uns selbst zum Scheitern verurteilt.

Wenn wir Deutschen die Aufgabe der Auflösung unserer Schuldgefühle annehmen, das Thema der Schuld lösen, Frieden finden und in ein Bewusstsein kindlicher Unschuld zurückfinden, dann wird dies nicht nur uns befreien, sondern in der Wirkung auch den Rest der Menschheit. Es ist Zeit, dass wir Heilung finden und die Menschheit auch.

Dass die Mächtigen dieser Erde kein Interesse daran haben, dass wir Deutschen unsere unterbewussten Schuldgefühle auflösen, spielt keine Rolle. Darauf zu verweisen, ist Faulheit. Wenn wir wirklich an unseren unterbewussten Schuldgefühlen arbeiten wollen, um sie aufzulösen, gibt es im ganzen Universum keine Macht, die uns daran hindern könnte. Im Gegenteil, wenn wir wirklich unsere unterbewussten Schuldgefühle auflösen wollen, damit wir erlöst werden, die Welt erlöst wird und die Menschheit friedvoll und glücklich wird, wenn das unsere Motivation und Absicht ist, dann wird die göttliche Mutter selbst, die höchste Macht des Universums, uns dabei helfen.

Damit lege ich diese Interpretationen der deutschen Volksmärchen der göttlichen Mutter des Universums zu Füßen und bete, dass sie Heilung inspirieren und Gutes bewirken mögen.

Mögen alle Menschen friedvoll und glücklich sein.

ALPHABETISCHES SYMBOLVERZEICHNIS [in Klammern das Kapitel]

Adler [5.4]	Weitsicht & Unterscheidungsvermögen
Alte Königin [2.2]	Großzügigkeit
Alter Käse [2.1]	Gewohnheit, unser Glück aus unserem Inneren zu beziehen
Altes graues Männlein [4.1]	Karma und selbstgeschaffenes Schicksal
Ameise [4.7], [5.8]	Geringe Bedeutung weltlichen Daseins
Apfel	Vergänglichkeit
Apfel vom Baum des Lebens [4.7]	sich in Vollkommenheit entfaltendes Leben
Äpfel vom Baum schütteln [4.2]	unser vergängliches Leben für gute Taten nutzen
Arbeit in der Asche [5.2]	selbstloser Dienst, Karma Yoga
Asche	Reinigung unseres Geistes
Aschenputtel [5.2]	Selbstlosigkeit
Auslesen der Linsen [5.2]	Bemühen um Innenschau und Selbsterkenntnis, Jnana Yoga
Bär, verwunschener Königssohn [5.4]	Egoismus nur in anderen sehen, nicht den Egoismus in uns selbst
Bauer [4.1]	Ausrichtung auf die Früchte unserer Bemühungen
Baum	Hervorbringen von Früchten, lebend sich ausdrückendes Sein
Baum mit goldenen Äpfeln [5.8]	das Leben mit spirituellen Übungen durchwirken
Benjamin [5.7]	rechtes Handeln
Berg [4.3]	Erhöhung unseres Bewusstseins
Berg von Brot [4.1]	Überfluss an Energie und Wärme
Bett des Riesen, Schlaf im [2.1]	Veränderung unseres Bewusstseins durch Materialismus
Betten schütteln, so dass Schneeflocken fallen [4.2]	unsere selbstlosen Taten fallen wie Schneeflocken auf die Erde, bescheren anderen Freude und transformieren uns
Blaubart [3.9]	Täuschung
Blindheit des Königssohns [3.4]	Verlust unserer Integrität
Blut im Schuh [5.2]	Energieverlust bei unechter Demut

Böse Figur generell	Aspekt unserer von unesrem Ego erzeugten Negativität
Böse Hexe [3.5]	Zwangsego, Kampf gegen das Böse
Böse Königin, Stiefmutter [5.1]	Ego
Böse Königsmutter [5.7]	Ego
Böse Stiefmutter [3.5]	Zwangsego, Ego
Böse Stiefmutter [2.6]	Benachteiligungsego, Missgunst, Feindseligkeit
Böse Stiefmutter [5.2]	Isolationsstrategie unseres Egos, nichts von uns zu geben
Böse Stiefschwester 1 [5.2]	Geltungsdrang
Böse Stiefschwester 2 [5.2]	Materialismus
Böser König [4.9]	Schuldprojektion
Böser König [5.8]	Ego
Böser König oder böse Königin	Aspekt des Egos
Böser Wolf [4.8]	Schuldprojektion
Böser Wolf [5.5]	feindseliger Energieraub
Böser Zwerg [5.4]	Projektion
Braut des Königssohns [4.6]	Liebe
Brauthemd, das aussieht wie aus Gold & Silber, jedoch aus Pech & Schwefel ist [4.5]	Illusion spiritueller Reife, die uns verbrennt
Brot	Energie und Wärme
Brot aus dem Ofen holen [4.2]	unsere Energie richtig zum Wohle anderer einsetzen
Brotstücke [3.5]	rein energetische Orientierung
Brotsuppe [3.1]	Herzenswärme
Brüderchen [2.6]	emotionales Gemüt
Brunnen, klarer	Klare Innenschau
Brunnen, tiefer, ohne Grund	Fehlende Einsicht in unser Inneres
Dienst als Küchenjunge [5.6]	selbstloser Dienst
Dornröschen [3.3]	Bewusstsein von Möglichkeit
Drechsler, Knüppel aus dem Sack [2.3]	reinigender Aspekt des Austauschgefühls durch rigorose Verzichtübung
Drei Blutstropfen [5.1]	Schöpfung der geistigen Welt
Drei goldene Haare [5.8]	Selbstheilungskräfte in den drei Bereichen unseres spirituellen Körpers
Drei Riesen [5.3]	Unzufriedenheit, Machtlosigkeit, Angst

Drei Söhne [3.9]	Starke Integrität
Dreizehntes Kind [5.7]	Ausbilden eines Egos
Dummling [4.1]	Selbstlosigkeit
Eierkuchen [4.1]	Versorgung mit Energie
Einäugige hässliche Tochter [2.6]	Einseitige Sicht, dass wir die Benachteiligten sind
Eisenhans [5.6]	Machtlosigkeit
Eiserne Bande [3.7]	Bedrückung unseres Herzens durch eine Zwangsordnung
Ernsthafte Tochter [4.1]	Fehlendes Glück durch Kümmernisse
Erwachen aus dem Schlaf [3.3]	Erwachen des Bewusstseins von Möglichkeit
Erzzauberin [3.6]	Zwangsego
Esel	physischer Körper
Essen aus einem Teller & Trinken aus einem Becher [3.7]	Abmachungen, auf deren Bedeutung und Einordnung wir uns geeinigt haben
Fährmann [5.8]	Ozean leidvoller Wiedergeburten durch Ego
Falada, sprechendes Pferd [2.2]	Selbstloser Dienst, der durch seine Taten spricht
Feuriger Drache [4.9]	Angst vor einer Bestrafung für unsere Schuld
Fische im Wasser [4.7]	Konzepte in der Dualität
Frau Holle [4.2]	das unparteiische Karmagesetz
Frosch	spirituelle Geburt
Frosch, verwunschener Königssohn [3.7]	Zwang, Erpressung und Ausnutzung von Abhängigkeit und Not
Fuchs [2.5]	sanguinisches Temperament
Fuchs, verwunschener Königssohn [4.4]	Weisheit aus Vergebungsarbeit zur Wiedergewinnung der durch Ego verlorener Unschuld
Fuchsrotes Pferd [4.5]	unkontrollierte spirituelle Energie
Gang zum Grab d. Mutter [5.2]	Beten und Singen zu Gott, Bhakti Yoga
Gans [4.1], [2.4]	unser Mentalkörper
Gärtnerjunge des Königs [5.6]	Entwickeln spirituell förderlicher Gewohnheiten
Geiß [5.5]	Energiekörper, Versorgung mit Energie
Geringer Sold [4.9]	Mangelgefühle

Glas [4.3]	Erkenntnis
Glasberg [4.3]	Selbsterkenntnis
Glückskind [5.8]	göttliche Gnade
Gold [4.5]	aus sich heraus leuchtendes Bewusstsein
Goldene Gans [4.1]	auf spirituelles Ziel ausgerichteter Geist
Goldene Kugel [3.7]	unser wahres Wesen, wahres Sein
Goldener Apfel [4.4], [5.6]	Nutzung unseres vergänglichen Lebens für spirituelle Übungen
Goldener Ring [3.1]	Treue zu Gott, unserem wahren Selbst
Goldener Vogel [4.4]	spirituelle Ausrichtung der Gedanken
Goldenes Haar [2.2]	spirituelles Bewusstsein
Goldenes Haar des Königssohns [5.6]	durch spirituelle Übungen erlangtes Bewusstsein
Goldenes Haspelchen [3.1]	Summe positiven Karmas
Goldenes Pferd [4.4]	bewusster selbstloser Dienst, um zur Liebe zu erwachen
Goldenes Spinnrädchen [3.1]	nur gute Taten verrichten, die positives Karma aufbauen
Goldmarie [4.2]	Glück durch gutes Karma
Gott	unser wahres Selbst, wahres Sein
Gretel [3.5]	gesunder Menschenverstand
Großmutter [4.8]	Bewusstsein
Haar	spirituelle Übungen
Hahn	Ausrichtung auf Gott
Halbes Königreich [2.1]	selbstloses Teilen ist die halbe Miete zu einem glücklichen Leben
Hänsel [3.5]	emotionales Gemüt
Hase [2.5]	melancholisches und phlegmatisches Temperament, Nachgiebigkeit
Hasennussbaum	Unsterblichkeit
Hässliche, faule Tochter [4.2]	eigennützige faule Haltung
Heiraten der falschen Braut [4.6]	Verlust d. Integrität durch falsche Werte
Hexe [3.8]	Zwang, Korrumpierung der Integrität
Hinkelbeinchen	spirituelle Übung, egal wie unbeholfen
Hirse [4.7]	Versorgung unserer Bedürfnisse
Hochzeit mit Hexentochter [3.8]	Lüge zur ständigen Begleiterin machen
Holzhacken, Holzhauen [4.1]	spirituelle Suche
Holzhacker, Holzhauer [2.5]	spiritueller Sucher

Huhn	spirituelle Neugeburt
Hund [5.6]	Achtsamkeit, Wachsamkeit
Hundert Jahre Schlaf [3.3]	Phase d. Machtlosigkeit zur Transformation d. Bewusstseins von Möglichkeit
Hungersnot	Leiden unter unserem Ego (je nach Bereich des Märchens)
Hungersnot [2.6]	Überhandnehmen von Benachteiligungsgefühlen
Hütchen [2.2]	Gemütsverfassung
Jäger [4.8] [4.6] [2.6] [5.6]	Unterscheidungsvermögen
Jäger im Dienst der bösen Königin [5.1]	Unterscheidungsvermögen im Dienst der falschen Sache
Jorinde [3.6]	reines, liebendes Herz
Joringel [3.6]	integrer Geist
Kammerjunger [2.2]	Versorgung mit materiellem Wohlstand
Katze, die Mäuse fängt	Beseitigen schlechter Angewohnheiten durch spirituelle Disziplin
Kaufmann [5.3]	gesunder oder [im Negativen] berechnender Menschenverstand
Keine weniger schöne Frau nehmen [3.1]	auf Kompensationshandlungen verzichten
Keusche Jungfrau [3.6]	reines Gemüt
Kind der Königin [3.2]	wahres Selbst, inneres Kind
Kinderlosigkeit	Machtlosigkeit
Kirschbaum [2.1]	Reinheit unseres Geistes
Klarer Brunnen (Eisenhans)[5.6]	klare Introspektion
Kleiner Schuh [5.2]	Demut und Bescheidenheit
Knäuel Garn [3.8]	Bewahrung eines guten Kerns durch gute Taten
Knusperhaus [3.5]	egoausweitende Verlockung, dass auch Böses tun gut ist, oder Böses Gutes bewirken kann
König & Königssohn [4.5]	Integrität
König & Königssohn [5.6]	selbstloses Dienen
König & Königstochter [2.1]	Glück und Zufriedenheit
König [4.1]	Fülle
König [3.7]	Gewissen
König [3.8], [5.6]	Integrität

König [3.2]	Urteil unserer Mitmenschen über uns
König [2.6]	lösungsorientierte Haltung in Konflikten
König [5.7]	Weisheit
König, erlöster Bär [5.4]	Aufrichtigkeit, Selbstehrlichkeit
Königin [3.1]	Demut
Königin [5.1]	göttliche Mutter, Urseele
Königreich [3.7]	Bereich der rechten Ordnung
Königssohn [4.6], [3.4], [5.1]	Integrität
Königssohn [2.2]	Unterscheidungsvermögen echter Werte
Königssohn [5.2]	Pflichtbewusstsein
Königstochter [5.6]	Pflichtgefühl
Königstochter [5.8]	unser wahres Sein
Königstochter vom goldenen Dache [4.5]	bedingungslose Liebe
Köpfender Degen [5.3]	Verzicht auf unser Verlangen zur Behebung unserer Unzufriedenheit
Kreidestimme des Wolfs [5.5]	vorgetäuschte, schöne Reden der Energieräuber
Krieg des bösen Königs [4.9]	Konflikte durch Schuldprojektion
Krieg im Königsreich [5.6]	Verfall von Sitten und Anstand
Kröte im Wasser [5.8]	Identifizierung mit der Dualität
Kuh [2.4]	unser physischer Körper
Kürdchen [2.2]	Vereinnahmung unserer spirituellen Kraft durch den Verstand
Küster [4.1]	mahnende Haltung
Langer Bart des Zwerges [5.4]	alte Gewohnheit der Projektion
Löwe, der sprechen kann [4.6]	Mut und Stärke zu direkter Kommunikation
Maus [5.8]	schlechte Angewohnheit, Eigenschaft
Mond	Sein, weiblich
Müller [3.2]	Wichtigtuerei
Müller, Goldesel [2.3]	bewahrender Aspekt unseres Austauschs
Müllerstochter [3.2]	Verstand
Mutter [5.4]	Mitgefühl
Nachtigall [3.6]	Sehnsucht nach Gott, unserem wahren Selbst
Nebeneinandersitzen am Tisch [3.7]	sich frei und unabhängig entscheiden

Opfern der Söhne [4.5]	Hingabe von all unserem Tun an Gott
Pechmarie [4.2]	Leid durch schlechtes Karma
Pfarrer [4.1]	urteilende Haltung
Pferd [4.7]	selbstloser Dienst
Pferd [2.4]	unser spiritueller Körper
Raben [4.3] [4.5] [4.7]	Kommunikation mit d. spirituellen Welt
Raben, verwünschte Brüder [5.7]	Deaktivierung unseres spirituellen Seins, Entrückung der spirituellen Welt
Rapunzel in der Wüstenei [3.4]	Hoffen auf einen Erlöser
Rapunzel, die Pflanze [3.4]	Verlockung zur Ausübung von Macht über andere
Rapunzels Gefangenschaft [3.4]	Gefangenschaft des Bewusstseins von Möglichkeit durch Ego
Rapunzels goldenes Haar [3.4]	spirituelle Übungen als Grundlage, dem eigenen Ego entkommen zu können
Räuber [1.6]	Ängste, die unseren Frieden rauben böse Reden der Energieräuber
Rauhe Stimme des Wolfs [5.5]	melancholisches und phlegmatisches Temperament, Nachgiebigkeit
Reh [2.6]	
Reh erlegen wollen [5.6]	Wunsch nach mehr Selbstbewusstsein und Selbstachtung
Reise zu Pferd [4.7]	Weg der Transformation
Riese [2.1]	Materialismus
Ring [4.3]	Bindung
Ring der Eltern [4.3]	Bindung an Gott
Rosenrot [5.4], Rot [5.1]	Liebe
Rote Blume [3.6]	Erwachen der Liebe in unserem Herzen
mit schöner Perle [3.6]	Kostbarkeit der Liebe
Roter Ritter [5.6]	Entwickeln von Liebe
Rotkäppchen [4.8]	kindliche Unschuld
Rumpelstilzchen [3.2]	Geltungs-Ego [gut und als etwas Besonderes dastehen zu wollen]
Schafe hüten [3.6]	Achtsamkeit gegenüber den Gedanken
Schiff zu Land und zu Wasser [4.1]	grundloses Glück unabhängig von äußeren Umständen
Schlaf [3.7]	Veränderung unseres Bewusstseins
Schlange, verwünschte Jungfrau [5.3]	Hilflosigkeit gegenüber der Negativität

Schloss der Erzzauberin [3.6]	Bereich der rechten Ordnung, der von Zwang beherrscht wird
Schneeweißchen [5.4]	Barmherzigkeit
Schneewittchen [5.1]	unser spiritueller Körper
Schneewittchen im Sarg [5.1]	schlafendes spirituelles Bewusstsein
Schneider [2.3]	menschlicher Verstand
Schneider [2.1]	menschlicher Verstand, selbstlos Teilen
Schöne jüngste Königstochter [3.7]	Achtsamkeit
Schöne Königstochter [4.7]	bedingungslose Liebe
Schöne Königstochter [2.2]	selbstloses Teilen
Schöne Königstochter [5.3]	Dankbarkeit, Bewusstsein von Möglichkeit und Liebe
Schöne Königstochter vom goldenen Schlosse [4.4]	bedingungslose Liebe
Schöne, fleißige Tochter [4.2]	selbstlos dienende Haltung
Schreiner, Tischlein deck dich [2.3]	erschaffender Aspekt unseres Austauschempfindens
Schwäne, verwunschene Königssöhne [3.8]	Selbstüberhebung, Überheblichkeit
Schwarz [5.1]	unergründliches Bewusstsein
Schwarze Pfote des Wolfs [5.5]	böse Taten der Energieräuber
Schwarzer Ritter [5.6]	Entwickeln von tiefem Frieden und kindlicher Unschuld
Schwarzes Männchen [5.3]	Egostrategie der Kompensation
Schwein [2.4]	unser Energiekörper
Schwester, 13. Kind [5.7]	Transformieren von Ego zu bedingungsloser Liebe
Schwesterchen [2.6]	denkender Verstand
Seide	Schönheit durch spirituellen Wandel
Sich tötende Riesen [2.1]	Überwinden unseres Materialismus' durch Übung in Großzügigkeit
Sieben Berge [5.1]	energetischer Aspekt der Chakren
Sieben Geißlein [5.5]	Energie unserer Chakren
Sieben Zwerge [5.1]	Bewusstseinsaspekt der Chakren
Siebentausend Körbe [3.6]	Gefangenschaft aller Gedanken durch Zwangsdenken
Silber	Sein, weiblich

Sonne	Bewusstsein, männlich
Spule, Spindel [4.2]	durch unsere Taten selbstgeschaffenes Schicksal
Steine [3.5]	zeitlos gültige Gesetze zu unserer ethischen Orientierung
Sterne	gute Orientierung durch inneres Gleichgewicht von männlich & weiblich
Stränge von Seide [3.4]	Notwendigkeit einer beständigen allmählichen Transformation
Stroh zu Gold machen [3.2]	vorgetäuschtes Selbst authentisch aussehen lassen
Tanz in glühenden Schuhen [5.1]	Erschöpfung unseres Karmas und Auflösen unseres Egos
Taube	Glückseligkeit im Zustand der Einheit
Teleportierende Stiefel [5.3]	Erfinden d. Bewusstseins v. Möglichkeit
Teller essen, Becher trinken, aus einem	Dinge gleich wahrnehmen
Teufel [4.9], [5.8]	Schuldprojektion und Wut
Teufels Großmutter [4.9], [5.8]	Bewusstsein
Tiger [2.6]	cholerisches Temperament
Tochter [3.9]	Wahrheitsstreben
Tod der Königin [3.1]	Verlust der Demut durch Minderwertigkeitsgefühle
Tod der Mutter [5.2]	Verlust unserer Verbindung zu Gott, zur Quelle in uns
Tod des Gemahls [2.2]	Verlust der Unterscheidungsvermögen wahrer Werte
Tod des Vaters [4.6]	Niedergang der Integrität
Treuer Heinrich [3.7]	Sehnsucht nach der rechten Ordnung
Treuer Johannes [4.5]	Göttliche Gnade
Tuch mit drei Tropfen Blut [2.2]	Schutz vor Eigennützigkeit durch aufopfernde Haltung
Turteltaube [3.6]	Glück und Freude
Unförmiger Goldklumpen [2.4]	unsere undefinierte Seele
Unsichtbarmachender Mantel [5.3]	vollkommene Sicherheit durch bedingungslose Liebe
Unterschrift im Buch des Teufels [4.9]	Selbstauslieferung an die Konzepte der Schuldprojektion

Vater [3.5]	Gewissen
Vater [3.9]	Urteilsvermögen
Vater [5.2]	Gemüt
Verbot Kammer zu öffnen [3.9]	Tabu, die Wahrheit zu erforschen
Verbrennen der Hexe [3.8]	Wandlung unseres Zwangsegos im Feuer der Transformation
Vergeblicher Kinderwunsch [3.4]	Machtlosigkeit
Verkauf des Sohnes [5.3]	Verlust unseres gesunden Menschenverstands durch Kompensation
Verletzung der Königin [5.1]	auftretendes Ego
Verlust der Schiffsladungen [5.3]	Verlust an Zufriedenheit, Möglichkeit und Sicherheit
Versprechen der Königstochter [3.7]	Aufgrund von Erpressung unachtsam unser Wort geben, das uns unserer Grundrechte beraubt und damit unser innerstes Wesen schädigt
Verwunschenheit	Verwandlung eines Aspekts unseres wahren Selbst in verdrehtes Ego oder in eine transformierende Kraft, die in der Dualität wirkt
Verwünschtes Haus [5.7]	durch unser Ego verändertes Sein
Verwünschtes Schloss [5.3]	Zustand der Unzufriedenheit, Machtlosigkeit und Angst
Vier Eselsladungen voll Gold [5.8]	Gewinnen innerer Schätze in unseren Körpern
Vögel des Himmels [5.2]	Unterscheidungsvermögen
Vogel, der in die Freiheit fliegt [2.1]	Nutzen unseres Verstands zur Befreiung vom Materialismus
Wackersteine [5.5]	ewige Wahrheiten
Wein [4.1], [5.8]	Wille
Weiß [5.1]	reines Glück
Weiße Schlange [4.7]	Hellfühligkeit unserer Chakren
Weiße Teigpfote [5.5]	vorgetäuschte, gute Taten der Energieräuber
Weißer Ritter [5.6]	Entwickeln von Glück und Freude
Welt in weiß [5.1]	reine Glückseligkeit
Wild gewordenes Einhorn [2.1]	Verlust unserer Unschuld durch Schuldprojektion

Wild und Vögel [3.6]	natürliche freie Gefühle und Gedanken
Wind machen [2.2]	Spirituelle Übungen, um den Verstand konstruktiv zu beschäftigen
Wirt und 3 Töchter [4.1]	Energiekörper und Materialismus, Verlangen, Missgunst
Witwe [4.2]	Verlust der Einheit, Ego
Wolf	sanguinisches od. cholerisches Temperament, Energieraub, Schuldprojektion
Wolf [2.5]	cholerisches Temperament
Wolf [2.6]	sanguinisches Temperament
Wunderlicher Spielmann [2.5]	Sehnsucht nach Einheit, nach Gott
Wünschring [5.3]	Erfüllung unserer Wünsche
Wütendes Wildschwein [2.1]	Kampflust und Streit
Zahl sieben [4.3]	Ganzheit
Zauberin [3.4]	Zwangsego
Ziege [2.3]	Unzufriedenheit
Zu Stein erstarren [3.6]	Lähmung durch den Wunsch, eine Lösung zu erzwingen
Zu Stein werden [4.5]	Unwirksamkeit und Verlust der göttlichen Gnade
Zwei Steine [2.4]	Ausrichtung an den ewigen Gesetzen, um aus der Dualität zurück in die Einheit zu finden
Zwerg [4.3]	Energie [in 2.4 durch selbstlosen Dienst]
Zwölf Brüder [5.7]	alle unsere Geistesaspekte
Zwölf identische Mädchen [4.6]	Erwachen zu bedingungsloser Liebe

ÜBER DEN AUTOR

*Ludwig D. Gartz lebt in Michelstadt (Hessen).
Er ist als Schriftsteller und Referent tätig.
2008 ist sein Buch „Fließendes Geld" erschienen
2015 der 1. Band, 2016 der 2. Band, 2017 der
3. und 4. Band und 2020 der 5. und 6. Band der
Neunheit-Reihe
(www.neunheit.de).*

ISBN 978-3-9812507-2-5

© NEUNHEIT VERLAG, LUDWIG D. GARTZ
*Heinrichstraße 3, D-64720 Michelstadt
www.neunheit.de*

**UMSEITIG FINDEN SIE
WEITERE BÜCHER DES AUTORS**
>>>

Neunfache Selbstheilung

ERSTER BAND DER NEUNHEITSREIHE.

Dieses Grundlagenwerk zur Neunheit erklärt den neunfachen Aufbau des menschlichen Seins. Es zeigt eine Struktur auf, die für Wissensgebiete wie Psychologie, Ökonomie und Geld, alte Schriften, symbolische Literatur und Medizin (Gegenstand weiterer Bücher dieser Reihe) relevant ist. Ein guter Teil des Inhalts wird in der Symbolik Tolkiens zusammenfassend aufgegriffen. Es eignet sich daher auch zur Vertiefung des Verständnisses der Werke Tolkiens.

ISBN 978-3-00-048580-0

**BESTELLUNG UNTER:
WWW.NEUNHEIT.DE**

Globaler Reichtum

ZWEITER BAND DER NEUNHEITSREIHE.

Dieses Werk zeigt auf, dass primär unser Geldsystem die Probleme in der Welt verursacht. Es leitet die genauen Auswirkungen unseres Geldes auf die Welt und unser Menschsein ab. Dies dient dann der Ausarbeitung einer Lösung der Menschheitsprobleme anhand eines zinsfrei fließenden Geldes. Am Ende geht es um die Frage, wie wir die Lösung an den Zwängen des bestehenden Systems vorbei zum Wohle aller umsetzen können.

ISBN 978-3-00-054698-3

BESTELLUNG UNTER:
WWW.NEUNHEIT.DE

Die Symbolik Tolkiens

DRITTER BAND DER NEUNHEITSREIHE.

Dieser dritte Band legt die Grundlage für die vollständige Entschlüsselung des Herrn der Ringe als eine Prophezeihung für unsere Zeit. Jede Figur, jedes Lebewesen, jeder Ort und jeder Gegenstand im Herrn der Ringe weist eine spezifische Bedeutung auf, die hier logisch und bildhaft verständlich abgeleitet wird. In dieser Symbolsprache sind Tolkiens Werke verfasst.

ISBN 978-3-00-058254-7

**BESTELLUNG UNTER:
WWW.NEUNHEIT.DE**

Die Ringvernichtung

VIERTER BAND DER NEUNHEIT-REIHE.
Tolkiens Schriften verschlüsseln die Menschheitsgeschichte von ihren Anfängen bis in die fernere Zukunft. Sie enthalten auch die Probleme der Jetztzeit und ihre Lösungen. Dabei findet die im Herrn der Ringe verschlüsselte, fünfstufige Zeitenwende gerade jetzt statt.

ISBN 978-3-00-058255-4

**BESTELLUNG UNTER:
WWW.NEUNHEIT.DE**

Die Ringvernichtung II

IN TOLKIENS SCHRIFTEN *lässt sich eine verschlüsselte Menschheitsgeschichte von ihren Anfängen bis in die fernere Zukunft finden. Sie enthalten auch die Probleme der Jetztzeit und ihre Lösungen. Von Okt. 2019 bis Ende 2020 wurden die in Die Ringvernichtung, Band 4, angekündigten Entwicklungen in einer Reihe von Videos spezifiziert. Die von Tolkien vorausgesagten Ereignisse entfalten sich in Echtzeit und können in den Texten zu diesen Videos in diesem Buch nachvollzogen werden. Analog zu den Ereignissen im Herrn der Ringe war der Wendepunkt der Menschheitsgeschichte im März 2020.*

ISBN 978-3-9812507-1-8

**BESTELLUNG UNTER:
WWW.NEUNHEIT.DE**

Fließendes Geld

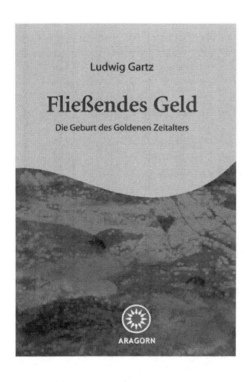

ERFAHREN SIE, *warum die aktuelle Wirtschaftskrise nicht durch Fehler entstand, sondern systembedingt unabwendbar kommen musste.*
Es gibt keine Schuldigen!
Lesen Sie, wie wir eine (zins-) freie
Marktwirtschaft einführen können, die einen Wohlstand für alle mit sich bringt.
Es gibt nichts zu fürchten.
Wir können diesen Wohlstand ungeachtet der wirtschaftlichen Zustände erzielen, selbst mitten in einer Wirtschaftskrise.

ISBN 978-3-9812507-0-1

BESTELLUNG UNTER:
WWW.FLIESSENDES-GELD.DE